ÖSTERREICHISCHE AKADEMIE DER WISSENSCHAFTEN
PHILOSOPHISCH-HISTORISCHE KLASSE

Psalterii Sinaitici pars nova

(monasterii s. Catharinae codex slav. 2/N)

AD EDITIONEM PRAEPARAVERUNT

PETRA FETKOVÁ, ZOE HAUPTOVÁ, VÁCLAV KONZAL,
LUDMILA PACNEROVÁ, JANA ŠVÁBOVÁ

SUB REDACTIONE

FRANCISCI V. MAREŠ †

VERLAG DER
ÖSTERREICHISCHEN AKADEMIE DER WISSENSCHAFTEN
WIEN 1997

Vorgelegt von w. M. RADOSLAV KATIČIĆ in der Sitzung am 12. Juni 1996

Gedruckt mit Unterstützung durch den
Fonds zur Förderung der wissenschaftlichen Forschung

Redaktion: Prof. Dr. Heinz Miklas

ISBN 3-7001-2661-1

Druck: 1. Aichfelder Druck Ges.m.b.H., Judenburg

Psalterii Sinaitici pars nova

Sub redactione
FRANCISCI V. MAREŠ †

ÖSTERREICHISCHE AKADEMIE DER WISSENSCHAFTEN
PHILOSOPHISCH-HISTORISCHE KLASSE

SCHRIFTEN DER BALKAN-KOMMISSION
PHILOLOGISCHE ABTEILUNG
38

FONTES NR. 2

PSALTERII SINAITICI PARS NOVA

VERLAG DER
ÖSTERREICHISCHEN AKADEMIE DER WISSENSCHAFTEN
WIEN 1997

Inhaltsverzeichnis

Vorwort

Ad fontes! Dieser Ruf erscholl auch und vor allem in der Slavistik, als sich in den 80er Jahren unseres ausgehenden Jahrhunderts die ersten Gerüchte und allgemeineren gedruckten Meldungen über den sensationellen Handschriften–Fund vom 25./26. Mai 1975 allmählich zu konkreten Nachrichten verdichteten. Neben griechischen, arabischen und anderen Quellen zeitigte diese Entdeckung im Katharinen–Kloster auf dem Sinai nämlich die stattlichen Anzahl von 41 slavischen, teils in kyrillischer, teils in glagolitischer Schrift verfaßten Codices und Fragmenten. Nach vorläufigen Charakteristiken der griechischen Denkmäler (vgl. *Specimina Sinaitica*, Einl., HARLFINGER et al. I, 1991, 431–439, 571–577 und RICHARD/OLIVIER 1995, 747ff.) gelang es zunächst Moshé Altbauer 1980, auf dem Zweiten internationalen Sommer–Kolloquium für Altbulgaristik in Sofia eine knappe, noch unvollständige Übersicht über den slavischen Anteil vorzulegen (vgl. VEDER 1981, 31f. u. ausführlich ALTBAUER 1987). In der Folge wurde der griechische Theologe und Slavist Ioannis Tarnanidis mit dessen Bestandsaufnahme und Beschreibung betraut. Sein Katalog erschien 1988 und enthält um zahlreiche Abbildungen ergänzte Daten zu insgesamt 36 kyrillischen und fünf glagolitischen Einheiten, letztere wohl allesamt aus der ältesten, i.e. altkirchenslavischen, Periode des slavischen Schrifttums. Einige davon hatten sich bereits bis dahin als Teile bekannter Handschriften erwiesen, andere, wie die hier vorgestellte Fortsetzung des Psalterium Sinaiticum, konnten nun als solche identifiziert werden.

Das Kloster am Fuße des Moses–Bergs ist aber nicht allein Schauplatz eines der bemerkenswertesten Slavica–Funde der neueren Geschichte; es hat diesen Schatz über Jahrhunderte, zum Teil wahrscheinlich über ein Jahrtausend, beherbergt und — wie gerade die jüngste Entdeckung bezeugt — vor der bewußten Vernichtung und natürlichem Verfall geschützt. Besonders bedeutsam ist sein Bestand an Zeugen des altkirchenslavisch–glagolitischen Schrifttums: Nicht weniger als die Hälfte der derzeit bekannten resp. erhaltenen knapp 30 Signatur–Einheiten (zusammen rund 20 kodikologische Einheiten inklusive einzelner zweifach zu zählender Palimpseste) gehörte bis zum vorigen Jahrhundert dazu, zehn der wichtigsten und umfangreichsten liegen heute noch am Ort. Wie ihr gegenwärtiger Hüter mit berechtigtem Stolz hervorhob (in: TARNANIDIS 1988, 11), haben wir es damit nicht nur mit der weltweit größten, sondern auch einzigen geschlossenen Sammlung solcher Denkmäler zu tun. (Im Verein mit den beiden in Jerusalem aufgefundenden Denkmälern, dem Codex Assemanianus und den Kiever Blättern, stellen die altkirchenslavischen Glagolitica jener Region sogar zwei Drittel des Gesamtkorpus). Erneut hat daher schon Tarnanidis danach gefragt, ob nicht bereits vor den ersten historisch verbürgten Pilgerfahrten ins Heilige Land Slaven den Sinai besucht und vielleicht für einige Zeit bewohnt haben; ja, ob nicht im ehedem nach der Kapelle der Jungfrau Maria benannten Kloster oder in einem seiner nahen Ableger schon in jenen Tagen der eine oder andere slavische Codex auch geschrieben wurde? Und mit kühner Intuition hat St. Parenti gar 1994 die slavische Übertragung der italogriechischen Petrusliturgie, deren Spuren wir im sinaitischen Missale begegnen, auf dem Sinai gesucht.

Einen Fingerzeig auf entsprechende Reisen von Landsleuten liefert eine Mahnung des bulgarischen Presbyters Kozma aus dem letzten Drittel des 10. Jahrhunderts: „*Druzii že, ne chodęšte i ne po zakonu ωstrizajušte sę ω(t)chodęt' vъ Ier(rou)s(a)l(i)mъ, inii že v Rimъ i vъ pročaja grady...*" und „*...i ne dažь volę na s(e)rdci si vziskati Rima, ni Er(ou)s(a)l(i)ma, no...*" (vgl. BEGUNOV 1973, 351 u. 359). Vermutungen in Richtung einer literarischen Tätigkeit von Glagoliten im relevanten Milieu werden wiederum genährt durch das Belegmaterial selbst: In so gut wie allen Fällen handelt es sich dabei um einfache Gebrauchshandschriften liturgischen Charakters, die sich als Gastgeschenke wenig, zur individuellen, erbaulichen Zellenlektüre nicht im mindesten eignen. Einzelne der sich überwiegend im Sinne eines liturgischen Repertoires ergänzenden Denkmäler, insbesondere Euchologium und Missale Sinaiticum, stehen sich paläographisch und kodikologisch so nahe, daß ihre Abstammung aus ein und derselben Schule bzw. demselben Skriptorium kaum von der Hand zu weisen ist. Dazu gehört auch — wie der Verfasser dieser Zeilen kürzlich an Ort und Stelle feststellen konnte —, daß zumindest ein Teil der einschlägigen Codices, zumal Psalterium und Missale, offenbar im Katharinenkloster gebunden worden ist. Mit dem später von ostslavischer Hand geschriebenen Codex Sin. slav. 39/0 teilen sie die Besonderheit eines Palimpsestanteils mit glagolitischer Erstbeschriftung. Auch manche Inhalte, rezensionellen und redaktionellen Besonderheiten dieser Quellen zeigen eine spezifische Verwandtschaft und erscheinen (freilich unter der Voraussetzung, daß ihre gegenwärtigen Datierungen keiner allzu großen Korrektur bedürfen) vor dem Hintergrund der zeitgenössischen kirchlichen, politischen und sprachlich–literarischen Situation im balkanslavischen Süden überholt; oder allenfalls dort aktuell, wo die regionale politische Lage einer (erneuten) Anlehung an den lateinischen Westen entgegenkommen mußte. Diese Hinweise mögen nur einen gewissen Eindruck vermitteln von der Fülle und Komplexität der Probleme, die sich aus den Neufunden ergeben und welche die slavistische Forschung mit der Unterstützung diverser Nachbardisziplinen in den folgenden Jahrzehnten zu klären haben wird.

Ihre erste und vorrangige Aufgabe besteht natürlich in der Erschließung der Inedita durch Ausgaben und deren Aufbereitung durch paläographisch–kodikologische, textologische und sprachliche Einzeluntersuchungen. Den Anfang setzte diesbezüglich I. ŠEVČENKO, der 1982 einen Auszug des Euchologium–Fragments 1/N vorstellte. Die in manchen Fällen vollständigen Ablichtungen und Textauszüge im Katalog von TARNANIDIS boten sodann die Grundlage für weitere Auseinandersetzungen mit dem Material, darunter einen Probeabdruck des gesamten Euchologium–Fragments in SCHNITTER/MIKLAS 1994, M. BAKKERS 1994 publizierte Studie zu den neutestamentlichen Perikopen im selben Denkmal sowie die Textproben in I. DOBREVS Chrestomatie von 1995.

TARNANIDIS' phototypischer Gesamtabdruck des neuaufgefundenen Psalter–Teils diente auch dieser ersten kritischen Edition als eigentliche Basis. Beide ergänzen sich zugleich wechselseitig und setzen unmittelbar die vorhandenen Ausgaben des Anfangsteiles fort (Faksimile: ALTBAUER 1971; letzte kritische Ausgabe, in kyrillischer Umschrift: SEVER'JANOV 1922). Es versteht sich von selbst, daß Umfang und Art des hier Gebotenen wesentlich von diesen Vorarbeiten bestimmt sind. Entstanden ist die vorliegende Edition als Gemeinschaftsprojekt von Angehörigen des Slavischen Instituts (Slovanský ústav) der Tschechischen Akademie der Wissenschaften und des Instituts für Slavistik der Universität Wien. Seine Leitung oblag dem vormaligen Ordinarius für Slavistik an der Universität Wien und Obmann der Balkan–Kommission der Österreichischen Akademie der Wissenschaften, w. M. Prof. Dr. Franz Wenzel Mareš. Dieser große Gelehrte hat das Unternehmen bis zu seiner schweren Erkrankung im Sommer 1994 betreut. Es war ihm noch vergönnt, den Hauptteil zu redigieren und hierfür auch einige unklare Stellen am Original zu überprüfen. Die

Übertragung der Einleitung ins Deutsche übernahm nach seinem Hinscheiden am dritten Dezember 1994 in liebenswürdiger Weise Herr Johannes Reinhart. Mit seiner Unterstützung erledigte der Unterzeichnete schließlich die verbleibenden redaktionellen und technischen Vorbereitungen zum Druck. Sofern bei der dadurch bedingten Durchsicht des bereits redigierten Teils Unebenheiten auftraten, so wurden offensichtliche Versehen stillschweigend korrigiert, Lese- bzw. Interpretationsunterschiede hingegen in den Apparaten resp. dem Glossar verdeutlicht. So konnte das Unternehmen, wenngleich nicht ganz ohne Verzögerung, noch weitestgehend im Sinne seines Initiators zu Ende geführt werden. (Die Einschränkung gegenüber der ursprünglichen Konzeption gilt dem Belegmodus im Glossar, bei dem die technischen Möglichkeiten einen freilich für manchen Verwendungszweck auch vorteilhaften Kompromiß erzwangen).

Die Arbeiten über der Vorbereitung der Ausgabe teilten sich wie folgt: Die Einführung, Bemerkungen zu Textkonstitution und Apparaten sowie den überwiegenden Teil der Bibliographie verfaßte Zoe Hauptová; gemeinsam mit Václav Konzal besorgte sie auch den kritischen Apparat. Die Entzifferung und kyrillische Transliteration des Textes lag in den Händen von Ludmila Pacnerová. Beratend zur Seite stand ihr Herr Vojtěch Tkadlčík. Für den parakritischen Apparat und das Glossar sorgten Jana Švábová und Petra Fetková; letztere trug auch die Hauptlast an der schwierigen graphischen Ausgestaltung der Edition. Die computertechnischen Voraussetzungen hierzu legte Herr Kiril Ribarov, mit fachkundigem Rat unterstützt von Frau Zdenka Ribarova.

Dank gebührt den eigentlichen Schirmherren des Werks: Seiner Exzellenz, dem hochwürdigsten Erzbischof Damianos mit den Mönchen des Klosters der Hl. Katharina, die das Heranziehen der Handschrift ermöglicht und dem Werk ihren Segen gegeben haben, sowie dem Obmann der Balkan–Kommision der ÖAW, w.M. Prof. Dr. Radoslav Katičić, der das Vorhaben mit leidenschaftlicher Hingabe gefördert hat. Möge der Band, der dem Gedächtnis seines Initiators gewidmet sei, den ihm zugedachten Zweck erfüllen und die weitere Erforschung der Sinaitica slavica erleichtern!

Wien, im Mai 1996

Heinz Miklas

Bibliographie

Editionen des Psalterium Sinaiticum

GEITLER, Leopold: *Psalterium. Glagolski spomenik manastira Sinai brda.* Zagreb 1883.

SEVER'JANOV, Sergej: *Sinajskaja psaltyr', Glagoličeskij pamjatnik XI veka.* Petrograd 1922 (Reprint: Graz 1954).

ALTBAUER, Moshé: *Psalterium Sinaiticum. An 11th Century Glagolitic Manuscript from St. Catherine's Monastery, Mt. Sinai.* Skopje 1971 (Phototypische Ausgabe).

TARNANIDIS, I. C.: *The Slavonic Manuscripts Discovered in 1975 at St. Catherine's Monastery on Mount Sinai.* Thessaloniki 1988, 249 – 281 (Phototypisch — Neuer Teil).

Sekundärliteratur (allgemein)

ARRANZ, Miguel: La liturgie de l'Euchologe slave du Sinai, in: FARRUGIA, E.G./TAFT, R.F. et alii (Hrsgg.): *Christianity Among the Slavs. The Heritage of Saints Cyril and Methodius.* Acts of the Int. Congress held on the Eleventh Centenary of the Death of St. Methodius. Rome, October 8–11, 1985 (Orientalia Christiana analecta 231). Roma 1988, 15–74.

BAKKER, Michael: The New Testament Lections in the Euchologium Sinaiticum, in: *Polata knigopisnaja* 25–26 (1994), 155–212.

BEGUNOV, Ju. K.: *Kozma Presviter v slavjanskich literaturach.* Sofija 1973.

DOGRAMADŽIEVA, Ekaterina: Učastie na evangelieto v izgraždaneto na Sinajskija evchologij, in: *Starobălgarska literatura* 28-29 (1994), 62-65.

DOBREV, Ivan: *Starobălgarski tekstove. Chrestomatija za universitetite.* (Collection of Old Bulgarian Texts) (Biblioteka „Sveti Naum" 1). Sofija 1995.

HARLFINGER, Dieter/PRATO, Giancarlo et alii (Hrsgg.): *Paleografia e codicologia greca.* Atti del II Colloquio internazionale (Berlino–Wolfenbüttel, 17–21 ottobre 1983), I–II (Biblioteca di scrittura e civiltà III). Alessandria 1991.

MINČEV, Georgi: Mjastoto na novootkritite listove ot Sinajskija evchologij sred drugite tekstove ot răkopisa. Filologičeski i liturgičeski analiz na molitvite ot denonoštnija bogosluženben cikăl (αἰσματικὴ ἀκολουθία), in: *Palaeobulgarica* 17 (1993) 1, 21–36.

MATHIESEN, Robert: New Old Church Slavonic Manuscripts on Mount Sinai, in: *Harvard Ukrainian Studies* 15 (1991), 197-199.

PARENTI, Stefano: Glagoličeskij spisok rimsko–vizantijskoj liturgii Sv. Petra (Sin. glag. 5/N), in: *Palaeobulgarica* 18 (1994) 4, 3–14.

RICHARD/OLIVIER: Répertoire des bibliothèques et des catalogues de manuscrits grecs de Marcel Richard. Troisième édition entièrement refondue par Jean-Marie OLIVIER. Brepols-Turnhout 1995.

ROSENSCHON, Ursula: Sechs Seiten medizinischer Rezepte im glagolitischen Psalter 3/N des Sinaiklosters, in: *Byzantinoslavica* 55 (1994) 2, 304–335.

SCHAEKEN, Jos: Vorläufige Bemerkungen zum neuentdeckten glagolitischen Missale Sinaiticum, in: *Die Welt der Slaven* 34.1 (N.F. 13.1) (1989), 32–40.

SCHNITTER, Maria/MIKLAS, Heinz: Kyrillomethodianische Miszellen, in: *Anzeiger für slavische Philologie* 22 (1994) 1, 141–220.

ŠEVČENKO, Ihor: Report on the Glagolitic Fragments (of the Euchologium Sinaiticum?), Discovered on Sinai in 1975 and Some Thoughts on the Models for the Make–up of the Earliest Glagolitic Manuscripts, in: *Harvard Ukrainian Studies* 6 (1982) 2, 119–151.

Specimina sinaitica: Die datierten griechischen Handschriften des Katharinen–Klosters auf dem Berge Sinai, 9.–12. Jahrhundert. Von Dieter HARLFINGER, Diether R. REINSCH und Joseph A. M. SONDERKAMP, in Zusammenarbeit mit Giancarlo PRATO. Berlin 1983.

TARNANIDIS, I. C.: *The Slavonic Manuscripts Discovered in 1975 at St. Catherine's Monastery on Mount Sinai.* Thessaloniki 1988 (Rez.: VELČEVA, Borjana, in: *Palaeobulgarica* 12.3, 1988 [1989], 126–129; BLÁHOVÁ, Emilie, in: *Byzantinoslavica* 50.1, 1989, 64–68; TKADLČÍK, Vojtěch, in: *Slavia* 58, 1989, 165–170; BIRNBAUM,

Henrik, in: *Die Welt der Slaven* 34.1 [N.F. 13.1], 1989, 173–180; ŠPADIJER, Irena, in: *Arheografski prilozi* 12, 1990, 341–347; MOMINA, M. A., in: *Voprosy jazykoznanija* 1991/6, 141–146).

VEDER, W. R.: Lětopis'. 13–27 August 1980, Sofia: The Second Summer Colloquium on Old Bulgarian Studies, in: *Polata knigopisnaja* 5 (1981), 29–40.

VELKOVSKA, Elena: Nuovi paralleli greci dell' Eucologio slavo del Sinai, in: *Filologia slava* 1. Roma 1996.

Sekundärliteratur zum Psalterium Sinaiticum

POGORELOV, Valerij: *Psaltyri. S priloženiem stat'i "O redakcijach slavjanskoj psaltyri"*. Moskva 1901.

PASTRNEK, František: Die griechischen Artikelkonstruktionen in der altkirchenslavischen Psalter– und Evangelienübersetzung. I – In der Psalterübersetzung, in: *Archiv für slavische Philologie* 35 (1913), 366–391.

PETROVSKAJA, J. V.: Mena gluchich v Sinajskoj psaltyri, in: *Izvestija ORJaS* 21 (1917) 1, 302sq.

KUL'BAKIN, St.: Psalterium Sinaiticum u novom izdanju, in: *Južnoslovenski filolog* 4 (1924), 166–181.

IDEM: Poluglasnici u Sinajskom Psaltiru, in: *Južnoslovenski filolog* 5 (1925–26), 69 – 82.

VON ARNIM, Bernd: *Studien zum altbulgarischen Psalterium Sinaiticum*. Leipzig 1930.

VAJS, Josef: Které recense byla řecká předloha staroslověnského překladu žaltáře, in: *Byzantinoslavica* 8 (1938–46) 55–86.

LAURENČÍK, Josef: Nelukianovská čtení v Sinajském žaltáři, in: *Slovanské studie*. Sbírka statí, věnovaných prelátu univ. prof. dr. Josefu Vajsovi k uctění jeho životního díla. Praha 1948, 66–83.

WANDAS, Adam: Psałterz Biblii Ostroskiej na tle Psałterza Synajskiego, in: *Sprawozdania z prac naukowych Wydziału nauk społecznych* 1960, No 2–3, 97–100.

LEPISSIER, Jacques: La traduction vieux–slave du Psautier, in: *Revue des Etudes Slaves* 43 (1964), 59–72.

VLÁŠEK, Josef: Žalmový verš. Příspěvek k teorii staroslověnského verše, in: *Československé přednášky pro IV. mezinárodní sjezd slavistů v Praze*. Praha 1968, 383–388.

IDEM: O vztahu překladové techniky a poetiky staroslověnského žaltáře, in: *Slavia* 38 (1969), 607–615.

IDEM: Po stopách archetypu stsl. překladu žalmů, in: *Studia palaeoslovenica*. Praha 1971, 389–392.

PANTELIC, Marija: Zapadne varijante u staroslavenskim psaltirima, in: *Kiril Solunski*. Simpozium 1100–godišnina ot smrtta na Kiril Solunski. 2. Skopje 1970, 291–299.

MOSZYŃSKI, Leszek: Fragmenty psałterzowe wobec tzw. Psałterza Synajskiego, in: *Konstantin–Kiril Filosof*. Sofija 1971, 143–156.

VEREŠČAGIN, E. M.: Priem parallelizma v psaltyri i vyjavlenie smyslovych svjazej meždu slovami pervogo literaturnogo jazyka slavjan, in: *Sovetskoe slavjanovedenie* 2 (1975), 60–72.

IDEM: K izučeniju semantiki leksičeskogo fonda drevneslavjanskogo jazyka (*Doklad na VIII Meždunarodnom s'ezde slavistov*). Moskva 1978.

IDEM: O tematičeskich gruppach leksiki v psaltyri, in: *Izsledvanija vărchu istorijata i dialektite na bălgarskija ezik*. Sbornik v pamet na čl.–kor. K. Mirčev. Sofija 1979, 83–87.

HAMM, Josip: K istorii drevneslavjanskogo perevoda Psaltyri, in: *Kul'turnoe nasledie Drevnej Rusi*. Moskva 1976, 359–363.

ILČEV, Petăr: Tekstova struktura na Sinajskija Psaltir, in: *Izsledvanija vărchu istorijata i dialektite na bălgarskija ezik*. Sbornik v pamet na čl.–kor. K. Mirčev. Sofija 1979, 200–205.

IDEM: Sinajskijat psaltir i negovite pisači, in: *Slavjanska paleografija i diplomatika*. Sofija 1980, 89–95.

ALTBAUER, Moshé: Zum Wortschatz des Psalterium Sinaiticum, in: *Palaeobulgarica* 3 (1979) 1, 60–63.

SCHÜTZ, Josef: Zur Psaltervokabel vъušiti – vъnušiti, in: *Palaeobulgarica* 4 (1980) 1, 90–91.

MAVRODINOVA, Liljana: Ukrasata na Sinajskija psaltir, in: *Starobălgarska literatura* 13 (1983), 74–90.

DOGRAMADŽIEVA, Ekaterina: Prevodačeski pochvati pri predavane na săjuznite sredstva v Sinajskija psaltir, in: *Palaeobulgarica* 9 (1985) 4, 45–55.

KARAČOROVA, Ivona: Kăm văprosa za Kirillo–Metodievija starobălgarski prevod na psaltira, in: *Kirillo–Metodievski studii* 6. Sofija 1989, 130–245.

MAREŠ, František Václav: Himan *Slava va višnjih Bogu* (velika doksologija) u Sinajskom psaltiru i u hrvatsko-glagoljskim misalima, in: *Croatica — Slavica — Indoeuropaea*. Wiener slavistisches Jahrbuch, Ergänzungsband 8, Wien 1990, 131–135.

IDEM: Význam staroslověnských rukopisů nově objevených na hoře Sinaj, in: *Palaeoslovenica*. Památce Josefa Kurze (1901–1972). Praha 1991, 1–7.

IDEM: Očenaš u Sinajskom psaltiru, in: *Proučavanje srednjovekovnih južnoslovenskih rukopisa*. Zbornik radova sa III međunarodne Hilandarske konferencije održane od 28. do 30. marta 1989. Beograd 1995, 245–250.

MACROBERT, C. M.: The Greek Textological Basis of the Early Redactions of the Church Slavonic Psalter, in: *Palaeobulgarica* 14 (1990) 2, 7–15.

EADEM: What is a Faithful Translation? Changing Norms in the Church Slavonic Version of the Psalter, in: *The Slavonic and East European Review* 69 (July 1991) 3, 401–417.

EADEM: Translation is Interpretation: Lexical Variation in the Translation of the Psalter from Greek into Church Slavonic up to the 15th Century, in: *Zeitschrift für slavische Philologie* 53 (1993), 254–284.

EADEM: A Missing Link in the Early Tradition of the Church Slavonic Psalter (the Tolstoy, Sluck, Eugenius and Vienna Psalters and MS 34 of the Moscow Synodal Typography), in: *Wiener slavistisches Jahrbuch* 39 (1993), 57–81.

EADEM: The Textual Tradition of the Church Slavonic Psalter until the 15th Century, in: *Mednarodni Simpozij o interpretaciji Svetega pisma (17-20. September, 1996),* Ljubljana (im Druck).

CAMUGLIA, Monia: The Psalter, its Tradition and the Computer: a new method of textual analysis, in: *Palaeobulgarica* 20 (1996) 1, 3-13.

Einführung

Kaum ein anderes kanonisches altkirchenslavisches Denkmal hatte bei seiner Auffindung und Herausgabe ein derart bewegtes Schicksal wie das Psalterium Sinaiticum (Sin). Den Hauptteil der Handschrift entdeckte bereits 1850 der Archimandrit Porfirij USPENSKIJ, berichtete aber über seinen Fund nur in einer kurzen Notiz, worauf sich der tschechische Slavist und Professor der Slavistik in Zagreb Leopold GEITLER (1847–1885) für die Handschrift zu interessieren begann. Im Jahre 1880 konnte er mit Unterstützung der kroatischen Regierung eine Forschungsreise nach Ägypten unternehmen. Während seines Besuchs im Katharinenkloster auf dem Sinai entdeckte er das bisher unbekannte Euchologium Sinaiticum und wollte natürlich beide Denkmäler edieren. Es wurde ihm jedoch nur dreißig Tage lang gestattet, sich mit deren Abschrift zu beschäftigen. Nach der Rückkehr von dieser anstrengenden Reise gab er beide Codices in kyrillischer Umschrift heraus (der Psalter erschien 1883 in Zagreb). Freilich hatten die Mühen der Reise und die anstrengende Arbeit unter schwierigen Bedingungen seine Gesundheit derart untergraben, daß er kurz darauf im Jahre 1885 starb. Die große Eile und die ungünstigen Umstände, unter denen die Abschrift der beiden Handschriften hergestellt worden war, beeinträchtigten seine Editionen derart, daß sie als wenig verläßlich gelten.

Erst 1907 brach der russische Slavist und Kanonist V. N. BENEŠEVIČ neuerlich auf den Sinai auf, um im dortigen Kloster Aufnahmen des Psalterium Sinaiticum zu beschaffen. Resultat dieser Reise waren schwarz–weiße Negativaufnahmen. Mit der Transliteration der Aufnahmen in die kyrillische Schrift wurde schließlich S. SEVER'JANOV betraut, dessen Edition des Codex Supraslienis aus dem Jahre 1904 ihm den Ruf großer Verläßlichkeit eingetragen hatte. Der Druck des Textes begann im Jahr 1912 unter der Aufsicht von F. F. FORTUNATOV, aber sein Fortgang wurde von den fatalen Ereignissen des ersten Weltkriegs in Mitleidenschaft gezogen. FORTUNATOV starb 1914, 1918 starb auch SEVER'JANOV selbst. Um die weitere Drucklegung und die Korrekturen kümmerte sich nun J. V. PETROVSKAJA, aber auch sie starb an den Folgen der Hungersnot im Jahre 1919. A. A. ŠACHMATOV, in dessen Hände die Leitung der Edition gelegt wurde, starb 1920. Erst der Paläograph F. F. KARSKIJ konnte 1922 die Herausgabe zu einem glücklichen Ende führen. Die Edition umfaßt den bis zu dieser Zeit bekannten Teil des Psalterium Sinaiticum auf 177 Blatt (Psalm 1–137), ebenso wie einen kritischen Apparat und einen Index verborum. Auf diese Weise entstand eine unentbehrliche Ausgabe auf wirklich hervorragendem Niveau, die seit dem Grazer Nachdruck auch wieder allgemein zugänglich ist.

Der neu gefundene Teil des Psalterium Sinaiticum knüpft unmittelbar an den Schluß des bisher bekannten Textes mit dem Psalm 138 an (fol. 177 des alten Teils) und enthält zunächst alle weiteren Psalmen nach der Septuaginta inklusive des unkanonischen Psalms 151. Dieser Text nimmt die Folia 1a – 12a ein, auf 12b bis zu den ersten fünf Zeilen von fol. 30a folgen 14 biblische Cantica. Auf den letzten zwei Blatt finden sich das Pater noster (30a6 – 20), das „Morgengebet" (Jutrenaja), dessen erster Teil nach F. V. MAREŠ mit dem westlichen Meßgloria identisch ist[1], und schließlich ein Teil der Vesper nach byzantinischem Ritus[2]. Das eigentliche Ende der Handschrift ist nicht erhalten

[1] MAREŠ 1991, 4.

[2] Vgl. hierzu TARNANIDIS 1988, 90.

(ebenso wie das auf fol. 81 folgende Blatt des alten Teils).[3] Trotzdem gewinnt man durch diesen Fund ein umfassendes Bild vom ursprünglichen, kyrillomethodianischen liturgischen Psalter.

Keiner der Herausgeber des bisher bekannten oder des neu gefundenen Teils des Psalterium Sinaiticum (mit Ausnahme von L. GEITLER) hatte ausreichend Gelegenheit zum Studium der Handschrift, es sei denn über den Umweg von photographischen Aufnahmen. Deswegen differieren auch die Ansichten über die Anzahl der Schreiber des Kodex.[4] Die phototypische Ausgabe M. ALTBAUERS aus dem Jahre 1971 ist derart undeutlich, daß man sie kaum zu diesem Zweck benutzen kann. So bleibt bis zu einer erneuten autoptischen Gesamtanalyse des Denkmals die knappe Beschreibung von I..C. TARNANIDIS in seinem Katalog maßgebend.[5]

B. VON ARNIM stützte sich bei der Behandlung der Schreiberhände fast ausschließlich auf orthographische Besonderheiten. Einige davon sind freilich dem gesamten Kodex eigen. Dies betrifft insbesondere die Tatsache, daß es sich in beiden Teilen um eine Handschrift mit drei Nasalvokalbuchstaben handelt (im Textteil wiedergegeben als ѫ – ѭ – ѩ), genauso wie in den Kiever Blättern, den Prager Fragmenten (hier nicht ganz konsequent) und im fragmentarischen Ochrider Evangelistar. Spuren des Gebrauchs von *ję* anstelle von erwartetem *ę* nach Konsonanten findet man sporadisch auch in anderen kanonischen Denkmälern, die meisten Beispiele im Codex Assemanianus.[6] Die Konsequenz, mit der im Psalterium Sinaiticum diese „Dreinasalorthographie" durchgehalten ist, zeugt offenkundig vom hohen Alter dieser orthographischen Tradition.[7]

Eine Besonderheit des gesamten Psalterium Sinaiticum ist weiters die Wiedergabe des schwach nasalisierten *ą* durch die Buchstaben *aN* (*N* = Zeichen für die Nasalität) im Wort *aNgelъ*, im zweiten Teil der Handschrift kommt dazu noch *evgaNgelie* (29a14sq) mit eingefügtem *-g-*[8] neben *evaNgelie* (30a7) und *evn̄gelie* (28b21). Ähnlich ist es beim Namen des Propheten Haggai (᾿Αγγαῖος), wo neben *anǵei* (Ps 145,1; 146,1) auch *aNǵei* (Ps 147,1; 148,1) belegt ist. Diese Art der Schreibung wird für archaisch gehalten.[9]

[3] Auf Grund der Lagenverhältnisse müßte der ursprüngliche Umfang der Handschrift zumindest 216 Folia betragen haben, vgl. bereits TARNANIDIS 1988, 89. Freilich läßt sich nicht bestimmen, ob die sieben fehlenden Blätter auch zur Gänze beschriftet waren.

[4] Dieses Problem steht im Zentrum von B. v. ARNIMS Studien zum altbulgarischen Psalterium Sinaiticum, wo sich auch eine Übersicht der älteren Meinungen findet. In der Folge haben sich insbesondere H. G. LUNT (im Nachtrag zur Ausgabe von M. ALTBAUER, 359–360; auf der Grundlage der Autopsie der Handschrift) und Petăr ILČEV 1979, 200–205 und 1980, 89–95) mit der Identifikation der verschiedenen Hände auseinandergesetzt. LUNT gelangte zum Schluß, die Handschrift sei das Werk von vier Hauptschreibern (A, B, E, G), ergänzt und korrigiert durch zwei bis vier weitere (Ergänzungen: C, D; Korrekturen: J, K ?). TARNANIDIS 1988, 87 identifiziert den Hauptschreiber des neugefundenen Teils am ehesten mit der Hand E.

[5] TARNANIDIS, loc. cit.

[6] Siehe VON ARNIM 1988, 59.

[7] Zu den bisherigen phonologischen Erklärungsversuchen (wozu zuletzt B. VELČEVA, *Proto-Slavic and Old Bulgarian Sound Changes*. Transl. & ed. by E. A. Scatton. Columbus/Ohio 1988, 115ff.) vgl. neuerdings auch den graphematischen von H. MIKLAS, Ot Preslavskija săbor do Preslavskata škola, in: *Palaeobulgarica* 17 (1993) 3, 3–12.

[8] Die Einfügung des „irrationalen" Gamma in der Gruppe *-VυV-* war bisher v. a. im Namen *evga* „Eva" bekannt, vgl. *Slovník jazyka staroslověnského* s. v. *evъga*; der Einschub des -g- ist auch im Euchologium Sinaiticum, im Codex Suprasliensis und zahlreichen späteren Denkmälern bezeugt.

[9] VON ARNIM 1930, 62 sieht darin eine „vorpannonische" Eigenheit, VELČEVA, op. cit., 116, die Vertretung für [ŋ], Miklas (persönliche Mitteilung) die Entsprechung des griech. Gamma nasale, ohne daß sich feststellen ließe, ob [ŋ] in der Aussprache des Schreiber (noch) den Zustand vor der Nasalierung oder bereits der Dekomposition eines Nasalvokals repräsentiert.

Einen altertümlichen Zug in der Schreibweise des Denkmals bildet der Gebrauch des sog. „spinnenförmigen" *ch*. Wenn dieses Zeichen im bisher bekannten Teil der Handschrift drei Mal auftritt (Ps 148,9; Ps 113,4,6), so taucht die gleiche Anzahl von Belegen nochmals im zweiten, neu gefundenen Teil auf (Ps 148,9; Hab 3,6; Dn 3,47). Seine Verwendung beschränkt sich auf das Wort *chlъmъ*, genauso wie im einzigen Beleg aus dem Assemani–Evangeliar (L 3,5). Davon abgesehen kennen das spinnenförmige *ch* auch einige alte Abecedarien.[10] Offenkundig handelt es sich auch hier um ein Residuum der ältesten Form der Glagolica.

Andererseits tritt an kyrillischen (griechischen) Graphemen im Unterschied zum früher bekannten Teil des Psalterium Sinaiticum (kyrillische Buchstaben treten hier besonders im Teil von 10b – 39b auf) nur das Graphem т auf (4a, 12a – hier zweimal, 21a, 28a, 28b, 29a). Der Buchstabe щ kommt in den Psalmen sehr selten vor (in der Überschrift von Ps 141), in den Cantica und übrigen Zusätzen ist er häufiger, wobei jedoch die Schreibung mit der Sequenz шт bei weitem überwiegt. Auch diese Verteilung entspricht dem Zustand in den ältesten glagolitischen Denkmälern.

Was die lautliche Charakteristik des Denkmals betrifft, sind die Nasalvokalzeichen an etymologisch richtiger Stelle bewahrt, ebenso wie im bisher bekannten Teil der Handschrift. Im Unterschied dazu ist im neu gefundenen Teil die Verwechslung von *ǫ* und *o* nicht belegbar; das einzige Beispiel, der Akkusativ *d<u>šo* (Ps 40,5), läßt sich eher als nicht zu Ende geschriebenes Graphem *ǫ* interpretieren. Der Wechsel von *u* und *ǫ* beim Verbum *prěkutiti* (im ersten Teil der Handschrift) und *prěkǫtiti* (im zweiten Teil) bzw. beim Substantivum verbale *ukǫštenie* ist wohl der Reflex einer altertümlichen Dublette. In den Cantica kommt einmal der Ersatz von *ju* durch *jǫ* vor: *utrъnjǫetъ* (Is 26,9).

Bei den Jerlauten kommt es regelmäßig zum Ersatz des hinteren ъ durch den vorderen ь, wenn darauf eine Silbe mit vorderem Vokal folgt. Antizipatorischer Wechsel von ъ und ь kommt am häufigsten in den Präpositionen und Präfixen *vъ(-)* und *vъz-* vor: *vьzidǫ* (Ps 138,8), *vьznenaviděchъ* (Ps 138,21), *vь denь* (Ps 139,8), *vьznesetъ* (Ps 139,9; 148,13), *vь nemь* (Dt 32,4) usw. In Silben, denen eine Silbe mit einem Hinterzungenvokal nachfolgt, kommt es häufiger zur Vokalisierung ъ > *o*: *vozvachъ* (Ps 140,1; 141,1; 142,8; Jon 2,3), *vo psaltyri* (Ps 143,9), *oto krъvi* (Dt 32,42) usw.; diese Regel hat aber zahlreiche Ausnahmen, z. B. *vo sьjǫ* (Ps 143,13), *vo vьsěkomь* (Ps 144,13 zweimal), *voskrьsnǫtъ* (Is 26,19), *so vьsejǫ* (Manas 2) usw. Der Ausfall der schwachen Jers ist selten, häufiger ist er innerhalb des Wortes als am Wortende. Dieser Zustand entspricht demjenigen im Hauptteil der Handschrift.[11] Jerentsprechungen in gespannter Position bleiben meist erhalten, zur Vokalisierung kommt es im Suffix **-ьjь*, und zwar sowohl in den zusammengesetzten weichen Adjektiva als auch in den aktiven Präteritalpartizipien: *velei* (Ps 144,3), *mьnei* (Ps 151,1), *sъtvorei* (Manas 2), *zatvorei* (Manas 3), daneben auch häufiger im Genitiv Plural: *ljudei* (Ps 144,3; Dt 32,9; 32,43), *dьnei* (Is 38,10). Die Schreibung *i* für ь in dieser Position ist selten: *ljudie* (Hab 3,10).

In der Position der 2. und 3. Palatalisation der Velare ist *dz* für **g* erhalten: *drudzi* (Ps 138,17), *o vradzěchъ* (Ps 138,21), *stьdzi* (Ps 139,6) usw. Die gleiche Situation besteht auch im Hauptteil der Handschrift. Auf der lautlichen Ebene bringt also der neu gefundene Teil des Psalterium Sinaiticum gegenüber dem bisher bekannten Teil nichts Neues. Viel wesentlicher ist der Ertrag auf dem Gebiet des Wortschatzes. Nicht belegt im altkirchenslavischen Kanon war bisher das Wort *scěgъlъ* 'einsam,

---

[10] Vgl. V. TKADLČÍK, Dvojí ch v hlaholici, in: *Slavia* 33 (1964), 182 –193.

[11] VON ARNIM 1930, 77–83.

allein', das in Ps 140,10 im Beispiel *scěgolъ esmь azъ doideže prěidǫ* κατὰ μόνας εἰμὶ ἄν παρέλθω vorkommt, wo sich die Septuaginta vom hebräischen Text unterscheidet. Die Psalter Pog Bon Fra haben hier *edinъ*. Das Wort *scěgъlъ* ist im Evangelium von Nikolja (als Adverbium) und in der von VAN WIJK edierten Verkündigungshomilie[12] bezeugt. Im Evangelium von Nikolja lesen wir dieses Adverbium an der Stelle *vьzvede e na goru vysoku scěglo edini* κατ' ἰδίαν Mc 9,2, wo der parallele serbische Text *osobь* hat, die kanonischen Tetren Zographensis und Marianus lesen hier bloß *ediny*, ebenso wie das Miroslav–, Dobrejšo– und Banica–Evangelium. J. VAJS war der Meinung, dieses Wort sei kyrillomethodianisch, und nahm es deswegen auch in seinen rekonstruierten Text auf.[13] Die vorhandenen Belege weisen freilich eher in den südslavischen Bereich, so die in MIKLOSICHS Lexikon angeführten Denkmäler, ebenso wie sein Auftreten in der Gestalt *cigli*, *ciglovetni* im Serbischen und Kroatischen. In der Verkündigungshomilie kommt es als verderbtes *cěgьchь* (anstelle des zu erwartenden *cěgьlь*, der Codex Suprasliensis hat an der gleichen Stelle *jedinъ*) vor, das VAN WIJK als fehlerhafte Lesung der glagolitischen Vorlage deutete.[14] Diese Fehllesung ist aber gleichzeitig ein Hinweis darauf, daß der bulgarische Abschreiber der Homilie dieses Wort nicht kannte. Außer den südslavischen Formen existiert noch das polnische *szczegół* 'Einzelheit, Detail' und das aus dem Polnischen entlehnte ukrainische *ščegulennyj* 'einzeln, besonders'. Man kann daher annehmen, daß das Wort **(s)cěgъlъ* ursprünglich auf einem ausgedehnteren west– und südslavischen Gebiet beheimatet war, nicht aber auf bulgarisch–makedonischem Boden.

Zu den weniger gebräuchlichen Lexemen des Psalterium Sinaiticum ist auch das Adverbium *blagočinьno* zu zählen, wenn die Lesung der ungewöhnlichen Abkürzung *blg̃čno* auf fol. 31b22 so stimmt. Es müßte 'in der richtigen Reihenfolge' bedeuten, wie aus seinem Gebrauch am Ende des Orthros hervorgeht, wo wir lesen: *slav<a> o<tь>cju i blg̃čno rek<ъ>*. Mit diesen Worten endet die Liturgie, nach dem griechischen Horologium müßten aber noch einige Gebete folgen, die der Geistliche wahrscheinlich auswendig kannte und deshalb 'in der richtigen Reihenfolge' sprechen sollte. Von demselben Stamm abgeleitete Wörter wie *blagočinьnyi* und *blagočinije* kennen Denkmäler ostslavischer Provenienz, wie das altrussische Wörterbuch SREZNEVSKIJS belegt. Unklar bleibt *rěsnь* (26a11).

Die westliche Form *amenъ* (gegenüber östlichem *aminъ*) kommt in unserem Text fünf Mal vor, davon drei Mal in den Cantica (25b10; 28b17; 31a13), einmal am Schluß des Vaterunsers (30a21) und einmal am Schluß der großen Doxologie (30b17). Der gesamte Kontext dieser Stelle lautet: *ěko ty esi edinъ s<vę>tъ. ty esi edinъ g<ospod>ь i<su>ch<rist>ь sъ s<vę>tymъ d<u>ch<o>mь vъ slavě b<og>a o<tь>ca amenъ*. Dieser Wortlaut entspricht dem lateinischen *tu solus Sanctus, tu solus Dominus cum Sancto Spiritu in gloria Dei Patris*, während im griechischen Text die Erwähnung des Hl. Geistes fehlt. Die Form *amenъ* ist darüber hinaus noch in den Freisinger Denkmälern, im kroatisch–glagolitischen Meßkanon (Cod. Vat. Borg. Illirico 4) und in der Homilie auf die Translation der Reliquien des hl. Clemens belegt.[15]

---

[12] N. VAN WIJK, Die älteste kirchenslavische Übersetzung der Homilie: εἰς τὸν εὐαγγελισμὸν τῆς Ὑπεραγίας Θεοτόκου, in: *Byzantinoslavica* 7 (1937–38), 108–123.

[13] J. VAJS, *Evangelium svatého Marka*. Text rekonstruovaný. Praha 1935, 37.

[14] VAN WIJK, op. cit., 119.

[15] Vgl. *Slovník jazyka staroslověnského* 1. Praha 1966, s. v. *aminь*.

Die Randglossen des liturgischen Vaterunsers erklären die offenkundig damals bereits ungebräuchlichen Lexeme *napastь* und *neprijaznь* mit den Synonymen *iskušenie* und *lǫkavyi*. F. V. MAREŠ sieht im Text dieses Vaterunsers Spuren der großmährischen vorkyrillomethodianischen Übersetzung.[16] Die Tatsache, daß das Psalterium Sinaiticum einen der archaischsten Texte darstellt, war freilich schon früher bekannt. Gleichwohl bezeugt der Neufund des Textrestes in überzeugender Weise die älteste Gestalt eines liturgischen Psalters und zeigt außerdem, daß in die kyrillomethodianische Liturgie auch etliche westliche Elemente integriert waren.

[16] Das Referat *Očenaš u Sinajskom psaltiru* trug F. V. Mareš auf der 3. Hilandar–Konferenz im Jahre 1989 in Belgrad vor (siehe MAREŠ 1995, 245–250). Sein Text wird auch in der Zeitschrift *Slavia* veröffentlicht werden.

Textkonstitution und Apparate

1. Texterstellung

Das glagolitische Original ist nach einer langen Tradition der Herausgabe von glagolitischen Texten, die von JAGIĆS Editionen initiiert wurden, in die kyrillische Schrift transliteriert. Dabei werden die Buchstaben mit Zahlenwert (graphetisch) transliteriert, und nicht (graphematisch) transnumeriert. Mit glagolitischen Zeichen wurde nur die Nasalität bei "a" (*evaNǵelie*) und das spinnenförmige *ch* reproduziert. Die ursprüngliche Reihenfolge der Folia und Zeilen ist bewahrt, auch die Initialbuchstaben des Originals und die Titel der Psalmen und Cantica unterscheiden sich hinsichtlich Schrifttyp und Schriftgröße. Abkürzungen unter Titlos werden nicht ergänzt und fehlende Titlen nicht restituiert; es wird jedoch im parakritischen Apparat auf sie aufmerksam gemacht. Über der Zeile befindliche Buchstaben werden, sofern es sich nicht um offensichtliche Korrekturen handelt, auch in der Edition dort belassen, Sonderligaturen aber aufgelöst (auch darauf wird im parakritischen Apparat verwiesen). Von Schreiberhand vorgenommene Korrekturen über oder unter der Zeile sind über Kleindruck verdeutlicht. Die Originalinterpunktion wird beibehalten, wobei freilich die Zeichen vereinheitlicht werden mußten (ein Punkt in der Mitte für ., :, :), :( ). Vereinzelt auftretende Supralineare der Art von *zemlĭ* (vergleiche hierzu den Nachtrag von H. M.) sowie Rand- und Füllornamente sind nicht wiedergegeben.

Die Orientierung im Text wird durch folgende Regelungen erleichtert:

a) Die Scriptio continua des glagolitischen Originals ist in der kyrillischen Transliteration durch die Worttrennung ersetzt. Ein sich über zwei Zeilen erstreckendes Wort ist am Ende der ersten Zeile mit einem Trennstrich (-) versehen. Trennstriche sind auch links und rechts vom gemeinsamen Teil haplographisch geschriebener Wörter gesetzt (z.B. *vъ blagovoleni–ι–chъ*).

b) Ein Ausrufungszeichen in Klammer (!) nach einem Wort zeigt in unklaren Fällen eine Fehlschreibung bzw. ein nicht zu Ende geschriebenes Wort an.

c) Eckige Klammern bezeichnen die Athetese ([*tъ*]) überflüssiger Buchstaben.

d) Runde Klammern bezeichnen unleserliche Buchstaben oder Wörter (*a*). Ebenso wird ein Buchstabe oder Textteil gekennzeichnet, der im glagolitischen Original infolge einer sekundären Beschädigung des Pergaments fehlt.

e) Am linken Rand jeden Blattes ist mit arabischen Ziffern jede 5., 10., 15. und 20. Zeile bezeichnet.

f) Der Text hat auf jedem Folium eine laufende Überschrift, die abgekürzt das biblische Buch und die entsprechenden Nummern des Psalms bzw. der Cantica angibt (bei den Psalmen nach der Septuaginta, bei den Cantica nach der Reihenfolge der vorkommenden Texte), ebenso auch den ersten und letzten Vers. Über die Reihenfolge der Cantica im Vergleich zur Numerierung in der Septuaginta informieren die entsprechenden Tabellen im Anhang.

g) Der Text ist um die Bezeichnung der Bibelstellen oder der liturgischen Zitate ergänzt, bei den Psalmen und Cantica auch durch die Angabe der Verse. Die Abkürzungen der biblischen Bücher sind in dem vorangestellten Abkürzungsverzeichnis aufgelöst.

h) Am unteren Ende der Textseite findet sich ein parakritischer Apparat.

2. Parakritischer Apparat

Der parakritische Apparat enthält Hinweise auf die Ligaturen des Originals, die in der kyrillischen Transliteration aufgelöst werden, weiters auf fehlende Titlen über abgekürzt geschriebenen Wörtern, auf Buchstaben und Wörter, die infolge mechanischer Beschädigung schlecht lesbar sind oder die wegen eines Defekts im Pergament ganz ausgefallen sind, auf sekundäre Schreibereingriffe (umrandete Buchstaben, kyrillische Buchstaben im glagolitischen Original, Rasuren), auf Palimpsestfolia, Marginalglossen und dergleichen. Auf die Stelle verweist ein Zahlenindex rechts über dem betreffenden Wort im Text, dem die Zahl der Anmerkung am unteren Rand des Blatts entspricht; die Numerierung der parakritischen Anmerkungen ist fortlaufend. Die im parakritischen Apparat verwendeten Abkürzungen sind im einleitenden Gesamtabkürzungsverzeichnis zu finden.

3. Kritischer Apparat

Der kritische Apparat bezieht sich auf die einzelnen Seiten der Textedition. Er enthält einerseits lexikalische, morphologische und wesentlichere syntaktische Varianten altkirchenslavischer Paralleltexte und anderer alter kirchenslavischer Psalterien, und zwar des Pogodin– und Bologner Psalters aus der Edition von V. JAGIĆ, *Psalterium Bononiense* (Vindobonae, Berolini, Petropoli 1907) und des sogenannten Fraščić– oder Wiener Psalters aus der Edition von J. HAMM, *Psalterium Vindobonense* (Wien 1967), andererseits unentbehrliche Erklärungen zu Fehlern, Auslassungen und zur Lesung verschiedener Abkürzungen. Die Quellen der Varianten zu einigen kleineren liturgischen Texten sind am Ende der Edition an den entsprechenden Stellen angeführt. Die Varianten und Kommentare dazu sind am linken Rand durchgehend numeriert und mit der Abkürzung der betreffenden Bibelstelle (Psalm, Canticum, Evangelium) und der Zahl des Verses etc. versehen, im Anhang zur Edition auch mit der hinzugehörigen lateinischen liturgischen Bezeichnung.

Im kritischen Apparat werden die (mit oder ohne Titlos geschriebenen) Abkürzungen aufgelöst, die hier ergänzten Buchstaben stehen in spitzen Klammern (<>). Der hinter einem Wort (unten) beigefügte Zahlenindex bezeichnet die Reihenfolge dieses Worts in dem betreffenden Bibelvers. Im kritischen Apparat verwendete Abkürzungen sind im Gesamtabkürzungsverzeichnis aufgelöst. Die kursiven Abkürzungen *Bon Fra* weisen auf Teilvarianten zum Einleitungstext von Psalmen und Cantica in diesen zwei kommentierten Psalterien hin, wobei die Zitation insgesamt dem Text des Pogodinpsalters folgt. Der griechische Text der alttestamentarischen Editionen von A. RAHLFS, *Septuaginta*, tomus X – Psalmi cum Odis (Göttingen 1931) und *Septuaginta* I–II, editio quinta (Stuttgart 1952) wird nicht eigens angeführt, da er allgemein zugänglich ist. Aus praktischen Gründen sind jedoch die griechischen Parallelen zum Text der drei letzten Folia (30–32) im Anhang ediert, wobei die Quellen an der entsprechenden Stelle angeführt werden. Griechische Äquivalente werden dann angeführt, wenn der slavische Psalter eine griechische Variantenlesung wiedergibt oder wenn diese zur Eruierung des griechischen Originals einer slavischen Variantenlesung beitragen können.

4. Sonstige Hilfen

Der Edition vorangestellt sind:

a) Abkürzungsverzeichnisse, die neben allgemeineren Abkürzungen auch die Auflösungen der Siglen von herangezogenen Quellen sowie der biblischen Bücher enthalten.

Im Anhang beigefügt sind:

b) Die griechischen Parallelen der liturgischen Texte auf fol. 30–32 — ein Sternchen (*) in diesen Texten bezeichnet Verse bzw. Kola liturgischer Lesungen.

c) Ein Verzeichnis von Bibelstellen mit altkirchenslavischen und griechischen Incipita.

d) Eine Synopse der Cantica in zwei Tabellen. Tabelle 1 enthält eine Gegenüberstellung von Reihenfolge und Umfang der Cantica des edierten Psalterium Sinaiticum (Sin 2/N) mit den Cantica in der Septuaginta und in Pog Bon Fra. Tabelle 2 beinhaltet einen Vergleich von Reihenfolge und Umfang der Cantica in der Septuaginta mit den Cantica in den slavischen Psaltern. Beide Tabellen führen auch die traditionelle lateinische Bezeichnung der Cantica an.

5. Index verborum

Der Index ist alphabetisch angeordnet und vollständig (inklusive der Marginalien, die am Schluß gesondert angeführt werden). Eine Ausnahme stellen nur die Zahlen der Quaternionen dar, ebenso wie die zusammengesetzten Zahlwörter, die die Zahl der Psalmen bezeichnen, von denen bloß das Zahlwort mit dem höchsten Zahlenwert angeführt wird. Die alphabetisch angeordneten Lexeme werden normalisiert angeführt (Substantive im Nominativ Singular, Verba im Infinitiv) und mit der grundlegenden grammatischen Information versehen (bei den Substantiva das grammatische Geschlecht, bei den Verba perfektiver bzw. imperfektiver Aspekt, bei den übrigen Lemmata die Wortart). Die Normalisierung der Stichwörter erfolgt nach den Regeln des klassischen Altkirchenslavischen (in seiner glagolitischen Abart), wobei bei möglichen Schwankungen der im Psalterium belegten Form Vorrang gegeben wird. Gespannte Jerlaute werden dabei nicht restituiert, sondern es wird die Schreibung mit *-i-/-y-* beibehalten. Das glagolitische Jat wird stets als kyrillisches Jat wiedergegeben, das glagolitische vordere Nasalvokalzeichen in postkonsonantischer Position hingegen als (unjotiertes) *ę*.

Der Umfang und die Anordnung der Belege innerhalb eines Stichwortes sind von den Möglichkeiten des benützten Computerprogramms abhängig. Die einzelnen Vorkommen eines Lexems werden nicht normalisiert, sondern in der belegten Form zitiert (wobei Abkürzungen aufgelöst werden), und zwar in der Reihenfolge der Folia und Zeilen (1a1–32b26). Bei den Wörtern des Bibeltextes, die die erdrückende Mehrheit bilden, wird nach der Angabe von Folium, Seite und Zeile auch das biblische Buch, das Kapitel und der Vers angeführt. Darauf folgt das griechische Äquivalent in der belegten, nicht normalisierten Form. Bei Identität von unmittelbar aufeinander folgenden altkirchenslavischen Formen, Bibelstellen oder griechischen Äquivalenten, sieht der Eintrag so aus, daß auf die belegte altkirchenslavische Form, das griechische Äquivalent und die Bibelstelle die Angabe von Folium, Seite und Zeile folgt, die durch ein Sternchen getrennt sind (z. B. *pečali* θλίψει Ct/Is 26,16 20a19 * 20a21). Besitzt ein altkirchenslavisches Wort aus einem griechischen Übersetzungstext kein griechisches Äquivalent, wird dies im Index mit "gr. 0" bezeichnet. Stand jedoch den Herausgebern eine griechische Vorlage nicht zur Verfügung oder besteht sie gar nicht, so wurde im Index der Platz für das griechische Äquivalent frei gelassen. Steht im vorhandenen griechischen Paralleltext eine Lesart, deren slavische Wiedergabe Zweifel hervorrufen muß, so wird diese kursiv gesetzt (z. B. *bogъ κύριος* statt θεός). Hilfszeitwörter und Reflexivpronomina bei reflexiven Verba werden im Index mit einem nachfolgenden Kreuz bezeichnet (z. B. *bǫdeši+*, *esi+*, *sję+*). Das griechische Äquivalent wird nur bei autosemantischen Verbalformen zitiert (z. B. *bǫdemъ+* 26b15 Ct9/Dn 3,39, jedoch *da prijęti bǫdemъ* 26b15 Ct9/Dn 3,39 προσδεχθείημεν). Die Partikel *da* wird nur dann mit einem Kreuz (*da+*) versehen, wenn sie gemeinsam mit einer altkirchenslavischen Verbalform für eine einfache griechische Verbalform steht; steht sie hingegen in ihrer Funktion als Konjunktion für gr. i{na, wird sie im Index ohne Kreuz geführt. Die Indexeinträge für die Partikel *da* sind so gestaltet, daß die einzelnen Belege — voneinander durch ein Sternchen abgesetzt — unter Angabe von Folium, Zeile und darauffolgender Bibelstelle verzeichnet sind. Ebenso sind die Einträge für die Reflexivpronomina bei reflexiven Verba angeordnet. Die einzige Ausnahme von diesem mechanischen Prinzip der Reihenfolge der Belege stellen die Präpositionen dar: Bei ihnen wird eine Unterteilung nach der Rektion getroffen, erst innerhalb der Präpositionen mit gleichem Kasus kommt es wieder zur mechanischen Anordnung der Belege nach Folium, Seite und Zeile.

Die Funktion der verschiedenen Klammern und Ausrufungszeichen im Index entspricht derjenigen im Text und im kritischen Apparat; allein die runde Klammer wird auch für Zusätze herangezogen, die zum Verständnis der Gesamtkonstruktion dienen.

Das Glossar beschließt ein Verzeichnis von Wörtern, die im *Slovník jazyka staroslověnského* (Prag 1956ff.) nicht vorkommen.

EDITIO CRITICA

EXPLANATIO SIGNORUM

ABBREVIATIONES

acc.	accusativus
add.	addit, -unt
adj.	adiectivum
adv.	adverbium
aor.	aoristus
c.	cum
cf.	confer
conj.	coniunctio
Ct	canticum
dat.	dativus
du.	dualis
f.	femininum
gen.	genitivus
gr.	graecus
ipf.	imperfectivum
lit(urg).	(textus) liturgicus
loc.	locativus
m.	masculinum
ms.	manuscriptum
n.	neutrum
num.	numerale, numerus
o. c.	opus citatum
om.	omittit, -ttunt
Parim	lectionaria Veteris Testamenti
part.	particula
pf.	perfectivum
pl.	pluralis
poss.	possessivus, -um
praem.	praemittit, -ttunt
praep.	praepositio
pron.	pronomen
Psalt	Psalteria
s.	sanctus, -a, -i
sc.	scilicet
sg.	singularis
sq	sequens, sequentes
v.	vide
var.	lectio varia, lectiones variae
vb.	verbum

CODICES NOVI TESTAMENTI

Zogr	Codex Zographensis
Mar	Codex Marianus
As	Evangeliarium Assemani
Sav	Liber Sabbae, evangeliarium
Ostr	Evangeliarium Ostromiri

CODICES VETERIS TESTAMENTI

Sin	Psalterium Sinaiticum (ed. Sever'janov, Ps 1-137)
Sin 2/N	Psalterium Sinaiticum (ed. I.C. Tarnanidis, Ps 138-151, cantica et supplementa liturgica)
Pog	Psalterium Pogodinianum
Fra	Psalterium Vindobonense (Fraščićianum)
Grig	Paroemiarion Grigorovičianum
Lobk	Paroemiarion ex collectione Lobkoviana
Zach	Paroemiarion Zacharianum

CODICES LITURGICI

Euch	Euchologium Sinaiticum
Chiland	ms. Chilandariense liturgiae s. Petri

SIGLA LIBRORUM NOVI TESTAMENTI

J	Evangelium sec. Ioannem
L	Evangelium sec. Lucam
Mt	Evangelium sec. Matthaeum

SIGLA LIBRORUM VETERIS TESTAMENTI

Dn	Prophetia Danielis
Dt	Liber Deuteronomii
Ex	Liber Exodi
Hab	Prophetia Habacuc
Is	Prophetia Isaiae
Jon	Prophetia Ionae
Manas	Manasses
Ps	Liber Psalmorum
1Rg (1Sm)	Liber primus Regum (Samuelis)

TEXTUS ET APPARATUS

1a

р҃ѣѕ 1 вь концьˡ[1] · пс҃аломъ дав҃ъ · и҃в Ps 138
г҃і іскоусилъ мѩ еси · і позналъ
мѩ еси · 2 Ты позна вѣдѣние (!)
мое · і въстаание мое · Ты ра-
зоумѣ помышленіѣ моѣ · іздa-
лече · 3 Стьѕѫ моѭ і непротла-
ченѫѭ моѭ тъ (!) еси іслѣдовалъ ·
І вьсѩ пѫти моѩ прѣзьрѣ · 4 Ѣко
нѣстъ льсті въ ѩзыцѣ моемь ·
5 Се г҃і ты позна вьсѣ послѣдьнѣ
моѣ · І древльнѣа · Ты со-
зъда мѩ і положи на мнѣ рѫкѫ твоѭ[2] ·
6 Оудивилъ сѩ естъ разоумъ твоі о мнѣ
Оутврьди сѩ і не възмогѫ къ немоу ·
7 Камо ідѫ отъ дх҃а твоего · І отъ
лица твоего камо бѣжѫ ·
8 Ѣште вьзідѫ на н҃бо ты есі тоу ·
Ѣште сънидѫ въ адъ тоу еси ·
9 Ѣште возъмѫ кріле свої · І
вьселѭ сѩ въ послѣдьниіхъ морю ·
10 Ібо тоу рѫка твоѣ наставитъ мѩ ·
І оудрьжитъ мѩ десніца твоѣ ·
11 І рѣхъ оубо тьма попераетъ мѩ ·
И нощь просвѣштение пишті моеі ·
12 Ѣко тьма сѩ не омрачитъ сѩ отъ тебе ·

[1] litterae ligatae -НЦ-
[2] textus linearum 11-14 manu recentiore in rasura restitutus

1a

Ps 138, 1 ДА⟨ВЫДО⟩ВЪ] add. захарии въ расѣание · пророчьство ѣвлѣеть на кончинѣ (*na kon'činu Fra*) хотащаа быти ѡ х⟨рист⟩ѣ · захариѫ поманѫвь (поманѫвъ *Bon*) захариꙗ бо памат⟨ь⟩ сказает' сѧ · поменѫвь (помѣнѫвъ *Bon*) бо пр⟨о⟩рокь ꙗко х⟨рист⟩оу ꙗвлышю сѧ · расѣат сѧ жидове · си рѣчь расточени бѫдѫтъ ·рли· (numeri notam om. *Fra*) Pog Bon Fra

2 ВѢДѢНИЄ (!)] pro сѣдѣние, сѣдание Pog Bon Fra τὴν καθέδραν

ВЪСТААНИЄ] въстание Pog Bon Fra

ПОМЪІШЛЄНИѢ МОѢ] помъішлєние моє Pog Bon Fra

3 І] om. Bon Lob Par

НЄПРОТЛАЧЄНѪІѪ] нєпотлачєнѫѭ Pog Bon

ТЪ (!)] ты Pog Bon Fra

ПРѢЗЬРѢ] прозьрѣ Pog Bon Fra

5 ПОСЛѢДЬНѢ] послѣд⟨ь⟩нѣа Pog Bon *posléd'naě* Fra

МОѢ] om. Fra

І] om. Fra

6 ОУДИВИЛЪ СѨ ЄСТЪ] оудиви сѧ Pog

О МНѢ] ѡт⟨ъ⟩ мєн⟨є⟩ Pog Bon Fra

8 СЪНИДѪ] низъидѫ Pog Fra

ТОУ₂] *ti* Fra

9 ВОЗЪМѪ] *primu* Fra

КРИЛѢ] *k'rili* Fra

СВОІ] мои Pog Bon Fra add. рано Pog Bon Fra κατ᾽ ὄρθρον

МОРЮ] морѣ Pog Bon Fra

10 ОУДРЪЖИТЪ] ѡдръжить Bon

11 ПРОСВѢШТЄНИЄ] add. въ Pog Bon Fra

12 ЄѨ] om. Bon Fra

1b

і ношть ѣко день просвѣтитъ сѩ ·
ѣко тъма ѥѩ тако свѣтъ ѥѩ · 13 ѣко
ты сътѩжа ѫтробѫ моѭ ·
Пріѩтъ мѩ і-чрѣва мр҃е моеѩ ·
14 Ісповѣмь сѩ тебѣ ѣко страшь-
но оудивихъ сѩ · чюдесьна дѣ-
ла твоѣ · і д҃ша моѣ ꙁнаетъ ѣ ѕѣло ·
15 Не оутаі сѩ кость моѣ отъ тебе ·
ѩже сътвори въ таінѣ · І ѵ-
постась моѣ · вь прѣисподьни-
іхъ ꙁемлі ·
16 Несъдѣланое мое видѣсте очи
твоі · І въ кънигахъ твоіхъ
вьси напішѫтъ сѩ ·
Вь день съꙁиждѫтъ сѩ і ни-
кътоже вь нихъ · 17 Мнѣ же ѕѣ-
ло честьни бышѩ дроуѕи тво-
і б҃же · Ѕѣло оутврьдишѩ сѩ
ꙁачѩла іхъ ·
18 Іщьтѫ ѩ і паче пѣсъка оумь-
ножѩтъ сѩ · Въстахъ і
пакы есмь съ тобоѭ ·
19 Ѣште іꙁбіеши грѣшьникы б҃же ·

1b

Ps 138, 12 ТАКО] тако и Pog Bon *i t<a>ko i* Fra
13 СЪТѦЖА] съꙁда Pog Bon Fra
МОѬ] add. и Bon
І-ЧѺѢВА] ис чѻѣва Pog Fra
14 ОУДИВИХЪ СѦ] ꙋдивиль сѧ еси Pog Bon Fra ἐθαυμαστώθην, var. ἐθαυμαστώθης
ЧЮДЕСЬНА] чюдесьнаа Pog Bon
І] om. Bon
Ѣ] тѧ Bon
15 І] om. Pog
16 ВИДѢСТЕ] видѣстѣ Bon *viděs'ta* Fra
ТВОІ] ти Bon
ВСИ] всѣ Pog πάντες
17 ꙀАЧѦЛА] вл(а)д(ы)чьства Pog Bon Fra αἱ ἀρχαί
18 ІЩЬТѪ] ичьтѫ Pog ичътє Bon *i s'čtu* Fra ἐξαριθμήσομαι
ПАКЫ] еще Pog Bon *ošće* Fra

2a

Мѫжь кръвеи оуклонити сѩ
отъ мене · [ѣ][3]
20 ѣште речете въ помышлениι-
хъ своιхъ · Приимѫтъ въ
соуетѣ грады твоѩ ·
21 Не ненавидѩштѩѩ ли тѩ г҃ι ·
вьзненавидѣхъ · ι о вра-
ѕѣхъ твоιхъ ιстаахъ ·
22 Съвръшеноѭ ненавистьѭ не-
навидѣахъ ιхъ · Враѕи бы-
шѩ мьнѣ ·
23 ιскоуси мѩ г҃ι ι разоумѣι ср҃це
мое · ιспытаι мѩ ι позна-
ι стьѕѩ моѩ ·
24 ι виждь ѣште пѫть беzаконе-
ниѣ · во мнѣ есть · ι настави мѩ
на пѫть вѣчьныι ·
рħz҃[4] 1 Въ концъ[5] псаломъ давъ · Ps 139
2 ιzъми мѩ г҃ι отъ ч҃лка лѫкава ·
отъ мѫжа неправедьна ιzбави мѩ ·
3 ιже помыслишѩ неправъ-
дѫ въ ср҃ци своемь · Весь
день ополъчаахѫ брани ·

---

[3] ѣ per errorem scriptum est (cf. ѣще Ps 138, 20)
[4] litterae ligatae -ħz-
[5] litterae ligatae -нц-

2a

Ps 138, 19 МѪЖЬ КРЪВЄИ] мѫжи крьвии Pog Fra мѫжъ кръвии Bon ἄνδρες αἱμάτων
ОУКЛОНИТИ СꙖ] ȣклоните сѧ Pog Bon Fra ἐκκλίνατε
20 ѢЩЄ] ꙗко Pog Bon Fra
ПРІИМѪТЪ] прѣимѫть Pog
ВЪ СОУЄТѢ] вь соуєтѫ Pog Bon Fra
ГРАДЫ] *gladi (!)* Fra
21 НЄ] om. Bon Fra
ТВОІХЪ] om. Fra
22 СЪВРЪШЄНОѬ] съврьшєнѫѭ и (!) Pog *svršenu* Fra
НЄНАВИДѢАХЪ] възнєнавидѣхъ Pog
ВРАЅИ] add. *bo* Fra
23 Г(ОСПОД)И] б(о)жє Pog
РАЗОУМѢІ] ȣвѣждь Pog Fra оувѣжди Bon
СТЬЅꙖ] *st<a>zi* Fra
24 ВИЖДЬ] вижди Bon Fra
БЄЗАКОНЄНИѢ] бєзакониꙗ Bon Fra
ЄСТЪ] om. Bon
НАСТАВИ] *navedi* Fra
Ps 139, 1 ДА(ВЫДО)ВЪ] add. весь ѱалм' ѡ х(рист)ѣ рєчєнь быс(т)ъ · д(а)вы(д)ъ жє ꙗко из нєго по пльти
Pog Bon Fra add. ·ѳлѳ· Pog Bon
3 ПОМЫСЛІШꙖ] възмыслишѫ Bon Fra
НЄПРАВЪДѪ] *nepr<a>vdi* Fra

2b

4 Поострішѩ ѩꙁ҃къ своі ѣко ꙁміінъ ·
ѣдъ аспіденъ · подъ оустънами іхъ ·
Діѣпсалъма ·
5 Съхрани мѩ г҃і отъ рѫкы грѣшъничѩ ·
Отъ ч҃ка неправедьна іꙁъми мѩ ·
Іже помысліша ꙁапѩти сто-
пы моѩ · 6 Съкрышѩ гръдиі
сѣть мьнѣ ·
І ѫжи прѣпѩшѩ сѣть ногама мо-
іма · Прі стьѕи сканъдѣлъ
положишѩ ми ·
7 Рѣхъ г҃ю б҃ъ моі еси [ты] ты ·
Вьноуши г҃і молитвѫ моѭ ·
8 Г҃і г҃і сила с҃пениѣ моего · Осѣ-
нилъ еси надъ главоѭ моеѭ ·
вь день брани ·
9 Не прѣдаждь мене г҃і отъ похоти
моеѩ грѣшьникови · Помысли-
шѩ на мѩ не остави мене · Еда ко-
гда вьꙁнесетъ сѩ · Діѣпсалма[6]
10 Глава окрѭжению іхъ · Троу-
дъ оустенъ іхъ покрыетъ ѩ ·
11 Падѫ на нихъ ѫглие · Огнемь

---

[6] litterae ligatae -лм-

2b

Ps 139, 4 АСПІДЄНЪ] *aspidov'* Fra

5 ОТЪ ЧЛОВѢЖА НЄПРАВЄДЬНА] *ot č<lově>kь nepr<a>v<e>dn<i>hь* Fra

ІЗЪМИ] избави Bon

6 МОІМА] om. Fra

СКАНЪДѢЛЪ] съблазнь Pog Bon

МИ] м҆нѣ Pog Bon Fra add. диапсалма Pog Bon Fra add. разньство (razan'stvie *Fra*) словеси на дрȣгы разȣмъ Pog Fra

7 Г‹ОСПОД›Ю] г‹оспод›еви Pog Bon *g<ospode>vě* Fra

[ТЫ] per errorem scriptum est

МОЛИТВѪ МОѬ] гласъ молитвы моєꙗ Pog Bon Fra τὴν φωνὴν τῆς δεήσεώς μου

8 СИЛА] силъ Bon

9 НЄ ПРѢДАЖДЬ] *ne predai* Fra

Г‹ОСПОД›И] om. Fra

ГРѢШЬНИКОВИ] грѣшникоу Pog Bon Fra

ВЪЗНЄСЄТЪ СѦ] възнесѫтъ сѧ Bon ὑψωθῶσιν

ДІѢПСАЛ‹Ъ›МА] om. Pog Bon Fra

10 ОКРѬЖЄНИЮ] окрѫжениꙗ Pog Bon Fra

ОУСТЄНЪ] оусть Pog Bon

11 ПАДѪ] падѫть Pog Bon Fra πεσοῦνται

3a

низъложи (!) ꙗ · Въ страсте-
хъ не постоꙗтъ · ДІѢПСАЛМА ·
12 Мѫжь оустатъ не іспрaвитъ
сꙗ на ꙁемлі · Мѫжа непра-
ведьна ꙁълаа оуловꙗтъ въ
істьлѣниі ·
13 Раꙁоумѣхъ ѣко сътворитъ Г҃ь
сѫдъ ништіимъ · І ме-
сть оубогыимъ ·
14 Ѡбаче праведьниі · ісповѣ-
дꙗтъ сꙗ імени твоемоу ·
І веселꙗтъ (!) сꙗ правиі · съ
лицемь твоімь · СЛАВА ·
РІ[Ћ]К 1 ПСАЛОМЪ ДАВЪ · Ps 140
Г҃І воꙁъвахъ къ тебѣ оуслы-
ши мꙗ · Вонъми гласъ мо-
литвы моеꙗ егда въꙁовѫ
къ тебѣ ·
2 Да сꙗ іспрaвитъ молитва
моѣ ѣко кадило прѣдъ тобоѭ ·
Въꙁдѣание рѫкоу моею жрь-
тва вечерьнѣѣ ·
3 Положи Г҃І хранение оустомъ
моімъ ·

3a

Ps 139, 11 НИЅЪЛОЖИ (!)] ниѕложиши Pog Bon Fra καταβαλεῖς
ДІѢПСАЛ(Ъ)МА] om. Pog Bon Fra
12 ЅЪЛАА ОУЛОВѦТЪ] ѕло оуловить Pog Bon κακὰ θηρεύσει
ВЪ ІСТЬЛѢНИІ] вь истлѣниѥ Pog Bon Fra
13 СЪТВОРИТЪ] створи Pog
14 ВЕСЕЛѦТЪ (!) СѦ] вселат' сѧ Pog Bon Fra κατοικήσουσιν
Ps 140, 1 РІЋІКІ] ·рм· Pog Bon add. слав(а) Pog Bon
ДА(ВЫДО)ВЪ] add. на х(ри)ст(а) ѱал'мь (*ps<al>ma Fra*) вьѕложи Pog Bon Fra
2 ѢКО] add. *i* Fra

3b

І двъри оградєны оустънахъ моіхъ· 4 Нє оукл(о)ни с҃рца моѥго въ словеса лѫкавьна· Нєпъштевати ми вынѫ[7] о грѣсѣхъ · Съ чл҃вкы творѩштіими беꙁаконениѥ · І нє съчетаѭтъ сѩ съ іꙁбьранꙑими іхъ · 5 Покажетъ мѩ праведьникъ милостыѭ обліčитъ мѩ · Олѣі же грѣшьника да нє намастітъ главы моѥѩ · Ѣко ѥште молитва моѣ въ благоволени-і-хъ · 6 Пожрьти бышѩ прі камени сѫдиѩ іхъ · Оуслышѩтъ сѩ г҃лі моі ѣко възмогѫ · 7 Ѣко і тльшта ꙁемьскаа · прѣсѣде сѩ на ꙁемлі[8] · Расоушѩ сѩ (!) кості іхъ прі адѣ · 8 Ѣко къ тебѣ г҃і г҃і очи моі · На тѩ оупъвахъ нє отъими д҃шѩ моѥѩ · 9 Съхрани мѩ отъ сѣти ѭже

[7] per rasuram correctum e вынѫ
[8] litterae ligatae -мл-

3b

Ps 140, 3 ОГРАЖДЄНЪІ] ѡграждєнъıѩ Bon
ОУСТЪНАХЪ] ѡ ѹст'нахъ Pog Bon περὶ τὰ χείλή μου
4 ЛѪКАВЪНА] лѫкавнаа Pog Bon
МИ] om. Pog Bon Fra
ВЪІНѪ] винъı (!) Bon Fra
БЄЗАКОНЄНИЄ] бєзаконие Bon Fra
НЄ СЪЧЄТАѬТЪ СѦ pro -АѬ СѦ?] нє съчєтаѧ сѧ Pog Fra om. сѧ Bon οὐ μὴ συνδυάσω
5 МИЛОСТЬѬ] add. своєѩ Pog и Bon Fra καί
ОЛѢІ] *maslo* Fra
ГРѢШЬНИКА] грѣшникъ Bon
НАМАСТІТЪ] *mastit'* Fra
ѢКО] add. и Pog Bon καί
ВЪ БЛАГОВОЛЄНИ-І-ХЪ] въ благоволєни ихъ Pog въ благоволєниє ихъ Bon Fra ἐν ταῖς εὐδοκίαις αὐτῶν
6 КАМЄНИ] камєнє Pog *k<a>m<e>ně* Fra
7 І] om. Pog Fra
ЗЄМЬСКАА] земли Pog Bon *z<eml>e* Fra
ПРѢСѢДЄ СѦ] *prosěde se* Fra
НА ЗЄМЛІ] на землѧ Bon
8 Г‹ОСПОД›И Г‹ОСПОД›И] iterum om. Fra
9 СЪХРАНИ МѦ] add. *g<ospod>i* Fra
СѢТИ] add. сєѩ Pog
ѨЖЄ] *eže* Fra

4a

съставишѩ ми · і отъ сканъ-
дѣлъ творѩштіихъ беꙁаконение ·
10 Въпадѫтъ сѩ вь рѣжѫ сво-
ѭ грѣшьници · Сцѣголъ есмь
аꙁъ доідеже прѣідѫ ·
1 Раꙁоумъ д҃авъ · вьнегда бѣ Ps 141
р҃ка въ вортъпѣ[9] молитва ·
2 Гласомь моімь къ г҃ю воꙁъ-
вахъ · Гласомь моімь
къ г҃ю молихъ сѩ ·
3 Пролѣѭ прѣдъ нимь моли-
твѫ моѭ · печаль моѭ
прѣдъ нимь ісповѣдѣ ·
4 Егда ісконьчаваашe сѩ отъ
мене д҃хъ моі · і тъ (!) поꙁна
стьѕѩ моѩ ·
На пѫти семь по немоуже хожда-
ахъ · Съкрышѩ сѣть мнѣ ·
5 Смоштрѣахъ о деснѫѭ і вь-
ꙁглѩдаахъ · і не бѣ ꙁнаѩ-
і мене ·
Погыбе бѣство отъ мене ·
і нѣстъ вьꙁіскаѩі д҃шѩ моеѩ ·

---

[9] littera cyrillica ·Т·

4a

Ps 140, 9 МИ] мънѣ Pog Bon *o m'ně* Fra
І] om. Pog
СКАНЪДѢЛЪ] съблазнь Pog Bon *skuděl'* Fra add. дѣль Pog
БЕЗАКОНЕНИЕ] безаконие Bon Fra
10 СЦѢГОЛЪ] единь Pog Bon Fra
ДОІДЕЖЕ] дон'деже Pog
ПРѢІДѪ] *proidu* Fra
Ps 141, 1 ВЪ ВРЪТЪПѢ] вь пещерѣ Pog Bon Fra
МОЛИТВА] add. м(о)л(и)тва убо есть и ничтоже ина (ино *Bon i ne Fra*) · прѣдьлежѫщаа · нь обаче трѣбоуѭть разоума · ꙗко да мы навыкнемь · кымь образомь · вь напастехь сѫще избѣгати з'ла·:· ·р҃ма· (numeri notam om. *Fra*) Pog Bon Fra
2 КЪ Г(ОСПО)ДЮ$_{1}$] къ г(оспо)ди Pog Fra къ г(оспо)доу Bon
КЪ Г(ОСПО)ДЮ$_{2}$] къ г(оспо)доу Pog Bon Fra
МОЛИХЪ СѨ] помолих сѧ Pog Bon *pokl<o>nih' se* Fra ἐδεήθην
3 МОѬ] add. и Pog Bon Fra
ІСПОВѢДѢ] възвѣщѫ Pog Bon Fra
4 ІСКОНЬЧАВААШЕ СѨ] ищѣзааше Pog Fra ищазааше Bon
ТЪ (!)] ты Pog Bon *ta (!)* Fra σύ
ПО НЕМОУЖЕ] *po nem´že* Fra
СѢТЬ] *sěti* Fra παγίδα
5 СМОШТРѢАХЪ] съмотрѣахъ Pog *smotrah'* Fra
ДЕСНѪѬ] *desnoju* Fra

4b

6 Возъвахъ къ тебѣ г҃ı рѣхъ ты
єси оупъвание моє · Чѩсть
моѣ єси на ꙁемли живѫщиıхъ ·
7 Вонъми молитвѫ моѭ · Ѣ-
ко съмѣрихъ сѩ ꙃѣло ·
Іꙁбави мѩ оть гонѩщıхъ мѩ ·
Ѣко оукрѣпишѩ сѩ паче мєнє ·
8 І изведи ıс темьницѩ д҃шѫ
моѭ · ıсповѣмь ти (!) сѩ ı-
мени твоемоу ·
Мєнє жидѫтъ праведьници ·
Доıждеже въꙁдаси мнѣ ·
1 Пс҃аломъ дав҃ъ · єгда ı го- Ps 142
р҃ћб нѣаше снъ[10] єго авесалом ·
Г҃ı оуслыши молитвѫ моѭ ·
Вънѹши моление мое въ ı-
стıнѫ твоѭ ·
Оуслыши мѩ въ правъдѫ
твоѭ · 2 І не вьниди въ сѫ-
дъ съ рабомь своıмь ·
Ѣко не оправьдитъ сѩ прѣдъ
тобоѭ вьсѣкъ живы ·
3 Ѣко погъна врагъ д҃шѫ моѭ ·

[10] sine compendii signo

4b

Ps 141, 8 І] om. Pog Bon Fra
ІСПОВѢМЬ ТИ (!) СѨ] исповѣдати сѧ Pog Bon Fra τοῦ ἐξομολογήσασθαι
ДОІЖДЕЖЕ] дон'деже Pog доидеже Bon *do iděže* Fra
Ps 142, 1 ЄГДА І ГОНѢАШЕ] єгда гонѣаше и Pog Bon Fra
АВЕСАЛОМ] add. и сь под(о)бно · имать сѫщааго прѣдь нимь сказаниє · молить бо сѧ ѿт(ь) гонѧщиихь (add. єго *Bon*) гонести (add. а *Bon*) · ꙗкоже апо(сто)ль реч(е) ѡбразнѣ же си (*se Fra* om. *Bon*) прилоѹчиша сѧ (*priluči se Fra*) дрєвльниимь · (*drěv'nim' Fra*) писана же быша на показаниє (*na poznanie Fra*) наше ѹчими ѹбо єсмы (єсме *Bon esmь Fra*) вь напастех (add. прилежно *Bon Fra*) прибѣгати кь б(ог)оу · вѣдомо же ꙗко вьзносити сѧ (вьзноситъ сѧ *Bon Fra*) · на чл(овѣ)чьства лице (*na č<lově>č<a>ska lica Fra*) м(о)л(и)тва ѿ лихоимав'шааго сотоны · єгоже избавити сѧ молить · пришьствиємъ єдиночѧдааго ⁘ ·рмв· (numeri notam om. *Fra*) Pog Bon Fra
ТВОѨ] *moju* Fra
2 І] om. Fra
СВОІМЬ] твоим' Pog Bon Fra
ЖИВЫ] *živei* Fra

5a

Съмѣрилъ єстъ на ꙃємлı[11] животъ мοı ·
Посади мѩ вь тємънꙑıхъ ѣ-
ко ı мръτвı (!) вѣкоу · 4 ı оунꙑ
во мнѣ д҃хъ моı ·
Во мнѣ съмѩтє сѧ с҃рцє моє ·
5 Помѩнѫхъ дьни дрєвльнѩѩ ·
Поучихъ сѧ во вьсѣхъ дѣлѣ-
хъ твоıхъ · Въ тварєхъ
рѫкоу твоєю поучихъ сѧ ·
6 Вьꙃдѣхъ кь тєбѣ рѫцѣ моı ·
д҃ша моѣ ѣко ꙃємлѣ бєꙃводь-
наа ти ·
7 Ѩдро оуслꙑши мѩ г҃ı ıсконь-
ча сѧ д҃хъ моı ·
Нє отъврати лица твоєго отъ
мєнє · ı оуподоблѭ сѧ съ
ниꙃъходѩштııми въ ровъ ·
8 Слꙑшанѫ створи ми ютро ми-
лость твоѭ · ѣко на тѩ оу-
пъвахъ ·
Съкажи ми г҃ı пѫть во ньжє по-
ıдѫ · ѣко къ тєбѣ вьꙃдвı-
гъ д҃шѫ моѭ ·

[11] litterae ligatae -мл-

5a

Ps 142, 3 ПОСАДИ МѨ] посадил мѧ єсть Pog Bon Fra
І] om. Pog Bon Fra
МϘЪТВІ (!) ВѢКОѴ] мϙьтвы вѣкоѵ Pog мϙътва въ вѣкъ Bon *mr'tvie věka* Fra νεκροὺς αἰῶνος
4 І] om. Pog
ВО МNѢ] add. *s(a) mně (!)* Fra
5 ПОМѨNѪХЪ] помѣnѫхъ Bon
ДϘЄВЛЬNІѨѨ] *d'rěv'nie* Fra
6 БЄꙀВОДЬNАА] *bezvod'na* Fra
ТИ] тєбѣ Pog Bon Fra
7 ІСКОNЬЧА СѨ] искоn'чаєть сѧ Pog ἐξέλιπεν
8 МИ] мnѣ Pog Bon Fra
ЮТϘО] ꙁаѵтϙа Pog Bon
ВЬꙀДВІГЪ] въꙁѧсъ Pog въꙁѧхъ Bon *vzvěs'* Fra

5b

9 ιʒъм(и)[12] мѧ отъ врагъ моιхъ
г҃ι къ тебѣ прιбѣгъ · 10 Наоучи
мѧ творити волѭ твоѭ ѣ-
ко ты еси б҃ъ моι ·
Д҃хъ твоι благыι настави-
тъ мѧ (н)а ʒемлѭ правѫѭ ·
11 ιмен(е) твоего ради г҃ι живи-
ши мѧ · (в)ъ правъдѫ твоѭ ·
ι ιʒве(д)еши отъ печали д҃шѫ
моѭ ·
12 ι милостыѭ твоеѭ потрѣби-
ши вр(а)гы моѩ · ι погоуби-
ши вьсѩ сътѫжаѭштѩѩ
д҃шı моеı · ѣко аʒъ рабъ тво-
ι есмь · слаⷡ · сѣноⷣ · 1 п҃салмъ Ps 143
р҃кв дв҃ъ къ голиадоу ·
Бл҃ственъ г҃ь · б҃ъ моι · Наоу-
чаѩ рѫцѣ моι на ополъчение ·
ι п(ръ)сты[13] моѩ на бранъ ·
2 Ми(ло)ст(ь) моѣ ι прιбѣжиште
м(ое) ʒастѫпьникъ моι ι
и(ʒба)витель моι ·
Помоштьникъ моι ι на нь оу-

[12] linea 1 et lineae 6-11 laesae sunt
[13] lineae 19-22 laesae sunt

5b

Ps 142, 9 ПРІБѢГЪ] прибѣгохъ Bon

11 ‹В›Ъ ПРАВЪДѪ ТВОѬ] въ правдѣ твоеи Pog Fra

ı] om. Pog Bon Fra

12 ТВОЄѬ] твоѩ Bon

ı$_2$] om. Pog

СѢД‹ИЛЬ›NО] каѳ‹исма› Pog сѣдилъна Bon om. Fra add. к҃ Pog

Ps 143, 1 КЪ] om. Fra

ГОЛИАДОУ] add. ѡ х‹ри›с‹то›вѣ побѣд‹ѣ› пр‹о›рочьство (om. *Fra*) ес‹ть› реч‹е›но· еже побѣди диꙗвола· ѡ неи самь реч‹е›· дрьзаите азь побѣдихъ всего мира Pog Bon Fra

Р҃КВ] ·р҃мг· Pog Bon om. Fra

БЛ‹АГОСЛОВЕ›СТВЕNЪ] бл‹аго›‹слове›нь Pog Bon Fra

ı] om. Pog Bon

2 ПОМОШТЬNИКЪ] защититель Pog Bon Fra ὑπερασπιστής

ı$_3$] om. Pog Bon Fra

6a

пъвахъ · Повиноуѩ люди
моѩ подъ мѩ ·
3 Г҃і чьто естъ ч҃лвкъ ѣко съка-
ꙁа сѩ емоу · Ли с҃нъ ч҃лч҃ь ѣко
вьмѣнѣеши ι ·
4 Ч҃лкъ соуетѣ оуподоби сѩ · Де-
нье его ѣко сѣнь прѣходѩтъ ·
5 Г҃і прѣклони н҃бса ι съниди ·
Косні въ горы твоѩ ι въ-
скоурѩтъ сѩ ·
6 Бльсні мльниеѭ твоеѭ раждe-[14]
неши ѩ · Посъли стрѣлы тво-
ѩ ι съмѩтеши ѩ ·
7 Посъли рѫкѫ твоѭ съвыше
ι изъми мѩ · Іꙁбави мѩ
отъ водъ многъ · Іꙁ-д-рѫ-
кы с҃нвъ тоуждιιхъ ·
8 Іхъже оуста гл҃шѩ соуетѫ · ι
десніца ιхъ десніца неправедьн(а)
9 Б҃же пѣснь новѫ въспоѭ тебѣ ·
Во псалтыри десѩтъстроу-
ннѣ въспоѭ ти ·
10 Даѭштюмоу с҃пение ц҃ремъ ·

[14] litterae ligatae -ЖД-

6a

Ps 143, 3 СЪКАЅА СѨ] скаѕаеши сѧ Bon

ЛИ] *ili* Fra

ВЪМѢНѢЕШИ] *vměniši* Fra

4 ДЕНЬЕ] дъни Bon Fra

ЄГО] мои Pog αὐτοῦ

5 ВЪ ГОРЫ ТВОѨ] горы Pog Bon Fra τῶν ὀρέων

6 МЛЪНИЕѬ] мльниѩ Pog Bon Fra

ТВОЕѬ] твоѫ Bon var. add. σου om. Pog Fra add. и Pog Bon Fra καί

РАЖДЕНЕШИ] раждени Pog Fra σκορπιεῖς

7 ПОСЪЛИ] *poš'li* Fra

І] om. Pog Bon Fra var. add. καί

ИЅЪМИ] *izb<a>v<i>* Fra

ИЅБАВИ] *iz'mi* Fra

ІЅ-Д-РѪКЫ] иѕ рѫкы Bon Fra

8 І] om. Pog

9 ДЕСѨТЪСТРОУННѢ] десѧтостроунънѣ Bon

ТИ] тебѣ Pog Bon Fra

6b

ізбавѩштюмоу д҃ада раба сво-
его отъ оржжьѣ люта ·
11 ізбави мѩ і ізъми мѩ із-д-рж-
кы с҃новъ тоуждіхъ · іхъ-
же оуста г҃лашѩ соуетж ·
И десніца іхъ десніца не-
праведъна ·
12 іхъже с҃нови іхъ · ѣко новы
отърасли · Оутвръждены
въ юності своеі · Дъште-
ри іхъ оукрашены · і прѣкж-
штены ѣко оукжштение ц҃ркви ·
13 Хранильницѩ іхъ · ісплънь ·
отърыгаѭштѩ · отъ сеѩ во сь-
ѭ · Овьцѩ іхъ многоплодъ-
ныны ·
Плодѩштѩѩ сѩ въ ісходи-
штіхъ своіхъ · 14 Волове і-
хъ тлъсті ·
Нѣстъ паданиѣ ни выплѣ на
цѣстахъ іхъ ·
15 Оублажишѩ люди імъже
си сжтъ · Блажени людие ·
имъже г҃ь б҃ъ іхъ ·[15]
ρ҃кг 1 псаломъ д҃авъ Ps 144

---

[15] Lineae 24 - 7a8 litteris maioribus manu altera additae seu correctae sunt

6b

Ps 143, 10 ІЗБАВѤШТЮМОѴ] избавлѣѩщаго Pog избавлъшюмоѵ Bon *izb<a>vljajuć<e>mu* Fra
11 І] om. Bon Fra
ІЗЪМИ МѤ] *izb<a>v<i> me* Fra
ІЗ-Д-ѺѪКЪІ] из ѻѫкы Bon *iz ruk'* Fra ἐκ χειρός
12 С‹Ы›NОВИ] с‹ы›нове Pog Bon Fra
NОВЪІ ОТЪѺАСЛІ] новоѻасли Bon Fra νεόφυτα
ПѺѢКѪШТЄNЪІ] пѻѣкоѵщены Pog Bon *ukoš'ćeni* Fra
ОѴКѪШТЄNИЄ] оѵпод‹о›бление Pog подобление Bon *podobie* Fra ὁμοίωμα
13 ОТЪѺИГАѬШТѤ] ѡт‹ъ›ѻигаѩщаѩ Pog Fra
ПЛОДѤШТѤѤ СѤ] плодаща са Pog Bon Fra
14 ПАДАNИѢ] add. плотоѵ Pog Bon Fra φραγμοῦ add. ни пѻохода Pog Bon οὐδὲ διέξοδος
NА] въ Pog Bon Fra
15 ЛЮДИ] людиє Pog Bon
Ps 144, 1 ДА‹ВЪІДО›ВЪ] add. хвала х‹ѻи›с‹то›ви (*h<r's>tu Fra*) ѿ люд‹и›и ѩзычныѩ (ѫз‹ы›чъскыхъ *Bon Fra*) пѻиносима ѡ ніхъже помиловани быша имь ·:· ·ѻмд· (numeri notam om. *Fra*) Pog Bon Fra

7a

Възнесѫ тѧ б҃же мои ц҃рю
мои · И бл҃щѫ імѧ
твое въ вѣкъ і вѣ-
къ вѣкоу ·
2 На къжде дьнь бл҃щѫ
тѧ · И въсхвалѭ
імѧ твое · въ вѣкъ і
вѣкъ вѣкъ ·
3 Велеі гь[16] і хваленъ ѕѣло · І
величию его нѣстъ коньца ·
4 Родъ і родъ въсхвалитъ дѣ-
ла твоѣ · І силѫ твоѭ вь-
звѣстѧтъ ·
5 Вельлѣпотѫ славы ст҃ы-
нѧ твоеѧ възглаголѭтъ ·
І чюдеса твоѣ ісповѣдѧтъ ·
6 И силѫ страшьныихъ твоі-
хъ рекѫтъ · И величие тво-
е ісповѣдѧтъ ·
7 Памѧть оумноженіѣ благості
твоеѧ отърінѫтъ (!) · І въ пра-
вьдѣ твоеі въздрадоуѭт сѧ ·
8 Щедръ і милостівъ г҃ь ·
Тръпѣливъ і прѣмилостівъ ·
9 Благъ г҃ь вьсѣчьскыімъ ·
І щедроты его на вьсѣхъ
дѣлѣхъ его ·

[16] sine compendii signo

7a

Ps 144, 1 МОІ,] add. и Pog
И] om. Pog Fra
БЛ‹А›ГОСЛОВЄ›ЩѪ] бл‹а›го›сл‹о›ва Pog Fra
ВЪ ВѢКЪ І ВѢКЪ ВѢКОѴ] въ вѣкы Pog въ вѣкъ и въ вѣкъ вѣка Bon *v<a> v<ě>k' v<ě>ka* Fra
2 КЪЖДЄ] къждо Pog всѣкъ Bon *ko<i>ždo* Fra
БЛ‹А›ГОСЛОВЄ›ЩѪ ТѦ] бл‹а›го›с‹ло›ва т‹ѧ› Pog Fra благословества тѧ Bon
ТВОЄ] om. Pog
ВЪ ВѢКЪ І ВѢКЪ ВѢКЪ] вь вѣкы и вь вѣкь вѣка Pog въ вѣкъ · и въ вѣкъ вѣка Bon Fra
3 ВЄЛИЧИЮ] *v<e>lič<a>stviju* Fra
4 ВЪСХВАЛИТЪ] въсхвалѧть тѧ Pog Bon ἐπαινέσει
5 СВ‹Ѧ›ТЫНѦ] *s<ve>tie* Fra
6 И,] om. Fra
7 ОТЪꙒИНѪТЪ (!)] ѡт‹ъ›ꙓігнѫт Pog Bon Fra ἐξερεύξονται
І] om. Pog
ВЪ ПꙒАВЪДѢ] пꙓавдѣ Pog Bon Fra τῇ δικαιοσύνῃ
9 ВЬСѢЧЬСКЫІМЪ] всѣмь Pog
NА ВЬСѢХЪ] вь всѣхъ Pog

7b

10 Ісповѣдѧтъ сѧ тебѣ г҃і вьсѣ
дѣла твоѣ · і пр҃бьниі тво-
і благословествѧтъ тѧ ·
11 Славѫ ц҃рствіѣ твоего рекѫ-
тъ · і силѫ твоѭ въꙁглѭтъ[17] ·
12 Съкаꙁати с҃номъ ч҃лвскомъ
силѫ твоѭ · і славѫ ве-
льлѣпоты ц҃рства твоего ·
13 Ц҃рство твоє ц҃рствіє вьсѣ-
хъ вѣкъ · і владычь-
ство твоє во вьсѣкомь ро-
дѣ і родѣ ·
Вѣренъ г҃ь во вьсѣхъ словесе-
хъ своіхъ · і прѣподобенъ
во вьсѣхъ дѣлѣхъ своіхъ ·
14 Подъемлетъ г҃ь вьсѧ ниꙁъ-
падаѭштѧѩ · і въꙁво-
дитъ вьсѧ ниꙁъврьженыѩ ·
15 Ѡчи вьсѣхъ на тѧ ѹпъваєте ·
і ты даєши імъ пиштѫ
въ подобьно врѣмѧ ·
16 Ѡтврьꙁаєши ты рѫкѫ тво-
ѭ · і насыштаєши вьсѣ-
ко животьноє благоволениѣ ·

---

[17] litterae ligatae -ГЛ-

7b

Ps 144, 10 ТЄБѢ] *tebi* Fra
БЛАГОСЛОВЄСТВѨТЪ] бл‹а›госл‹о›в‹ѧ›тъ Bon Fra
ТѨ] om. Pog
11 Ц‹ѢСА›РЬСТВІѢ] ц‹ѣ›с‹а›рьства Bon
12 ЧЛ‹О›В‹Ѣ›ЧЬСКОМЪ] чл‹о›в‹ѣ›чемь Pog *č<lověča>sk<i>mь* Fra
Ц‹ѢСА›РЬСТВА] *c<ěsa>rstvię* Fra
13 Ц‹ѢСА›РЬСТВО] praem. *i* Fra
Ц‹ѢСА›РЬСТВІЄ] ц‹ѣ›с‹а›р‹ь›ство Pog Bon Fra
ТВОЄ₂] om. Fra
14 НИЗЪПАДАѬШТѨѨ] *nis'p<a>dajuće* Fra
І] om. Pog
15 ОУПЪВАЄТЄ] оупъваєтѣ Bon *up'vaeta* Fra
ДАЄШИ ІМЪ ПИШТѪ] даєши пицѫ имъ Pog *daeši piću im'* Fra
16 ТЫ] om. Pog
ТВОѬ] своѭ Pog Bon
НАСЫШТАЄШИ] напитѣєши Bon Fra
ВЬСѢКО ЖИВОТЬНОЄ] вьсѣкого животьна Pog Bon *vs<a>ko život'no* Fra
БЛАГОВОЛЄНИѢ] въ благоволєниѥ Pog

Ps 144, 17 - 21; Ps 145, 1 - 3

8a

17 Правьденъ г҃ь во вьсѣхъ пѫтехъ
своихъ · і прѣподобенъ во вь-
сѣхъ дѣлѣхъ своихъ ·
18 Близъ г҃ь вьсѣмъ призыва-
ѭштимъ-і-и[18] · Вьсѣмъ
призываѭштимъ-и-і[19]
въ істинѫ ·
19 Волѭ боѩштимъ сѩ его съ-
творит и молитвѫ ихъ оуслы-
шитъ і съпасетъ ѩ ·
20 Хранитъ г҃ь вьсѩ любѩщѩѩ его ·
і вьсѩ грѣшьникы потрѣбитъ ·
21 Хвалѫ г҃нѭ[20] възглаголѭтъ
оуста моѣ · і да бл҃ствітъ
вьсѣка плоть імѩ с҃втое его ·
ркд Вь вѣкъ і вѣкъ вѣкоу · сл҃ва Ps 145
1 аллоуиѣ[21] · анѣеоу і захарі ·
Хвали д҃ше моѣ г҃ѣ · 2 Въсхва-
лѭ г҃ѣ въ животѣ моемь ·
Поѭ б҃оу моемоу доідеже есмь ·
3 Не надѣіте сѩ на кънѩѕѩ ·
На с҃ны ч҃лвскы вь нихъ нѣ-
стъ съпасениѣ ·

[18] -мъ-і-и pro -мъ и
[19] -мъ-и-і pro -мъ и
[20] litterae -ѭ- pars altera (ѥ) omissa est
[21] sine compendii signo

8a

Ps 144, 18 ПРИЗЫВАЮШТИИМЫ И] *prizivajućem' i* Fra
ВЪ ИСТИНѪ] ӥстиноѭ Pog *i v' istinu* Fra
19 БОѤШТИИМЪ СѦ] боѥщиих сѧ Pog Bon Fra
20 ЄГО] и Pog Bon Fra
ВЬСѦ₂] *vsi (!)* Fra
ПОТРѢБИТЪ] погоубить Bon
21 БЛ⟨А⟩ГОСЛОВЄ⟩СТВИТЪ] бл⟨а⟩го⟩с⟨лови⟩ть Pog Bon Fra
ВЬ ВѢКЪ И ВѢКЪ ВѢКОУ] въ вѣкы (въ вѣкъ *Bon*) и въ вѣкъ вѣка Pog Bon Fra
Ps 145 РКД] ·рме· Pog Bon om. Fra
СЛАВ⟨А⟩] om. Fra
1 ЗАХАРИИ] add. хвала с⟨ва⟩та праведьника (праздника *Bon Fra*) пасхы (add. славы *Bon Fra*) нераздроушимыѩ · ангеωсь бо сказает' сѧ праведникь (праздникъ *Bon Fra*) · захариѩ же памат⟨ь⟩ (*prazd'n<i>kь Fra*) · ıѩ (om. *Bon Fra*) · еже (ѩже *Bon*) есть неразоримо (еже есть неразоримо om. *Fra*) сего ради пророкь · сего (*se Fra*) глаголеть (г⟨л⟩аго⟩ла *Bon Fra*) ѱал'ма Pog Bon Fra
2 Г⟨ОСПОД⟩Ѣ₁,₂] г⟨оспод⟩а Pog Bon Fra
ДОИДЕЖЕ] дон'деж⟨е⟩ Pog Bon Fra
3 ЧЛ⟨О⟩В⟨Ѣ⟩ЧЬ⟩СКЫИ] чл⟨овѣ⟩ча Pog чл⟨овѣ⟩чьскыѩ Bon Fra
ВЬ НИХЪ] вь них'же Pog Bon Fra

8b

4 ізидєтъ дх҃ъ єго і възвратитъ
сꙗ вь ꙁємлѭ своѭ · Во тъ дє-
нъ погꙑблѭтъ вьсѣ помꙑ-
шлєниѣ ихъ ·
5 Блажєнъ ємоужє б҃ъ іѣковль по-
моштьникъ ємоу · Оупъваниє
єго на г҃ѣ б҃а своєго ·
6 Сътворьшаєго н҃бо і ꙁємлѭ ·
Морє (и) (в)ьсѣ[22] ѣжє сѫтъ вь нихъ ·
Хранꙗштааго істінѫ въ вѣкъ ·
7 Творꙗштааго сѫдъ обидимꙑімъ ·
Даѭшта пиштѫ лачѫштиімъ ·
Г҃ь рѣшитъ окованꙑꙗ · 8 Г҃ь оумѫ-
дрѣєтъ слѣпьцꙗ ·
Г҃ь въꙁводитъ ниꙁъвръжєнꙑꙗ ·
Г҃ь любитъ праведьникꙑ ·
9 Г҃ь хранитъ пріשєльцꙗ ·
Сира і въдоі[во]івѫ[23] пріімєтъ ·
І пѫти грѣшьнꙑхъ погоубитъ ·
10 Вьцѣсаритъ сꙗ г҃ь вь вѣкъ ·
Б҃ъ твоі сионє въ родъ і родъ ·
1 аллѣлоуиѣ · [а] анѣєоу і ꙁахаріі · Ps 146
Хвалитє г҃ѣ ѣко благъ п҃саломъ ·

[22] laesum
[23] -во- erasum

8b

Ps 145, 4 ТЪ] тои Bon
ПОГЫБЛѪТЪ] погыбнѫтъ Pog Fra
5 ІѢКОВЛЬ] иꙗковъ (!) Bon
Г‹ОСПОД›Ѣ] г‹оспод›а Pog Bon Fra
6 СЪТВОРЬШАЕГО] сътворꙿшоумоу Pog сътворъшаадго Bon *stv<o>r'š<a>go* Fra
МОРЕ] om. Fra
ВЪ ВѢКЪ] въ вѣкы Pog
7 ДАѬШТА] даꙗщаадго Pog Bon Fra
АЛЧѪШТИІМЪ] алчѫщиимъ Pog Bon
9 ВЪДОІВОІВѪ] въдовѫ Pog Bon *v'dovicu* Fra
ПѪТИ] пѫть Pog Fra
10 ВЬ ВѢКЪ] въ вѣкы Pog
Ps 146, 1 І] om. Pog
ZАХАРИІ] add. пѣ‹сн›ь анг҃гельскаа (sic!) (*an'j<e>lska Fra*) праzдника с‹вѧ›та (add. *i Fra*) памати славы с‹вѧ›ты (*s<ve>tie Fra*) ангеи бо (*bo* om. *Fra*) скаzаетꙿса праzдникь Pog Bon Fra add. а zахариꙗ паматъ Bon Fra add. ·ром҃ѕ· Pog Bon
Г‹ОСПОД›Ѣ] г‹оспод›а Pog Bon Fra

9a

(б҃)оу[24] нашемоу да насладитъ сѩ и҃(г)
(хв)аление ·
2 (зижд)ѩі и҃лма г҃ь · расѣаниѣ
(и҃лев)а съберетъ ·
3 (исцѣл)ѣѩі съкроушенꙑѩ с҃рцмь ·
(и обѧ)за(ѩ) съкроушениѣ іхъ ·
4 (и съчи)таѩ множьство ѕвѣ-
(здъ ·) і вьсѣмъ імъ іме-
(на на)рицаѩ ·
5 (вели)і г҃ь нашь і велиѣ крѣпо[25]-
(с)ть его · И разоумоу его нѣ-
стъ числа ·
6 Пріемлѩ кротъкꙑѩ г҃ь ·
Съмѣрѣѩ же грѣшьникꙑ
до землѩ ·
7 Начьнѣте г҃ю въ-(ш)-исповѣданиі ·
Поіте б҃оу нашемоу въ гѫслехъ ·
8 Ѡ(благ)аѭштюмоу[26] н҃бо облакꙑ ·
(готов)ѩштюмоу землі[27] дождь ·
(прозѧб)аѭштюмоу въ горахъ
(сѣно) і трѣвѫ слоужьбѣ ч҃лвчи ·
9 Даѭштюмоу скотомъ пішт(ѫ) ім(ъ)[28]

[24] lineae 1-11: foramen in parte sinistra
[25] finis lineae 10 laesa est
[26] lineae 18-21: foramen in parte sinistra
[27] litterae ligatae -мл-
[28] finis lineae 22 laesa est

9a

Ps 146, 1 (ꙁИЖД)ѬⅠ] ꙁиждѫ Bon
2 (И(ꙁДРАИ)ЛЄВ)А] *i<zdrai>limova* Fra
3 (ИСЦѢЛ)ѢѬⅠ] исцѣлѣѩ Pog
4 (И СЪЧИ)ТАѬ] *i s´čitaei* Fra ὁ ἀριθμῶν
ⅠМЪ] om. Bon
6 ПРІЄМЛІѦ] приѥмлѧи Pog
7 NАЧЬNѢТЄ] *načnite* Fra
Г(ОСПОД)Ю] г(оспод)еви Pog Bon *g<ospode>vě* Fra
ВЪ-[І]-ИСПОВѢДАNИⅠ] въ исповѣдании Pog Bon *v' isp<o>v<ě>danie* Fra
8 (ГОТО)ВѬШТЮМОѴ] *gotovajuć<e>mu* Fra
ТРѢВѪ] травѫ Pog Fra
ЧЛ(О)В(Ѣ)ЧИ] чловѣчъстѣ Bon Fra
9 ⅠМ(Ъ)] om. Pog Fra

Ps 146, 9 - 11; Ps 147, 1 - 6

9b

і пьтеньцемъ врановомъ(мъ)[29]
прізꙑваѭштіім(ъ и)
10 Не вь силѣ коньстѣ въс(хоште)-
тъ · Ни въ лꙑстех(ъ мѫ)-
жьстѣхъ благово(литъ)
11 Благоволитъ г҃ь на б(оꙗщиꙗ)-
ꙗ сꙗ его · і оупъва(ѭщиꙗ)-
ꙗ на милость его ·
ρ҃кж 1 Аллоуиѣ[30] · Аггеоу · і З(ахаріі) Ps 147
Хвали і҃илме г҃ѣ · хв(али)
б҃а твоего сионе · 2 Ѣко оу(крѣ)-
пи вереꙗ вратъ твоіхъ ·
б҃лстві с҃ны твоꙗ вь теб(ѣ)
3 Полагаꙗі предѣлꙑ твоꙗ
миръ · і тоука пьшеничь-
на насꙑштаꙗ тꙗ ·
4 Посꙑлаꙗ слово свое на землѭ[31] ·
До скорості течетъ с(лово)[32] его ·
5 Даѭштааго снѣгъ свої (ѣко влъ)-
нѫ · мъглѫ ѣко попе(лъ по)-
сꙑпаѭштааго ·
6 Метаѭштааго голоть свої

---

[29] lineae 1-11: foramen in parte dextra
[30] sine compendii signo
[31] litterae ligatae -мл-
[32] lineae 18-20: foramen in parte dextra

9b

Ps 146, 9 ПϘIꙁЫВАѬШТIIМЬ] *prizivajućem'* Fra
11 I] add. ꙊА Pog Bon Fra
Ps 147 ϘКЖ] om. Pog Bon Fra
1 ꙁАХАϘИI] add. слАвы ꙊЄϘАꙁОϘимы пАмАть ꙁАХАϘИѤ БО пАмАть ·iаѡ· (om. *Bon*) сказаєт' сѧ · (add. и *Bon* a *Fra*) ·iаѡ· (АꙊГЄИ *Bon*) слАвА (*sila Fra*) ꙊЄϘАꙁОϘимА ѱАлмь (om. *Bon Fra*) ·ϘМꙁ· (om. *Fra*) Pog Bon Fra
ГОСПОДѢ] господа Pog Bon Fra
2 БЛАГОСЛОВЄСТВI] благословИ Pog Bon Fra
3 ПОЛАГАѤI] полагаѫ Pog Bon
4 ꙊА ꙁЄМЛѬ] ꙁємли Pog Bon Fra
5 ПОПЄЛЪ] пепелъ Bon
6 СВОI] своѫ Pog

10a

(ѣ)ко[33] хлѣбы · Противѫ
(л)ицю мраза єго кто по-
(сто)ітъ ·
7 (посъ)лєтъ слово своє і раста-
(єтъ) ѣ · Дъхнєтъ д҃хъ єго
(и пот)єкѫтъ воды ·
8 (възв)ѣштаꙗі слово своє
(иѣко)воу · Ѡправъданиѣ сѫ-
(дъб)ы своꙗ і҃илю ·
9 (нє сът)вори тако вьсѣкомоу ꙗ-
(з)ыкоу · і сѫдобъ (!) своіхъ
нє съказа імъ · слава
(р҃кѕ) 1 аллоуиѣ[34] · агћєоу · і захари(і)[35] Ps 148
Хвалитє г҃ѣ съ нєбєсъ · Хва-
литє і въ вышьниіхъ ·
2 Хвлитє (!) і вьси агћєли єго ·
Хвалитє і вьсꙗ силы єго ·
3 Хвалитє і слъньцє і лоуна ·
Хвалитє і вьсꙗ ѕвѣзды
і свѣтъ ·
4 Хвалитє і н҃бса н҃бсъ · і во-
да прѣвышьнѣа н҃бсъ · 5 да хва-
лꙗтъ імꙗ г҃нє ·

[33] lineae 1-11: foramen in parte sinistra
[34] sine compendii signo
[35] littera ·I· laesa

10a

Ps 147, 7 ϘАСТ(АЄТЪ)] *rastait'* Fra
8 (ВЪZВ)ѢШТАѤЄ] въzвѣщаєть Pog Fra въzвѣщаѭ Bon
ѠПϘАВЪДАNИѢ] add. и Pog Bon Fra
Є(ZДϘА)ИЛЮ] єzдϘа)илє)ви Pog
9 СѪДОБЪ (!) СВОЄХЪ] сѫдъбь своихъ Pog сѫдобъ твоихъ Bon *sud<a>bь svoih'* Fra
Ps 148 СЛАВА] om. Fra
1 ZАХАϘИ(Ѣ)] add. аN'геи бо и zах(а)ϘиѩА · пϘиѩасте (пϘижста *Pog Fra*) пѣснь сиѩ пѣти тогда ·ϘМИ· (numeri notam om. *Fra*) Pog Bon Fra
Г(ОСПОД)Ѣ] г(оспод)а Pog Bon Fra
2 Є₂] om. Bon
ВЬСѤ] *vsi (!)* Fra
3 Є₁] om. Bon
Є₃] om. Bon
4 Є₁] om. Bon
ВОДА] add. вєѣ Bon
Х(ВА)ЛѤТЪ] *hv<a>lit'* Fra

Ps 148, 5 - 12

10b

ѣко тъ рече і быша · Тъ пов(е)-[36]
лѣ і соꙁъдаша сꙗ ·
6 Постави ѣ въ вѣкъ і въ вѣ(къ вѣ)-
коꙋ · Повелѣниѣ положи (и не)
мимоідѫтъ ·
7 Хвалите г҃ѣ отъ ꙁемлꙗ
ꙁміеве і вьсꙗ беꙁдь(ны)
8 Ѡгнь градъ снѣгъ (!) голо(ть д҃хъ)
боуренъ · ѣже творꙗтъ (сло)-
во его ·
9 Горы і вьси хлъми · Дрѣ(ва)
плодовита і вьси кедрі ·
10 Ꙁвѣрье і вьси скоти · Гади
і пьтицꙗ перьнаты ·
11 Ц҃ри ꙁемьстіі и вьси людие ·
Кънꙗѕи і вьсꙗ сѫдьꙗ ꙁе-
мьскꙑꙗ ·
12 Юношꙗ і дѣвы старьци съ ю-
нотами · 13 Да хвалꙗтъ і-
мꙗ г҃не · ѣко вьꙁнесе сꙗ імꙗ
того единого
Ісповѣдани-е-го по ꙁемлі[37] і на н҃бсе ·

[36] lineae 1-10: foramen
[37] litterae ligatae ·лі·

10b

Ps 148, 5 ТЪ$_1$] тои Bon
ТЪ$_2$] тои Bon
6 ВЬ ВѢКЪ І] om. Pog Bon
(ВѢ)КОУ] вѣка Pog Bon Fra
ПОВЕЛѢNИѢ] повелѣNиѥ Pog Bon Fra
МИМОІДѪТЪ] мимо идѫ Pog мимоидетъ Bon Fra
7 Г(ОСПОД)Ѣ] г(оспод)а Pog Bon Fra
ꙀМІЄВЕ] *z'mie* Fra
8 ГNѢГЪ (!)] сNѣгь Pog Bon Fra
БОУРЕNЪ] боурNы Pog
ѢЖЕ ТВОРѨТЪ] творѧщаѩ Pog Fra
9 ПЛОДОВИТА] *plodovitaě* Fra
10 ꙀВѢРЬЕ] ꙁъвѣри Bon Fra
ПЕРNАТЫ] перъNатыѫ Bon Fra
11 Ц(Ѣ)САРИ] ц(ѣ)саре Pog
ꙀЕМЬСТІІ] ꙁемльсти Pog Fra
ꙀЕМЬСКЫѨ] ꙁемльNыѩ Pog Bon
13 ПО ꙀЕМЛІ] Nа ꙁемли Pog Bon Fra
NА N(Е)Б(Е)СЕ] Nа Nебеси Pog Bon Fra

11a

14 (і)[38] вьꙁнесетъ рогъ людеі своіхъ ·
(пѣ)снь вьсѣмъ прѣподобьны-
(м)ъ его · с҃номъ і҃иꙇвомъ
(люд)емъ прібліжаѭштіі-
(мъ с)ѩ емь (!) · 1 аллоуиѣ[39] · Ps 149
(въсп)оіте г҃ю пѣснь новѫ ·
(хвале)ние его вь ц҃ркви прѣпо-
(добьн)ыимъ его ·
2 (да въ)ꙁвеселитъ сѩ і҃иль о съ-
(тв)орьшиімь его · і с҃нове
сиони въꙁрадоуѭтъ сѩ о ц҃ри
своемь ·
3 Да въсхвалѩтъ імѩ твое
вь лицѣ · Въ тоумбанѣ і
псалтыри да въспоѭтъ емоу ·
4 Ѣко благоволитъ г҃ь люде-
мъ своімъ · і вьꙁнесе-
тъ кротъкыѩ во с҃пение ·
5 Въсхвалѩтъ сѩ прѣподобь-
ниі въ славѣ · і въꙁра-
доуѭтъ сѩ на ложихъ своіхъ ·
6 Въꙁношениѣ б҃жьѣ въ грътани
іхъ · і мечи обоѭдоу остри въ
рѫкахъ іхъ ·

---

[38] lineae 1-11: foramen
[39] sine compendii signo

11a

Ps 148, 14 ЄМЬ] *emu* Fra

Ps 149, 1 АЛЛОУИѢ] add. пѣс(нь) побѣдна (*poběd′naě Fra*) аініггельска Pog Bon Fra add. рмо Pog Bon

Г(ОСПОД)Ю] г(о)с(поде)ви Pog Bon *g<ospode>vě* Fra

ВЬ ЦР(Ъ)К(Ъ)ВИ] въ цр(ъ)к(ъ)вахъ Bon

ПРѢПО(ДОБЬН)ЫИМЪ] пр(ѣ)под(о)бныихъ Pog Bon Fra

2 О СЪ(ТВ)ОРЬШИІМЬ] ѡ створшиихъ Pog

С(Ы)НОВЕ СИОНИ] om. Pog

ВЪЗДРАДОУѬТЪ СѨ] да въздрадоуѭт′ сѧ Pog Bon ἀγαλλιάσθωσαν

О Ц(ѢСА)РИ] *o c<ěsa>rě* Fra

3 ТВОЄ] его Pog Bon Fra αὐτοῦ

ПСАЛТЫРИ] praem. v Fra

ВЪСПОѬТЪ] поѭтъ Pog Bon ψαλάτωσαν

4 ЛЮДЄМЪ СВОІМЪ] въ людєхъ своихъ Bon ἐν λαῷ αὐτοῦ

5 ВЪСХВАЛѨТЪ СѨ] *vshv<a>let′ te r<eč>e* Fra

6 Б(О)ЖЬѢ] om. Pog

ОБОѬДОУ] *oboju udu* (sic in editione) Fra

Ps 149, 7 - 9; Ps 150, 1 - 5

11b

7 Сътворити мєсть вь ꙗꙁ҃ц҃ѣхъ ·
Обличєниѣ вь людєхъ ·
8 Съвꙗꙁати ц҃рꙗ ıхъ пѫть(ı ·)[40]
ı славьныꙗ ıхъ рѫчь(нъиı)-
ми оковы жєлѣꙁнъимı(и)
9 Сътворити вь нихъ сѫдъ (написанъ ·)
Слава си єсть вьсѣмъ п(рѣпо)-
о҃л добьнымъ єго · 1 а(ллѣлоуиѣ) Ps 150
Хвалитє б҃а вь с҃тъı(хъ єго)
хвалитє ı въ оутвръждє(ни)-
є силы єго ·
2 Хвалитє ı вь силахъ єго ·
Хвалитє ı по прѣмногоумоу
величєствıю єго ·
3 Хвалитє ı въ гласѣ трѫбьнѣ ·
Хвалитє ı во псалътыри
ı въ гѫслєхъ ·
4 Хвалитє ı въ тоумбанѣ ı ли-
цѣ · Хвалитє ı въ строуна-
хъ ı органѣ ·
5 Хвалитє ı въ коумбалѣхъ
доброгласьнѣхъ · Хвали-
тє ı вь коумбалѣхъ вьсклı-
цанию 6 вьсѣко дыханиє да
хвалитъ г҃ѣ ·

[40] lineae 3-9: foramen in parte dextra

11b

Ps 149, 7	ОБЛІЧЄНИѢ] и ѡбличение Bon
8	ЖЄЛѢЅНЪИІМ(И)] желѣѕны Pog Fra
9	(НАПИСАНЪ)] нашан Bon
Ps 150, 1	А(ЛЛѢЛОУИѢ)] add. пѣс(нь) силь Pog Bon Fra
	Ѻ͞Л] ·ѻ͞н· Pog Bon om. Fra
	ВЪ ОУТВѺЪЖДЄ(НИ)Є] въ оутвѻъждении Pog Bon Fra
2	І₂] om. Bon
	ВЄЛИЧЄСТВІЮ] величию Bon Fra
	ТѺЖБЬНѢ] тѻжбнѣмъ Pog Bon
4	І₁] om. Pog Fra
	І₃] om. Pog
	ОѺЪГАНѢ] єѻганѣ Bon
5	ВЪ КОУМБАЛѢХЪ₁] въ тѵм'панѣхъ Pog *v kum'baněh'* Fra
	ВЬ КОУМБАЛѢХЪ₂] въ кѵмбанѣ и (!) Pog
	ВЬСКЛІЦАНИЮ] въсклицаниꙗ Pog Bon Fra
6	Г(ОСПОДУ)Ѣ] г(оспод)а Pog Bon Fra

12a

слава · кънигы · пс҃амъ · дав҃ъ · Ps 151

1 (с)ь[41] пс҃амъ естъ[42] навлашті · (да)въ кромѣ же числа · егда із(де) на сѣчь · къ голиадоу · мьнеі бѣхъ въ братріі моеі · (и) юнѣі въ домоу о҃ца моего · (пас)ѣахъ овьцѩ о҃ца моего · 2 рѫцѣ мої сътвористе оръганы · (п)ръсті мої съставишѩ пъсалътырь · 3 і къто възвѣсті г҃ю моемоу · тъ г҃ь самъ оуслыша мѩ · 4 і посъла аѥђела своего · і помаѕа мѩ милостыѫ помаѕаниѣ · и поѩтъ мѩ отъ овець о҃ца моего · 5 братріѣ моѣ добра і велика · і не благоволи вь нихъ г҃ь · 6 іѕидъ противѫ іноплеменникоу · і проклатъ мѩ ідолы своіми · 7 аѕъ же іѕвлькъ мечь его · оусѣкнѫхъ і · і вьѕѩсъ поношение отъ с҃нъ іил҃въ ·[43]

---

[41] lineae 2-10 partim laesae sunt
[42] littera cyrillica ·Т·
[43] in fine paginae serpentilinea ornamentalis est

12a

Ps 151, 1 СΛΑВΑ] add. каѳ‹исма› Pog сѣд‹илъна› Bon

КЪNИГЪІ · ПСΑΛ‹Ъ›МЪ ДΑ‹ВЪІДО›ВЪ] om. Bon Fra

ЄСТЪ] om. Bon Fra

ПСΑΛ‹Ъ›МЪ NΑВΛΑШТІ ДΑ‹ВЪІДО›ВЪ] ѱалом҄ на власти д‹а›в‹и›д‹о›в҄ Pog Bon ὁ ψαλμὸς ἰδιόγραφος εἰς Δαυιδ

ЖЄ] om. Bon

КЪ ГОΛИΑДОѴ] add. ϙна҃· Pog Bon

ВЪ БϙΑТϙІІ] вь бϙатии Pog Bon Fra

2 СЪТВОϙИСТЄ] ствоϙистѣ Bon *stv<o>ris'ta* Fra

ОϙЪГΑNЪІ] юϙганы Bon add. и Pog

3 І] om. Pog Fra

ВЬZВѢСТІ] вьzвѣстить Pog Bon Fra

Г‹ОСПОД›Ю] г‹осподе›ви Pog г‹оспод›оу Bon *g<ospod>i* Fra

ТЪ Г‹ОСПОД›Ь СΑМЪ] ть самь г‹оспод›ь Pog тои самъ г‹оспод›ъ Bon

4 І,] ть Pog Fra om. Bon αὐτός

И ПОѬТЪ МѬ … МОЄГО] per errorem post і помаzа … помаzаниѣ recte in Pog Bon Fra

ПОМΑZΑNИѢ] add. своего Pog Bon Fra αὐτοῦ

5 БϙΑТϙИѢ] бϙатиѩ Bon Fra

ДОБϙΑ І ВЄΛИКΑ] добϙаа и великаа Pog добϙаа и велика Bon

Г‹ОСПОД›Ь] г‹оспод›ъ Bon *g<ospod>i* Fra

6 ІNОПΛЄМЄNNИКОѴ] тоуждеплемен҄никоу Pog Bon *tuždemu plemen'niku* Fra

7 ІZВΛЪКЪ] *iz'vlěk'* Fra

ЄГО] om. Pog Bon τὴν παρ΄ αὐτοῦ μάχαιραν

ВЬZѬСЪ] ѡтѩсъ Pog ѡтѩхъ Bon *vzeh'* Fra

ОТЪ С‹ЪІ›NЪ] ѡт с‹ы›новь Pog Bon Fra

12b

пѣснь мосѣова въ ісходѣ Ct 1/Ex 15
1 Поімъ г҃ю славьно бо просла- (LXX Ct 1)
ви сѧ · Конъ і въсадьникъ
вьврьже въ море ·
2 Помоштьникъ і покровитель
бъість мнѣ во сп҃ение · Сь б҃ъ
мої прославлѭ і · б҃ъ оц҃а мо-
его і вьзнесѫ і ·
3 г҃ь съкроушаѩ брани · г҃ь імѧ емоу ·
4 колесніцѧ фаосовы (!) · і силы
іхъ вьврьже въ море ·
ізбьраны въсадьникы трьста-
ты · потопи въ чрьмьнѣмъ
мори · 5 пѫчиноѭ покры ѩ · по-
грѧзѫ въ глѫбинѣ · ѣко і камень ·
6 Десніца твоѣ г҃і прослави сѧ
крѣпостьѭ · деснаа твоѣ рѫ-
ка г҃і съкроуші врагы · 7 і мьножь-
ствомь славы твоеѩ сь-
трьль еси сѫпостаты ·
Посьла гнѣвъ свої поѣстъ ѩ ѣко
і стебліе · 8 і д҃хомь ѣрості
твоѩ растѫпи сѧ вода ·

12b

Ct 1 ПѢСНЬ МОСѢОВА ВЪ ІСХОДѢ] пѣс<нь> мариꙗ сестры мосеωвы вь исходѣ · ωт<ь> книгъ патыхь (*petehь Fra*) · ωт<ь> еѵктатеѵв'ха (ωк'татеиха *Bon Fra*) Pog Bon Fra ᾠδὴ Μωσέως ἐν τῇ 'Εξόδῳ

Ct 1/Ex 15, 1 Г<ОСПОДЖ>Ю] г<осподе>ви Pog Bon *g<ospode>vě* Fra

(LXX Ct 1) КОНЪ І ВЪСАДЬНИКЪ] конѣ и всадника (въсѣдника *Bon snuz'nika Fra*) Pog Bon Fra

2 ПОКРОВИТЕЛЬ] покрывитель (!) Pog

СЬ] се Bon

МОІ] add. и Pog Bon Fra

І₂] om. Bon

ВЬЗНЕСѪ] *prosl<a>vlju* Fra

КОЛЕСНІЦѦ] *oružie* Fra ἅρματα

4 ФАОСОВЫ (!)] фараωна Pog Bon *faraone* (acc. sg. n.) Fra

СИЛЫ ІХЪ] силѫ его Pog Bon Fra

ІЗБЪРАНЫ] избьраныꙗ Pog Bon

5 І] om. Pog Bon Fra

ПОГРѨЗѪ] погразнѫшѧ Bon

ѢКО І] ꙗко Pog Bon *aki* Fra

7 МЬНОЖЬСТВОМЬ] прѣмножъствомъ Bon

СЛАВЫ] силы Pog Bon Fra τῆς δόξης

СВОІ] *tvoi* Fra

ПОѢСТЪ (supinum)] *i poěst'* (aor.) Fra

ѢКО І] ꙗко Pog Bon ὡς var. ὡσεί

13a

Ѡгѫстѣшѩ ѣко стѣна воды ·
Огѫстѣшѩ і вльнꙑ по срѣдѣ морѣ ·
9 Рече врагъ гънавъ постігнѫ ·
раздѣлѭ користь насꙑштѫ
дш҃ѫ своѭ · оутьнѫ мечемь
своімь оуделѣетъ рѫка моѣ ·
10 Посъла дх҃ъ свої покрꙑ ѩ море ·
погрѩзѫ въ глѫбинѣ ѣко оло-
во въ водѣ ѕѣло ·
11 Къто подобенъ тебѣ въ бѕ҃ѣхъ г҃і ·
къто подобенъ тебѣ прославле-
нъ вь свт҃ꙑхъ дивенъ въ
славахъ твоѩ чюдеса ·
12 Прострѣ десніцѫ своѭ пожрѣтъ
ѩ землѣ · 13 Наставилъ еси пра-
вьдоѭ твоеѭ · люди твоѩ си-
-ѩ-же ізбави ·
Оутѣшилъ еси крѣпостьѭ сво-
еѭ въ обитѣль свѩтѫѭ своѭ ·
14 Слꙑшашѩ ѩзц҃і і прогнѣва-
шѩ сѩ · болѣзні поіѩсѩ жи-
вѫштиѩ вь филистімѣ ·

13a

Ct 1/Ex 15, 8 ѢКО] ꙗко и Pog *aki* Fra ὡσεί, var. ὡς
СТѢНА] стѣны Bon
І] *ěk<o> i* Fra var. καί
9 СВОѬ] моѫ Pog Bon Fra
СВОІМЬ] моимь Pog Bon Fra
ОУДЕЛѢЕТЪ] ѹдолѣеть Pog Fra
10 СВОІ] add. и Bon var. add. καί
ВЪ ГЛѪБИНѢ] om. Bon Fra gr. om.
ОЛОВО] ѡловь Pog
11 ТВОРѨ] творѧи Pog Bon Fra
13 ТВОЄѬ] *svoeju* Fra
ТВОѨ] *svoe* Fra
ОУТѢШИЛЪ ЄСИ] *utěši* Fra
СВОЄѬ] om. Bon
ВЪ ОБИТѢЛЬ] *va obitěli* Fra
СВѨТѪѬ СВОѬ] с(вѧ)тѫѫ твоѫ Pog *s<ve>těi tvoei* Fra
14 СЛЫШАШѨ] ѡуслышашѧ Pog Fra
ПРОГНѢВАШѨ СѨ] *r<a>zgn<ě>v<a>š<e> se* Fra
БОЛѢЗНІ] болѣзнь Pog Fra
ПРІѨСѨ] прїѧшѧ Pog Fra прїѧхѫ Bon
ЖИВѪШТІѨѨ] живѫщеи Pog Fra вси живѫщии Bon κατοικοῦντας, var. οἱ κατοικοῦντες

13b

15 Тогда потъшташѩ владыкы
ѥдомьскы · і кънѩѕі моѣви-
тьсті · пріѩтъ ѩ трепетъ · ра-
стаашѩ сѩ вьси живѫштеі
въ ханаанѣ ·
16 Нападетъ на нѫ страхъ і трепе-
тъ · величиемь мышьцѩ
твоеѩ да окамѩнѩтъ сѩ ·
Доідеже проідѫтъ люди-
е твоі г҃і · доідеже проідѫ-
тъ людие твоі си ѩже сътѩжа ·
17 Вьведъ насади ѩ въ горѫ досто-
ѣниѣ твоего · въ готовое жили-
ште твое еже съдѣла г҃і · св҃ты-[44]
нѭ г҃і ѭже оуготовасте рѫ-
цѣ твоі ·
18 Г҃ь ц҃рствоуетъ вь вѣкы на вѣ-
кы · і еште 19 ѣко вьниде конь фа-
раосовъ съ колесніцами · і вь-
садьникы въ море ·
І наведе на нѩ г҃ь водѫ морь-
скѫѭ · с҃нови же і҃илві
проідѫ по соухоу посрѣдѣ морѣ ·

---

[44] litterae ligatae -ВТ-

13b

Ct 1/Ex 15, 15 ПОТЪШТАШѦ] add. сѧ Pog Bon Fra
ЄДОМЬСКЪІ] єдемъскы Bon
І] om. Pog Bon Fra καί
МОѢВИТЬСТІ] моавитьстии Pog Fra
РАСТААШѦ СѦ] растааша Pog
16 НАПАДЕТЪ] нападе Pog
ВЕЛИЧИЕМЬ] *veličas'tvom'* Fra
ОКАМѦНѦТЪ СѦ] ѠКАМЕНАТ СА Pog Bon
ДОІДЕЖЕ₁] дондеже Pog *do id<ě>že* Fra
ПРОІДѪТЪ₁] *minut'* Fra
ДОІДЕЖЕ₂] дондеже Pog *do iděže* Fra
ПРОІДѪТЪ₂] *minut'* Fra
СИ] сии Bon *sie* Fra
СЪТѦЖА] *sazda* Fra
17 ТВОЄ] om. Pog Bon
Г‹ОСПОД›И] г‹оспод›ь Pog Bon
ОУГОТОВАСТЄ] оуготовастѣ Bon *ugotovaeta* Fra
18 Ц‹ѢСА›РЬ›СТВОУЄТЪ] ц‹ѣса›рюеть Pog
ВЬ ВѢКЪІ] въ вѣкъ Bon τὸν αἰῶνα
ЄШТЄ] *ošće* Fra
19 ФАРАОСОВЪ] фараѡнь Pog Fra фараѡновъ Bon
СЪ КОЛЄСНІЦАМИ] *sa oružiem'* Fra
С‹ЪІ›НОВИ] с‹ы›нове Pog Bon Fra

14a

ВЪТОРЫИ[45] ЗАКОНЪ ПѢСНЬ Ct 2/Dt 32
МОСѢОВА · ВЬ ДЕВЬТЕРОНОМИ[46] · (LXX Ct 2)
1 Вонъми небо і възглаголѭ ·
і слышитъ землѣ г҃лы ·
отъ оустъ моіхъ ·
2 Да чаетъ сѧ ѣко дождь провѣ-
штание мое · і сънидѫтъ ѣко
роса г҃лі мої ·
Ѣко тѫча на троскотъ · І ѣко і-
неінеі на сѣно · 3 тако імѧ г҃не
поізъвахъ · дадите вели-
чие б҃ві нашемоу ·
4 Б҃ъ рѣснотивъна дѣла его · і
вьси пѫтѫтье его сѫдъ ·
Б҃ъ вѣренъ · і нѣстъ неправъ-
ды вь немь · правъденъ ·
і прѣподобенъ г҃ь ·
5 Съгрѣшишѧ не того чѧда поро-
чьна · родъ стропьтивъ і ра-
звраштенъ · 6 сиі-ли г҃ю въ-
здаете ·
Си людие боуі немѫдрі · Не са-

[45] littera cyrillica ·Т·
[46] littera cyrillica ·Т·

14a

Ct 2/Dt 32 ВЪТОРЫИ ЗАКОНЪ] om. Pog Bon Fra
(LXX Ct 2) МОСѢОВА] *moisiina* Fra
ВЬ ДЕВТЕРОНОМИИ] вь вторѣмь законѣ Pog Bon *va vtorom' z<a>konē* Fra add. ꙗвлѣеть и си · ѿт‹ь›падение жидовьское · и бл‹а›гостына б‹о›жиѩ · ѩже подасть имь и вьвождение ꙗзыкь Pog Bon Fra
1 СЛЫШИТЪ] слыши Pog Bon *usliši* Fra ἀκουέτω
ЗЕМЛѢ] земле Pog Bon Fra
2 И$_2$] om. Pog Bon Fra
ИНЕИИНЕИИ] инии Pog инеи Bon Fra
3 ТАКО] ѣко Pog Bon Fra ὅτι
Б‹ОГО›ВИ] б‹о›г‹о›у Pog Bon Fra
4 РѢСНОТИВЪНА ДѢЛА ЕГО] истинень на дѣла его (!) Pog истинна дѣла его Bon *istina na dělě ego* Fra ἀληθινὰ τὰ ἔργα αὐτοῦ
ПѪИПѪТЬЕ] пѫти Bon Fra
5 И] om. Pog Bon
6 СИИ-ЛИ] сили Pog Fra силѫ ї (!) Bon
Г‹ОСПОД›Ю] г‹осподе›ви Pog Bon *g<ospode>vě* Fra
СИ] сии Bon
БОУИ] add. *i* Fra καί

14b

мъ ли сь оц҃ь твоі сътѩжа
тѩ · і сътвори тѩ і созъ-
да тѩ ·
7 Помѣнѣте дьни вѣка · разоу-
мѣте же лѣта рода родъ ·
Въпроси оц҃а твоего · і възвѣ-
стітъ тебѣ · старьцꙗ твоѩ
і рекѫть тебѣ ·
8 Єгда раздѣлѣаше вышьнеи ѩ-
з҃кы · ѩже расѣа сн҃ы адамовы ·
Постави прѣдѣлы ѩз҃комъ · по
числоу аггелъ бж҃и · 9 Бысть
чѩсть гн҃ѣ людеи (!) его иѣковоу (!) ·
ѫже дѣломѣрьное достоѣни-
ѣ его іи҃ль ·
10 Оудовьлилъ еси въ поустыни ·
вь жѩждѫ зноѣ вь безводьнѣ ·
Обиде и наказа и і съхрани і
ѣко зѣницѫ ока ·
11 Ѣко орелъ покрыетъ знѣздо (!)
свое · і на пьтеньцѩ своѩ
вьжделѣ ·

14b

Ct 2/Dt 32, 6 СЬ] сє Bon
СОꙀЪДА] стꙗжа Pog
7 ВЬꙀВѢСТІТЪ] въꙁвѣстꙗтъ Bon ἀναγγελεῖ
8 ВЫШЬNЄИ] *viš'nee* Fra
ПРѢДѢЛЫ] прѣдѣлъ Pog Fra ὅρια
Б‹О›ЖИ] *b<o>žiihь* Fra
9 БЫСТЪ] praem. и Bon Fra καί
ЛЮДЄИ (!) ЄГО ИѢКОВОꙊ (!)] людии єгѡ иꙗковъ Pog Bon Fra λαὸς αὐτοῦ ʼΙακώβ
ДОСТОѢNИѢ] достоꙗниє Pog Bon
10 ОꙊДОВЬЛИЛЪ ЄСИ] *udov'lil' e(st')* Fra αὐτάρκησεν invenit
ОБИДЄ] add. *i* Fra αὐτόν
NАКАꙀА И] нак‹а›ꙁ‹а› Pog наказании (!) Bon
СЪХРАNИ І] съхрани Pog Bon
ОКА] ѡкоꙋ Pog Bon Fra
11 ПОКРЫЄТЪ] *pokrivaet'* Fra σκεπάσαι, var. σκεπάσει
ꙀNѢꙀДО (!)] гнѣꙁдо Pog Bon Fra

15a

Простеръ кріле свої пріꙗтъ ꙗ ·
і въꙁꙗтъ ꙗ на рамоу своєю ·
12 Гъ҃ єдинъ вождаашє ꙗ · і нє бѣ
съ ними бъ҃ тоуждь ·
13 Въꙁвєдє ꙗ на силѫ ꙁємлі[47] · И на-
сыти ꙗ житъ сєльныихъ ·
Съсашꙗ мєдъ іс камєнє · и олѣ-
і отъ твръда камєнє ·
14 Масло кравиє і млѣко овьчє ·
съ тоукомь агньчємь і овь-
нємь · сн҃овъ юнєчь і коꙁєль ·
съ тоукомь пьшєничьномь ·
И кровь гроꙁдовѫ пиѣахѫ вино ·
15 И ѣстъ иѣковъ і насыти сꙗ ·
і отъвръжє сꙗ въꙁлюблєны ·
Оуты оутлъстѣ раширѣ и оста-
ви ба҃ · сътворьшааго и[48] тꙗ · и отъ-
стѫпи отъ ба҃ сп҃а своєго ·
16 Раꙁдражишꙗ мꙗ о тоуждіихъ ·
въ мръꙁостєхъ своіхъ прогнѣ-
вашꙗ мꙗ ·
17 Пожрьшꙗ дємономъ а нє бо҃у

---

[47] litterae ligatae -мл-
[48] recta forma и αὐτόν erronee erasa est

15a

Ct 2/Dt 32,11 ПРОСТЄРЪ] прострѣть Pog *pros'trě* Fra
СВОІ] add. и Fra
І] om. Pog
12 Г‹ОСПОД›Ь] Б‹ОГ›Ъ Pog
13 И$_1$] om. Bon
И$_2$] om. Pog
14 І$_1$] om. Pog Bon
ОВЬНЄМЬ] *ov'nomь* Fra
И] om. Pog
15 ВЬЗЛЮБЛЄНЫІ] възлюблєнии Pog Fra ὁ ἠγαπημένος
ОУТЛЪСТѢ] *ot'l'stě* Fra
РАШИРѢ] praem. и Pog Bon om. Fra
ТѦ] и Bon Fra αὐτόν
ОТЪСТѪПИ] ѡстѫпи Pog
16 ВЪ МРЪЗОСТЄХЪ СВОІХЪ] мързостъми своими Bon Fra ἐν βδελύγμασιν
ПОЖРЪШѦ] *požrěše* Fra
17 ДЄМОНОМЪ] *běsom'* Fra

15b

бг҃омъ · іхъже не вѣдѣшѩ но-
ви-і · секрать прідѫ · іхъ-
же не вѣдѣшѩ о҃ци іхъ ·
18 б҃а рождьшаато тѩ остави ·
И ꙁабы б҃а питѣѭштаато тѩ ·
19 И видѣ г҃ь і вьꙁдревьнова ·
И раꙁдражи сѩ ꙁа гнѣвъ с҃новъ
іхъ і дъштеръ ·
20 і рече отьвраштѫ лице свое отъ
нихъ · і покажѫ чьто бѫде-
тъ імъ на послѣдокъ ·
ѣко родъ раꙁвраштенъ естъ ·
с҃новъ іхъже нѣстъ вѣры
вь нихъ ·
21 Ти раꙁдражишѩ не о бѕѣ · Про-
гнѣвашѩ мѩ въ ідолѣхъ
своіхъ ·
И азъ раꙁдражѫ ѩ не о ѩꙁцѣ(х)ъ[49] ·
о ѩꙁцѣ[50] неразоумьнѣ прогнѣ-
ваѭ ѩ ·
22 ѣко огнь раꙁгорѣ сѩ отъ ѣрості
моеѩ · раждеже сѩ до ада
прѣісподьнѣаго ·

---

[49] litterae ligatae -ꙁц-
[50] litterae ligatae -ꙁц-

15b

Ct 2/Dt 32, 17 -І] om. Bon var. καί
ПРІДѪ] придѫть Pog Bon
18 ПИТѢЮЩТААГО] пытающаго Pog Bon
19 І] егда Pog καί
ІХЪ] своихь Pog Fra
20 СВОЄ] *moe* Fra
С⟨Ы⟩НОВЪ] с⟨ы⟩нове Bon Fra υἱοί
ІХЪЖЄ] *že ih'* Fra οἷς
NѢСТЪ] add. *že* Fra
21 РАZДРАЖИШЮ] add. мꙗ Pog Bon Fra με
О Б⟨О⟩ЅѢ] add. и Bon
NЄ О ЮZ⟨Ы⟩ЦѢ⟨Х⟩Ъ] nе ѡ ꙗzыцѣ Pog Bon Fra ἐπ᾽ οὐκ ἔθνει
О ЮZ⟨Ы⟩ЦѢ] и (!) ꙗzыцѣ Pog
22 РАZГОРѢ СЮ] раzгорит᾽ сꙗ Pog Bon ἐκκέκαυται
РАЖДЄЖЄ СЮ] раждьжеть сꙗ Pog Bon Fra καυθήσεται

16a

Поѣстъ ꙁемлѭ і жита єѩ попа-
литъ осънованиѣ горьскаѣ ·
23 Събєрѫ на нѩ ꙁълаѣ · и стрѣ-
лы моѩ съконьчаѭтъ на нихъ ·
24 Таѭште гладемь и ѣдениемь
не·[51] Птиць · і гробъ неістѣлень ·
дѫ· Ꙁѫбы ꙁвѣрєі посълѭ на
гы нѩ · съ ѣростіѭ прѣсмы-
каѭштиіми сѩ по ꙁемлі[52] · тг[53]
25 Вьнѣѫдоу бєштѩдитъ ѩ мечь ·
и отъ храмъ строхъ · тг
юноша съ дѣвоѭ съсѫште съ о-
трокомь · і старьцемь ·
26 Рѣхъ расѣѭ ѩ оставлѭ жо (!) отъ
чл҃вкъ памѩть іхъ ·
27 Токмо ꙁа гнѣвъ врагъ да не длъ-
го лѣтъ живѫтъ · И да не налѩ-
гѫтъ сѫпостати ·
Да не рекѫтъ ѣко рѫка наша вы-
сока · а не г҃ь сътвори сихъ вьсѣхъ ·
28 Ѣко ѩꙁ҃къ погоублѭ събатъ
єстъ · і нѣстъ вь нихъ хѫ-
дожьства ·

[51] scribae glossa (punctis distincta), huius primae (duae) litterae macula aspersae sunt
[52] litterae ligatae ·лі·
[53] glossae тг : numeri sive probationes calami

16a

Ct 2/Dt 32,22 ПОПАЛИТЪ] попали Pog φλέξει
23-31 И СТРѢЛЫ … Б҃Ъ НАШЬ] deest Fra
И] om. Pog
СЪКОНЬЧАѬТЪ] скончаѫ Pog исконъчаѫ Bon συντελέσω
24 ГЛАДЕМЬ] гладомь Pog
І] om. Pog
ꙀВѢРЄИ] ꙁвѣрины Pog θηρίων
ПРѢСМЫКАѬШТИІМИ СѨ] прѣсмыкаѭщиим' сѧ Pog прѣсмыкаѫщїхъ сѧ Bon συρόντων
25 БЄШТѨДИТЪ] бєщѧди Pog ἀτεκνώσει
ЮНОША] юношѫ Bon
СЪСѪЩЄ] съсѫщємы Pog θηλάζων
І] add. съ Pog
26 ЖО (!)] жє ѿт(ъ) Pog Bon
28 ПОГОУБЛѬ] погыбє Pog погоуб(ль) Bes ἀπολωλεκός
І] om. Pog

16b

29 Нє съмыслішѩ раꙁоѵмѣти ·
си вьсѣ да поімѫтъ на грѩдѫ-
штєє лѣто ·
30 Како поженєтъ єдинъ тысѫщѫ ·
і дъва двігнєтє тъмѫ ·
Аштє нє б҃ъ отъдастъ іхъ · і г҃ь
прѣдастъ іхъ ·
31 Нє сѫтъ бо бѕі[54] ихъ ѣко б҃ъ нашь ·
враѕ (!) жє наши нєраꙁоѵмиви ·
32 Отъ виноградъ бо содомєскъхъ ·
виногради іхъ і лоꙁа іхъ о-
тъ гоморъ ·
Гроꙁдъ іхъ гроꙁдъ ꙁлъчи ·
гроꙁдъ горєсті іхъ ·
33 Ѣрость ꙁмієва вино іхъ і ѣро-
сть аспідова нєістѣлєна ·
34 Нє сє ли си вьсѣ собърашѩ оѵ мєнє ·
і ꙁапєчатьлѣшѩ сѩ во съкро-
виштіхъ своіхъ ·
35 Вь дєнь мьсті въꙁдамь вь
врѣмѩ єгда съблаꙁнітъ
сѩ нога іхъ ·

---

[54] sine compendii signo

16b

Ct 2/Dt 32, 30 І] а Bon
ДВІГNЄТЄ] двигnєта Bon
ІХЪ$_1$] ж Bon
ІХЪ$_2$] ꙗ Pog Bon
БО] om. Bon
31 ВРАЅ (!)] вразꙁи Pog Bon
NЄРАꙀОУМИВИ] nєраꙁоумивии Pog
32 СОДОМЄСКЪХЪ] содомъскыихъ Pog Fra содомъскъ Bon
ВИNОГРАДИ ІХЪ] виnоградъ их Bon om. Pog
33 NЄ СЄ ЛИ СИ ВЬСѢ] nє си ли си всѣ Pog nє си ли всѣ Bon
І] om. Pog Bon
34 СОБЪРАШꙖ] add. сꙗ Pog Bon Fra συνῆκται
35 МЬСТІ] мьсть Pog

17a

ѣко близъ денъ погыбѣли іхъ · и҃д
і прісташѩ готова вамъ ·
36 ѣко сѫдитъ г҃ь людемъ сво-
імъ · і о рабѣхъ своіхъ оумо-
литъ сѩ ·
видѣ бо ѩ ослабѣвъшѩ і пе-
чальны · вь плѣнъ ведомы
і троудьны ·
37 і рече г҃ь къде сѫтъ б҃зі іхъ ·
вь нихъже оупъвашѩ на нѩ ·
38 іхъже тоукъ ѣдѣашете і пиѣ-
ашете вино трѣбы іхъ ·
да воскрьснѫтъ і помогѫтъ
вамъ · і бѫдѫтъ вамъ по-
кровители ·
39 видите ѣко азъ есмь б҃ъ · і нѣ-
стъ б҃а развѣ мене ·
азъ оубиѭ і жити сътворѭ ·
поражѫ і азъ іі азы істѣлѭ ·
і нѣсть іже ізъметъ отъ
рѫкоу моею ·
40 ѣко въздвигнѫ на н҃бо рѫкѫ
моѭ · і кльнѫ сѩ десніце-
ѭ своеѭ і рекѫ живѫ а-
зъ въ вѣкъ ·

17a

Ct 2/Dt 32, 36 ОУМОЛИТЪ СѦ] оумилитъ сѧ Bon

ιз] om. Pog Fra

38 ТОУКЪ] тоукь жрьтвь их(ь) Pog *tukь žr't'vi ih'* Fra тоукы и жрътвы Bon τὸ στέαρ τῶν θυσιῶν αὐτῶν

ѢДѢАШЕТЕ] ѣдѣасте Pog Bon *ěděaše* Fra ἠσθίετε, var. ἐσθίετε

ПИѢАШЕТЕ] пиꙗсте Pog Bon ι пиѣашете · … · ιхъ om. Fra ἐπίνετε

ТРѢБЫ] трѣбь Pog τῶν σπονδῶν

ПОКРОВИТЕЛИ] покровителе Pog

39 ВИДИТЕ] add. видите Pog Fra вид(и) вид(и) Bon ἴδετε ἴδετε

Б(ОГ)Ъ] om. Pog Bon Fra gr. deest

ι АЗЪ] азъ и Bon

40 СВОЕѬ] моеѩ Pog Bon

ВЪ ВѢКЪ] въ вѣкы Pog

17b

41 Ѣко пооштрѫ ѣко млъниѭ ме-
чь мои · і прііметъ сѫ-
дъ рѫка моѣ ·
і въздамь месть врагомъ ·
і ненавидꙗштіимъ мꙗ
въздамь ·
42 Оупоѭ стрѣлы моꙗ ото кръ-
ви · і орѫжие мое сънѣсть
мꙗса ·
Ѡтъ кръве ѣзвьныихъ · і плѣ-
нникъ · отъ главы кънꙗѕь
ꙗзычьныихъ ·
43 Възвеселите сꙗ н҃бса коупь-
но съ ними · і да поклонꙗ-
тъ сꙗ емоу вьси аггели б҃жіі[55]
Възвеселите сꙗ ꙗзыці
съ людьми его · і да оукрѣ-
пꙗто і вьси с҃нови б҃жіі[56] ·
Ѣко кровь сновъ[57] своіхъ мъ-
штаетъ і мьстітъ · і въ-
здастъ месть врагомъ ·
і ненавидꙗштіимъ его
въздастъ ·
И очистітъ гь[58] землѭ лю-
деі своіхъ ·

[55] litterae ligatae -жі-
[56] litterae ligatae -жі-
[57] sine compendii signo
[58] sine compendii signo

17b

Ct 2/Dt 32, 41 і2] om. Pog
42 ОТО КРЪВИ] ѡт(ъ) кръве Pog Bon Fra
ѠТЪ КРЪВЄ] *ot kr'vi* Fra
І] om. Bon
ОТЪ ГЛАВЫ] ѡть главь Pog отъ главы ... ѩзычьныхъ om. Fra
43 totus versus deest in Fra
СЪ НИМИ] с нимъ Bon ἅμα αὐτῷ
ОУКРѢПѦТО (!) І] оукрѣпатъ сѧ Bon ἐνισχυσάτωσαν αὐτῷ
С⟨Ы⟩НОВИ] с⟨ы⟩нове Pog Bon
ВЪЗДАСТЪ] въздамь Pog ἐκδικήσει

18a

1 пѣснь амбакоумм (!) прокоу Ct 3/Hab 3
2 Гі оуслышахъ слоухъ тво- (LXX Ct 4)
ι и оубоѣхъ сꙗ разоумѣхъ
дѣла твоѣ · ι диви(ви)хъ сꙗ ·
Посредѣ дъвою животьноу
познанъ бѫдеші · егда прі-
блiжꙗтъ сꙗ лѣта · позна-
нъ бѫдеши · егда прiдетъ
времꙗ · авиши сꙗ · егда
съмꙗтетъ сꙗ дша моѣ ·
въ гнѣвъ милость помꙗнеши ·
3 Бъ отъ юга прiдетъ · ι свтыі о-
тъ горы сѣнны чисты ·
Покры нбса добродѣтѣль его ·
ι хвалы его iсплънь землѣ[59] ·
4 И сиѣние его ѣко свѣтъ бѫдетъ ·
рози въ рѫкоу его · ι положи
любовь твръдѫ крѣпості
своеꙗ ·
5 Прѣдъ лицемь его iдетъ сло-
во · ι изидетъ на полѣ запꙗ-
тъ его ·
6 Ста ι подвіжа сꙗ землѣ ·
прізьрѣ ι расташꙗ (!) сꙗ ꙗ-
зыці ·

[59] litterae ligatae -мл-

18a

Ct 3/Hab 3, 1 ПѢСНЬ] м(о)литв(а) Pog Bon Fra προσευχή, var. ᾠδή

(LXX Ct 3) ⰀМБАКОУММЪ (!) ПР(О)Р(О)КОУ] амбакума пр(о)рока Pog амвакоума пр(о)рока Bon Fra add. пом(о)ли бо са ѡ нихже видѣ · быти имъ въскорѣ Pog Bon Fra

2 РАЗОУМѢХЪ] praem. г(оспод)и var. κύριε

ДИВИ[ВИ]ХЪ СѨ] *užasnuh' se* Fra

ПОСРѢДѢ] *meju* Fra

ЖИВОТЬНОУ] животноую Pog Fra

ВЪ ГНѢВѢ] въ гнѣвѣ Pog Bon Fra ἐν ὀργῇ

МИЛОСТЬ] милости Bon Fra ἐλέους

3 І] om. Pog

ЧИСТЫ] часты Pog Fra чꙗсти Bon κατασκίου δασέως

ЗЄМЛѢ] add. *ego* Fra

4 ѢКО] ꙗко и Bon

ЛЮБОВЬ] add. *v<a>* Fra

5 І ИЗИДЄТЪ] изидеть Pog изыде Bon καὶ ἐξελεύσεται

ЗАПѨТЪ ЄГО] запати его Bon *zapet' nogu ego* Fra οἱ πόδες αὐτοῦ, var. κατὰ πόδας αὐτοῦ

6 РАСТАШѨ (!) СѨ] растаяша са Pog Bon Fra

18b

Съкроушишꙗ сꙗ горы нѫждеѭ ·
і исташꙗ хлъмі вѣчьнии ·
7 шествїѣ вѣчьнааго (!) ꙁа троу-
дъ видѣшꙗ ·
Села етиопьскаа оубоꙗтъ сꙗ ·
і кръви (!) ꙁемлꙗ мадиѣмь-
скы ·
8 Єда вь рѣкахъ прогнѣваеши сꙗ г҃і
ли вь рѣкахъ ѣрость твоѣ ·
ли въ море вьстръмление[60] твое ·
ѣко вьсꙗдеши на конꙗ твоꙗ ·
и ѣждение твое с҃пенье ·
9 Налꙗцаꙗ налꙗчеши лѫкъ
своі · на скіріпътрі г҃летъ г҃ь ·
Рѣками расꙗдетъ сꙗ ꙁемлѣ[61] ·
10 оуꙁьрꙗтъ и раꙁболꙗтъ людие ·
Растачꙗ (!) воды нашествїѣ ·
дастъ беꙁдъна гласъ своі
высотѫ прівидѣниѣ своего ·
11 Вьꙁдвіже сꙗ слъньце і лоу-
на ста вь чинѣ своемь ·
Вь свѣтъ стрѣлы твоꙗ
проідѫтъ · вь блісцѣ-
ние млънинꙗ орѫжиѣ твоего ·
12 Прѣштениемь оумалиши ꙁе-

[60] litterae ligatae -мл-
[61] litterae ligatae -мл-

18b

Ct 3/Hab 3, 6 і ИСТАШѦ] и сташа (!) Pog Bon *i rastaeše se* Fra ἐτάκησαν
ВѢЧЬНИІ] *věč'ni* Fra
7 ВѢЧЬNААГО (!)] pro вѣчьnаа єго вѣчnаа Pog Bon πορείας αἰωνίους αὐτοῦ
ЗА ТРОУДЪ] за троудꙑ Bon ἀντὶ κόπων
ЄТИОПЬСКАА] єтиѡпъска Bon
ОУБОѦТЪ СѦ] ꙋбоѩша сѧ Pog Fra πτοηθήσονται
КРЪВИ (!) pro КРОВИ] хрaми Bon *kr<o>v'* Fra σκηνώματα, var. αἱ σκηναί
МАДИѢМЬСКꙐ] *madiam'skie* Fra
8 ПРОГNѢВАЄШИ СѦ] *razgněvaeši se* Fra
ЛИ$_{1,2}$] *ili* Fra
ВЪ МОРЄ] въ мори Pog Bon Fra ἐν θαλάσσῃ
ВЬСТРЪМЛЄNИЄ] ꙋстрьмлениѥ Pog Bon Fra
ТВОѦ] своѩ Pog
ТВОЄ$_2$] add. и Bon
9 NА СКІРІПЪТРІ] nа скип'три Pog Fra nа скѵпътрꙑ Bon ἐπὶ (τὰ) σκῆπτρα
10 ОУЗЬРѦТЪ] add. *te* Fra σε
РАЗБОЛѦТЪ] разболѧтъ сѧ Pog *iz'nemogut'* Fra
РАСТАЧѦ (!)] растачѣѩ Pog Bon *rasipae* Fra
БЄЗДЪNА] *bezd'naě* Fra
ПРІВИДѢNИѢ] *vel<ï>č<a>stvię* Fra φαντασίας
11 ПРОІДѪТЪ] поидѫтъ Bon
ВЬ БЛІСЦѢNИЄ] въ блистании Pog Bon Fra

19a

млѭ · і ѣростіѭ низъло-
жиши ѩзкы[62] ·
13 ізиде во сп҃ение людемъ тво-
імъ · сп҃ті х҃сты твоѩ ·
Въложи въ главы безако-
нныхъ съмрътъ · вьздві-
же ѫзы до выѩ вь конець ·
14 Съсѣклъ еси оужасомь гла-
вы сильныхъ · сътрѩ-
сѫтъ сѩ о немь · развръзѫ-
тъ оуzды своѩ · ѣко ѣдѩ-
тъ ништі таи ·
15 И наведе на море конѩ твоѩ ·
съмѫштаѭштѩ воды многы ·
16 Съхранихъ сѩ і оубоѣ сѩ ср҃це
мое · отъ гласа молитвы
оустенъ моіхъ ·
і вьниде трепетъ въ кості
моѩ · и во мнѣ съмѩте сѩ
крѣпость моѣ ·
Почиѭ вь день печали моеѩ
да вьзидѫ вь люди прішь-
лествіѣ моего ·
17 Zане смокы плода не сътво-
ритъ · і не бѫдетъ рода вь
виноградѣхъ ·

[62] sine compendii signo

19a

Ct 3/Hab 3, 13 ТВОІМЪ] своимь Pog Bon Fra
ТВОѨ] своѩ Pog Bon Fra
ВЪ ГЛАВЫ] въ главѫ Pog Bon εἰς κεφαλάς
ѪꙀЫ] add. *tvoee* Fra var. add. σου
ВЬ КОНЄЦЬ] non pertinet ad textum psalmi gr. διάψαλμα, var. εἰς τέλος
14 ГЛАВЫ] главѫ Bon κεφαλάς
СЪТРѨСѪТЪ СѨ] add. и Bon
ОУꙀДЫ] ѫꙁгы Bon *uzi* Fra χαλινούς
ѢДѨТЪ] ѩдѧ Bon ἔσθων, var. (ὁ) ἐσθίων
15 ТВОѨ] своѩ Pog Bon Fra
СЪМѪШТАѬШТѨ] с'мѫщаѩщаѩ Pog Bon Fra
16 ПОЧИѬ] *poju (!)* Fra
МОЄѨ] add. и Pog
17 СМОКЫ] смокви Bon

19b

Сольжетъ дѣло маслінно ·
і полѣ не сътворѩтъ ѣди ·
Оскѫдѣшѩ[63] овьцѩ отъ пищѩ ·
и не бѫдѫтъ воловє вь ѣ-
слехъ ·
18 Азъ же о г҃і вьꙁвеселѭ сѩ ·
въꙁдрадоуѭ сѩ о б҃ѕѣ с҃пѣ
моємь ·
19 г҃ь б҃ъ мої сила моѣ · і оучи-
нитъ ноѕѣ мої на съвръшение ·
И на высокаѣ наводѩ мѩ ·
да побѣждѫ вь пѣснехъ єго ·
ПѢСНЬ ИСАИЮ ПРОРОКОУ · Ct 4/Is 26
9 Ѡтъ ноштї оутрънѭєтъ (!) д҃хъ · (LXX Ct 5)
мої къ тебѣ б҃же · ꙁане свѣ-
тъ повелѣ (!) твоѣ по ꙁемлї ·
Правьдѣ наоучите сѩ живѫ-
штіи на ꙁемлї · 10 прѣста бо
чьстівы вьсѣкы иже ·
не наоучитъ[64] сѩ · прадѣ (!) на ꙁе-
млї · і рѣснотꙑ не іма-
тъ сътворити ·
Воꙁъметъ сѩ нечьстівы ·
да не видитъ славы г҃нѩ
11 г҃і высока твоѣ мышьца ·
не вѣ(д)ѣ(шѩ) ··· п(о)ст(ыдѩтъ сѩ)[65]

[63] rasura inter litteras о et ц
[64] littera н laesa est
[65] linea 26 valde laesa parteque erasa est

19b

Ct 3/Hab 3, 17 МАСЛІННО] маслин'ное Pog
НЕ БѪДѪТЪ ВОЛОВЕ] не бѫдеть воловь Pog Bon οὐχ ὑπάρχουσιν, var. ὑπάρξουσιν
18 О Г⟨ОСПОД⟩И] *o g<ospod>ě* Fra
ВЬЗВЕСЕЛЮ СЯ] *vzr<a>duju se* Fra
ВЪЗДРАДОУЮ СЯ] praem. и Pog *vzveselju se* Fra
19 НА СЪВРЪШЕНИЕ] на съпасение Bon *v<a> svr'šenie* Fra
И НА ВЫСОКАѢ ... ЕГО] om. Fra
Ct 4/Is 26 Canticum integrum deest in Fra
(LXX Ct 5) ИСАИЮ ПРОРОКОУ] исаиїна Pog Bon add. єдїного ѿтъ пророкь великыихъ Pog Bon
9 ОУТРЪНЮЕТЪ (!)] оутрънюеть Pog Bon
ПОВЕЛѢ (!)] повелѣния Pog Bon
ПО ЗЕМЛІ] на земли Pog
10 ВЬСѢКЫ] всѣкь Pog Bon
ЧЬСТІВЫ] нечьстивы Pog Bon ἀσεβής
ПРАДѢ (!)] правдѣ Pog Bon
І РѢСНОТЫ] истины Pog Bon
НЕ ІМАТЪ] не имѫть Pog
11 ВЫСОКА] высокаа Pog Bon
НЕ ВѢ⟨Д⟩Ѣ⟨ШЯ⟩ sive ВѢ⟨Д⟩Ѣ⟨ВШЯ⟩... П⟨О⟩СТ⟨Ы⟩ДЯТЪ СЯ⟩] не вѣдѣвше (и не видѣвъше *Bon*) разоумѣвше же (add. да *Bon*) постыдат са Pog Bon καὶ οὐκ ᾔδεισαν, γνόντες δὲ αἰσχυνθήτωσαν

20a

Жалость прıиметъ люди
ненаказаны · ı нынѣ о-
гнь сѫпостаты поѣсть ·
12 г҃ı б҃же нашь миръ твоı да-
ждь намъ · вьсе бо възда-
лъ еси намъ ·
13 г҃ı б҃же нашь сътѧжи ны ·
г҃ı развѣ тебе ıного не вѣ-
[вѣıмъ · ıмѧ твое ıменоуемъ ·
14 Мрътвıи же живота не ıмѫ-
тъ видѣти · ни балиѧ не ı-
мѫтъ вьскрѣсити ·
Сего ради на нѧ (!) ı погоуби · ı
вьзѧть вьсѣкъ мѫжескъ
полъ ıхъ ·
15 Прıложи ıмъ зъло г҃ı · Прı-
ложи зъло[66] славъ-
ныхъ земли ·
16 г҃ı вь печали
помѧнѫхомъ тѧ ·
Вь печали мало нака-
зание твое намъ ·
17 И ѣко болѧштıѣ прıближа-
еть сѧ родити въ болѣзни
своеı вопиѣаше · тако

[66] lineae 17 - 20: foramen; ante lineas 9 et 19 signum formae „crucis Andreae“

20a

Ct 4/Is 26, 11 ЖАЛОСТЪ] zависть Pog ζῆλος
12 ТВОІ] om. Pog Bon
13 NЄ ВѢІВѢІМЪ] nє zNаємъ Bon οὐκ οἴδαμεν
ІМЄNОУЄМЪ] nафицаємъ Pog Bon ὀνομάζομεν
14 ЖЄ] om. Bon
NИ] и Pog
БАЛИѬ] врачеви et add. ж Bon
NА NѬ (!)] nавєдє nа nы Pog Bon ἐπήγαγες ἡμῖν
16 NАМЪ] praem. єсть Pog Bon
17 И ѢКО] ѩко Pog Bon
БОЛѬШТІѢ] болѧщиѩ Pog Bon ἡ ὠδίνουσα
ВЪ БОЛѢZNІ] praem. и Bon καί

20b

быхомъ възлюбленоуе-
моу твоемоу ·
Страха ради твое (!) г҇і · 18 вь чрѣ-
вѣ пріѩсомъ · і поболѣ-
хомъ · і родихомъ д҇хъ
с҇пениѣ твоего іже сътво-
ри на земли ·
Не падемъ сѩ нъ падѫтъ
сѩ живѫштіи на земли ·
19 воскрьснѫтъ мрътвіи
въстанѫтъ сѫщиі въ
гробѣхъ · і веселѩтъ сѩ
іже сѫтъ на земли ·
Роса бо ѣже естъ отъ тебе і-
стѣление імъ естъ ·
землѣ же нечьстівы-
хъ падетъ[67] ·
слава
20 Стѫпаите лю-
дие моі · вьнідѣ-
те въ хранильницѫ вашѫ
затворите двьри вашѩ ·
оутаите мало елико · доі-
деже мимоидетъ гнѣвъ
г҇нь ·

[67] lineae 17-20: foramen

20b

Ct 4/Is 26, 17 БЫХОМЪ] быхомє Bon
ТВОЄ (!)] твоєго Pog Bon
18 ПРІѨСОМЪ] приѫхомъ Bon
ІЖЄ СЪТВОРИ] єжє створи Bon ἐποιήσαμεν
19 ВЪСТАНѪТЪ] praem. и Pog Bon καί
ВЄСЄЛѨТЪ СѨ] възвєсєлѧт' сѧ Pog Bon
ѢЖЄ ѤСТЪ] єжє єсть Pog ѩжє Bon
ІСТѢЛЄНИЄ] исцѣлєнию Pog
20 deest Pog Bon
ВЪ ХРАНИЛЬНИЦѪ] εἰς τὰ ταμίεια, var. εἰς τὸ ταμιεῖον

21a

Ct 5/Jon 2
(LXX Ct 6)

МОЛІТВА[68] ИОНИНА ·
3 Возъвахъ вь печали моеи
къ тебѣ г҃і б҃же мои · И оу-
слыша мѧ ·
І-чрѣва адова вопль мои
оуслыша гласъ мои · 4 Ѡ-
тъврьже мѧ въ глѫби-
нѫ с҃рца морьскааго и рѣ-
кы обидѫ мѧ ·
Вьсѧ высоты твоѧ і
влъны твоѧ по мнѣ прѣидѫ ·
5 И азъ рѣхъ отъринѫхъ сѧ о-
тъ очию твоєю · Пріложѫ
ли оубо прізьрѣти ми къ
ц҃ркви с҃тѣи твоеи ·
6 Возлиѣ сѧ на мѧ вода до
д҃шѧ моеѧ · Бездьна оби-
де мѧ послѣдьнѣѣ ·
Понрѣтъ глава моѣ въ про-
пади горьскыѧ · 7 Съни-
дь въ землѭ · еѩже верь-
ѩ · і заклепи вѣчьниі ·
і да изидетъ из истьлѣ-
ниѣ животъ мои · къ тебѣ
г҃і б҃же мои ·

[68] littera cyrillica ·Т·

21a

Ct 5/Jon 2 (LXX Ct 6) Canticum integrum deest in Fra

ИОНИНА] add. єдиномоу (єдиного *Bon*) ѡт‹ъ› ѡбою на десѧтє (двою на десѧтє *Bon*) прор‹о›кь малых‹ь› Pog Bon

3 ВОꙁЪВАХЪ] възьпихъ Pog Bon

КЪ ТЄБѢ Г‹ОСПОД›И Б‹О›ЖЄ МОИ] кь г‹оспод›и (къ г‹оспод›оу *Bon*) б‹ог›оу моємоу Pog Bon πρὸς κύριον τὸν θεόν μου

ВОПЛЬ] вєплъ Pog Bon

4 РѢКЫ] add. адовы Bon

ОБИДѪ] обидошѫ Bon

6 ВЪ ПРОПАДИ] въ пропасти Bon

ГОРЬСКЫѨ] горныѩ Pog

7 СЪНИДЬ] сънидохъ Bon

ЄѨЖЄ] єїже Pog Bon

21b

8 Єгда ꙇсконьчавааше сѩ отъ ꙇмене д҇ша моѣ г҇ѣ помѩнѫхъ · ꙇ да прıдетъ къ тебѣ молитва моѣ · Къ цр҇кви свт҇ꙑ твоєи ·

9 Хранѩштıи соуєтънаа ꙇ лъжѫ милость своѭ оставıшѩ ·

10 Азъ же съ гласомь хвалениѣ ꙇ исповѣданиѣ пожьрѭ · єлико обѣштахъ · Въздамь тебѣ во сп҇ение мое г҇ю ·

Ма[69] анина м҇ре самоıлевꙑ · Ct 6/1Rg 2 (LXX Ct 3)

1 Оутвръди сѩ ср҇це мое о г҇ı · възнесе сѩ рогъ мои о б҇зѣ · моемь · Разширишѩ сѩ оуста моѣ на врагꙑ моѩ · Възвеселихъ сѩ о сп҇енıı твоемь ·

2 Ѣко нѣстъ ст҇ъ ѣко г҇ь и нѣстъ правъденъ ѣко б҇ъ нашь · И нѣстъ свт҇ъ разв҇ѣ тебе г҇ı ·

3 Не хвалите сѩ и не г҇лите ·

[69] litterae ligatae -мл-

21b

Ct 5/Jon 2, 8 Г‹ОСПОД›Ѣ] г‹оспод›а Pog Bon
ПОМѢНѪХЪ] помѣнѫхъ Bon
9 СОУЄТЪНАА] соуєтъна Bon
МИЛОСТЬ] милости Bon ἔλεος
10 ПОЖЬРѪ] add. тебѣ Pog Bon σοι
ВО С‹Ъ›П‹А›С‹Е›НИЄ] на с‹ъ›п‹а›сениѥ Pog εἰς σωτηρίαν
Г‹ОСПОД›Ю] г‹осподе›ви Pog Bon
Ct 6/1Rg 2 Canticum integrum deest in Fra
(LXX Ct 3) САМОІЛЕВЫ] add. ѡть ц‹ѣ›с‹а›р‹с›твии Pog Bon add. пръвыхъ Bon
2 С‹ВА›ТЪ$_1$] с‹ва›та Pog Bon
ПРАВЪДЕНЪ] праведна Pog Bon
СВ‹А›ТЪ$_2$] с‹ва›та Pog
Г‹ОСПОД›И] om. Pog Bon deest gr.
3 НЕ Г‹ЛАГО›ЛИТЕ] не г‹лаго›лѣте Bon

22a

высокыхъ въ грьдыни · Ct 6/1Rg 2
ни да ізидетъ вельрѣчье
із оустъ вашихъ ·
ѣко б҃ъ разоуменъ г҃ь и б҃ъ го-
товаѩ начинаниѣ своѣ ·
4 Лѫкъ сильныхъ ізнемо-
же · А немоштьнии прѣ-
поѣсашѧ сѧ силоѭ ·
5 Іспльни хлѣбъ лишишѧ сѧ ·
а лачѫштіи прѣидѫ зе-
млѭ ·
Ѣко неплоды роди седмь ·
а мъногаа вь чѧдѣхъ і-
знеможе ·
6 Г҃ь мрътвітъ і живитъ
низъводитъ въ адъ · І
възводитъ ·
7 Г҃ь оубожитъ і богатитъ ·
Съмѣрѣетъ і высітъ ·
8 Въздвіѕѣетъ отъ зе-
млѧ оубога · І отъ гноі-
шта оустраблѣетъ ништа ·
Да посадитъ і съ могѫть-
ми людьскыими · І прѣ-

22a

Ct 6/1Rg 2, 3 ВЪ ГРЪДЫНИ] var. add. εἰς ὑπεροχήν
ВЕЛЬРѢЧЬЕ] велерѣчие Bon
РАЗОУМЕНЪ] разоумомь Pog Bon γνώσεων
ГОТОВАꙖ] ѹготова Pog ἑτοιμάζων
5 ІСПЛЪНИ] испльнь Pog Bon πλήρεις
А ЛАЧѪШТІИ] ал'чѫщеи Pog καὶ οἱ πεινῶντες
РОДИ] породи Bon
МЪНОГАА] многа Bon
7 СЪМѢРѢЕТЪ І ВЫСІТЪ] om. Pog
8 ВЬЗДВІЅѢЕТЪ] въздвизаѫ Bon
І] ꙗ Pog Bon αὐτόν

22b

столъ славы наслѣдитъ
емоу ·
9 Даѩ молитвѫ молѩщюе-
моу сѩ · і б͠лствилъ е-
стъ лѣта праведьнаего ·
ѣко не оукрѣплѣетъ сѩ силе-
нъ мѫжь крѣпостіѭ
своеѭ · 10 Г͠ь немощьна съ-
творитъ сѫпостата его
г͠ь с͠втъ ·
Да не хвалитъ сѩ прѣмѫ-
дрыи прѣмѫдростіѭ
своеѭ · і да не хвалитъ
сѩ сильны силоѭ свое-
ѭ · і да не хвалитъ сѩ
богаты богатьствомь
своімь ·
Нъ о семь да хвалитъ сѩ
хвалѩі сѩ · еже разоумѣ-
вати · і ꙁнати г͠ѣ · і твори-
ти сѫдъ і правъдѫ по-
срѣдѣ ꙁемлѩ ·
Г͠ь вьꙁиде на н͠бса і воꙁгрь-
мѣ · і тъ сѫдітъ коньце-
мъ ꙁемлі правьденъ сы ·

22b

Ct 6/1Rg 2, 8 НАСЛѢДИТЪ] насладитъ Bon κατακληρονομῶν
9 БЛ(АГОСЛОВЕ)(СТВИЛЪ ЕСТЪ] бл(аго)(сло)вилъ еси Pog бл(агосло)вилъ естъ Bon εὐλόγησεν
10 ЕГО] емꙋ Pog Bon
ДА ХВАЛИТЪ СѦ] хвали сѧ Bon καυχάσθω
Г(ОСПОД)Ѣ] г(оспод)а Pog Bon
ι ТВОРИТИ] твоꙑти Pog καὶ ποιεῖν
ι ТЪ] тъ Pog тъи Bon

23a

И дастъ крѣпость цр҃ѣмъ на-
шимъ · і вьзнесетъ рогъ
хкр҃та (!)[70] своего ·
м҃л[71] іезекилева · цр҃ѣ ію- Ct 7/Is 38
дѣиска · (LXX Ct 11)
10 Азъ рѣхъ въ высотѣ дьне-
і моіхъ · ідѫ въ врата
адова · оставлѭ лѣта
прочаа ·
11 Рѣхъ юже не імамь видѣ-
ти сп҃ениѣ бж҃іѣ[72] на землі
живыихъ · юже не іма-
мь видѣти ч҃ка съ живѫ-
штіими ·
12 Іштезъ отъ рождениѣ сво-
его · оставихъ прочее жи-
вота моего ·
Ізиде и отиде отъ мене ·
Ѣко обадрьѩи кровъ въстокъ ·
Дхъ мои во мьнѣ бысть ·
Ѣко платьно · дѣлалиѩ ·
прібліжаѭштіѩ сѩ оу-
рѣзати · 13 вь день прѣда-
нъ быхъ до оутра · Ѣко

---

[70] littera х partim erasa est
[71] litterae ligatae -мл-
[72] litterae ligatae -жі-

23a

Ct 6/1Rg 2, 10 ц‹ѣса›ремъ нашимъ] ц‹ѣса›рю нашемоу Pog τοῖς βασιλεῦσιν ἡμῶν
х҃кр҃та (scriptio contaminata formarum hr<is>ta кр‹ьс›та et х‹рист›а)] х‹рист›а Pog Bon
Ct 7/Is 38 Canticum integrum deest in Pog Fra
(LXX Ct 11) м‹о›л‹итва› ... іюдѣіска] молитва манасиина ц‹ѣса›рѣ июдеиска Bon προσευχή ᾽Εζεκίου, var. add. τοῦ βασιλέως
11 живыихъ] живѫштиихъ Bon var. add. ζώντων
12 прочее] прочаа Bon τὸ λοιπόν
13 вь день] add. тъ Bon ἐκείνῃ
ѣко] add. и Bon

23b

львоу тако съкроушишѩ
сѩ вьсѩ кості моѩ ·
Отъ дьне бо до нощті · прѣ-
данъ быхъ · 14 ѣко ластови-
ца тако пощебьщѫ і ѣко го-
лѫбь тако поoучѫ сѩ ·
Исконьчасте бо сѩ очи мои ··
вьꙁирающтю ми на вы-
сотѫ н҃бсьнѫѭ къ г҃ю ·
15 іже іꙁѩтъ мѩ і отъѩтъ
болѣꙁнь д҃шѩ моѥѩ · 16 і
ты г҃і о немь вьꙁвѣсті-
хъ тебѣ ·
і вьꙁдвіже моє дыханиє ·
і оутѣшь сѩ ожихъ · 17 Поіѩтъ
бо моѭ д҃шѫ · да не погы-
бнетъ · і отъвръже ꙁа мѩ
вьсѩ грѣхы моѩ ·
18 Не іже бо сѫтъ въ адѣ въ-
схвалѩтъ тѩ г҃і · ни оуме-
ръшиі же въꙁбл҃ствѩтъ
тѩ · ни оупъваѭтъ же і-
же сѫтъ въ адѣ на мило-
сть твоѭ ·

23b

Ct 7/Is 38, 13 СЪКРОУШИШѦ СѦ] съкроуши Bon συνέτριψεν
ВЬСѦ] om. Bon
14 ИСКОНЬЧАСТЄ БО СѦ] исконъчастѣ бо сѧ Bon
КЪ Г‹ОСПОД›Ю] къ г‹оспод›оу Bon
16 О НЄМЬ] ѡ неиже Bon περὶ αὐτῆς
17 НЄ ПОГЪІБНЄТЪ] не погъіблеть Bon
18 ВЪЗБЛА‹ГОСЛОВЄ›СТВѦТЪ] възъб‹лаго›сл‹о›вѧтъ Bon

24a

19 живиі въꙁбластвѧтъ тѧ
ѣкоже і аꙁъ · ѡтъ дьнесь бо
дѣти сътворѭ · ѩже вь-
ꙁвѣстѧтъ правъдѫ тво-
ѭ г҃і с҃пениѣ моего ·
20 і не прѣстанѫ б҃ластвиѩ тѧ г҃і ·
со псалтъıремь · вьсѩ дь-
ни живота моего · прѣдъ до-
момь г҃ѣ б҃а моего ·
мо[73] · манасиіна · ц҃рѣ ію- Ct 8/Manas
дѣіска · (LXX Ct 12)
1 г҃і вьседръжителю · б҃же о҃ць
нашихъ · авраамовъ і иса-
аковь · і иѣковль · і сѣме-
ни іхъ правєдьнааго ·
2 сътвореі н҃бо і ꙁемлѭ · со
вьсеѭ лѣпотоѭ · 3 съпе-
нъıи море словомь · по-
велѣниѣ твоего ·
ꙁатвореи беꙁдьнѫ і ꙁа-
печатьлѣвъı ѭ · страшь-
нъıимь і славънъıимь
іме(н)емь[74] твоімь ·
4 єгоже вь(с)е[75] боітъ сѩ · і

[73] litterae ligatae -мі-
[74] linea 24: foramen
[75] linea 25: foramen

24a

Ct 7/Is 38, 19 ВЪЗБЛА‹ГОСЛОВЄ›СТВꙖТЪ] възъбл‹аго›сл‹о›ватъ Bon
І] om. Bon
20 Г‹ОСПОД›И] om. Bon gr. deest
Г‹ОСПОД›Ѣ] г‹оспод›а Bon
Ct 8/Manas Oratio integra deest in Pog Fra
(LXX Ct 12)1 ІХЪ] єго Bon αὐτῶν
2 ЛѢПОТОѬ] add. єю Bon αὐτῶν
3 ЗАПЄЧАТЬЛѢВЫ] запєчатлѣвъ Bon

24b

трепештетъ отъ лица силы
твоѩ ·
5 ѣко невъздвижена велълѣ-
пота славы твоѩ · і непо-
стоінъ гнѣвъ на грѣшьникы ·
прѣщениѣ твоего · 6 бещисль-
на же і неислѣдована[76]
милость обѣщаниѣ твоего ·
7 Ты бо еси г҃і вышьнеи м҃дъ ·
трьпѣливъ і прѣм҃лвъ[77] · і
каѩ сѩ о ѕълобахъ ч҃лвскахъ ·
Ты же г҃і по оумноженению благо-
сті твоеѩ · обѣща покаание · и отъ-
дание съгрѣшьшимъ тебѣ ·
и оумъножениемь штедротъ
твоіхъ · нарече покаание грѣ-
шьникомъ во с҃пение ·
8 Ты же г҃і б҃же праведьнъиіхъ ·
не поло[ло]жи покааниѣ праведь-
нъımъ · авраамоу и іс(а)акоу ·
и іѣковоу · не съгрѣшьшиі-
мъ тебѣ ·
Нъ положилъ еси п(окаа)ние[78] мнѣ
грѣшьникоу · 9 ѕан(е съгрѣши-

[76] rasura vel laesio inter litteris -о-в-
[77] litterae ligatae -мл-
[78] lineae 23-24: foramen

24b

Ct 8/Manas 7 жє] om. Bon
8 ТЪІ жє] и ты Bon σὺ οὖν

25a

(х)ъ[79] паче числа и пѣсъка морьс- и҃є
каего ·
(оу)мьножишѧ сѧ безаконениѣ
моѣ г҃і · оумьножишѧ сѧ бе-
(з)акониениѣ моѣ · і нѣсмь досто-
інъ возьрѣти і видѣті вы-
соты н҃бсьныѩ · ѿтъ оумъ-
(н)ожениѣ неправедъ моіхъ ·
10 (съ)лѧцае-мъ-ногами желѣзна-
(м)и · ѣко не вьзвесті главы
(мо)еѩ · і нѣстъ мнѣ въсклонниѣ ·
(за)не прогнѣвахъ ѣрость твоѭ ·
і непрѣзнінѫ прѣдъ тобоѭ
сътворихъ · не сътворь во-
лѧ твоеѩ · і не съхрань пове-
лѣнеи твоіхъ ·
11 і нынѣ поклонѣѭ колѣнѣ с҃рца
моего · трѣбоуѧ благості ѣ-
же отъ тебе · 12 съгрѣшихъ г҃і
съгрѣшихъ · и безаконениѣ мо-
ѣ азъ вѣдѣ ·
13 нъ прошѫ молѧ сѧ тебѣ · отъ-
ради г҃і · ѿтъради ми і не по-
гоуби мене · съ грѣхы моіми ·
ни вь вѣкъ вражьдовавъ съ-
блюдеши зълъ моіхъ · ни
же осѫди мене вь прѣіспо-
дьниіхъ землѧ ·

---

[79] lineae 1-13: foramen

25a

Ct 8/Manas 9 И] om. Bon
БЄꙂАКОNЄNИѢ] беꙁакониꙗ Bon
10 (СЪ)ЛꙖЦАЄ-МЪ-NОГАМИ ЖЄЛѢꙂМА(М)И] сълацаемъ мноꙁѣми ѭꙁами желѣꙁнами Bon καταχαμπτόμενος πολλῷ δεσμῷ σιδήρου, var. σιδήρῳ
ВЪСКЛОNNИѢ] въсклонениꙗ Bon
11 БЛАГОСТІ] милости Bon
12 БЄꙂАКОNЄNИѢ] беꙁакониꙗ Bon
ВѢДѢ] сьвѣмъ Bon
13 ОТЪϘАДИ₂] add. ми Bon μοι
NИ ЖЄ] не Bon
ꙂЄМЛꙖ] ꙁеми Bon

25b

ꙁанє ты єси б҃ъ б҃ъ каѭштиꙇ(мъ)[80] сѩ · 14 и на мнѣ авиши вьсѭ бл(а)гость твоѭ · ѣко недостоꙇн(а) сѫшта сп҃еши мѩ по мьноѕ(ѣ)и милостꙇ твоєи · 15 и въсхв(а)лѭ тѩ вынѫ · вьсѩ дьн(и) живота моєго ·

ѣко тебє поєтъ вьсѣка сила н҃б(сь)наѣ · ꙇ тебѣ єстъ слава в(ъ) вѣкы аменъ ·

мⷧва[81] трєи отрокъ · Ct 9/Dn 3 (LXX Ct 7)

26 б҃лнъ єси г҃ꙇ б҃жє о҃ць наши(хъ) ꙇ хвально ꙇ прославлєно ꙇмѩ твоє въ вѣкы ·

27 ѣко правьдєнъ єси о вьсѣчьскыихъ · ѣжє сътвори намъ · ꙇ вьсѣ дѣла твоѣ рѣснотивьна · ꙇ правиꙇ пѫтиє твоꙇ ·

ꙇ вьси пѫтиє (!) твоꙇ рѣснотивьни 28 ꙇ сѫдъбы твоѩ рѣснотивъны сътворилъ єси · по вьсѣчьскыимъ · ѣжє наведє на ны · ꙇ на градъ св҃тыхъ · о҃ць нашихъ ꙇ҃илмъ · ѣко рѣснотѫ ꙇ сѫдомь наведє на ны си вьсѣ грѣхъ ради нашихъ ·

[80] lineae 1-12: foramen

[81] litterae ligatae -м ꙇ-

25b

Ct 8/Manas 13 Б⟨ОГ⟩Ъ₁] б⟨ож⟩е Bon
15 И] ни (!) Bon καί
ВЪІNЖ] присно Bon
ТЄБЄ] тѧ Bon
ВЬСѢКА] всѣ Bon
АМЄNЪ] аминъ Bon
Ct 9/Dn 3, 26 Oratio integra deest in Fra
(LXX Ct 7) М⟨О⟩Л⟨ИТ⟩ВА] add. и пѣс⟨нь⟩ Pog Bon προσευχή, var. ὕμνος
ОТРОКЪ] add. вь пещи ѡгньнѣ вь вавилонѣ Pog Bon, cf. LXX Ct8 (῞Υμνος) τῶν τριῶν παίδων, cf. infra 28a3
Б͞ЛNЪ] legendum est благословественъ (cf. Sin 2/N 31a 3) благо⟨с⟩лове⟨н⟩ъ Pog Bon
І] om. Grig Zach Lobk
ХВАЛЬNО ... ВЪ ВѢКЪІ] om. Zach
27 ѢКО] ıакъ Zach
О ВЬСѢЧЬСКЪІИХЪ] ѡ всѣхъ Pog
РѢСNОТИВЬNА] истиньна Pog Grig Zach Lobk истоваа Bon
ПРАВИІ] прави Pog Grig Zach
ПЖТИЄ₁] поути Zach Lobk
ПЖТИЄ₂ (!)] сѫди Pog Bon Grig Zach людиє (!) Lobk αἱ κρίσεις
РѢСNОТИВЬNИ] истин'ни Pog Bon Grig Zach Lobk
28 І СЖДЬБЪІ ТВОѬ РѢСNОТИВЪNЪІ] om. (per haplographiam) Zach
ТВОѬ] om. Pog Bon Grig gr. deest
РѢСNОТИВЪNЪІ] истин'ны Pog Grig Lobk истовыѫ Bon
ПО ВЬСѢЧЬСКЪІИМЪ] по всѣкымь Pog
NА ГРАДЪ С⟨ВѢ⟩ТЪІХЪ] на градъ с⟨вѧ⟩ты Pog Bon Grig на с⟨вѧ⟩тыи градъ Zach на град⟨ь⟩ наш⟨ь⟩ с⟨вѧ⟩ты Lobk ἐπὶ τὴν πόλιν τὴν ἁγίαν
О⟨ТЬ⟩ЦЬ NАШИХЪ] om. Zach
ІИ⟨РОУ⟩СА⟨Л⟨И⟩⟩МЪ] ие⟨р⟩оу⟨с⟩а⟨л⟩и⟨м⟩ь Pog Bon Zach е⟨р⟩оуса⟨л⟩и⟨м⟩ъ Grig Lobk
РѢСNОТЖ pro РѢСNОТОѬ sive ВЪ РѢСNОТЖ] въ истинѫ Pog истиноѫ Bon Grig Zach Lobk ἐν ἀληθείᾳ
NАВЄДЄ NА NЪІ СИ ВЬСѢ] наведе си всѣ на ны Pog Grig Lobk наведе си всѣ Bon var. add. ἐφ᾽ ἡμᾶς

26a

29 (ѣк)о[82] съгрѣшихомъ ꙇ безаконьно-
(в)ахомъ · остѫпити отъ тебе ·
ꙇ прѣгрѣшихомъ о вьсемь · ꙇ
(ꙁ)аповѣдеꙇ твоꙇхъ не послоу-
шахомъ ·
30 (н)и съблюсомъ ни сътворихомъ ·
ѣкоже ꙁаповѣдѣ намъ · да
благо намъ бѫдетъ ·
31 (ꙇ) вьсѣ елико сътвори намъ · и
(вь)сѣ елико наведе на ны · вь
(рѣ)снꙇ сѫдъ сътвори ·
32 (ꙇ п)рѣдастъ ны въ рѫцѣ вра-
гъ беꙁаконенъ моъꙁокъ прѣ-
стѫпьникъ · ꙇ ц҃рю неправе-
дьноу ꙇ лѫкавьнѣꙇшю паче
вьсеꙗ ꙁемлꙗ ·
33 ꙇ нынѣ нѣстъ намъ отврѣстꙇ
оустъ · стоудоу ꙇ поношению
бышꙗ рабъ твоꙇхъ · чь-
тѫштꙇихъ тꙗ ·
34 Ни прѣдаждь насъ до коньца
ꙇмени твоего ради · ни ра-
ꙁдроуши ꙁавѣта твоего · 35 ꙇ
не остави милостꙇ твоеꙗ
отъ насъ ·
Аврааама ради вьꙁлюбленаа-
го отъ тебе · и ꙁа исака раба
твоего · ꙇ҃илѣ св҃таего твоего ·

---

[82] lineae 1-13: foramen

26a

Ct 9/Dn 3, 29 БЄꙀⰀКОNЬNО(В)ⰀХОМЪ] беꙁаконовахомъ Grig Lobk
ОСТѪПИТИ] ѿтъстѫпити Pog Bon Grig Lobk отъстоупихъмъ Zach ἀποστῆναι, var. ἀποστάντες
ОТЪ ТЄБЄ] тебе Zach
Ⰻ₃] om. Bon
30 СЪБЛЮСОМЪ] съблюдохомъ Bon Grig Zach Lobk
СЪТВОⰓИХОМЪ] створихъ (!) Zach
ѢКОЖЄ] ѩже Zach
ⰗⰀПОВѢДѢ] ꙁаповѣда Pog Bon Grig Zach Lobk
31 (Ⰻ) ВЬСѢ] все Pog и всѣ Bon Grig Zach Lobk καὶ πάντα
(ВЬ)СѢ] все Pog
ВЬ (ⰓѢ)СNI СѪДЪ pro ⰓѢСNIⰋ sive ⰓѢСNЫ?] въ истинѫ сѫдь Pog Bon Grig Lobk истиньнымъ соудомь Zach ἐν ἀληθινῇ κρίσει
Ⰻ₂] om. Grig Lobk
32 ВЪ ⰓѪЦѢ] въ роукы Zach
ВⰓⰀГЪ] враги (!) Zach
БЄꙀⰀКОNЄNЪ] беꙁаконьнꙋ (!) Zach
МⰓЪꙀОКЪ] om. Zach
ПⰓѢСТѪПЬNИКЪ] ѿтъстоупникꙋ Zach
Ⰻ ЛѪКⰀВЬNѢⰋШЮ] лѫкавнѣишоу же Grig
ꙀЄМЛѬ] ꙁемлѣ Lobk
33 Ⰻ] om. Grig
БЪІШѬ] быхѫ Grig бысть Zach
ⰓⰀБЪ ТВОⰋХЪ] рабомь твоимь Pog Zach Lobk τοῖς δούλοις σου
ЧЬТѪШТИХЪ] чьтѫщиимь Pog praem. и Zach четѫщымь Lobk καὶ τοῖς σεβομένοις
34 NИ] не Pog Bon Grig и не Lobk
ⰋМЄNИ] имене Pog Grig
NИ₂] и не Grig Lobk не Zach
ꙀⰀВѢТⰀ ТВОЄГО] ꙁавѣта с(ва)т(а)го твоего Bon Lobk ꙁавѣта своего с(ва)т(а)го Zach
35 И] om. Lobk
ТВОЄѬ] твоѫ Bon
ТВОЄГО₁] add. и Pog καί

26b

36 імъже г͞ла оумьножити сѣм(ѧ)[83]
іхъ · ѣко ѕвѣздꙑ н͞бсьнъ(іѧ)
і ѣко пѣсокъ въскраінеі мо(рѣ)
37 ѣко владꙑкꙑ оумалихомъ
сѧ паче вьсѣхъ ѧз͞къ · і е-
смъ съмѣрени по вьсеі зе-
м͞лі (!) · дьнесь грѣхъ ради наш(и)хъ
38 і нѣстъ вь врѣмѧ се кънѧѕ(ѣ)
ни пророка ни владꙑкꙑ · ни
вьсесъжагаемаа си · ни ж(ръ)-
твꙑ ни пріношениѣ · ни ка(ди)-
ла ни мѣста · пожръти прѣ(дъ)
тобоѫ ізобрѣсті милост(ь) ·
39 нъ д͞шеѫ съкроушеноѫ і д͞хмь
съмѣреномь да пріѧти бѫ-
демъ · ѣко вь-сесъжагаемꙑ-
ихъ · овьнихъ і юньчихъ · ѣ-
ко во тъмаахъ (!) агнець тоучень ·
40 тако да бѫдетъ жрътва наша
прѣдъ тобоѫ дьнесь · і съ-
коньчаетъ сѧ по тебѣ · ѣко нѣ-
стъ стоуда оупъваѭщимъ на тѧ ·
41 і нꙑнѣ вьслѣдъ тебе грѧде-
мъ вьсѣмь с͞рцемь і бої-
мъ сѧ тебе · і ищемъ лица
твоего не срами нась ·
42 нъ сътвори съ нами по смотре-
нию твоемоу · і по мъножь-

[83] lineae 1-13: foramen

26b

Ct 9/Dn 3, 36 ОУМЬНОЖИТИ СѢМ(Ѩ) ИХЪ] оумножити сѧ сѣмени ихъ Zach πληθῦναι τὸ σπέρμα αὐτῶν
І] om. Grig
ВЪСКРАІНЄІ] въс краи Bon Grig Zach Lobk τὴν παρὰ τὸ χεῖλος
37 ВЛАДЫКЫ] владыко Pog Bon Zach Lobk δέσποτα
І ЄСМЪ] і єсмы Pog и єсме Bon єсмы Grig Lobk
38 І] om. Grig
ВЬ] om. Grig Lobk
КЪНѨЅ(Ѣ)] praem. ни Grig
ВЛАДЫКЫ] вожда Pog
ВЬСЄСЪЖАГАЄМАА СИ] всєсъжагаємыхъ Pog ѡлокавтоси Bon Grig всєсожьжєниꙗ Zach ѡлокавтось Lobk ὁλοκαύτωσις
ПОЖРЪТИ] пожрѣти Zach Lobk
ПРѢ(ДЪ)] прѣ Grig
ІЗОБРѢСТИ] ѡбрѣсти Pog Grig и изобрѣсти Bon изъѡбрѣсти Lobk низобрѣсти (!) Zach καὶ εὑρεῖν
МИЛОСТ(Ь)] милости Zach
39 НЪ] нѫ Grig Lobk
СЪМѢРЄНОМЬ] add. тако Lobk
ВЬ-СЄСЪЖАГАЄМЫИХЪ] в съсжагаємыхъ (!) Pog (въ) ѡлокавтоматѣхъ Bon Grig вь ѡлокавтоматахь Lobk всєсъжєжєниє ихъ (!) Zach
ОВЬНИХЪ] овнии Zach
І] om. Zach Lobk
ЮНЬЧИХЪ] овьциихъ Zach
ѢКО,] praem. и Pog Bon Zach καί
АГНЄЦЬ ТОУЧЄНЪ] агниць тоучни Zach
40 ДА БѪДЄТЪ] боудѣть Zach
І СЪКОНЬЧАЄТЪ СѨ] искон'чаєт сѧ Pog и исъконъчаєтъ сѧ Bon и скончати сѧ Zach καὶ ἐκτελέσαι, var. ἐκτέλεσθαι
41 ВЬСѢМЬ] praem. и Lobk
ГРѨДЄМЪ] идємъ Pog Bon
І] om. Grig Lobk
І] om. Zach Lobk
НЄ СРАМИ] нє посрами Pog Bon Grig Zach Lobk μὴ καταισχύνῃς
42 НЪ] нѫ Grig
СЪТВОРИ] твори Bon
ПО СМОШТРЄНИЮ] по съмотрєнию Pog Bon Grig Zach Lobk
ПО МЪНОЖЬ(С)ТВОУ] по многѣи Bon

27a

(с)твоу[84] милості твоєѩ 43 ізъми
(н)ы по чюдесемъ твоімъ · і да-
(ж)дь славѫ імени твоє-
моу г҃і ·
44 (і)[85] да срамѩтъ сѩ вьси
(ѣ)влѣѭщиі сѩ рабо-
мъ твоімъ · зъ-
(л)аа і постыдѩ-
(т)ъ сѩ ото вьсѣкоѩ си-
(л)ы · і крѣпость іхъ да съ-
(кр)оушитъ сѩ ·
45 (р)азоумѣѭтъ ѣко ты єси г҃ь б҃ъ
єдинъ · і славенъ по вьсеі оу-
селенѣи ·
46 і не прѣсташѩ вьмѣтаѭщиі ѩ ·
слоугы ц҃ревы · жегѫште пе-
щь нафьтѫ · і пекъломь · і и-
згрѣбьми і лозиемь ·
47 И распалаашє сѩ пламень надъ
пещьѭ · на четыри десѩти
і девѩти лакотъ · 48 і обиде
і пожеже · ѩже обрѣте о пещи
халъдѣістѣи ·
49 Анћелъ же г҃нь сънидє коупьно ·
съ азаріиноѭ чѩдиѭ вь пе-
щь · и отъѩтъ пламень огньны-
и отъ пещі · 50 і сътвори срѣдѫ

[84] lineae 1-3: foramen
[85] lineae 5-12: foramen

27a

Ct 9/Dn 3, 42 ТВОѤѨ] твоєи Bon
43 Г(ОСПОД)И] om. Zach
44 ДА СРАМѨТЪ СѨ] да посрамлають сѧ Zach Lobk
(Ѣ)ВЛѢѬЩИІ СѨ] ѥвлѣѩщеи Pog Bon ѣвлѣаще Grig Lobk ѥвлающии (сѧ erasum) Zach οἱ ἐνδεικνύμενοι
ВЬСѢКОѨ] всеѩ Pog
КРѢПОСТЬ] крѣпости Zach Lobk ἡ ἰσχύς
ДА₂] om. Bon Zach Lobk
СЪ(КР)ОУШИТЪ СѨ] скроушат сѧ Zach ськроушѫт сѧ Lobk
45 (Р)АЗОУМѢѬТЪ] и разоумѣѫть Pog Bon Grig Lobk и да разоумѣють Zach καὶ (var. om.) γνώτωσαν
ТЫ] add. ѥдинъ Zach σὺ εἶ κύριος ὁ θεὸς μόνος
Г(ОСПОД)Ь] г(оспод)и Pog
ЄДИНЪ] om. Zach
І] om. Lobk
ОУСЄЛЄНѢИ] вселенѣи Pog Bon Grig Zach Lobk
46 І₁] om. Pog Lobk καί
ВЬМѢТАѬЩИІ Ѩ] въмѣтаѭщаѩ Pog въметаѭштеи Bon въмѣтаѩще sine ѩ Grig Lobk om. Zach οἱ ἐμβαλόντες αὐτούς
Ц(Ѣ)САР(Є)ВЫ] ц(ѣ)сар(ѧ) Pog
ЖЄГѪШТЄ] praem. и Lobk
НАФЬТѪ] нафтоѭ Pog навтоѫ Lobk сѣроѧ Grig Zach
І₃] om. Grig Zach Lobk
І₄] om. Zach
НА ЧЄТЫРИ ДЄСѨТИ І ДЄВѨТИ ЛАКОТЪ] на ·м҃· и ·ѳ҃· лакотѡ Pog Bon Lobk на ·мѳ҃· лакоть Grig на четыри десѧть и ·ѳ҃· лакъть Zach
48 І₁] om. Bon Grig Zach Lobk
ѨЖЄ] еже Grig Lobk
О ПЄЩИ] ѿ пещы Lobk
49 АЗАРІНОѬ] азариноѫ Pog Grig Lobk озариною Zach
ВЬ ПЄЩЬ] въ пещи Pog Zach
ОТЪѨТЪ] ѡт(ъ)трасє Zach
50 СРѢДѪ] посрѣдѣ Grig Lobk срѣдѣ Zach

27b

пешті ѣко дх҃ъ хладенъ шюм(ѧшть)[86]
і не пр҇ікоснѫ сѧ іхъ отънѫ(дь)
огнь · ни оскр҇ъби ни съ(тѫ)-
жи імъ · 51 тогд(а) ти т(р҇и)-
є ѣко єдинѣми (оу)сты
поѣахѫ · і б(л҃свлѣа)хѫ
і славлѣахѫ
б҃а вь пеци г҃лѭще ·
пѣ҃[87] в҃ отр҇окъ · Ct 10/Dn 3 (LXX Ct 8)
52 блнъ[88] єси г҃і б҃же о҃ць на(ши)-[89]
хъ · и хвалимъ і пр҇ѣвьз(но)-
симъ въ вѣкы ·
и б҃лстввно імѧ славы тво-
єѧ с҃втоє · і хвально і пр҇осла-
влено імѧ твоє вь вѣкы ·
53 б҃лнъ єси вь ц҃р҇кви с҃вта҃ѧ
славы твоєѧ · и хвалимъ
и пр҇ѣвъзносимъ въ вѣкы ·
55 б҃лственъ єси видѧі безд-
нѫ · сѣдѧи на хер҇овимѣ · і
хвалимъ и пр҇ѣвъзносимъ
въ вѣкы ·
54 б҃лственъ єси на пр҇ѣстолѣ сла-
вы ц҃р҇ствіѣ твоєго · і
хвалимъ і пр҇ѣвъзноси-
мъ въ вѣкы ·
56 б҃лственъ єси на твр҇ъди

---

[86] lineae 1-6: foramen
[87] litterae -ѣс- ligatae
[88] sine compendii signo
[89] lineae 10-11: foramen

27b

Ct 9/Dn 3, 50 ХЛАДЕНЪ] халдень Pog
ИХЪ ОТЪНѪ(ДЬ)] отиноудь ихъ Zach
ОСКРЪБИ] скрьби имь Lobk

51 ТРИЕ] три Bon
ЄДИНѢМИ] ѥдинꙑми Zach
І Б(Л(АГОХ(ЛО)ВЛѢА)ХѪ] add. б(ог)а Pog om. Grig
Б(ОГ)А] и Pog

Ct 10/Dn 3 Canticum integrum deest in Fra
(LXX Ct 8) ПѢС(НЬ)] add. тѣх(ъ)жде Pog Bon
В̄ ОТРОКЪ] трі (с(ва)тꙑхъ Bon) ѡтрокъ Pog Bon add. в' даниілѣ прорроцѣ єдиного ѿ триї великꙑихъ Pog τῶν τριῶν παίδων

52 Б(ЛАГОСЛОВЕСТВЕ)НЪ] бл(аго)с(лове)нъ Pog Bon
ВЪ ВѢКЪІ] в вѣк ·· Bon
БЛ(АГОСЛОВЕ)СТВЬНО] бл(аго)с(лове)но Pog Bon
ХВАЛЬНО І ПРОСЛАВЛЕНО ІМѦ ТВОЄ ВЬ ВѢКЪІ] хвалимъ и прѣвъзносимь въ вѣкꙑ Pog хва ·· Bon

53 Б(ЛАГОСЛОВЕСТВЕ)НЪ] бл(аго)с(лове)нъ Pog Bon
ХВАЛИМЪ И ПРѢВЪЗНОСИМЪ ВЪ ВѢКЪІ] хв · ... Pog хвали · ·· Bon

55 БЛ(АГОСЛОВЕ)СТВЕНЪ] бл(аго)с(лове)нь Pog Bon
БЕЗДЬНѪ] безд(ь)нꙑ Pog Bon ἀβύσσους
ХВАЛИМЪ И ПРѢВЪЗНОСИМЪ ВЪ ВЬКЪІ] хв(а)л ... Pog хвалимъ и прѣвъзносимъ в вѣ ·· Bon

54 БЛ(АГОСЛОВЕ)СТВЕНЪ] бл(аго)с(лове)нъ Pog Bon
Ц(ѢСА)Р(Ь)СТВІѢ] ц(ѣса)р(ь)ства Bon
ХВАЛИМЪ І ПРѢВЪЗНОСИМЪ ВЪ ВѢКЪІ] хвал ·... Pog хвалимъ и прѣвъзносимъ в вѣ ·· Bon

56 БЛ(АГОСЛОВЕ)СТВЕНЪ] бл(аго)с(лове)нъ Pog Bon

Ct 10/ Dn 3, 56; Ct 11/ Dn 3, 57 - 76

28a

(нб)сьнѣı[90] · ı хвалимъ ı прѣ-
(въ)ꙁносимъ въ вѣкы ·
мо[91] в отрокъ[92] · Ct 11/Dn 3 (LXX Ct 8)
57 Блствıте вьсѣ дѣла гнѣ
(г)ѣ поıте ı прѣвьꙁносите его
вь вѣкы вьсꙗ ·
58,59 (б)лте аѯ҃ели нбса гнѣ гѣ поıте
(ı) прѣвъꙁносите его вь вѣкы в ·
60,61 (бл)те воды вьсꙗ прѣвышь-
(нꙗꙗ) нбсъ · вьсꙗ силы гнꙗ гѣ
(по)ите ı прѣвъꙁносите его
(в)ь вѣкы вьсꙗ ·
62,63 Блте сльньце ı мѣсꙗць ѕвѣ-
ꙁды нбсьныꙗ · гѣ по-ı прѣ ·
64,65 Блте вьсѣкъ дождь · роса вь-
си дси гѣ поıте ·
66,67 Блте огнь ꙁноı и ꙁима и варъ ·
гѣ поıте ı прѣ ·
68,69 Блте росы и леди ı мра-
ꙁи · гѣ поıте ı прѣ ·
70,71 Блте сланы и снѣѕи но-
щть ı день · гѣ поıте ·
72,73 Блте свѣтъ ı тьма мль-
ниꙗ и облаци · гѣ поıте ·
74-76 Блте · ꙁемлѣ горы и
хльми · ı вьсѣ проꙁꙗ-
баꙗштıѣ на ꙁемлı[93] гѣ по ·

---

[90] lineae 1-12: foramen
[91] litterae ligatae -м ı-
[92] littera cyrillica -т-
[93] litterae ligatae -м ı-

28a

Ct 10/Dn 3, 56 ПѹѢ⟨В⟩ЪZNОСИМЪ ВЪ ВѢКЫ] пѹѣв⟨ъ⟩zно ... Pog пѹѣвъzносимъ ⁖ Bon

Ct 11/Dn 3 МОЛ⟨ИТВА⟩ В҃ ОТѹОКЪ] пѣс⟨нь⟩ (add. тѣхжде *Bon*) с⟨ва⟩т⟨ы⟩хъ тѹи (om. тѹи *Bon*)

(LXX Ct 8) ѡтѹок⟨ъ⟩ · в′ данїилѣ пѹо⟨ѹо⟩цѣ единого ѡт⟨ь⟩ тѹи великыихь Pog (om. в′ ... великыихь *Bon Fra*) ὕμνος τῶν ἁγίων τριῶν παίδων, cf. supra 25b11

57 БЛ⟨А⟩ГОСЛОВЕ⟨С⟩ТВІТЕ] бл⟨а⟩го⟨с⟩лови⟨те⟩ Pog Bon Fra Grig Zach Lobk

Г⟨ОСПОДⅠ⟩ѢІ] г⟨оспод⟩а Pog Bon Fra Grig Zach Lobk

ВЬСѦ] om. Pog Bon Fra gr. deest

58-59 nonnulli textus graeci duos vel tres versus cantici huius contrahunt; abbreviationes бл҃те in initio versuum in Sin благословествите legendae sunt, abbreviationes autem бл҃сте in Pog et бл҃те in Bon et *blvte, blvite, blte, bte* in Fra благословите sunt legendae

Г⟨ОСПОД⟩Ѣ] г⟨оспод⟩а Pog Bon (om. *Fra* lectio varia textus graeci)

ПОІТЕ ⟨І⟩ ПѹѢВЪZNОСИТЕ ЕГО ВЬ ВѢКЫ В·] поите и пѹѣвъzн⟨о⟩⟨си⟩те⟩ Pog Bon Fra

60-61 Г⟨ОСПОД⟩NѤ ... ВЬСѤ] om. Pog

Г⟨ОСПОД⟩Ѣ] г⟨оспод⟩а Bon Fra

ЕГО] *i* Fra

⟨В⟩Ь ВѢКЫ ВЬСѤ] om. Bon Fra

62-63 БЛ⟨А⟩ГОСЛОВЕСТВИ⟩ТЕ] бл⟨а⟩го⟨с⟩лови⟩та (!) Pog бл⟨а⟩гослови⟩те Bon Fra

N⟨Е⟩Б⟨Е⟩СЬNЫѤ] *n<e>b<e>skie* Fra

Г⟨ОСПОД⟩Ѣ] г⟨оспод⟩а Pog Bon Fra

ПО·І ПѹѢ ·] поите ... Pog поите и пѹѣвъzно⟨си⟩те его ⁖ Bon *poite i prev'znosite i v<a> v<ě>kь* Fra

64-65 ВЬСѢКЪ ДОЖДЬ] вси дъждеве Pog add. и Pog Fra

ѹОСА] add. и Pog Bon

Г⟨ОСПОД⟩Ѣ] г⟨оспод⟩а Pog Bon Fra

ПОІТЕ ·] поите и .. Pog поите и пѹѣвъzно⟨си⟩те ⁖ Bon Fra

66-67 ОГNЬ] add. и Pog Fra

И₁] om. Bon

И₂] om. Bon

Г⟨ОСПОД⟩Ѣ] г⟨оспод⟩а Pog Bon Fra

ПОІТЕ І ПѹѢ ·] поите · Pog поите и пѹѣвъzносите его ⁖ Bon *poite i prev′z′nosite* Fra

68-69 ѹОСЫ] add. и инїи Pog и инъı Bon *i ini* Fra καὶ νιφετοί

Г⟨ОСПОД⟩Ѣ] г⟨оспод⟩а Pog Bon Fra

ПОІТЕ І ПѹѢ ·] поіте ... Pog поите и пѹѣвъzносите его ⁖ Bon *poite i prevznosite* Fra

70-71 Г⟨ОСПОД⟩Ѣ] г⟨оспод⟩а Pog Bon

ПОІТЕ ·] поіте и пѹѣвz ... Pog поите и пѹѣвъzносите ⁖ Bon Fra

72-73 ТЬМА] add. *i* Fra

Г⟨ОСПОД⟩Ѣ] г⟨оспод⟩а Pog Bon Fra

ПОІТЕ ·] п ... Pog om. Bon *poite i prevzn<o>s<i>te* Fra

74-76 І] om. Pog Bon Fra

Г⟨ОСПОД⟩Ѣ] г⟨оспод⟩а Pog Bon Fra

ПО..] поите и пѹѣвzн ... Pog поите и пѹѣвъzносите его ⁖ Bon *poite i prevznos<i>te v<a> v<ě>ki* Fra

Ct 11/ Dn 3, 77 - 88; Ct 12/ L 1, 46 - 49

28b

77-79 Бл҃те ıсточьници морѣ ı рѣ(кꙑ)[94]
кити · вьсѣ движѫщıѣ сѧ (въ)
водахъ г҃ѣ поıте·
80,81 Бл҃те вьсѧ пьтицѧ н҃бсьнꙑѩ
ꙁвѣрие ı вьси скоти г҃ѣ поıт(е) ·
82,83 Бл҃те с҃нови ч҃всцı · Бл҃ти (!) ı҃ил(ю)
г҃ѣ поıте · ı п҃рѣ ·
84,85 Бл҃те ıерѣи г҃ю раби г҃нı г҃ѣ поıте
86,87 Бл҃те · д҃сı и д҃шѧ праведьнꙑ(ихъ)
п҃рни ı съмѣрении с҃рцемь ·
г҃ѣ поıте ı п҃рѣ ·
88 Бл҃те · ананиѣ азариѣ мисаıлю
ап҃лı[95] пророцı ı м҃цı[96] г҃нı г҃ѣ поıте · additamentum liturgicum
Бл҃ствıмъ о҃ца и с҃на ı с҃втаего
д҃ха · г҃ѣ поıте ı п҃рѣ ·
ı нꙑнѣ ı прıсно ı въ вѣкꙑ
вѣкомъ аменъ ·
Хвалимъ бл҃ствıмъ кланѣе-
мъ сѧ г҃ю г҃ѣ поıте ı прѣвь-
ꙁносите ı въ вѣкꙑ вьсѧ ·
Пѣснь б҃цѧ отъ[97] лоуче (!) евг҃нѣлиѣ (!) · Ct 12/L 1
46 Величитъ д҃ша моѣ г҃ѣ 47 ı въꙁдра- (LXX Ct 9a)
дова сѧ д҃хъ моı · о б҃ѕѣ с҃пѣ моемь ·
48 Ѣко приꙁьрѣ на съмѣрение рабꙑ
своеѩ · се бо отъселѣ блажѧ-
тъ мѧ вьси роди ·
49 Ѣко сътвори мнѣ величие сильнꙑи ·

add. lit. (cf. Horologion, Romae, 1937²)

Εὐλογεῖτε ᾿Απόστολοι, Προφῆται καὶ Μάρτυρες Κυρίου, τὸν Κύριον·
ὑμνεῖτε καὶ ὑπερυψοῦτε αὐτὸν εἰς τοὺς αἰῶνας.
Εὐλογοῦμεν Πατέρα, Υἱὸν καὶ Ἅγιον Πνεῦμα, τὸν Κύριον·
ὑμνοῦμεν καὶ ὑπερυψοῦμεν αὐτὸν εἰς τοὺς αἰῶνας.
Αἰνοῦμεν, εὐλογοῦμεν καὶ προσκυνοῦμεν τὸν Κύριον,
ὑμνοῦντες καὶ ὑπερυψοῦντες αὐτὸν εἰς τοὺς αἰῶνας.

---

[94] lineae 1-12: foramen
[95] litterae ligatae -ПО-
[96] litterae ligatae -МЦ-
[97] littera cyrillica -Т-

28b

Ct 11/Dn 3, 77-79 БЛ(А)ГОСЛОВЕСТВИ(Т)Е] add. и Bon
ѸѢ(КЪ) КИТИ] ѹѣкы кити Pog ѹѣкы кѵти Bon add. и Pog Bon Fra
ДВІЖѪЩІѢ СѦ] движѫщаа са Pog add. въ Pog Bon Fra
Г(ОСПОД)ѢІ] г(оспод)а Pog Bon Fra
ПОІТЄ ·] поите и пѹѣвъзно ·· Bon *poite i prev´znosite* Fra

80-81 ПЬТИЦѦ] птицы Bon
N(Є)Б(Є)СЬNЫѦ] *n<e>b<e>skie* Fra
ZВѢѸИЄ] звѣѹи Bon *zv<ě>ri* Fra
Г(ОСПОД)ѢІ] г(оспод)а Bon Fra om. Pog
ПОІТ(Є)] om. Pog Bon *poite i prev'znosite* Fra

82-83 С(Ъ)NОВИ] с(ъ)нове Pog Bon Fra
Ч(ЛО)В(Ѣ)Ч(Ь)СЦИ] ч(ло)вѣчьчи Pog Bon
БЛТИ (!)] бл(а)го(с)л(о)ви Pog Bon Fra εὐλογείτω
Г(ОСПОД)ѢІ] г(оспод)а Pog Bon Fra
ПОІТЄ · І ПѸѢ ·] поитє и пѹ ... Pog пои ·· Bon *poite i prev'z ..* Fra

84-85 versus uterque deest in Pog
Г(ОСПОД)Ю] г(оспод)ъни Bon Fra
Г(ОСПОД)ѢІ] г(оспод)а Bon Fra
ПОІТЄ] поите и пѹѣвъзноси ·· Bon (hic Bon finitur) *poite i prev'znos<i>te* Fra

86-87 П(Ѹ)Ѣ)П(О)ДОБЬ)NИ І СЪМѢѸЄNИІ] пѹ(ѣ)под(о)бны же) смѣѹении Pog *i pr<e>p<o>d<o>bn<i>h´ sm<ě>renii* Fra ὅσιοι καὶ ταπεινοί
Г(ОСПОД)ѢІ] г(оспод)а Pog Fra
ПОІТЄ І ПѸѢ ·] поитє Pog *poite i prev'znos<i>t<e>* Fra

88 ANANИѢ AZAѸИѢ] ananіѥ azaѹіѥ Pog *ananiě azaria* Fra
МИСАІЛЮ] мисаиле Pog *misail'* Fra

additamentum liturgicum
АП(ОСТО)ЛИ] add. *i* Fra
І] om. Pog Fra
Г(ОСПОД)ЬNІ] om. Fra
Г(ОСПОД)ѢІ] г(оспод)а Pog Fra
ПОІТЄ] поитє Pog *poite (i prev'znosite)* Fra
БЛ(А)ГО(С)ЛОВЕС)ТВІМЪ] бл(а)г(осло)вимъ Pog Fra
І СВ(Ѧ)ТАЄГО Д(О)Ѵ)ХА] om. Fra
Г(ОСПОД)Ѣ ПОІТЄ І ПѸѢ ·] поитє Pog om. Fra
І NЫNѢ · ... ВѢКОМЪ] om. Fra
АМЄNЪ] amin´ Pog om. Fra
БЛ(А)ГОСЛОВЕ)СТВІМЪ] бл(а)го(сло)вимъ Pog Fra
КЛАNѢЄМЪ СѦ] *k'lanaim' se* Fra
Г(ОСПОД)Ю] г(оспод)еви) Pog *g<ospode>vě* Fra
ПОІТЄ ... ВЬСѦ] om. Pog Fra

Ct 12/L 1 (LXX Ct 9a Magnificat)
Canticum integrum deest in Fra
Б(ОГОѸОДИ)ЦѦ] add. маѹиѧ Pog Bon Μαρίας τῆς θεοτόκου
ЛОѴЧЄ (!)] лоѵчина Pog om. Bon
ЄВГ(А)NѢ(Л)ИѢ] om. Bon

46 Г(ОСПОД)ѢІ] г(оспод)а Pog Bon Mar As Sav
49-55 deest in Sav
49 ВЕЛИЧИЄ] величьѣ Mar
50-55 deest in As

29a

(и с)в҃то імѧ (т)воѥго · 50 ı милость єго
въ родъ і родъ боѩщимъ сѩ єго ·
51 (с)ътвори дръжавѫ мышьцеѭ
своеѭ · расточи гръдыѩ мы-
слиѭ с҃рца іхъ ·
52 ниꙁъложи сильныѩ съ прѣстолъ ·
ı възнесе съмѣреныѩ 53 алчѫ-
штѩѩ ıсплъни благы и бога-
тѩщѩѩ сѩ отъпоустı тъщѩ ·
54 (при)ѩтъ і҃илѣ отрока своего помѩ-
(н)ѫти милость · 55 ѣкоже г҃ла къ
о҃цемъ нашимъ авраамоу · ı сѣ-
мени его до вѣка ·
мо[98] ꙁахариına · иоанова отъ[99] лоу- Ct 13/L 1
ı҃в че (!) евгаѥѣелиѣ · (LXX Ct 9b)
68 б҃лнъ г҃ь б҃ъ і҃илевъ ѣко посѣти
ı сътвори ıꙁбавление лю-
демъ своıмъ ·
69 и въꙁдвиже рогъ с҃пениѣ нашего ·
въ домоу д҃авѣ отрока своего ·
70 ѣкоже г҃ла оусты с҃въıихъ ·
сѫщиихъ · отъ вѣка пророкъ его ·
71 с҃пение отъ врагъ нашихъ · ıꙁ-д-рѫ-
кы вьсѣхъ ненавидѩщиıхъ насъ ·
72 сътворити милость съ о҃ці на-
шими · ı помѩнѫти ꙁавѣтъ
с҃тыи (и) своı ·

---

[98] litterae ligatae -мл-
[99] littera cyrillica -т-

29a

Ct 12/L 1, 49 [ТВОІЄГО] errorem suum (твоє) scriba ipse partim litteris suprapositis го emendavit; єго Pog Bon Zogr Mar As αὐτοῦ

50 ВЪ ϘОДЪ І ϘОДЪ] въ ϙоды ı ϙодъ Zogr εἰς γενεὰς καὶ γενεάς, var. εἰς γενεὰν καὶ γενεάν

51 СВОЄѨѪ] с҃еѫ Bon (i. e. с‹во›еѫ)

ϘАСТОЧИ] ϙастачи Mar

52 СЪ ПϘѢСТОЛЪ] ѡт‹ъ› пϙѣстолъ Bon

53 ЛАЧѪЩТѨѨ] алчащаѩ Pog Mar алъчѫщѫ Bon

БЛАГЫ] бл‹а›гь Pog Bon Zogr Mar ἀγαθῶν

54 ПОМѨ‹Н›ѪТИ] помѣнѫти Zogr Mar

МИЛОСТЬ] add. єго Bon var. add. αὐτοῦ

55 СѢМЄНИ] сѣмєнє Zogr

Ct 13/L 1 Canticum integrum deest in Sav

(LXX Ct 9b) ꙀАХАϘИІНА] add. ѡтьца Pog Bon Fra

ИОАНОВА] ïѡан҆нова Pog *iv<a>nova* Fra

ЛОУЧЄ (!)] лоучïна Pog

68 Б҃ЛНЪ] incertum an бл‹а›гословєств‹є›нъ aut бл‹а›гослов‹є›нъ legendum est бл‹а›г‹о›с‹лов›е›нь Pog Bon Fra Zogr Mar As

ОТЪ ... ЄВГАЄЛИѢ] om. Bon Fra var. add. ἐκ τοῦ κατὰ Λουκᾶν εὐαγγελίου

69-75 deest in As

69 ДА‹ВЫДО›ВѢ] д‹а›в‹ы›да Pog Fra Mar

70 СВ‹Ѧ›ТЪИІХЪ] с‹вѧ›тыми Bon Fra τῶν ἁγίων

СѪЩІИХЪ] сѫщиими Bon Fra

ПϘОϘОКЪ] om. Fra

ЄГО] om. Bon Fra Mar

71 ІꙀ-Д-ϘѪКЫ] и иꙁ ϙѫкы καὶ ἐκ χειρός Pog Fra иꙁ ϙѫкы Bon

72 ПОМѨНѪТИ] помѣнѫти Pog Bon Zogr

СВОІ] твои Pog

cetera desunt in Fra (hic Fra finitur)

29b

73 Клѧтвѫ єѭже клѧтъ сѧ къ ав(ра)-[100]амоу о҃цю нашемоу дати нам(ъ)

74 бе-страха iꙁ-д-рѫкы врагъ нашихъ · iꙁбавльшемъ сѧ · Слоужити ємоу 75 прѣподобиемь · i правьдоѭ прѣдъ нимь вьсѧ дьни живота нашего ·

76 i ты отрочѧ пророкъ вышьнѣего наречеши сѧ · прѣди iдеши б(о) прѣдъ лицемь г҃немь оуготов(ва)ти пѫть єго ·

77 Дати раꙁоумъ сп҃сениѣ людемъ єго · въ оставлениє грѣхъ нашихъ · 78 милосрьдеi ради милостi б҃а нашего · Вь нихъже посѣтилъ єстъ насъ въстокъ съвыше 79 просвѣтити сѣдѧштѧ во тьмѣ · i вь сѣни съмрътьнѣи · Направити ногы нашѧ [нашѧ] на пѫть мирєнъ ·

Слава · с҃т[101] · м҃о[102] · Сумионѣ · Ct 14/L 2
Отъ лоуче (!) євгаꙉелиѣ · (LXX Ct 13)

29 Нынѣ отъпоустi раба твоего владыко по гл҃оу твоемоу съ миромъ ·

[100] lineae 1-12: foramen
[101] nescimus, an с҃т an щ҃т per errorem scribae legendum sit
[102] litterae ligatae -мл-

29b

Ct 13/L 1, 73 КЛѨТВѪ] клѧтвоѫ Pog Bon Mar ὅρκον
74 ІЗ-Д-РѪКЪІ] из рѫкы Pog Bon
ІЗБАВЛЬШЕМЪ СѨ] избавльшимъ сѧ) Pog
76 ПРѢДИ ИДЕШИ] прѣдьидеши Pog Bon Zogr Mar As
ПѪТЪІ] пѫти Pog Bon Mar As ὁδούς
77 ВЪ ОСТАВЛЕНИЕ] въ оставлєньє въ отъпоуштєньє (verisimiliter glossa in textum assumpta) Zogr отъпоуштєниє Mar
ГРѢХЪ НАШИХЪ] грѣховъ іхъ Mar αὐτῶν var. ἡμῶν
78 МИЛОСРЪДЕІ] милосрьдиї Pog милосрьдиѩ Bon милосрьды Zogr
МИЛОСТІ] om. Mar
ПОСѢТИЛЪ ЕСТЪ] посѣти Pog Bon Zogr
79 СѢДѨШТѨ] сѣдѧщаѩ Pog Bon Zogr Mar
Canticum integrum deest in Pog Bon Fra
ВО ТЪМѢ · І ВЬ СѢНИ] вь тмѣ и сѣни Pog Mar
СЪМРЪТЬНѢИ] съмрътьнѣ Mar
Canticum integrum deest in Pog Bon Fra
Ct 14/L 2, 29 (LXX Ct 13) ОТЪПОУСТІ] var. Vulgatae dimitte поустиши Zogr отъпоустиши Mar As отъпоущаеши Sav ἀπολύεις

Ct 14/ L 2, 30 - 32; Mt 6, 9 - 13; Ct 15/ Doxologia maior 1 - 6

30a

30 (ѣк)о[103] видѣсте очи мои сп҃сенье твоє ·
31 (є)же єси оуготовалъ прѣдъ лицє-
мь вьсѣхъ людеи ·
32 (с)вѣтъ въ окръвение ꙗꙁкъ · і
въ славѫ людеі твоіхъ і҃илю ·
повелѣнаа мо[104] х҃мь · къ оученикомъ · отъ лоучее (!) євгаєѣелиѣ (!) · Oratio Dominica
9 (О)тьче нашь іже єси на н҃бсехъ · да Mt 6 (L 11)
(свꙗ)титъ сꙗ імꙗ твоє · 10 да приде-
(т)ъ ц҃рствіє твоє · да бѫдетъ
волѣ твоѣ · ѣка на н҃бсе і на ꙁе-
млі · 11 хлѣбъ нашь насѫщьнъиі
даждь намъ дьнесь · 12 и остави
намъ длъгы нашꙗ · ѣко і мы въ і-[105]
оставлѣемъ длъжьникомъ скоуше-
нашимъ · 13 і не веди насъ въ на- ние ест
пасть · нъ иꙁбави ны отъ не- лѫка-
приѣꙁні · ваего
ѣко твоє єстъ ц҃рствіє і сила ·
и слава въ вѣкы аменъ ·
пѣснь оутрьнѣѣ · Ct 15 (LXX Ct 14)
1 Слава въ вышьниіхъ б҃оу · 2 і Doxologia maior
на ꙁемли[106] миръ 3 въ ч҃вцѣхъ бла-
говоление ·
4 хвалимъ тꙗ 5 б҃лствімъ тꙗ
6 кланѣемъ ті сꙗ ·

---

[103] lineae 1-12: foramen
[104] litterae ligatae -мл-
[105] glossa scribae in margine dextro punctis distincta et ad напасть atque неприѣꙁнь refert
[106] litterae ligatae -мл-

30a

Ct 14/L 2, 30 ВИДѢСТЄ] видѣстѣ Sav
31 ЛЮДЄИ] людии Zogr Mar As Sav
32 ВЪ ОКРЪВЕНИЄ] въ откръвение As Sav
ѨЗЫКЪ] ѧзыкомъ Sav
І ВЪ СЛАВѪ] і славѫ Zogr Mar As и слава Sav var. δόξα
ЛЮДЄІ] людии Zogr As Sav лидии (!) Mar
ІЗДРАИЛЮ] ізд҄раилѣ Zogr Mar As

Oratio Dominica (Pater noster)

ОТЪ ЛОУЧЄЄ (!) ЄВГАЄЛИѢ] nonnulli codices graeci breviorem textum Orationis Dominicae in L 11, 2-4 secundum textum longiorem in Mt 6, 9-13 interpolant (cf. L 11,2 sq in Zogr Mar As Sav Ostr Nik, sed etiam in nova parte Euch - v. I. C. Tarnanidis, o.c., ms 1/N, fol. 17a 17 - 16b 2); cf. etiam L 11,2 in Vetere Latina
Mt 6,9 НА НЄБЄСЄХЪ] на небесі As
10 ЦѢСАРЬСТВІЄ] цѣсарьство As
ѢКА] ѩка Ostr (pro graec. var. phonol. ὀς ?), recte ѣко Zogr Mar As Sav ὡς
НА НЄБЄСЄ] на небеси Zogr Mar As Sav Ostr
І НА ЗЄМЛІ] и земи Sav
11 НАСѪЩЬНЪИІ] настоѩшт .. Zogr (add. ънъ litteris cyrillicis manu recentiori in rasura) наставъшаго дьне Mar As Sav τὸν ἐπιούσιον
12 ОСТАВИ] отъпоусти (litteris cyrillicis остави) Zogr отъпоусти Mar
ОСТАВЛѢЄМЪ] отъпоуштаемъ Zogr Mar ἀφήκαμεν, var. ἀφίεμεν
13 НЄ ВЄДИ] не въведи Zogr Mar As Sav Ostr
ВЪ НАПАСТЬ] (glossa marginalis: въ искоушение) въ искоушение As
НЫ] насъ Sav
ОТЪ НЄПРІѢЗНІ] (glossa marginalis: лѫкавааго) отъ лѫкаваго As add. doxologia liturgica (nonnumquam etiam in textum evangelii recepta): ὅτι σοῦ ἐστιν ἡ βασιλεία καὶ ἡ δύναμις καὶ ἡ δόξα εἰς τοὺς αἰῶνας ἀμήν
ВЪ ВѢКЫ] в (вѣк) вѣк(омъ) (litteris cyrillicis въ вѣкы) Zogr
АМЄНЪ] аминь Zogr Mar амӣ As аминъ Sav амин Ostr
Ct 15 (LXX Ct 14) variae lectiones sequentes e ms. Chilandarensi No 331, v. J. Vašica, Slovanská liturgie sv. Petra, Byzantinoslavica 8 (1939-46), 26-27
1-3 = L 2,14 Zogr Mar As Sav Euch 101a 14-16
5 БЛАГОСЛОВЄСТВІМЪ] благословимъ Chiland

Ct 15/Doxologia maior 7 - 28 et Versiculi

30b

7 Славословествімъ тѩ 8 благо(дѣ)-[107]
ть въздаемъ тебѣ · 9 великы(ѩ)
ради славы твоеѩ ·
10 г҃і цр҃ю 11 нбсьны 12 б҃же · о҃че вьседр(ъ)-
жителю · 13 г҃і с҃не ꙇночѧды · 14 и(у҃)
х҃е · 15 ꙇ св҃ты д҃ше ·
16 г҃і б҃же 17 агньче б҃жіи[108] · 18 с҃не о҃чь · 19 вь-
землѩꙇ грѣхы вьсего ми(ра ·)
20 помилоуꙇ ны 21 вьземлѩꙇ (грѣ)-
хы вьсего мира ·
22 Прꙇими молитвѫ нашѫ · 23 С(ѣ)-
дѩꙇ о деснѫѭ о҃ца · 24 помилоу-
ꙇ ны
25 ѣко ты еси единъ св҃тъ · 26 ты
еси единъ г҃ь · 27 и҃у х҃ь съ
св҃тымь д҃хмь · 28 въ славѣ
б҃а о҃ца аменъ ·
2 На вьсѣкъ день бл҃щѫ тѩ · ꙇ — Ps 144 — Versiculi post Doxologiam maiorem
въсхвалѭ ꙇмѩ твое въ
вѣкъ і вѣкъ вѣкоу ·
1 г҃і прібѣжиште бысть на- — Ps 89
мь въ родъ і родъ 5 азъ рѣхъ — Ps 40
г҃ꙇ помилоуꙇ мѩ · ꙇ исцѣ-
ли д҃шо (!) моѭ ѣко съгрѣшихъ
тебѣ ·
9b г҃і къ тебѣ прібѣгъ 10 наоучи — Ps 142

[107] lineae 1-11: foramen
[108] litterae ligatae -жі-

30b

Ct 15, 7 СЛАВОСЛОВЄСТВИМЪ] славословим' Chiland
8 БЛАГО‹ДѢ›ТЬ ВЬꙀДАЄМЪ ТЄБѢ] благодаримъ те Chiland
13 ІНОЧѦДЪІ] единородьныи Chiland
14 И‹СОѴ›Х‹РИСТ›Є] кисоусе х‹рист›е Chiland
19 (cf. J 1, 29) ВЬСЄГО МИ‹РА›] мироу Chiland
20 НЪІ] насъ Chiland
21 ВЬСЄГО МИРА] мира Chiland
22 МОЛИТВѪ НАШѪ] м‹о›л‹и›твы наше Chiland
24 НЪІ] насъ Chiland
25 ЄСИ] om. Chiland
26 ЄСИ] om. Chiland
27 И‹СО›ѴХ‹РИСТ›Ь] ‹к›соус х‹ри›с‹тъ› Chiland
СЪ СВ‹Ѧ›ТЪІМЬ Д‹ОѴ›Х‹О›МЬ] om. Chiland
28 ВЪ СЛАВѢ Б‹ОГ›А О‹ТЬ›ЦА АМЄНЪ] въ славоу б‹ог›оу о‹ть›цоу Chiland
Ps 144, 2 ВЬСѢКЪ] къжде Sin 2/N 7a 5 къждо Pog
БЛ‹АГОСЛОВЄ›ЩѪ ТѦ] бл‹аго›с‹ло›вать (!) Pog благословества тѧ Bon
ТВОЄ] om. Pog
Ps 40, 5 АꙀЪ] add. же Bon var. add. δέ
Д‹ОѴ›ШО (!)] д‹оу›шѫ Sin 54a 11 Pog Bon Ps 142,9
ПРИБѢГЪ] прибѣгохъ Bon

Ct 15/ Versiculi post Doxologiam maiorem

31a

(м)ѧ[109] творити волѭ ·
(ѣко) ты еси б҃ъ мои · 10 ѣко оу те- Ps 35
(б)е есть їсточьникъ жи-
(в)отоу въ страсѣ (!) твоемь оу-
(з)ьримъ свѣтъ ·
11 (Про)бави милость твоѭ вѣ-
дѫщиїмъ тѧ ·
(съподоби) г҃и ї весь (!) день бе- Versus liturgicus
(з)ъ грѣха с)ъхранити сѧ намъ ·
26 (Бл҃с)твенъ еси г҃и б҃же о҃ць на- Dn 3
(ши)хъ и хвально ї просла-
(в)лено їмѧ твое въ вѣкы
аменъ ·
22 Бѫди г҃и милость твоѣ на Ps 32
насъ · ѣкоже и оупъвахомъ
на тѧ ·
12 Бл҃ственъ еси г҃и наоучи мѧ Ps 118
оправъданиемъ твоїмъ ·
Бл҃ственъ еси г҃и въразоу-
ми мѧ правъдоѭ твоеѭ ·
Бл҃ств (!) еси владыко · про-
свѣти мѧ правъдоѭ твоеѭ ·
Бл҃ственъ еси св҃ты 8b г҃и Ps 137
милость твоѣ въ вѣкъ · г҃и
твари рѫкоу твоею не прѣзьри ·

[109] lineae 1-12: foramen

31a

Ps 142, 10	ВОЛѨ] τὸ θέλημά σου, per errorem om. твоѩ, cf. Sin 2/N 5b 3
Ps 35, 10	ЖИ(В)ОТОУ] живота Sin 45b 6
	ВЪ СТРАСѢ (!)] въ свѣтѣ Sin 45b 6sq Pog Bon ἐν τῷ φωτί
11	(ПРО)БАВИ] подаждь Bon παράτεινον
vs. liturg.	І ВЕСЬ ДЕНЬ] pro въ сь день ἐν τῇ ἡμέρα ταύτῃ
Dn 3, 26	АМЕНЪ] om. Ct 9 Sin 2/N 25b 14 Pog Bon
Ps 32, 22	И] om. Bon
Ps 118,12	БЛ(А)ГОСЛОВЕ(Ж)СТВЕНЪ] бл(а)гослове(н)нъ Sin 155a 14 Pog Bon
	Г(О)СПОД(И) ... Г(О)СПОД(И) .... ВЛАДЫКО ... СВ(Ѧ)ТЫ] Κύριε (semel tantum) ... Δέσποτα... Ἅγιε textus aliquantulum corruptus, sed fere idem v. 32b 2-8
Ps 137, 8b	Г(О)СПОД(И)$_2$] om. Sin 177b 23 var. add. κύριε
	ТВАРИ] дѣлъ Sin 177b 23 Pog дѣла Bon τὰ ἔργα
	ПРѢЗЬРИ] var. παρίδῃς

Pars ultima laudarum matutinarum; Vesperae

31b

	Тєбѣ подобаѥ хвала · тєбѣ (по)-[110]		Doxologia minor
	добаѥ пѣнь[111] · тєбѣ слава (по)-		
	добаѥ о҃цю · и с҃ноу · и с҃вмоу		
	д҃хоу · въ вѣкы вѣкомъ		
	аминъ · г҃і помилоуи в҃[112]-		
	сл(в)а · о҃цю · і прıложітъ грани)		
	ıаже бѫдѫтъ того днє ·а҃· і рці)		
	граннѣ-сі дѣвѣ (!) съ нім(и)		
	14 Ісплъніхомъ сıа ıу(тро мило)-	Ps 89	Versiculus primus
	сті твоєıа г҃і и възрад(ова)-		
	хомъ сıа (и в)ъзвесели(хомъ)		
	сıа въ вьсıа дні нашıа 15 въз(ве)-		
	селіхомъ сıа за (д)ьні въ (ніа)-		
	же съмѣріль ны (єсі лѣта)		
	вь нѣже відѣхомъ зълаа 16 (і)		
	прізьрі на рабы твоıа и на дѣ-		
гр҃а[113]	ла твоѣ и наставі с҃ны іхъ ·		
б	17 і бѫді свѣтълость г҃ѣ б҃а наше-		Versiculus secundus
	го на насъ · і дѣла рѫкъ нашіхъ		
	ісправи на насъ · и дѣла рѫкъ		
	нашіхь исправі · сл(к)а о҃цю		
	і бл҃гчно рє(к)[114]		
	чінъ єсперинѣ · сірѣчь вечьнії[115]		Vesperae
	пої пс(л)амъ сь · по р҃ в҃ 1 бл҃гси д҃ше		Ps 103
	моѣ г҃ѣ г҃і б҃же мої · потомь зачь-		
	ні проівѫ (!) гласоу[116] · 1 г҃і възвахъ		Ps 140
	къ тебѣ[117] і пої сѫгласъ · и 2 гла-		Ps 141
	съмъ моимъ[118] къ г҃і възъва і 1 и		Ps 129

[110] lineae 1-15: foramen; pagina haec folii in eraso scripta est
[111] sine compendii signo
[112] verba г҃і помілоуи в҃ eadem manu, quae in linea 23 huius folii scribere coepit; forma оу ligata (cf. cyr. ȣ)
[113] гра(нь) б pertinet ad lineam 18, versum 17
[114] sine compendii signo (verisimiliter рекѫтъ); linea ornamento finitur
[115] sine compendii signo
[116] fol. 31b21 - 32b altera manu scripta; forma оу huius scribae aliquando ligata est (cf. cyr. ȣ)
[117] sequitur littera erasa
[118] haec duo verba manu post. (rossica?) praeter litteram tertiam „a“ litteris cyrillicis restituta sive correcta

31b

31b 6-7 ГϘ⟨ΔNИ⟩ Ѩ⟨ЖЕ⟩] pro potius exspectato гϙанесиѣ ѣже
31b 8 ГϘΔNNѢ-СИ ΔѢВѢ (!)] pro гϙанѣ си дьвѣ vel potius гϙанеси дьвѣ
Ps 89, 14-16 Ю⟨ТϘО⟩] ʒаѵтϙа Pog Bon
В⟨Ъ NѨ⟩ЖЕ] вь нѣже лѣ.. Sin 120b 6
ТВОѨ] своѩ Pog Bon
ТВОѢ] своѩ Pog с҃а (!) Bon
Ps 89, 17 Г⟨ОСПОΔѸ⟩Ѣ] г⟨осподѵ⟩ Sin 120b 12 Pog г⟨осподѵ⟩а Bon
ΔѢЛΔ … ΔѢЛΔ] дѣло … дѣло Bon τὰ ἔργα τῶν χειρῶν ἡμῶν κατεύθυνον ἐφ᾽ἡμᾶς, var. add. καὶ τὸ ἔργον τῶν χειρῶν ἡμῶν κατεύθυνον
і БЛ҃Г҃ЧNО ϘЄ҃] sensus incertus, aut благочиньно legendum aut de benedictione (cf. Horologion, Romae 1937, 131-132): Ἐν ὀνόματι Κυρίου εὐλόγησον Πάτερ. Ὁ ἱερεύς. Ὁ ὢν εὐλογητός …)
Ps 103, 1 БЛ⟨Δ⟩Г⟨ОСЛОВЄ⟩СИ] бл⟨аго⟩с⟨лове⟩стви Pog бл⟨агосло⟩ви Bon
ПϘОІВѪ (!) ГЛΔСОѴ] pro пϙотивѫ гласоѵ εἰς τὸν τυχόντα ἦχον
Ps 141, 2 ГЛΔСЪМЪ МОИМЪ] гласомь Sin 2/N 4a 8 Pog Bon
КЪ Г⟨ОСПОΔ⟩І] къ г⟨оспод⟩ю Sin 2/N 4a 8 къ г⟨оспод⟩оѵ Pog Bon
ВЪʒЪВΔ] scriptio manca pro въʒъвахъ cf. воʒъвахъ Sin 2/N 4a 8sq

Vesperae

32a

1 (з)[119] глѫбины възвах · г҃лꙗ — Ps 129
(на) конци · стıⷯ · х҃е сп҃е помилоуı ·
и 1 хвалите г҃ѣ вьсı ꙗ · а на ко- — Ps 116
(нц)ı · стıⷯ оцı · ıз моⷧтвы[120]
(ст҃ы)хъ твоıхъ сп҃(и) ны г҃ı ·
(ст҃ı) · оцı (ıз мо)литвы
(..............)ı ст҃ы ·
(свѣте тихы ст҃ы)ꙗ славы · — Φῶς ἱλαρόν
(бесмрътьнаго о҃ц)а н҃бнаго
(ст҃аго б҃женаго и҃ѵ - х҃)а прıшьдъ-
(ше на западъ слъ)ньцоѵ · видѣ-
(въше свѣтъ) вечерьнеı ·
(поемъ о҃ца) и с҃на и ст҃аго д҃ха
(и)же достоıнъ есı въ вьсѣ
врѣмена · пѣтъ быті · сⷭла (!)
прⷣѣны с҃не б҃жеı жıвотъ да-
ꙗ егоже радı вьсь мıръ ·
славитъ тꙗ · пⷰѣ прⷦо дневь-
ны · потомъ · пⷭѣ сыѩ · моли-
твънѫѭ
Съподоби г҃ı и вь съ вечьрь — Καταξίωσον Κύριε
без грѣха съхранıтı сꙗ намъ ·
26 б҃лгнъ есı г҃ı б҃же о҃ць наши- — Dn 3
хъ и хвально и прославле-
но ıмꙗ твое вь вѣкъ амнъ[121] ·
22 бѫдı г҃ı милость твоѣ — Ps 32
на насъ ѣкоже оѵпъвахо-

[119] lineae 1-13: foramen; pagina haec in eraso rescripta est (quod „palimpsestum“ vocamus)
[120] sine compendii signo
[121] sine compendii signo

32a

Ps 116, 1	ѩ ·] scriptio manca pro ѩѕыци
32a 15	с͡лѧ (!)] per errorem pro гл‹ѧ›с‹ы›
Dn 3, 26	бл҃гнъ] aut бл‹ѧ›г‹о›словеств‹е›нъ (cf.Sin 2/N 31a 10) aut бл‹ѧ›г‹о›слов‹е›нъ legendum
	вь вѣкъ] вь вѣкы Sin 2/N 31a 12 Pog Bon
Ps 32, 22	= Sin 40b 1-3 Pog Bon
	ѣкоже] add. и Sin 2/N 31a 15

32b

мъ на тѧ ·		
12 бл҃нъ есı г҃ı наоучи мѧ опра-	Ps 118	ter in explicatione
в(ь)д(а)нъемъ твоıмъ ·		
бл҃нъ есı г҃ı вьразоуми (мѧ)[122]		
оправьда(ни)емъ твоıм(ъ)		
бл҃онъ ес(и владыко) про(свѣти мѧ пра)-		
вьдоѭ (твоеѭ ·)		
бл҃онъ ес(и свѧтъı 8 г҃ı мило-)	Ps 137	
сть тв(оѣ въ вѣкъ г҃ı твари)		
рѫ(коу)[123] тв(оею не прѣзьри)		
те(б)ѣ п(о)до(баеть хвала тебѣ по-		Doxologia minor
доб)а(еть пѣснь · тебѣ		
слава по)добае(ть оц҃ю и сн҃оу		
и свт҃)моу дх҃оу в(ъ) вѣкы в(ѣко-		
мъ) амнъ[124] · г҃ı поⷨ[125] в҃ · и потмъ[126]		Versus liturgicus
(стх҃р)ѫ противѫ · дены (!) · ı по-		
(то)мъ 29 нынѣ отъпоущаеши ра-	L 2	Canticum Simeonis
ба твоего · вл҃ко · по гл҃оу твое-[127]		
мо[128] с мъ[129] · ст҃ы бж҃е · ı заⷱ пѣⷰ се		
бц҃е дѣво 28 радоуи сѧ бл҃годѣть-	L 1	Θεοτόκε Παρθένε (Ave Maria)
наа[130] марие г҃ъ съ тобоѭ · 42 бл҃г-		
на[131] ты вь женахъ · ı бл҃нъ · пло-		
дъ чрѣва твоего ·ⷡ ѣко роди сп҃ь		
дш҃мъ нашимъ · сл҃а оц҃ю и сн҃оу		
кръстителю хв҃ъ вьсѧ ны по-		Βαπτιστὰ τοῦ Χοῦ
мѧни · да избавимъ сѧ отъ		

(Hic codex finitur)

---

[122] lineae 4-14: foramen
[123] lineae 10-13: laesae sunt
[124] sine compendii signo
[125] litterae ligatae -пом-
[126] sine compendii signo
[127] litterae ligatae -тв-
[128] pars altera litterae -оу- deest; an ligatura ȣ (cf. 31b5)
[129] sine compendii signo
[130] sine compendii signo
[131] sine compendii signo

32b

Ps 118, 12	= Pog Bon
	Б҃ЛГNЪ et Б҃ЛГОNЪ⟧ aut благословественъ (cf. Sin 2/N 31a 17) aut благословенъ legendum
	ОПРАВЬДА(NИ)ЄМЪ ТВОІМ(Ъ)$_2$⟧ правьдоѫ твоєѫ Sin 2/N 31a 20
Ps 137, 8	ПОДО ... ⟧ подобає Sin 2/N 31b 1
Doxologia	cf. Sin 2/N 31b 1-5
L 2, 29	ОТЪПОУЩАЄШІ⟧ поустиши Zogr отъпоустиши Mar As отъпоусті Sin 2/N 29b 24
	С МЪ ·⟧ съ мироль Zogr Mar As Sav съ миромъ Sin 2/N 29b 25-26
Ave Maria	БЛ(А)ГОДѢТЬNАА⟧ благодатънаѣ Mar
	ЧРѢВА ТВОЄГО⟧ жтробы твоєѩ Mar

SUPPLEMENTUM

TEXTUS LITURGICI GRAECI

Oratio Dominica (Pater noster) 30a 6 - 20
(Mt 6, 9-13 cum doxologia)

9 Πάτερ ἡμῶν ὁ ἐν τοῖς οὐρανοῖς. * ἁγιασθήτω τὸ ὄνομά σου. * 10 ἐλθέτω ἡ βασιλεία
σου. * γενηθήτω τὸ θέλημά σου, * ὡς ἐν οὐρανῷ καὶ ἐπὶ γῆς. * 11 τὸν ἄρτον ἡμῶν τὸν
ἐπιούσον δὸς ἡμῖν σήμερον. * 12 καὶ ἄφες ἡμῖν τὰ ὀφειλήματα ἡμῶν, * ὡς καὶ ἡμεῖς
ἀφήκαμεν τοῖς ὀφειλέταις ἡμῶν. * 13 καὶ μὴ εἰσενέγκῃς ἡμᾶς εἰς πειρασμόν, * ἀλλὰ ῥῦσαι
ἡμᾶς ἀπὸ τοῦ πονηροῦ. * var. add. ὅτι σοῦ ἐστιν ἡ βασιλεία καὶ ἡ δύναμις καὶ ἡ δόξα εἰς
τοὺς αἰῶνας. ᾿Αμήν.

Ct 15/ Doxologia maior 30a 21 - 30b 17 Ὕμνος ἑωθινός
(A. Rahlfs, Septuaginta II, Stuttgart 1935^{8}, 181)

1 Δόξα ἐν ὑψίστοις θεῷ 2 καὶ ἐπὶ γῆς εἰρήνη,
3 ἐν ἀνθρώποις εὐδοκία. 4 αἰνοῦμέν σε,
5 εὐλογοῦμέν σε, 6 προσκυνοῦμέν σε,
7 δοξολογοῦμέν σε, 8 εὐχαριστοῦμέν σοι
9 διὰ τὴν μεγάλην σου δόξαν, 10 κύριε βασιλεῦ,
11 ἐπουράνιε, 12 θεὲ πατὴρ παντοκράτωρ,
13 κύριε υἱὲ μονογενὴ 14 ᾿Ιησοῦ Χριστὲ
15 καὶ ἅγιον πνεῦμα. 16 κύριε ὁ θεός,
17 ὁ ἀμνὸς τοῦ θεοῦ, 18 ὁ υἱὸς τοῦ πατρός,
19 ὁ αἴρων τὰς ἁμαρτίας τοῦ κόσμου, 20 ἐλέησον ἡμᾶς.
21 ὁ αἴρων τὰς ἁμαρτίας τοῦ κόσμου,
22 πρόσδεξαι τὴν δέησιν ἡμῶν
23 ὁ καθήμενος ἐν δεξιᾷ τοῦ πατρός, 24 ἐλέησον ἡμᾶς.
25 ὅτι σὺ εἶ μόνος ἅγιος, 26 σὺ εἶ μόνος κύριος,
27 ᾿Ιησοῦς Χριστός, (var. recentior add. σὺν ἁγίῳ Πνεύματι)
εἰς δόξαν θεοῦ πατρός. ἀμήν.

Versiculi post Doxologiam maiorem 30b 18 - 31a 26
(Horologion, Romae 1937^{2}, 128-130)

Ps 144, 2	Καθ᾿ ἑκάστην ἡμέραν εὐλογήσω σε, * Καὶ αἰνέσω τὸ ὄνομά σου εἰς τὸν αἰῶνα, καὶ εἰς τὸν αἰῶνα τοῦ αἰῶνος.
Ps 89, 1	Κύριε, καταφυγὴ ἐγενήθης ἡμῖν ἐν γενεᾷ καὶ γενεᾷ.
Ps 40, 5	᾿Εγὼ εἶπα. Κύριε, ἐλέησόν με. ἴασαι τὴν ψυχήν μου, ὅτι ἥμαρτόν σοι.
Ps 142, 9b-10a	Κύριε, πρὸς σὲ κατέφυγον. * δίδαξόν με τοῦ ποιεῖν τὸ θέλημά σου, ὅτι σὺ εἶ ὁ θεός μου. (var. liturgica)

Ps 35, 10 — Ὅτι παρὰ σοὶ πηγὴ ζωῆς. *
ἐν τῷ φωτί σου ὀψόμεθα φῶς.

Ps 35, 11 — Παράτεινον τὸ ἔλεός σου τοῖς γινώσκουσίν σε.
Versus liturgicus — Καταξίωσον, Κύριε, ἐν τῇ ἡμέρᾳ ταύτῃ *
ἀναμαρτήτους φυλαχθῆναι ἡμᾶς.
Dn 3, 26 — Εὐλογητὸς εἶ, Κύριε, ὁ Θεὸς τῶν Πατέρων ἡμῶν, *
καὶ αἰνετὸν καὶ δεδοξασμένον τὸ ὄνομά σου
εἰς τοὺς αἰῶνας.
Ἀμήν.
Ps 32, 22 — Γένοιτο, Κύριε, τὸ ἔλεός σου ἐφ᾽ἡμᾶς, *
καθάπερ ἠλπίσαμεν ἐπὶ σέ.
Ps 118, 12 ter in explicatione liturgica
Εὐλογητὸς εἶ, Κύριε, * δίδαξόν με τὰ δικαιώματά σου.
Εὐλογητὸς εἶ, Δέσποτα, * συνέτισόν με τὰ δικαιώματά σου.
Εὐλογητὸς εἶ, Ἅγιε, * φώτισόν με τοῖς δικαιώμασί σου.
Ps 137, 8b — Κύριε, τὸ ἔλεός σου εἰς τὸν αἰῶνα. * τὰ ἔργα
τῶν χειρῶν σου μὴ παρίδῃς.

Doxologia minor

(Horologion, Romae 1937^{2}, 129 - 130)

31b 1 - 5

Σοὶ πρέπει αἶνος, σοὶ πρέπει ὕμνος,
σοὶ δόξα πρέπει,
τῷ Πατρὶ, καὶ τῷ Υἱῷ, καὶ τῷ Ἁγίῳ Πνεύματι,
νῦν, καὶ ἀεὶ, καὶ εἰς τοὺς αἰῶνας τῶν αἰώνων.
Ἀμήν.

31b 5 - 8

Κύριε, ἐλέησον (γ᾽). Δόξα Πατρί.
Εἶτα τὰ τῆς Ὀκτωήχου Στιχηρὰ
μετὰ τῶν Στίχων αὐτῶν.

31b 9 - 21 (Horologion, Romae 1937^{2}, 130)

Ps 89,14-17 (var. liturg.)
Στίχος α᾽ — 14 Ἐνεπλήσθημεν τὸ πρωῒ τοῦ ἐλέους σου, Κύριε,
καὶ ἠγαλλιασάμεθα καὶ εὐφράνθημεν.
Ἐν πάσαις ταῖς ἡμέραις ἡμῶν 15 εὐφρανθείημεν,
ἀνθ᾽ ὧν ἡμερῶν ἐταπείνωσας ἡμᾶς.
ἐτῶν ὧν εἴδομεν κακά. 16 καὶ ἰδὲ ἐπὶ τοὺς δούλους σου
καὶ ἐπὶ τὰ ἔργα σου, 17 καὶ ὁδήγησον τοὺς υἱοὺς αὐτῶν.
Στίχος β᾽ — Καὶ ἔστω ἡ λαμπρότης Κυρίου τοῦ Θεοῦ ἡμῶν
ἐφ᾽ ἡμᾶς, καὶ τὰ ἔργα τῶν χειρῶν ἡμῶν κατεύθυνον
ἐφ᾽ ἡμᾶς. καὶ τὸ ἔργον τῶν χειρῶν ἡμῶν κατεύθυνον.
Δόξα Πατρί.

Vesperae 31b 23 ᾿Ακολουθία τοῦ ἑσπερινοῦ

32a 8 - 18 (Horologion, Romae 1937², 225-226)

Φῶς ἱλαρὸν ἁγίας δόξης * ἀθανάτου Πατρός, * οὐρανίου, ἁγίου, μάκαρος, * ᾿Ιησοῦ Χριστέ, * ἐλθόντες ἐπὶ τῆν ἡλίου δύσιν, * ἰδόντες φῶς ἑσπερινόν, * ὑμνοῦμεν Πατέρα, Υἱόν, * καί ῞Αγιον Πνεῦμα, Θεόν. * ῎Αξιόν σε ἐν πᾶσι καιροῖς * ὑμνεῖσθαι φωναῖς αἰσίαις, * Υἱὲ Θεοῦ, ζωὴν ὁ διδούς. * διὸ ὁ κόσμος σε δοξάζει.

32a 18 - 32b 15 (Horologion, Romae 1937², 229)

Προκείμενον τῆς ἡμέρας.
Μετὰ δὲ τὰ προκείμενα λέγε τὴν εὐχὴν ταύτην.
Καταξίωσον, Κύριε, ἐν τῇ ἑσπέρᾳ ταύτῃ ἀναμαρτήτους
φυλαχθῆναι ἡμᾶς.
Dn 3, 26 Εὐλογητὸς εἶ, Κύριε, ὁ Θεὸς τῶν Πατέρων ἡμῶν,
καὶ δεδοξασμένον τὸ ὄνομά σου εἰς τοὺς αἰῶνας.
᾿Αμήν.
Ps 3, 22 Γένοιτο, Κύριε, τὸ ἔλεός σου ἐφ᾿ἡμᾶς,
καθάπερ ἠλπίσαμεν ἐπὶ σέ.
Ps 118, 12 ter in explicatione liturgica
Εὐλογητὸς εἶ, Κύριε, δίδαξόν με τὰ δικαιώματά σου.
Εὐλογητὸς εἶ, Δέσποτα, συνέτισόν με τὰ δικαιώματά σου.
Εὐλογητὸς εἶ, ῞Αγιε, φώτισόν με τοῖς δικαιώμασί σου.
Ps 137, 8b Κύριε, τὸ ἔλεός σου εἰς τὸν αἰῶνα.
τὰ ἔργα τῶν χειρῶν σου μὴ παρίδῃς.
Σοὶ πρέπει αἶνος, σοὶ πρέπει ὕμνος, σοὶ δόξα πρέπει,
τῷ Πατρὶ καὶ τῷ Υἱῷ καὶ τῷ ῾Αγίῳ Πνεύματι, νῦν, καὶ
ἀεὶ, καὶ εἰς τοὺς αἰῶνας τῶν αἰώνων. ᾿Αμήν.

32b 15 - 26 (Horologion, Romae 1937², 229-231)

Κύριε, ἐλέησον (β΄).
Εἶτα τὰ Στιχηρὰ τοῦ στίχου.
Νῦν ἀπολύεις ...
῞Αγιος ὁ Θεός.
Θεοτόκε Παρθένε, * χαῖρε κεχαριτωμένη Μαρία, *
ὁ Κύριος μετά σου. * εὐλογημένη σὺ ἐν γυναιξὶ, *
καὶ εὐλογημένος ὁ καρπὸς τῆς κοιλίας σου, *
ὅτι Σωτῆρα ἔτεκες τῶν ψυχῶν ἡμῶν.
Βαπτιστὰ τοῦ Χριστοῦ, * πάντων ἡμῶν
μνήσθητι, * ἵνα ῥυσθῶμεν τῶν ἀνομιῶν ἡμῶν ...
(in textu slavico cetera desunt)

LOCORUM BIBLICORUM CONSPECTUS

Ex 15, 1-19	ПОІМЪ Г(ОСПОД)Ю СЛАВЪНО БО ПРОСЛАВИ СѨ	12b1-13b23
	Ἄισωμεν τῷ κυρίῳ, ἐνδόξως γὰρ δεδόξασται	pp. 52-56
Dt 32, 1-43	ВОНЪМИ НЕБО І ВЪЗГЛАГОЛѬ	14a1-17b25
	Πρόσεχε, οὐρανέ, καὶ λαλήσω	pp. 58-72
1Rg 2, 1-10 (1Sm)	ОУТВРЪДИ СѨ СРЬДЬЦЕ МОЕ О Г(ОСПОД)И	21b14-23a3
	Ἐστερεώθη ἡ καρδία μου ἐν κυρίῳ	pp. 88-94
Ps 32, 22	БѪДИ Г(ОСПОД)И МИЛОСТЬ ТВОѢ НА НАСЪ	31a14-16
	Γένοιτο, κύριε, τὸ ἔλεός σου ἐφ΄ἡμᾶς	p. 125
Ps 32, 22	БѪДІ Г(ОСПОД)И МИЛОСТЬ ТВОѢ НА НАСЪ	32a26-32b1
	Γένοιτο, Κύριε, τὸ ἔλεός σου ἐφ΄ ἡμᾶς	pp.130-132
Ps 35, 10	ѢКО ОУ ТЕ(Б)Е ЕСТЪ ІСТОЧЬНИКЪ ЖИ(В)ОТОУ	31a2-5
	ὅτι παρὰ σοὶ πηγὴ ζωῆς	p. 126
Ps 35, 11	(ПРО)БАВИ МИЛОСТЬ ТВОѬ ВѢДѪЩИІМЪ ТѨ	31a6-7
	παράτεινον τὸ ἔλεός σου τοῖς γινώσκουσίν σε	p. 126
Ps 40, 5	АЗЪ РѢХЪ Г(ОСПОД)И ПОМИЛОУІ МѨ	30b22-25
	ἐγὼ εἶπα. Κύριε, ἐλέησόν με	p. 124
Ps 89, 1	Г(ОСПОД)И ПРІБѢЖИШТЕ БЫСТЪ НАМЪ	30b21-22
	Κύριε, καταφυγὴ ἐγενήθης ἡμῖν	p. 124
Ps 89, 14-16	ІСПЛЪНІХОМЪ СѨ ЮТРО МИЛО(С)ТІ ТВОЕѨ	31b9-17
	Ἐνεπλήσθημεν τὸ πρωῒ τοῦ ἐλέους σου	p. 128
Ps 89, 17	І БѪДІ СВѢТЪЛОСТЬ Г(ОСПОД)Ѣ Б(ОГ)А НАШЕГО НА НАСЪ	31b18-21
	Καὶ ἔστω ἡ λαμπρότης κυρίου τοῦ θεοῦ ἡμῶν ἐφ΄ ἡμᾶς	p. 128
Ps 103, 1	БЛ(А)Г(ОСЛОВЕ)СИ Д(ОУ)ШЕ МОѢ Г(ОСПОД)Ѣ Г(ОСПОД)И Б(О)ЖЕ МОІ	31b24-25
	Εὐλόγει, ἡ ψυχή μου, τὸν Κύριον. Κύριε ὁ Θεός μου	p. 128
Ps 116, 1	ХВАЛИТЕ Г(ОСПОД)Ѣ ВЬСІ Ѩ(ЗЫЦІ)	32a3
	Αἰνεῖτε τὸν Κύριον πάντα τὰ ἔθνη	p. 130
Ps 118, 12	БЛ(А)ГОСЛОВЕ(С)ТВЕНЪ ЕСИ Г(ОСПОД)И НАОУЧИ МѨ ОПРАВЪДАНИЕМЪ ТВОІМЪ	31a17-18
	Εὐλογητὸς εἶ, Κύριε, δίδαξόν με τὰ δικαιώματά σου	p. 126
Ps 118, 12	БЛ(А)Г(ОСЛОВЕСТВЕ)НЪ ЕСІ Г(ОСПОД)И НАОУЧИ МѨ ОПРАВ(Ь)Д(А)НЪЕМЪ ТВОІМЪ	32b2-8
	Εὐλογητὸς εἶ, Κύριε, δίδαξόν με τὰ δικαιώματά σου	p. 132
Ps 129, 1	И(З) ГЛѪБИНЪІ ВЪЗВАХ(Ъ)	31b28-32a1
	Ἐκ βαθέων ἐκέκραξά σοι	p. 128-130
Ps 137, 8b	Г(ОСПОД)И МИЛОСТЬ ТВОѢ ВЪ ВѢКЪ	31a24-26
	Κύριε τὸ ἔλεός σου εἰς τὸν αἰῶνα	p. 126
Ps 137, 8b	Г(ОСПОД)И МИЛОСТЬ ТВ(ОѢ ВЪ ВѢКЪ)	32b8-10
	Κύριε τὸ ἔλεός σου εἰς τὸν αἰῶνα	p. 132
Ps 138, 1-24	Г(ОСПОД)И ІСКОУСИЛЪ МѨ ЕСИ	1a1-2a17
	Κύριε, ἐδοκίμασάς με	pp. 6-10
Ps 139, 1-14	ІЗЪМИ МѨ Г(ОСПОД)И ОТЪ ЧЛ(ОВѢ)КА ЛѪКАВА	2a18-3a13
	Ἐξελοῦ με, κύριε, ἐξ ἀνθρώπου πονηροῦ	pp. 10-14
Ps 140, 1	Г(ОСПОД)И ВЗЬВАХЪ КЪ ТЕБѢ	31b26-27
	Κύριε, ἐκέκραξα πρὸς σέ	p. 128
Ps 140, 1-10	Г(ОСПОД)И ВОЗЪВАХЪ КЪ ТЕБѢ	3a14-4a5
	Κύριε, ἐκέκραξα πρὸς σέ	pp. 14-18

Ps 141, 2	гласъмъ моимъ къ г‹оспод›и възъва(хъ)	31b27-28
	Φωνῇ μου πρὸς Κύριον ἐκέκραξα	p. 128
Ps 142, 1-12	г‹оспод›и оуслꙑши молитвѫ моѭ	4b13-5b15
	Κύριε, εἰσάκουσον τῆς προσευχῆς μου	pp. 20-24
Ps 142, 9b-10	г‹оспод›и къ тебѣ прібѣгъ	30b26-31a2
var. liturgica	Κύριε, πρὸς σὲ κατέφυγον	p. 124-126
Ps 143, 1-15	бл‹агослове›ственъ г‹оспод›ь · б‹ог›ъ моі	5b15-6b24
	Εὐλογητὸς κύριος ὁ θεός μου	pp. 24-28
Ps 144, 1-21	възнесѫ тѩ б‹о›же моі ц‹ѣса›рю моі	6b25/7a1-8a16
	Ὑψώσω σε, ὁ θεός μου ὁ βασιλεύς μου	pp. 28-34
Ps 144, 2	на вьсѣкъ бл‹агослове›щѫ тѩ	30b18-20
	Καθ᾽ ἑκάστην ἡμέραν εὐλογήσω σε	p. 124
Ps 145, 1-10	хвали д‹оу›ше моѣ г‹оспод›ѣ	8a17-8b21
	Αἴνει, ἡ ψυχή μου, τὸν κύριον	pp. 34-36
Ps 146, 1-11	хвалите г‹оспод›ѣ ѣко благъ п‹ъ›саломъ	8b22-9b8
	Αἰνεῖτε τὸν κύριον, ὅτι ἀγαθὸν ψαλμός	pp. 36-40
Ps 147, 1-9	хвали іи‹роуса›л‹и›ме г‹оспод›ѣ	9b9-10a12
	Ἐπαίνει, Ἰερουσαλήμ, τὸν κύριον	pp. 40-42
Ps 148, 1-14	хвалите г‹оспод›ѣ съ небесъ	10a13-11a5
	Αἰνεῖτε κύριον ἐκ τῶν οὐρανῶν	pp. 42-46
Ps 149, 1-9	(въсп)оіте г‹оспод›ю пѣснь новѫ	11a5-11b8
	Ἄισατε τῷ κυρίῳ ᾆσμα καινόν	pp. 46-48
Ps 150, 1-6	хвалите б‹ог›а вь св‹ѩ›тꙑі(хъ его)	11b8-11b25
	Αἰνεῖτε τὸν θεὸν ἐν τοῖς ἁγίοις αὐτοῦ	p. 48
Ps 151, 1-7	мьнеі бѣхъ въ братріі моеі	12a1-12a21
	Μικρὸς ἤμην ἐν τοῖς ἀδελφοῖς μου	p. 50
Manas 1-15	г‹оспод›и вьседръжителю · б‹о›же о‹ть›ць нашихъ	24a10-25b10
	Κύριε παντοκράτωρ, ὁ θεὸς τῶν πατέρψν ἡμῶν	pp. 98-104
Jon 2, 3-10	возъвахъ въ печали моеи къ тебѣ г‹оспод›и б‹о›же мои	21a1-21b13
	Ἐβόησα ἐν θλίψει μου πρὸς κύριον τὸν θεόν μου	pp. 86-88
Hab 3, 1-19	г‹оспод›и оуслꙑшахъ слоухъ твоі	18a1-19b12
	Κύριε, εἰσακήκοα τὴν ἀκοήν σου	pp. 74-80
Is 26, 9-20	ѡтъ ношті оутрънѭетъ д‹оу›хъ моі къ тебѣ	19b13-20b25
	Ἐκ νυκτὸς ὀρθρίζει τὸ πνεῦμά μου πρὸς σέ	pp. 80-84
Is 38, 10-20	азъ рѣхъ въ вꙑсотѣ дьнеі моіхъ	23a4-24a9
	Ἐγὼ εἶπα. Ἐν τῷ ὕψει τῶν ἡμερῶν μου	pp. 94-98
Dn 3, 26	(бл‹агослове›с)твенъ еси г‹оспод›и б‹о›же о‹ть›ць на(ши)хъ	31a10-12
	Εὐλογητὸς εἶ, Κύριε, ὁ θεὸς τῶν πατέρων ἡμῶν	p. 126
Dn 3, 26	бл‹а›г‹ословестве›нъ есі г‹оспод›и б‹о›же о‹ть›ць нашіхъ	32a23-25
	Εὐλογητὸς εἶ, Κύριε, ὁ θεὸς τῶν πατέρων ἡμῶν	p. 130
Dn 3, 26-51	бл‹агословестве›нъ еси г‹оспод›и б‹о›же о‹ть›ць наши(хъ)	25b11-27b8
	Εὐλογητὸς εἶ, Κύριε, ὁ θεὸς τῶν πατέρων ἡμῶν	pp. 104-112
Dn 3, 52-56	бл‹агословестве›нъ еси г‹оспод›и б‹о›же о‹ть›ць на(ши)хъ	27b9-28a2
	Εὐλογητὸς εἶ, Κύριε, ὁ θεὸς τῶν πατέρων ἡμῶν	pp. 112-114
Dn 3, 57-88	бл‹агослове›ствіте вьсѣ дѣла г‹осподь›нѣ (г›оспод›а	28a3-28b13
	Εὐλογεῖτε πάντα τὰ ἔργα κυρίου, τὸν κύριον	pp. 114-118
Dn 3, 57-88	г‹оспод›ѣ поіте і прѣ(възносите)	28b15
altera pars vers.	τὸν κύριον. ὑμνεῖτε καὶ ὑπερυψοῦτε	p. 118
Dn 3, 57-88	г‹оспод›ѣ поіте і прѣвьзносите і въ вѣкꙑ вьсѩ	28b19-20
	τὸν κύριον. ὑμνεῖτε καὶ ὑπερυψοῦτε αὐτὸν εἰς αἰῶνας	p. 118

Dn 3, 57-88	Г‹ОСПОД›Ѣ ПОІТЄ І ПРѢВЬЗНОСИТЄ І ВЪ ВѢКЫ ВЬСѨ	28b19-20
	τὸν κύριον. ὑμνεῖτε καὶ ὑπερυψοῦτε αὐτὸν εἰς αἰῶνας	p. 118
Mt 6, 9-11	‹О›ТЬЧЄ НАШЬ ІЖЄ ЄСИ НА Н‹Є›Б‹Є›СЄХЪ	30a6-20
(L 11, 2-4)	Πάτερ ἡμῶν ὁ ἐν τοῖς οὐρανοῖς	p. 122
L 1, 28	РАДОУИ СѨ БЛГОДѢТЬНАА ··· Г‹ОСПОД›Ъ СЪ ТОБОѬ	32b20-21
	Χαῖρε κεχαριτωμένη, ὁ Κύριος μετὰ σοῦ	p. 132
L 1, 42	БЛ‹А›Г‹ОСЛОВЄ›НА ТЫ ВЬ ЖЄНАХЪ	32b21-23
	εὐλογημένη σὺ ἐν γυναιξίν	p. 132
L 1, 46-55	ВЄЛИЧИТЪ Д‹ОУ›ША МОѢ Г‹ОСПОД›Ѣ	28b21-29a13
	Μεγαλύνει ἡ ψυχή μου τὸν κύριον	pp. 116-118
L 1, 68-79	БЛ‹АГОСЛОВЄСТВЄ›НЪ Г‹ОСПОД›Ь Б‹ОГ›Ъ І‹ЗДРА›ИЛЄВЪ	29a14-29b21
	Εὐλογητὸς κύριος ὁ θεὸς τοῦ ᾿Ισραήλ	pp.118-120
L 2, 14	СЛАВА ВЪ ВЫШЬНИІХЪ Б‹ОГ›ОУ · І НА ЗЄМЛИ МИРЪ ВЪ	30a22-24
var.	Ч‹ЛО›В‹Ѣ›ЦѢХЪ БЛАГОВОЛЄНИЄ	
liturgica	Δόξα ἐν ὑψίστοις θεῷ καὶ ἐπὶ γῆς εἰρήνη, ἐν ἀνθρώποις εὐδοκία	p. 122
L 2, 29	НЫНѢ ОТЪПОУЩАЄШИ РАБА ТВОЄГО ВЛ‹АДЫ›КО	32b17-18
	Νῦν ἀπολύεις τὸν δοῦλόν σου, Δέσποτα	p. 132
L 2, 29-32	НЫНѢ ОТЪПОУСТІ РАБА ТВОЄГО ВЛАДЫКО	29b22-30a5
	Νῦν ἀπολύεις τὸν δοῦλόν σου, Δέσποτα	pp. 120-122
L 11, 2-4	Oratio Dominica v. Mt 6, 9-11	

SYNOPSIS CANTICORUM I.

Sin (2/N)	Septuaginta	Pog	Bon	Fra	
Ct 1/ Ex 15, 1-19 12b1 - 13b23	Ct 1	Ct 1	Ct 1	Ct 1	Canticum Moysis in Ex
Ct 2/ Dt 32, 1-43 14a1 - 17b25	Ct 2	Ct 2	Ct 2	Ct 3 Dt 32, 1-42	Canticum Moysis in Dt
Ct 3/ Hab 3, 1-19 18a1 - 19b12	Ct 4	Ct 3	Ct 3	Ct 2	Canticum Habacuc
Ct 4/ Is 26, 9-20 19b13 - 20b25	Ct 5	Ct 5 Is 26, 9-19	Ct 5 Is 26, 9-19		Canticum Isaiae
Ct 5/ Jon 2, 3-10 21a1 - 21b13	Ct 6	Ct 6	Ct 6		Canticum Ionae
Ct 6/ 1Sm(Rg) 2, 1-10 21b14 - 23a3	Ct 3	Ct 4	Ct 4		Canticum Annae
Ct 7/ Is 38, 10-20 23a4 - 24a9	Ct 11		Ct 9		Canticum Ezechiae
Ct 8/ Manas 1-15 24a10 - 25b10	Ct 12		Ct 10		Oratio Manasse
Ct 9/ Dn 3, 26-51 25b11 - 27b8	Ct 7 Dn 3, 26-45	Ct 11 Dn 3, 26-51	Ct 11 Dn 3, 26-51		Canticum Azariae
Ct 10/ Dn 3, 52-56 27b9 - 28a2	Ct 8 Dn 3, 52-88	Ct 12	Ct 12		Canticum trium Puerorum
Ct 11/ Dn 3, 57-88 28a3 - 28b20	Ct 8	Ct 13 Dn 3, 57-87	Ct 13 (finis ms.) Dn 3, 57-85	Ct 4	
Ct 12/ L 1, 46-55 28b21 - 29a13	Ct 9 a)	Ct 7			Canticum B. Mariae V. Magnificat
Ct 13/ L 1, 68-79 29a14 - 29b21	b) L 1, 68-79	Ct 8		Ct 5 (finis ms.) L 68-72	Canticum Zachariae (Benedictus)
Ct 14/ L 2, 29-32 29b22 - 30a5	Ct 13				Canticum Simeonis (Nunc dimittis)
Ct 15/ Gloria 30a21 - 31b5	Ct 14 Ὕμνος ἑωθινός				Doxologia maior (Gloria in excelsis Deo)
	Ct 10 Is 5, 1-9				

SYNOPSIS CANTICORUM II.

Septuaginta	Sin (2/N)	Pog	Bon	Fra	
Ct 1 Ex 15, 1-19	Ct 1 12b1 - 13b23	Ct 1	Ct 1	Ct 1	Canticum Moysis in Ex
Ct 2 Dt 32, 1-43	Ct 2 14a1 - 17b25	Ct 2	Ct 2	Ct 3 Dt 32, 1-42	Canticum Moysis in Dt
Ct 3 1Sm(Rg) 2, 1-10	Ct 6 21b14 - 23a3	Ct 4	Ct 4		Canticum Annae
Ct 4 Hab 3, 1-19	Ct 3 18a1 - 19b12	Ct 5 Is 26, 9-19	Ct 3	Ct 2	Canticum Habacuc
Ct 5 Is 26, 9-20	Ct 4 19b13 - 20b25	Ct 5 Is 26, 9-19	Ct 5 Is 26, 9-19		Canticum Isaiae
Ct 6 Jon 2, 3-10	Ct 5 21a1 - 21b13	Ct 6	Ct 6		Canticum Ionae
Ct 7 Dn 3, 26-45	Ct 9/Dn 3, 26-51 25b11 - 27b8		Ct 11 Dn 3, 26-51		Canticum Azariae
Ct 8 Dn 3, 52-88	Ct 10 Dn 3, 52-56 27b9 - 28a2		Ct 12		Canticum trium Puerorum
Ct 8	Ct 11 Dn 3, 57-88 28a3 - 28b20	Ct 13 Dn 3, 57-87	Ct 13 Dn 3, 57-85 (finis ms.)	Ct 4	
Ct 9 L 1, 46-55	Ct 12 28b21 - 29a13	Ct 7	Ct 7		Canticum B. Mariae V. Magnificat
L 1, 68-79	Ct 13 29a14 - 29b21	Ct 8	Ct 8	Ct 5/ L 68-72 (finis ms.)	Canticum Zachariae (Benedictus)
Ct 10 Is 5, 1-9					
Ct 11 Is 38, 10-20	Ct 7 23a4 - 24a9	Ct 8	Ct 9		Canticum Ezechiae
Ct 12 Manas 1-15	Ct 8 24a10 - 25b10		Ct 10		Oratio Manasse
Ct 13 L 2, 29-32	Ct 14 29b22 - 30a5				Canticum Simeonis (Nunc dimittis)
Ct 14 Ὕμνος ἑωθινός	Ct 15 30a21 - 31b5				Doxologia maior (Gloria in excelsis Deo)

INDEX VERBORUM

а num.
а 31b7 lit
а conj.
а 8b22 Ps146,1 gr. 0
а 15a22 Ct2/Dt32,17 καί
а 16a20 Ct2/Dt32,27 καί
а 22a7 Ct6/1Rg2,4 καί
а 22a10 Ct6/1Rg2,5 καί
а 22a13 Ct6/1Rg2,5 καί
а 32a3 lit
авесаломъ m.
авесалом 4b14 Ps142,1 αβεσσαλωμ
авити (сѧ) pf.
авиши сѩ 18a9 Ct3/Hab3,2 ἀναδειχθήσῃ
авиши 25b2 Ct8/Manas 14 δείξῃς
авлѣти сѧ ipf.
(а)влѣѭщиı сѩ 27a6 Ct9/Dn3,44 οἱ ἐνδεικνύμενοι
авраамовъ adj. poss.
авраамовъ 24a13 Ct8/Manas 1 τοῦ Αβρααμ
авраамъ m.
авраамоу 24b20 Ct8/Manas 8 τῷ Αβρααμ
авраама 26a26 Ct9/Dn3,35 Αβρααμ
авраамоу 29a12 Ct12/L1,55 τῷ Αβρααμ
ав(ра)амоу 29b1 Ct13/L1,73 Αβρααμ
агеи m. v. аꙉеи
агньць m.
агнець 26b18 Ct9/Dn3,40 ἀρνῶν
агньче 30b7 lit/Ct15,17 ὁ ἀμνός
агньчь adj. poss.
агньчемь 15a10 Ct2/Dt32,14 ἀρνῶν
адамовъ adj. poss.
адамовы 14b10 Ct2/Dt32,8 Αδαμ
адовъ adj. poss.
адова 21a5 Ct5/Jon2,3 ᾅδου
адова 23a8 Ct/Is38,10 ᾅδου
адъ m.
адъ 1a18 Ps138,8 τὸν ᾅδην
адѣ 3b19 Ps140,7 τὸν ᾅδην
ада 15b22 Ct2/Dt32,22 ᾅδου
адъ 22a16 Ct6/1Rg2,6 ᾅδου
адѣ 23b19 Ct7/Is38,18 ᾅδου
адѣ 23b23 Ct7/Is38,18 ᾅδου
аꙁариıнъ adj. poss.
аꙁариıноѭ чѩдиѭ 27a25 Ct9/Dn3,49 τοῖς περὶ τὸν Αζαριαν
аꙁариѣ m.
аꙁариѣ 28b12 Ct11/Dn3,88 Αζαρια
аꙁъ pron. pers.
мѩ 1a2 Ps138,1 με
мѩ 1a3 Ps138,1 με
мѩ 1a12 Ps138,5 με
мнѣ 1a12 Ps138,5 ἐμέ
мнѣ 1a13 Ps138,6 ἐμοῦ
мѩ 1a21 Ps138,10 με
мѩ 1a22 Ps138,10 με
мѩ 1a23 Ps138,11 με
мѩ 1b4 Ps138,13 μου
мнѣ 1b16 Ps138,17 ἐμοί
мене 2a2 Ps138,19 ἐμοῦ
мьнѣ 2a11 Ps138,22 μοι
мѩ 2a12 Ps138,23 με
мѩ 2a13 Ps138,23 με
мнѣ 2a16 Ps138,24 ἐμοί
мѩ 2a16 Ps138,24 με
мѩ 2a19 Ps139,2 με
мѩ 2a20 Ps139,2 με
мѩ 2b4 Ps139,5 με
мѩ 2b5 Ps139,5 με
мьнѣ 2b8 Ps139,6 μοι
ми 2b11 Ps139,6 μοι
мене 2b17 Ps139,9 με
мѩ 2b19 Ps139,9 ἐμοῦ
мене 2b19 Ps139,9 με
мѩ 3a16 Ps140,1 μου
ми 3b5 Ps140,4 gr. 0
мѩ 3b9 Ps140,5 με
мѩ 3b10 Ps140,5 με
мѩ 3b23 Ps140,9 με
ми 4a1 Ps140,9 μοι
аꙁъ 4a5 Ps140,10 ἐγώ
мене 4a15 Ps141,4 ἐμοῦ
мнѣ 4a18 Ps141,4 μοι
мене 4a21 Ps141,5 με
мене 4a22 Ps141,5 ἐμοῦ
мѩ 4b6 Ps141,7 με
мѩ 4b6 Ps141,7 με
мене 4b7 Ps141,7 ἐμέ
мене 4b11 Ps141,8 ἐμέ
мнѣ 4b12 Ps141,8 μοι
мѩ 4b18 Ps142,1 μου
мѩ 5a2 Ps142,3 με
мнѣ 5a4 Ps142,4 ἐμέ
мнѣ 5a5 Ps142,4 ἐμοί
мѩ 5a13 Ps142,7 μου
мене 5a16 Ps142,7 ἐμοῦ
ми 5a18 Ps142,8 μοι
ми 5a21 Ps142,8 μοι
мѩ 5b1 Ps142,9 με
мѩ 5b3 Ps142,10 με
мѩ 5b6 Ps142,10 με
мѩ 5b8 Ps142,11 με
аꙁъ 5b14 Ps142,12 ἐγώ
мѩ 6a2 Ps143,2 ἐμέ
мѩ 6a15 Ps143,7 με
мѩ 6a15 Ps143,7 με
мѩ 6b3 Ps143,11 με
мѩ 6b3 Ps143,11 με
мѩ 12a11 Ps151,3 gr. 0
мѩ 12a13 Ps151,4 με
мѩ 12a14 Ps151,4 με
мѩ 12a18 Ps151,6 με
аꙁъ 12a19 Ps151,7 ἐγώ
мнѣ 12b6 Ct1/Ex15,2 μοι
мѩ 15a19 Ct2/Dt32,16 με
мѩ 15a21 Ct2/Dt32,16 με
мѩ 15b16 Ct2/Dt32,21 με
аꙁъ 15b18 Ct2/Dt32,21 ἐγώ
мене 16b17 Ct2/Dt32,34 ἐμοί
аꙁъ 17a16 Ct2/Dt32,39 ἐγώ
мене 17a17 Ct2/Dt32,39 ἐμοῦ
аꙁъ 17a18 Ct2/Dt32,39 ἐγώ
аꙁъ 17a19 Ct2/Dt32,39 ἐγώ
[аꙁъ] 17a19 Ct2/Dt32,39 gr. 0
аꙁъ 17a24 Ct2/Dt32,40 ἐγώ
мѩ 17b5 Ct2/Dt32,41 με
мнѣ 19a19 Ct3/Hab3,16 μου
аꙁъ 19b6 Ct3/Hab3,18 ἐγώ
мѩ 19b11 Ct3/Hab3,19 με
мѩ 21a4 Ct5/Jon2,3 μου
мѩ 21a7 Ct5/Jon2,4 με
мѩ 21a9 Ct5/Jon2,4 με
мнѣ 21a11 Ct5/Jon2,4 ἐμέ
аꙁъ 21a12 Ct5/Jon2,5 ἐγώ
ми 21a14 Ct5/Jon2,5 gr. 0

НА МѨ 21a16 Ct5/Jon2,6 μοι
МѨ 21a18 Ct5/Jon2,6 με
МЕНЕ 21b1 Ct5/Jon2,8 ἐμοῦ
АЗЪ 21b9 Ct5/Jon2,10 ἐγώ
АЗЪ 23a6 Ct7/Is38,10 ἐγώ
МЕНЕ 23a18 Ct7/Is38,12 ἐμοῦ
МЬНѢ 23a20 Ct7/Is38,12 ἐμοί
МИ 23b8 Ct7/Is38,14 μου
МѨ 23b10 Ct7/Is38,15 με
МѨ 23b17 Ct7/Is38,17 μου
АЗЪ 24a2 Ct7/Is38,19 ἐγώ
МНѢ 24b23 Ct8/Manas 8 ἐμοί
МНѢ 25a11 Ct8/Manas 10 μοι
АЗЪ 25a21 Ct8/Manas 12 ἐγώ
МИ 25a23 Ct8/Manas 13 μοι
МЕНЕ 25a24 Ct8/Manas 13 με
МЕНЕ 25a27 Ct8/Manas 13 με
МНѢ 25b2 Ct8/Manas 14 ἐμοί
МѨ 25b4 Ct8/Manas 14 με
МѨ 28b26 Ct12/L1,48 με
МНѢ 28b27 Ct12/L1,49 μοι
АЗЪ 30b22 lit/Ps40,5 ἐγώ
МѨ 30b23 lit/Ps40,5 με
(М)Ѩ 31a1 lit/Ps142,10 με
МѨ 31a17 lit/Ps118,12 με
МѨ 31a20 lit με
МѨ 31a22 lit με
МѨ 32b2 lit/Ps118,12 με

АЛЕЛОУИѢ, АЛЛЕЛОУИѢ interj.
АЛ‹Е›ЛОУИѢ 8a17 Ps145,1 αλληλουια
АЛЛѢЛОУИѢ 8b22 Ps146,1 αλληλουια
АЛ‹Е›ЛОУИѢ 9b9 Ps147,1 αλληλουια
АЛ‹Е›ЛОУИѢ 10a13 Ps148,1 αλληλουια
АЛ‹Е›ЛОУИѢ 11a5 Ps149,1 αλληλουια
А(ЛЕЛОУИѢ) 11b8 Ps150,1 αλληλουια

АМБАКОУМЪ m.
АМБАКОУММЪ (!) 18a1 Ct3/Hab3,1 Αμβακουμ

АМЕНЬ, АМИНЪ interj.
АМЕНЪ 25b10 Ct8/Manas 15 αμην
АМЕНЪ 28b17
АМЕНЪ 30a20 lit/Mt6,13 αμην
АМЕНЪ 30b17 lit/Ct15,28 αμην
АМЕНЪ 31a13 lit αμην
АМИНЪ 31b5 lit αμην
АМНЪ 32a25 lit αμην
АМНЪ 32b15 lit αμην

АНАНИѢ m.
АНАНИѢ 28b12 Ct11/Dn3,88 Ανανια

АНИНЪ adj. poss.
АНИНА 21b14 Ct6 Αννας

АПОСТОЛЪ m.
АПО‹СТО›ЛI 28b13 Ct11/Dn3,88 ἀπόστολοι

АСПИДОВЪ adj. poss.
АСПIДОВА 16b16 Ct2/Dt32,33 ἀσπίδων

АСПИДЬНЪ adj. poss.
АСПIДЕНЪ 2b2 Ps139,4 ἀσπίδων

АЩЕ conj. v. ѢЩЕ

АѦꙈЕИ, АНꙈЕИ m.
АНꙈЕОУ 8a17 Ps145,1 Αγγαιου
АНꙈЕОУ 8b22 Ps146,1 Αγγαιου
АѦꙈЕОУ 9b9 Ps147,1 Αγγαιου
АѦꙈЕОУ 10a13 Ps148,1 Αγγαιου

АѦꙈЕЛЪ, АНꙈЕЛЪ m.
АѦꙈЕЛИ 10a16 Ps148,2 οἱ ἄγγελοι
АНꙈЕЛА 12a12 Ps151,4 τὸν ἄγγελον
АѦꙈЕЛЪ 14b12 Ct2/Dt32,8 ἀγγέλων
АѦꙈЕЛИ 17b15 Ct2/Dt32,43 οἱ ἄγγελοι
АНꙈЕЛЪ 27a24 Ct9/Dn3,49 ὁ ἄγγελος
АѦꙈЕЛИ 28a7 Ct11/Dn3,58 ἄγγελοι

БАЛИИ m.
БАЛИѨ 20a11 Ct4/Is26,14 ἰατροί

БЕЗ praep. c. gen.
БЕ-СТРАХА 29b3 Ct13/L1,74 ἀφόβος
БЕ(ЗЪ ГРѢХА) 31a8 lit ἀναμαρτήτους
БЕЗ ГРѢХА 32a22 lit ἀναμαρτήτους

БЕЗАКОНЕНЬЕ n.
БЕЗАКОНЕНИѢ 2a15 Ps138,24 ἀνομίας
БЕЗАКОНЕНИЕ 3b6 Ps140,4 ἀνομίαν
БЕЗАКОНЕНИЕ 4a2 Ps140,9 τὴν ἀνομίαν
БЕЗАКОНЕНИѢ 25a3 Ct8/Manas 9 αἱ ἀνομίαι
БЕ(З)АКОНЕНИѢ 25a4 Ct8/Manas 9 αἱ ἀνομίαι
БЕЗАКОНЕНИѢ 25a20 Ct8/Manas 12 τὰς ἀνομίας

БЕЗАКОНЬНОВАТИ ipf.
БЕЗАКОНЬНО(В)АХОМЪ 26a1 Ct9/Dn3,29 ἠνομήσαμεν

БЕЗАКОНЬНЪ adj.
БЕЗАКОННЫХЪ 19a5 Ct3/Hab3,13 ἀνόμων
БЕЗАКОНЕНЪ 26a13 Ct9/Dn3,32 ἀνόμων

БЕЗВОДЬНЪ adj.
БЕЗВОДЬНАА 5a11 Ps142,6 ἄνυδρος
БЕЗВОДЬНѢ 14b17 Ct2/Dt32,10 ἀνύδρῳ

БЕЗДЪНА f.
БЕЗДЬ(НЫ) 10b7 Ps148,7 ἄβυσσοι
БЕЗДЪНА 18b18 Ct3/Hab3,10 ἡ ἄβυσσος
БЕЗДЬНА 21a17 Ct5/Jon2,6 ἄβυσσος
БЕЗДЬНѪ 24a20 Ct8/Manas 3 τὴν ἄβυσσον
БЕЗДЬНѪ 27b19 Ct10/Dn3,54 ἀβύσσους

БЕЩИСЛЬНЪ adj.
БЕЩИСЛЬНА 24b6 Ct8/Manas 6 ἀμέτρητον

БЕЩѦДИТИ pf.
БЕШТѨДИТЪ 16a10 Ct2/Dt32,25 ἀτεκνώσει

БЛАГО adv.
БЛАГО 26a8 Ct9/Dn3,30 εὖ

БЛАГОВОЛЕНЬЕ n.
БЛАГОВОЛЕНИ-I 3b13 Ps140,5 ταῖς εὐδοκίαις
БЛАГОВОЛЕНИѢ 7b24 Ps144,16 εὐδοκίας
БЛАГОВОЛЕНИЕ 30a23 lit/Ct15,3 εὐδοκία

БЛАГОВОЛИТИ pf. ipf.
БЛАГОВО(ЛИТЪ) 9b5 Ps146,10 εὐδοκεῖ
БЛАГОВОЛИТЪ 9b6 Ps146,11 εὐδοκεῖ
БЛАГОВОЛИТЪ 11a16 Ps149,4 εὐδοκεῖ
БЛАГОВОЛИ 12a16 Ps151,5 εὐδόκησεν

БЛАГОДѢТЬ f.
БЛАГО(ДѢ)ТЬ ВЬЗДАЕМЪ 30b1 lit/Ct15,8 εὐχαριστοῦμεν

БЛАГОДѢТЬНЪ adj.
БЛАГОДѢТЬНАА 32b20 lit/L1,28 κεχαριτωμένη

БЛАГОСЛОВЕНЪ adj.
БЛ‹АГОСЛОВЕ›НЪ 25b12 Ct9/Dn3,26 εὐλογητός
БЛ‹АГОСЛОВЕ›НЪ 27b10 Ct10/Dn3,52 εὐλογητός
БЛ‹АГОСЛОВЕ›НЪ 27b16 Ct10/Dn3,53 εὐλογημένος
БЛ‹АГОСЛОВЕ›НЪ 29a16 Ct13/L1,68 εὐλογητός
БЛ‹А›Г‹ОСЛОВЕ›НЪ 32a23 lit/Dn3,26 εὐλογητός
БЛ‹А›Г‹ОСЛОВЕ›НЪ 32b2 lit/Ps118,12 εὐλογητός
БЛ‹А›Г‹ОСЛОВЕ›НЪ 32b4 lit εὐλογητός
БЛ‹А›ГО‹СЛОВЕ›НЪ 32b6 lit εὐλογητός
БЛ‹А›ГО‹СЛОВЕ›НЪ 32b8 lit/Ps137,8 εὐλογητός
БЛ‹ЛА›Г‹ОСЛОВЕ›НА 32b21 lit/L1,42 εὐλογημένη
БЛ‹А›Г‹ОСЛОВЕ›НЪ 32b22 lit/L1,42 εὐλογημένος

БЛАГОСЛОВЕСТВИТИ pf.
БЛ‹АГОСЛОВЕ›СТВЕНЪ 5b17 Ps143,1 εὐλογητός
БЛАГОСЛОВЕСТВѨТЪ 7b3 Ps144,10 εὐλογησάτωσαν
ДА БЛ‹АГОСЛОВЕ›СТВIТЪ 8a14 Ps144,21 εὐλογείτω
БЛ‹АГОСЛОВЕ›СТВI 9b13 Ps147,2 εὐλόγησεν

БЛ(АГОСЛОВЕ)СТВИЛЪ ЕСТЪ 22b4 Ct6/1Rg2,9 εὐλόγησεν
БЛ(АГОСЛОВЕ)СТВꙖ 24a6 Ct7/Is38,20 εὐλογῶν
БЛ(АГОСЛОВЕ)СТВЕНЪ 27b19 Ct10/Dn3,54 εὐλογητός
БЛ(АГОСЛОВЕ)СТВЕНЪ 27b23 Ct10/Dn3,55 εὐλογημένος
БЛ(АГОСЛОВЕ)СТВЕНЪ 27b27 Ct10/Dn3,56 εὐλογημένος
БЛ(АГОСЛОВЕ)СТВІТЕ 28a4 Ct11/Dn3,57 εὐλογεῖτε
БЛ(АГОСЛОВЕ)СТВІМЪ 28b14 lit εὐλογοῦμεν
БЛ(АГОСЛОВЕ)СТВІМЪ 28b18 lit εὐλογοῦμεν
БЛ(АГОСЛОВЕ)СТВІМЪ 30a25 lit/Ct15,5 εὐλογοῦμεν
(БЛ(АГОСЛОВЕ)С)ТВЕНЪ 31a10 lit/Dn3,26 εὐλογητός
БЛ(АГОСЛОВЕ)СТВЕНЪ 31a17 lit/Ps118,12 εὐλογητός
БЛ(АГОСЛОВЕ)СТВЕНЪ 31a19 lit/Ps118,12 εὐλογητός
БЛ(АГОСЛОВЕ)СТВ (!) 31a21 lit/Ps118,12 εὐλογητός
БЛ(АГОСЛОВЕ)СТВЕНЪ 31a24 lit/Ps118,12 εὐλογητός
БЛАГОСЛОВЕСТВЬНЪ adj. v. autem БЛАГОСЛОВЕСТВИТИ
БЛ(АГОСЛОВЕ)СТВЬНО 27b13 Ct10/Dn3,52 εὐλογημένον
БЛАГОСЛОВЕСТИТИ pf.
БЛ(АГОСЛОВЕ)ЩѪ 7a2 Ps144,1 εὐλογήσω
БЛ(АГОСЛОВЕ)ЩѪ 7a5 Ps144,2 εὐλογήσω
БЛ(АГОСЛОВЕ)ЩѪ 30b18 lit/Ps144,2 εὐλογήσω
БЛАГОСЛОВИТИ pf.
Б(Л(АГО)С(ЛО)ВЛѢ)АХѪ 27b6 Ct9/Dn3,51 εὐλογοῦν
(Б)Л(АГОСЛОВИ)ТЕ 28a7 Ct11/Dn3,58 εὐλογεῖτε
(БЛ)(АГОСЛОВИ)ТЕ 28a9 Ct11/Dn3,60 εὐλογεῖτε
БЛ(АГОСЛОВИ)ТЕ 28a13 Ct11/Dn3,62 εὐλογεῖτε
БЛ(АГОСЛОВИ)ТЕ 28a15 Ct11/Dn3,64 εὐλογεῖτε
БЛ(АГОСЛОВИ)ТЕ 28a17 Ct11/Dn3,66 εὐλογεῖτε
БЛ(АГОСЛОВИ)ТЕ 28a19 Ct11/Dn3,68 εὐλογεῖτε
БЛ(АГОСЛОВИ)ТЕ 28a21 Ct11/Dn3,70 εὐλογεῖτε
БЛ(АГОСЛОВИ)ТЕ 28a23 Ct11/Dn3,72 εὐλογεῖτε
БЛ(АГОСЛОВИ)ТЕ 28a25 Ct10b/Dn3,76 εὐλογεῖτ
БЛ(АГОСЛОВИ)ТЕ 28a25 Ct11/Dn3,75 εὐλογεῖτε
БЛ(АГОСЛОВИ)ТЕ 28b1 Ct11/Dn3,77 εὐλογεῖτε
БЛ(АГОСЛОВИ)ТЕ 28b4 Ct11/Dn3,80 εὐλογεῖτε
БЛ(АГОСЛОВИ)ТИ (!) 28b6 Ct11/Dn3,83 εὐλογεῖτε
БЛ(АГОСЛОВИ)ТЕ 28b6 Ct11/Dn3,82 εὐλογεῖτε
БЛ(АГОСЛОВИ)ТЕ 28b8 Ct11/Dn3,84 εὐλογεῖτε
БЛ(АГОСЛОВИ)ТЕ 28b9 Ct11/Dn3,86 εὐλογεῖτε
БЛ(АГОСЛОВИ)ТЕ 28b12 Ct11/Dn3,88 εὐλογεῖτε
БЛ(А)Г(О)С(ЛОВ)И 31b24 lit/Ps103,1 εὐλόγει
БЛАГОСТЬ f.
БЛАГОСТІ 7a20 Ps144,7 τῆς χρηστότητος
БЛАГОСТІ 24b12 Ct8/Manas 7 τῆς χρηστότητος
БЛАГОСТІ 25a18 Ct8/Manas 11 τῆς χρηστότητος
БЛ(А)ГОСТЬ 25b2 Ct8/Manas 14 τὴν ἀγαθωσύνην
БЛАГЪ adj.
БЛАГЫІ 5b5 Ps142,10 τὸ ἀγαθόν
БЛАГЪ 7a25 Ps144,9 χρηστός
БЛАГЪ 8b23 Ps146,1 ἀγαθόν
БЛАГЫ 29a8 Ct12/L1,53 ἀγαθῶν
БЛАЖЕНЪ adj.
БЛАЖЕНИ 6b23 Ps143,15 μακάριος
БЛАЖЕНЪ 8b5 Ps145,5 μακάριος
БЛАЖИТИ ipf.
БЛАЖꙖТЪ 28b25 Ct12/L1,48 μακαριοῦσιν
БЛАГОЧИНЬНО adv.
БЛ(А)Г(О)Ч(ИНЬ)НО 31b22 lit
БЛИꙀЪ adv.
БЛІꙀЪ 8a4 Ps144,18 ἐγγύς
БЛІꙀЪ 17a1 Ct2/Dt32,35 ἐγγύς
БЛИСЦѢНИЕ n.
БЛІСЦѢНИЕ 18b23 Ct3/Hab3,11 φέγγος
БЛЬСНѪТИ pf.
БЛЬСНІ 6a11 Ps143,6 ἄστραψον
БО conj.
БО 1a21 Ps138,10 γάρ
БО 12b2 Ct1/Ex15,1 γάρ
БО 16b8 Ct2/Dt32,31 γάρ
БО 16b10 Ct2/Dt32,32 γάρ
БО 17a6 Ct2/Dt32,36 γάρ
БО 19b18 Ct4/Is26,10 γάρ
БО 20a5 Ct4/Is26,12 γάρ
БО 20b14 Ct4/Is26,19 γάρ
БО 23b3 Ct7/Is38,13 γάρ
БО 23b7 Ct7/Is38,14 γάρ
БО 23b16 Ct7/Is38,17 γάρ
БО 23b19 Ct7/Is38,18 γάρ
БО 24a2 Ct7/Is38,19 γάρ
БО 24b9 Ct8/Manas 7 ὅτι
БО 28b25 Ct12/L1,48 γάρ
Б(О) 29b9 Ct13/L1,76 gr. 0
БОГАТИТИ (СꙖ) ipf.
БОГАТИТЪ 22a18 Ct6/1Rg2,7 πλουτίζει
БОГАТꙖЩꙖꙖ СꙖ 29a8 Ct12/L1,53 πλουτοῦντας
БОГАТЪ adj.
БОГАТЫ 22b16 Ct6/1Rg2,10 ὁ πλούσιος
БОГАТЬСТВО n.
БОГАТЬСТВОМЬ 22b16 Ct6/1Rg2,10 ἐν τῷ πλούτῳ
БОГОРОДИЦА f.
Б(ОГОРОДИ)ЦꙖ 28b21 lit τῆς θεοτόκου
Б(ОГОРОДИ)ЦЕ 32b19 lit θεοτόκε
БОГЪ m.
Б(О)ЖЕ 1b18 Ps138,17 ὁ θεός
Б(О)ЖЕ 1b23 Ps138,19 ὁ θεός
Б(ОГ)Ъ 2b12 Ps139,7 θεός
Б(ОГ)Ъ 5b4 Ps142,10 ὁ θεός
Б(ОГ)Ъ 5b17 Ps143,1 ὁ θεός
Б(О)ЖЕ 6a20 Ps143,9 ὁ θεός
Б(ОГ)Ъ 6b24 Ps143,15 ὁ θεός
Б(О)ЖЕ 7a1 Ps144,1 ὁ θεός
Б(ОГ)ОУ 8a20 Ps145,2 τῷ θεῷ
Б(ОГ)Ъ 8b5 Ps145,5 ὁ θεός
Б(ОГ)А 8b7 Ps145,5 τὸν θεόν
Б(ОГ)Ъ 8b21 Ps145,10 ὁ θεός
(Б)(ОГ)ОУ 9a1 Ps146,1 τῷ θεῷ
Б(ОГ)ОУ 9a17 Ps146,7 τῷ θεῷ
Б(ОГ)А 9b11 Ps147,1 τὸν θεόν
Б(ОГ)А 11b9 Ps150,1 τὸν θεόν
Б(ОГ)Ъ 12b6 Ct1/Ex15,2 θεός
Б(ОГ)Ъ 12b7 Ct1/Ex15,2 θεός
Б(О)ЅѢХЪ 13a10 Ct1/Ex15,11 θεοῖς
Б(ОГО)ВІ 14a12 Ct2/Dt32,3 τῷ θεῷ
Б(ОГ)Ъ 14a13 Ct2/Dt32,4 θεός
Б(ОГ)Ъ 14a15 Ct2/Dt32,4 θεός
Б(ОГ)Ъ 15a4 Ct2/Dt32,12 θεός
Б(ОГ)А 15a17 Ct2/Dt32,15 θεόν
Б(ОГ)А 15a18 Ct2/Dt32,15 θεοῦ
Б(ОГ)ОУ 15a22 Ct2/Dt32,17 θεῷ
Б(О)ГОМЪ 15b1 Ct2/Dt32,17 θεοῖς
Б(ОГ)А 15b4 Ct2/Dt32,18 θεόν
Б(ОГ)А 15b5 Ct2/Dt32,18 θεοῦ
Б(О)ЅѢ 15b15 Ct2/Dt32,21 θεῷ
Б(ОГ)Ъ 16b6 Ct2/Dt32,30 ὁ θεός
Б(ОГ)Ъ 16b8 Ct2/Dt32,31 ὁ θεός
Б(О)ЅІ 16b8 Ct2/Dt32,31 οἱ θεοί
Б(О)ЅІ 17a9 Ct2/Dt32,37 οἱ θεοί
Б(ОГ)Ъ 17a16 Ct2/Dt32,39 gr. 0
Б(ОГ)А 17a17 Ct2/Dt32,39 θεός
Б(ОГ)Ъ 18a12 Ct3/Hab3,3 ὁ θεός
Б(О)ЅѢ 19b7 Ct3/Hab3,18 τῷ θεῷ
Б(ОГ)Ъ 19b9 Ct3/Hab3,19 ὁ θεός
Б(О)ЖЕ 19b15 Ct4/Is26,9 ὁ θεός

Б(О)ЖЄ 20a4 Ct4/Is26,12 ὁ θεός
Б(О)ЖЄ 20a7 Ct4/Is26,13 ὁ θεός
Б(О)ЖЄ 21a3 Ct5/Jon2,3 τὸν θεόν
Б(О)ЖЄ 21a25 Ct5/Jon2,7 ὁ θεός
Б(О)ЅѢ 21b16 Ct6/1Rg2,1 θεῷ
Б(ОГ)Ъ 21b22 Ct6/1Rg2,2 ὁ θεός
Б(ОГ)Ъ 22a4 Ct6/1Rg2,3 θεός
Б(ОГ)Ъ 22a4 Ct6/1Rg2,3 θεός
Б(ОГ)А 24a9 Ct7/Is38,20 *κυρίου*
Б(О)ЖЄ 24a12 Ct8/Manas 1 ὁ θεός
Б(О)ЖЄ 24b18 Ct8/Manas 8 ὁ θεός
Б(ОГ)Ъ 25b1 Ct8/Manas 13 *κύριε*
Б(ОГ)Ъ 25b1 Ct8/Manas 13 ὁ θεός
Б(О)ЖЄ 25b12 Ct9/Dn3,26 ὁ θεός
Б(ОГ)Ъ 27a12 Ct9/Dn3,45 ὁ θεός
Б(ОГ)А 27b8 Ct9/Dn3,51 τὸν θεόν
Б(О)ЖЄ 27b10 Ct10/Dn3,52 ὁ θεός
Б(О)ЅѢ 28b23 Ct12/L1,47 τῷ θεῷ
Б(ОГ)Ъ 29a16 Ct13/L1,68 ὁ θεός
Б(ОГ)А 29b15 Ct13/L1,78 θεοῦ
Б(ОГ)ОУ 30a22 lit/Ct15,1 θεῷ
Б(О)ЖЄ 30b4 lit/Ct15,12 θεέ
Б(О)ЖЄ 30b7 lit/Ct15,16 ὁ θεός
Б(ОГ)А 30b17 lit/Ct15,28 θεοῦ
Б(ОГ)Ъ 31a2 lit/Ps142,10 ὁ θεός
Б(О)ЖЄ 31a10 lit/Dn3,26 ὁ θεός
Б(ОГ)А 31b18 lit/Ps89,17 τοῦ θεοῦ
Б(О)ЖЄ 31b25 lit/Ps103,1 ὁ θεός
Б(О)ЖЄ 32a23 lit/Dn3,26 ὁ θεός
Б(О)ЖЄ 32b19 lit

БОЖЬИ, -ИИ adj.
Б(О)ЖЬѢ 11a22 Ps149,6 τοῦ θεοῦ
Б(О)ЖИ 14b12 Ct2/Dt32,8 θεοῦ
(Б(О)Ж)І 17b15 Ct2/Dt32,43 θεοῦ
Б(О)ЖІІ 17b18 Ct2/Dt32,43 θεοῦ
Б(О)ЖІѢ 23a11 Ct7/Is38,11 τοῦ θεοῦ
Б(О)ЖИІ 30b7 lit/Ct15,17 τοῦ θεοῦ
Б(О)ЖЄІ 32a16 lit θεοῦ

БОЛѢЗНЬ f.
БОЛѢЗНІ 13a21 Ct1/Ex15,14 ὠδῖνες
БОЛѢЗНІ 20a24 Ct4/Is26,17 τῇ ὠδῖνι
БОЛѢЗНЬ 23b11 Ct7/Is38,15 τὴν ὀδύνην

БОЛѢТИ ipf.
БОЛѦШТІѢ 20a23 Ct4/Is26,17 ὠδίνουσα

БОѢТИ СА ipf.
БОѦШТІІМЪ СѦ 8a8 Ps144,19 τῶν φοβουμένων
Б(О)ѦЩѦ)Ѧ СѦ 9b6 Ps146,11 τοῖς φοβουμένοις
БОІТЪ СѦ 24a24 Ct8/Manas 4 φρίττει
БОІМЪ СѦ 26b24 Ct9/Dn3,41 φοβούμεθα
БОѦЩИІМЪ СѦ 29a2 Ct12/L1,50 τοῖς φοβουμένοις

БРАНЬ f.
БРАНИ 2a23 Ps139,3 πολέμους
БРАНИ 2b16 Ps139,8 πολέμου
БРАНЬ 5b19 Ps143,1 πόλεμον
БРАНИ 12b9 Ct1/Ex15,3 πολέμους

БРАТРИѢ f. coll.
БРАТРІІ 12a5 Ps151,1 τοῖς ἀδελφοῖς
БРАТРІѢ 12a15 Ps151,5 οἱ ἀδελφοί

БОУИ adj.
БОУІ 14a22 Ct2/Dt32,6 μωρός

БОУРЬНЪ adj.
БОУРЄНЪ 10b9 Ps148,8 καταιγίδος

БЫТИ vb. / НЄ-
ЄСИ· 1a2 Ps138,1
ЄСИ· 1a3 Ps138,1
ЄСИ· 1a7 Ps138,3
НѢСТЪ 1a9 Ps138,4 οὐκ ἔστιν
ЄСТЪ· 1a13 Ps138,6
ЄСІ 1a17 Ps138,8 εἶ
ЄСИ 1a18 Ps138,8 πάρει
БЫШѦ· 1b17 Ps138,17
ЄСМЬ 1b22 Ps138,18 εἰμί
БЫШѦ 2a10 Ps138,22 ἐγένοντο
ЄСТЪ 2a16 Ps138,24 gr. 0
ЄСИ 2b12 Ps139,7 εἶ
ЄСИ· 2b15 Ps139,8
БЫШѦ· 3b14 Ps140,6
ЄСМЬ 4a4 Ps140,10 εἰμί
БѢ 4a6 Ps141,1 (ἐν τῷ) εἶναι (αὐτόν)
БѢ 4a20 Ps141,5 ἦν
НѢСТЪ 4a23 Ps141,5 οὐκ ἔστιν
ЄСИ 4b2 Ps141,6 εἶ
ЄСИ 4b3 Ps141,6 εἶ
ЄСТЪ· 5a1 Ps142,3
ЄСИ 5b4 Ps142,10 εἶ
ЄСМЬ 5b15 Ps142,12 εἰμί
ЄСТЪ 6a3 Ps143,3 ἔστιν
НѢСТЪ 6b20 Ps143,14 οὐκ ἔστιν
СѪТЪ 6b23 Ps143,15 ἔστιν
НѢСТЪ 7a10 Ps144,3 οὐκ ἔστιν
ЄСМЬ 8a20 Ps145,2 ὑπάρχω
НѢСТЪ 8a22 Ps145,3 οὐκ ἔστιν
(ѢЖЄ) СѪТЪ 8b9 Ps145,6 (τά)
НѢСТЪ 9a11 Ps146,5 οὐκ ἔστιν
БЫШѦ 10b1 Ps148,5 ἐγενήθησαν
ЄСТЪ 11b7 Ps149,9 ἐστίν
ЄСТЪ 12a2 Ps151,1 gr. 0
БѢХЪ 12a5 Ps151,1 ἤμην
БЫСТЪ 12b6 Ct1/Ex15,2 ἐγένετο
ЄСИ· 12b20 Ct1/Ex15,7
ЄСИ· 13a15 Ct1/Ex15,13
ЄСИ· 13a18 Ct1/Ex15,13
НѢСТЪ 14a15 Ct2/Dt32,4 οὐκ ἔστιν
БЫСТЪ 14b12 Ct2/Dt32,9 ἐγενήθη
ЄСИ· 14b16 Ct2/Dt32,10
БѢ 15a3 Ct2/Dt32,12 ἦν
БѪДЄТЪ 15b10 Ct2/Dt32,20 ἔσται
ЄСТЪ 15b12 Ct2/Dt32,20 ἐστίν
НѢСТЪ 15b13 Ct2/Dt32,20 οὐκ ἔστιν
НѢСТЪ 16a22 Ct2/Dt32,28 οὐκ ἔστιν
ЄСТЪ 16a22 Ct2/Dt32,28 ἐστίν
СѪТЪ 16b8 Ct2/Dt32,34 εἰσιν
СѪТЪ 17a9 Ct2/Dt32,37 εἰσιν
БѪДѪТЪ 17a14 Ct2/Dt32,38 γενηθήτωσαν
ЄСМЬ 17a16 Ct2/Dt32,39 εἰμί
НѢСТЪ 17a16 Ct2/Dt32,39 οὐκ ἔστιν
НѢСТЬ 17a20 Ct2/Dt32,39 οὐκ ἔστιν
БѪДЄШІ· 18a6 Ct3/Hab3,2
БѪДЄШИ· 18a8 Ct3/Hab3,2
БѪДЄТЪ 18a16 Ct3/Hab3,4 ἔσται
ЄСИ· 19a8 Ct3/Hab3,14
БѪДЄТЪ 19a25 Ct3/Hab3,17 ἔσται
БѪДѪТЪ 19b4 Ct3/Hab3,17 ὑπάρχουσιν
ЄСИ· 20a6 Ct4/Is26,12
БЫХОМЪ 20b1 Ct4/Is26,17 ἐγενήθημεν
СѪЩИІ 20b11 Ct4/Is26,19 οἱ
(ІЖЄ) СѪТЪ 20b13 Ct4/Is26,19 (οἱ)
(ѢЖЄ) ЄСТЪ 20b14 Ct4/Is26,19 (ἡ)
ЄСТЪ 20b15 Ct4/Is26,19 ἔστιν
НѢСТЪ 21b21 Ct6/1Rg2,2 οὐκ ἔστιν
НѢСТЪ 21b21 Ct6/1Rg2,2 οὐκ ἔστιν
НѢСТЪ 21b23 Ct6/1Rg2,2 οὐκ ἔστιν
ЄСТЪ· 22b4 Ct6/1Rg2,9
СЫ 22b25 Ct6/1Rg2,10 ὤν

БЫСТЪ 23a20 Ct7/Is38,12 ἐγένετο
БЫХЪ+ 23a24 Ct7/Is38,13
БЫХЪ+ 23b4 Ct7/Is38,13
(ІЖЄ) СѪТЪ 23b19 Ct7/Is38,18 (οἱ)
(ІЖЄ) СѪТЪ 23b22 Ct7/Is38,18 (οἱ)
ЄСИ 24b9 Ct8/Manas 7 εἶ
ЄСИ+ 24b23 Ct8/Manas 8
НѢСМЬ 25a5 Ct8/Manas 9 οὐκ εἰμί
НѢСТЪ 25a11 Ct8/Manas 10 οὐκ ἔστιν
ЄСИ 25b1 Ct8/Manas 13 εἶ
СѪШТА 25b4 Ct8/Manas 14 ὄντα
ЄСТЪ 25b9 Ct8/Manas 15 ἐστίν
ЄСИ 25b12 Ct9/Dn3,26 εἶ
ЄСИ 25b15 Ct9/Dn3,27 εἴη
ЄСИ+ 25b22 Ct9/Dn3,28
БѪДЄТЪ 26a8 Ct9/Dn3,30 γένηται
НѢСТЪ 26a17 Ct9/Dn3,33 οὐκ ἔστιν
БЫШѨ 26a19 Ct9/Dn3,33 ἐγενήθη
ЄСМЪ 26b5 Ct9/Dn3,37 ἐσμέν
НѢСТЪ 26b8 Ct9/Dn3,38 οὐκ ἔστιν
БѪДЄМЪ+ 26b15 Ct9/Dn3,39
ДА БѪДЄТЪ 26b19 Ct9/Dn3,40 γενέσθω
НѢСТЪ 26b21 Ct9/Dn3,40 οὐκ ἔστιν
ЄСИ 27a12 Ct9/Dn3,45 εἶ
ЄСИ 27b10 Ct10/Dn3,52 εἶ
ЄСИ 27b16 Ct10/Dn3,53 εἶ
ЄСИ 27b19 Ct10/Dn3,54 εἶ
ЄСИ 27b23 Ct10/Dn3,55 εἶ
ЄСИ 27b27 Ct10/Dn3,56 εἶ
СѪЩІИХЪ 29a22 Ct13/L1,70 τῶν
ЄСТЪ+ 29b16 Ct13/L1,78
ЄСИ+ 30a2 Ct14/L2,31
(ІЖЄ) ЄСИ 30a8 lit/Mt6,9 (ὁ)
ДА БѪДЄТЪ 30a10 lit/Mt6,10 γενηθήτω
ЄСТЪ 30a19 lit/Mt6,13 ἐστίν
ЄСИ 30b14 lit/Ct15,25 εἶ
ЄСИ 30b15 lit/Ct15,26 εἶ
БЫСТЪ 30b21 lit/Ps89,1 ἐγενήθης
ЄСИ 31a2 lit/Ps142,10 εἶ
ЄСТЪ 31a3 lit/Ps35,10 gr. 0
ЄСИ 31a10 lit/Dn3,26 εἶ
БѪДИ 31a14 lit/Ps32,22 γένοιτο
ЄСИ 31a17 lit/Ps118,12 εἶ
ЄСИ 31a19 lit/Ps118,12 εἶ
ЄСИ 31a21 lit/Ps118,12 εἶ
ЄСИ 31a24 lit/Ps118,12 εἶ
БѪДѪТЪ 31b7 lit gr. 0
БѪДІ 31b18 lit/Ps89,17 ἔστω
(И)ЖЄ ДОСТОІНЪ) ЄСІ 32a14 lit (ἄξιόν σε)
БЫТІ+ 32a15
ЄСІ 32a23 lit/Dn3,26 εἶ
БѪДІ 32a26 lit/Ps32,22 γένοιτο
ЄСІ 32b2 lit/Ps118,12 εἶ
ЄСІ 32b4 lit εἶ
ЄС(И) 32b6 lit εἶ
ЄС(И) 32b8 lit/Ps137,8 εἶ
СѪЩІИХЪ 29a22 Ct12/L1,70 τῶν
БѢЖАТИ ipf. pf.
БѢЖѪ 1a16 Ps138,7 φύγω
БѢСТВО n.
БѢСТВО 4a22 Ps141,5 φυγή
В num. (sc. cyr. Г)
В 27b9 τριῶν
В 28a3 τριῶν
В 31b5 lit (β´)
В 32b15 lit

ВАРЪ m.
ВА(РЪ) 28a17 Ct11/Dn3,67 καύσων
ВАШЬ pron. poss.
ВАШѪ 20b21 Ct4/Is26,20 σου
ВАШѨ 20b22 Ct4/Is26,20 σου
ВАШИХЪ 22a3 Ct6/1Rg2,3 ὑμῶν
ВЄЛЬИ, -ИИ adj.
ВЄЛЄІ 7a9 Ps144,3 μέγας
(ВЄЛИ)І 9a10 Ps146,5 μέγας
ВЄЛИѢ 9a10 Ps146,5 μεγάλη
ВЄЛИКЪ adj.
ВЄЛИКА 12a15 Ps151,5 μεγάλοι
ВЄЛИКЫ(Ѩ) 30b2 lit/Ct15,9 τὴν μεγάλην
ВЄЛИЧИЄ n.
ВЄЛИЧИЮ 7a10 Ps144,3 τῆς μεγαλωσύνης
ВЄЛИЧИЄ 7a18 Ps144,6 τὴν μεγαλωσύνην
ВЄЛИЧИЄМЬ 13b7 Ct1/Ex15,16 μεγέθει
ВЄЛИЧИЄ 14a11 Ct2/Dt32,3 μεγαλωσύνην
ВЄЛИЧИЄ 28b27 Ct12/L1,49 μεγαλεῖα
ВЄЛИЧИТИ ipf.
ВЄЛИЧИТЪ 28b22 Ct12/L1,46 μεγαλύνει
ВЄЛИЧЬСТВИЄ n.
ВЄЛИЧЄСТВІЮ 11b14 Ps150,2 τῆς μεγαλωσύνης
ВЄЛЬЛѢПОТА f.
ВЄЛЬЛѢПОТѪ 7a14 Ps144,5 τὴν μεγαλοπρέπειαν
ВЄЛЬЛѢПОТЫ 7b7 Ps144,12 τῆς μεγαλοπρεπείας
ВЄЛЬЛѢПОТА 24b3 Ct8/Manas 5 ἡ μεγαλοπρέπεια
ВЄЛЬРѢЧЬЄ n.
ВЄЛЬРѢЧЬЄ 22a2 Ct6/1Rg2,3 μεγαλορημοσύνη
ВЄРѢѨ f. pl.
ВЄРѢѨ 9b12 Ps147,2 τοὺς μοχλούς
ВЄРѢѨ 21a21 Ct5/Jon2,7 οἱ μοχλοί
ВЄСЄЛИТИ СѦ ipf.
ВЄСЄЛѨТЪ СѨ 20b12 Ct4/Is26,19 εὐφρανθήσονται
ВЄСТИ ipf.
ВЄДОМЫ 17a7 Ct2/Dt32,36 ἀπαγομένους
ВЄДИ 30a16 lit/Mt6,13 εἰσενέγκῃς
ВЄЧЄРЪ m.
ВЄЧЬРЬ 32a21lit τῇ ἑσπέρᾳ
ВЄЧЄРЬНЬИ, -ИИ adj.
ВЄЧЄРЬНѢѢ 3a22 Ps140,2 ἑσπερινή
ВЄЧ(Є)РЬНІІ 31b23 lit
ВЄЧЄРЬНЄІ 32a12 lit ἑσπερινόν
ВИДѢТИ ipf. pf.
ВИДѢСТЄ 1b12 Ps138,16 εἴδοσαν
ВИЖДЬ 2a15 Ps138,24 ἰδέ
ВИДѢ 15b6 Ct2/Dt32,19 εἶδεν
ВИДѢ 17a6 Ct2/Dt32,36 εἶδεν
ВИДИТЄ 17a16 Ct2/Dt32,39 ἴδετε
ВИДѢШѨ 18b4 Ct3/Hab3,7 εἶδον
ВИДИТЪ 19b24 Ct4/Is26,10 ἴδῃ
ВИДѢТИ ІМѪТЪ 20a11 Ct4/Is26,14 ἴδωσιν
ВИДѢТИ ІМАМЬ 23a10 Ct7/Is38,11 ἴδω
ВИДѢТИ ІМАМЬ 23a13 Ct7/Is38,11 ἴδω
ВИДѢТІ 25a6 Ct8/Manas 9 ἰδεῖν
ВИДѨІ 27b19 Ct10/Dn3,54 ὁ ἐπιβλέπων
ВИДѢСТЄ 30a1 Ct14/L2,30 εἶδον
ВІДѢХОМЪ 31b15 lit/Ps89,15 εἴδομεν
ВИДѢ(ВЪШЄ) 32a11 lit ἰδόντες
ВИНА f.
ВІНѪ 3b5 Ps140,4 προφάσεις
ВИНО n.
ВИНО 15a13 Ct2/Dt32,14 οἶνον
ВИНО 16b15 Ct2/Dt32,33 ὁ οἶνος
ВИНО 17a12 Ct2/Dt32,38 τὸν οἶνον
ВИНОГРАДЪ m.
ВИНОГРАДЪ 16b10 Ct2/Dt32,32 ἀμπέλου

ВИНОГРАДИ 16b11 Ct2/Dt32,32 ἡ ἄμπελος
ВИНОГРАДѢХЪ 19a26 Ct3/Hab3,17 ταῖς ἀμπέλοις
ВЛАДЫКА m.
ВЛАДЫКЫ 13b1 Ct1/Ex15,15 ἡγεμόνες
ВЛАДЫКЫ 26b4 Ct9/Dn3,37 (δέσποτα)
ВЛАДЫКЫ 26b9 Ct9/Dn3,38 ἡγούμενος
ВЛАДЫКО 29b25 Ct14/L2,29 δέσποτα
ВЛАДЫКО 31a21 lit δέσποτα
ВЛАДЫЖКО 32b18 lit/L2,29 δέσποτα
ВЛАДЫЧЬСТВО n.
ВЛАДЫЧЬСТВО 7b10 Ps144,13 ἡ δεσποτεία
ВЛЪНА$_1$ f.
ВЛЪНЫ 13a2 Ct1/Ex15,8 τὰ κύματα
ВЛЪНЫ 21a11 Ct5/Jon2,4 τὰ κύματα
ВЛЪНА$_2$ f.
(ВЛЪ)НѪ 9b19 Ps147,5 ἔριον
ВОДА f.
ВОДЪ 6a16 Ps143,7 ὑδάτων
ВОДЫ 10a6 Ps147,7 ὕδατα
ВОДА 10a21 Ps148,4 τὸ ὕδωρ
ВОДА 12b23 Ct1/Ex15,8 τὸ ὕδωρ
ВОДЫ 13a1 Ct1/Ex15,8 τὰ ὕδατα
ВОДѢ 13a9 Ct1/Ex15,10 ὕδατι
ВОДѪ 13b21 Ct1/Ex15,19 τὸ ὕδωρ
ВОДЫ 18b17 Ct3/Hab3,10 ὕδατα
ВОДЫ 19a14 Ct3/Hab3,15 ὕδατα
ВОДА 21a16 Ct5/Jon2,6 ὕδωρ
ВОДЫ 28a9 Ct11/Dn3,60 ὕδατα
ВОДАХЪ 28b3 Ct11/Dn3,79 τοῖς ὕδασιν
ВОДИТИ ipf.
ВОЖДААШЕ 15a3 Ct2/Dt32,12 ἦγεν
ВОЛЪ m.
ВОЛОВЕ 6b18 Ps143,14 οἱ βόες
ВОЛОВЕ 19b4 Ct3/Hab3,17 βόες
ВОЛѢ f.
ВОЛѭ 5b3 Ps142,10 τὸ θέλημα
ВОЛѭ 8a8 Ps144,19 θέλημα
ВОЛѩ 25a14 Ct8/Manas 10 gr. 0
ВОЛѢ 30a11 lit/Mt6,10 τὸ θέλημα
ВОЛѭ 31a1 lit/Ps142,10 τὸ θέλημα
ВРАГЪ m.
ВРАЅѢХЪ 2a7 Ps138,21 τοῖς ἐχθροῖς
ВРАЅИ 2a10 Ps138,22 εἰς ἐχθρούς
ВРАГЪ 4b23 Ps142,3 ὁ ἐχθρός
ВРАГЪ 5b1 Ps142,9 τῶν ἐχθρῶν
ВР(А)ГЫ 5b12 Ps142,12 τοὺς ἐχθρούς
ВРАГЫ 12b18 Ct1/Ex15,6 ἐχθρούς
ВРАГЪ 13a3 Ct1/Ex15,9 ὁ ἐχθρός
ВРАГЪ 16a16 Ct2/Dt32,27 ἐχθρῶν
ВРАЅ (!) 16b9 Ct2/Dt32,31 οἱ ἐχθροί
ВРАГОМЪ 17b4 Ct2/Dt32,41 τοῖς ἐχθροῖς
ВРАГОМЪ 17b21 Ct2/Dt32,43 τοῖς ἐχθροῖς
ВРАГЫ 21b18 Ct6/1Rg2,1 ἐχθρούς
ВРАГЪ 26a12 Ct9/Dn3,32 ἐχθρῶν
ВРАГЪ 29a23 Ct13/L1,71 ἐχθρῶν
ВРАГЪ 29b3 Ct13/L1,74 τῶν ἐχθρῶν
ВРАЖЬДОВАТИ ipf.
ВРАЖЬДОВАВЪ 25a25 Ct8/Manas 13 μηνίσας
ВРАНОВЪ adj. poss.
ВРАНОВО(МЪ) 9b1 Ps146,9 τῶν κοράκων
ВРАТА n. pl.
ВРАТЪ 9b12 Ps147,2 τῶν πυλῶν
ВРАТА 23a7 Ct7/Is38,10 πύλαις
ВРЬТЪПЪ m.
ВРЪТЪПѢ 4a7 Ps141,1 τῷ σπηλαίῳ
ВРѢМѦ n.
ПОДОБЬНО ВРѢМѦ 7b21 Ps144,15 εὐκαιρίᾳ

ВРѢМѦ 16b21 Ct2/Dt32,35 καιρῷ
ВРѢМѦ 18a9 Ct3/Hab3,2 τὸν καιρόν
ВРѢМѦ 26b8 Ct9/Dn3,38 τῷ καιρῷ
ВРѢМЕНА 32a15 lit καιροῖς
ВЪ praep.
1) c. acc.
ВЬ 1a1 Ps138,1 εἰς
ВЪ 1a18 Ps138,8 εἰς
ВЬ (ДЕНЬ) 1b15 Ps138,16 (ἡμέρας)
ВЪ 2a18 Ps139,1 εἰς
ВЬ 2b16 Ps139,8 ἐν
ВЪ 3b3 Ps140,4 εἰς
ВЬ 4a3 Ps140,10 ἐν
ВЪ 4b16 Ps142,1 ἐν
ВЪ 4b18 Ps142,1 ἐν
ВЪ 4b19 Ps142,2 εἰς
ВЪ 5a17 Ps142,7 εἰς
ВО 5a21 Ps142,8 ἐν
(В)Ъ 5b8 Ps142,11 ἐν
ВЪ (ГОРЫ) 6a9 Ps143,5 (τῶν ὀρέων)
ВО 6b14 Ps143,13 εἰς
ВЪ 7a3 Ps144,1 εἰς
ВЪ 7a7 Ps144,2 εἰς
ВЪ 7b21 Ps144,15 ἐν
ВЪ 8a7 Ps144,18 ἐν
ВЬ 8a16 Ps144,21 εἰς
ВЬ 8b2 Ps145,4 εἰς
ВЪ 8b10 Ps145,6 εἰς
ВЬ 8b20 Ps145,10 εἰς
ВЪ 8b21 Ps145,10 εἰς
ВЪ 10b3 Ps148,6 εἰς
ВЪ 10b3 Ps148,6 εἰς
ВО 11a18 Ps149,4 ἐν
ВЪ 11b10 Ps150,1 ἐν
ВЪ 12b4 Ct1/Ex15,1 εἰς
ВО 12b6 Ct1/Ex15,2 εἰς
ВЪ 12b11 Ct1/Ex15,4 εἰς
ВЪ 13a19 Ct1/Ex15,13 εἰς
ВЪ 13b12 Ct1/Ex15,17 εἰς
ВЪ 13b13 Ct1/Ex15,17 εἰς
ВЬ 13b17 Ct1/Ex15,18 gr. 0
ВЪ 13b20 Ct1/Ex15,19 εἰς
ВЪ 14b16 Ct2/Dt32,10 ἐν
ВЬ 14b17 Ct2/Dt32,10 ἐν
ВЬ 16b20 Ct2/Dt32,35 ἐν
ВЬ 16b20 Ct2/Dt32,35 ἐν
ВЬ 17a7 Ct2/Dt32,36 ἐν
ВЪ 17a25 Ct2/Dt32,40 εἰς
ВЪ 18a11 Ct3/Hab3,2 ἐν
ВЬ 18b22 Ct3/Hab3,11 εἰς
ВЪ 18b23 Ct3/Hab3,11 εἰς
ВО 19a3 Ct3/Hab3,13 εἰς
ВЪ 19a5 Ct3/Hab3,13 εἰς
ВЬ 19a7 Ct3/Hab3,13 εἰς
ВЪ 19a18 Ct3/Hab3,16 εἰς
ВЬ 19a21 Ct3/Hab3,16 ἐν
ВЬ 19a22 Ct3/Hab3,16 εἰς
ВЪ 20b21 Ct4/Is26,20 εἰς
ВЪ 21a7 Ct5/Jon2,4 εἰς
ВЪ 21a19 Ct5/Jon2,6 εἰς
ВЪ 21a21 Ct5/Jon2,7 εἰς
ВО 21b12 Ct5/Jon2,10 εἰς
ВЪ 22a16 Ct6/1Rg2,6 εἰς
ВЪ 23a7 Ct7/Is38,10 ἐν
ВЬ 23a23 Ct7/Is38,13 ἐν
ВО 24b17 Ct8/Manas 7 εἰς
ВЬ 25a25 Ct8/Manas 13 εἰς

В(ъ) 25b9 Ct8/Manas 15 εἰς
Въ 25b14 Ct9/Dn3,26 εἰς
Вь 26a10 Ct9/Dn3,31 ἐν
Въ 26a12 Ct9/Dn3,32 εἰς
Вь 26b8 Ct9/Dn3,38 ἐν
Вь 27a25 Ct9/Dn3,49 εἰς
Въ 27b12 Ct10/Dn3,52 εἰς
Вь 27b15 Ct10/Dn3,52 εἰς
Въ 27b18 Ct10/Dn3,53 εἰς
Въ 27b22 Ct10/Dn3,54 εἰς
Въ 27b26 Ct10/Dn3,55 εἰς
Въ 28a2 Ct10/Dn3,56 εἰς
Вь 28a6 Ct11/Dn3,57 εἰς
Вь 28a8 Ct11/Dn3,59 εἰς
(В)ь 28a12 Ct11/Dn3,61 εἰς
Въ 28b16 lit εἰς
Въ 28b20 lit εἰς
Въ 29a2 Ct12/L1,50 εἰς
Въ 29b13 Ct13/L1,77 ἐν
Въ 30a4 Ct14/L2,32 εἰς
Въ 30a5 Ct14/L2,32 εἰς
Въ 30a16 lit/Mt6,13 εἰς
Въ 30a20 lit/Mt6,13 εἰς
Въ 30b19 lit/Ps144,2 εἰς
Въ 30b22 lit/Ps89,1 ἐν
Вь 31a12 lit/Dn3,26 εἰς
Въ 31a25 lit/Ps137,8 εἰς
Въ 31b4 lit εἰς
Въ 31b12 lit/Ps89,15 ἐν
В(ъ Н(ѩ)же 31b13 lit/Ps89,15 ὧν
Вь Нѣже 31b15 lit/Ps89,15 ὧν
Въ 32a14 lit ἐν
Вь 32a21 lit ἐν
Вь 32a25 lit/Dn3,26 εἰς
В(ъ) 32b14 lit εἰς
2) c. loc.
Въ 1a9 Ps138,4 ἐν
Въ 1a20 Ps138,9 εἰς
Въ 1b9 Ps138,15 ἐν
Вь 1b10 Ps138,15 ἐν
Въ 1b13 Ps138,16 ἐπί
Вь 1b16 Ps138,16 ἐν
Въ 2a3 Ps138,20 εἰς
Въ 2a4 Ps138,20 εἰς
Во 2a16 Ps138,24 ἐν
Въ 2a22 Ps139,3 ἐν
Въ 3a1 Ps139,11 ἐν
Въ 3a5 Ps139,12 εἰς
Въ 3b13 Ps140,5 ἐν
Въ 4a7 Ps141,1 ἐν
Вь 5a2 Ps142,3 ἐν
Во 5a4 Ps142,4 ἐπί
Во 5a5 Ps142,4 ἐν
Во 5a7 Ps142,5 ἐν
Въ 5a8 Ps142,5 ἐν
Во 6a21 Ps143,9 ἐν
Въ 6b10 Ps143,12 ἐν
Въ 6b17 Ps143,13 ἐν
Въ 7a21 Ps144,7 gr. 0
Во 7b11 Ps144,13 ἐν
Во 7b13 Ps144,13 ἐν
Во 7b15 Ps144,13 ἐν
Во 8a1 Ps144,17 ἐν
Во 8a2 Ps144,17 ἐν
Въ 8a19 Ps145,2 ἐν
Вь Нихъ 8a22 Ps145,3 οἷς
Во 8b2 Ps145,4 ἐν
Вь 8b9 Ps145,6 ἐν
Въ[і] 9a16 Ps146,7 ἐν
Въ 9a17 Ps146,7 ἐν
Въ 9a20 Ps146,8 ἐν
Вь 9b3 Ps146,10 ἐν
Въ 9b4 Ps146,10 ἐν
Вь 9b13 Ps147,2 ἐν
Въ 10a15 Ps148,1 ἐν
Вь 11a7 Ps149,1 ἐν
Вь 11a14 Ps149,3 ἐν
Въ 11a14 Ps149,3 ἐν
Въ 11a20 Ps149,5 ἐν
Въ 11a22 Ps149,6 ἐν
Въ 11a23 Ps149,6 ἐν
Вь 11b1 Ps149,7 ἐν
Вь 11b2 Ps149,7 ἐν
Вь 11b6 Ps149,9 ἐν
Вь 11b9 Ps150,1 ἐν
Вь 11b12 Ps150,2 ἐπί
Въ 11b15 Ps150,3 ἐν
Во 11b16 Ps150,3 ἐν
Въ 11b17 Ps150,3 gr. 0
Въ 11b18 Ps150,4 ἐν
Въ 11b19 Ps150,4 ἐν
Въ 11b21 Ps150,5 ἐν
Вь 11b23 Ps150,5 ἐν
Въ 12a5 Ps151,1 ἐν
Въ 12a6 Ps151,1 ἐν
Вь 12a16 Ps151,5 ἐν
Въ 12b1 ἐν
Въ 12b13 Ct1/Ex15,4 ἐν
Въ 12b15 Ct1/Ex15,5 εἰς
Въ 13a8 Ct1/Ex15,10 gr. 0
Въ 13a9 Ct1/Ex15,10 ἐν
Въ 13a10 Ct1/Ex15,11 ἐν
Вь 13a12 Ct1/Ex15,11 ἐν
Въ 13a12 Ct1/Ex15,11 ἐν
Вь 13a22 Ct1/Ex15,14 gr. 0
Въ 13b5 Ct1/Ex15,15 gr. 0
Во 14a2 ἐν
Вь 14a16 Ct2/Dt32,4 ἐν
Вь 14b17 Ct2/Dt32,10 ἐν
Въ 15a20 Ct2/Dt32,16 ἐν
Вь 15b14 Ct2/Dt32,20 ἐν
Въ 15b16 Ct2/Dt32,21 ἐν
Вь 16a22 Ct2/Dt32,28 ἐν
Во 16b18 Ct2/Dt32,34 ἐν
Вь 17a10 Ct2/Dt32,37 ἐπί
Въ 18a17 Ct3/Hab3,4 ἐν
Вь 18b8 Ct3/Hab3,8 ἐν
Вь 18b9 Ct3/Hab3,8 ἐν
Въ 18b10 Ct3/Hab3,8 ἐν
Вь 18b21 Ct3/Hab3,11 ἐν
Во 19a19 Ct3/Hab3,16 gr. 0
Вь 19a25 Ct3/Hab3,17 ἐν
Вь 19b4 Ct3/Hab3,17 ἐπί
Вь 19b12 Ct3/Hab3,19 ἐν
Вь 20a19 Ct4/Is26,16 ἐν
Вь 20a21 Ct4/Is26,16 ἐν
Въ 20a24 Ct4/Is26,17 ἐπί
Вь 20b3 Ct4/Is26,18 ἐν
Въ 20b11 Ct4/Is26,19 ἐν
Вь 21a2 Ct5/Jon2,3 ἐν
Въ 22a1 Ct6/1Rg2,3 εἰς
Вь 22a13 Ct6/1Rg2,5 ἐν
Въ 23a6 Ct7/Is38,10 ἐν
Во 23a20 Ct7/Is38,12 παρά

ВЪ 23b19 Ct7/Is38,18 ἐν
ВЪ 23b23 Ct7/Is38,18 ἐν
ВЬ 25a27 Ct8/Manas 13 ἐν
ВО 26b18 Ct9/Dn3,39 ἐν
ВЬ 27b8 Ct9/Dn3,51 ἐν
ВЬ 27b16 Ct10/Dn3,53 ἐν
ВЪ 29a20 Ct13/L1,69 ἐν
ВЬ 29b16 Ct13/L1,78 ἐν
ВО, ВЬ 29b18 Ct13/L1,79 ἐν (semel)
ВЪ 30a23 lit/Ct15,3 ἐν
ВЪ 30b16 lit/Ct15,28 εἰς
ВЪ 31a4 lit/Ps35,10 ἐν
ВЬ 32b22 lit/L1,42ἐν
ВЪВЕСТИ pf.
ВЬВЕДЪ 13b12 Ct1/Ex15,17 εἰσαγαγών
ВЪВРѢЩИ pf.
ВЪВРЪЖЕ 12b4 Ct1/Ex15,1 ἔρριψεν
ВЪВРЪЖЕ 12b11 Ct1/Ex15,4 ἔρριψεν
ВЪЖДЕЛѢТИ pf.
ВЬЖДЕЛѢ 14b22 Ct2/Dt32,11 ἐπεπόθησεν
ВЪЗБЛАГОСЛОВЕСТВИТИ pf.
ВЪЗБЛА(ГОСЛОВЕ)СТВѦТЪ 23b21 Ct7/Is38,18
εὐλογήσουσιν
ВЪЗБЛА(ГОСЛОВЕ)СТВѦТЪ 24a1 Ct7/Is38,19
εὐλογήσουσιν
ВЪЗВЕСЕЛИТИ СѦ pf.
(ДА ВЪ)ЗВЕСЕЛИТЪ СѦ 11a9 Ps149,2 εὐφρανθήτω
ВЬЗВЕСЕЛИТЕ СѦ 17b13 Ct2/Dt32,43 εὐφράνθητε
ВЬЗВЕСЕЛИТЕ СѦ 17b16 Ct2/Dt32,43 εὐφράνθητε
ВЬЗВЕСЕЛѬ СѦ 19b6 Ct3/Hab3,18 ἀγαλλιάσομαι
ВЬЗВЕСЕЛИХЪ СѦ 21b19 Ct6/1Rg2,1 ηὐφράνθην
(В)ЪЗВЕСЕЛИХ(ОМЪ) СѦ 31b11 lit/Ps89,14 εὐφράνθημεν
ВЪЗ(ВЕ)СЕЛІХОМЪ СѦ 31b12 lit/Ps89,15 εὐφράνθημεν
ВЪЗВЕСТИ pf.
ВЬЗВЕДЕ 15a5 Ct2/Dt32,13 ἀναβίβασεν
ВЬЗВЕСТІ 25a10 Ct8/Manas 10 τὸ ἀνανεῦσαι
ВЪЗВОДИТИ ipf.
ВЪЗВОДИТЪ 7b17 Ps144,14 ἀνορθοῖ
ВЪЗВОДИТЪ 8b15 Ps145,8 ἀνορθοῖ
ВЪЗВОДИТЪ 22a17 Ct6/1Rg2,6 ἀνάγει
ВЪЗВРАТИТИ СѦ pf.
ВЪЗВРАТИТЪ СѦ 8b1 Ps145,4 ἐπιστρέψει
ВЪЗВѢСТИТИ pf.
ВЬЗВѢСТѦТЪ 7a12 Ps144,4 ἀπαγγελοῦσιν
ВЬЗВѢСТІ 12a10 Ps151,3 ἀναγγελεῖ
ВЬЗВѢСТІТЪ 14b6 Ct2/Dt32,7 ἀναγγελεῖ
ВЬЗВѢСТІХЪ 23b12 Ct7/Is38,16 ἀνηγγέλη
ВЬЗВѢСТѦТЪ 24a3 Ct7/Is38,19 ἀναγγελοῦσιν
ВЪЗВѢЩАТИ ipf.
(ВЪЗВ)ѢШТАѦІ 10a7 Ps147,8 ἀπαγγέλλων
ВЪЗГЛАГОЛАТИ pf.
ВЪЗГЛАГОЛІѬТЪ 7a15 Ps144,5 λαλήσουσιν
ВЬЗГЛАГОЛѬТЪ 7b5 Ps144,11 λαλήσουσιν
ВЪЗГЛАГОЛѬТЪ 8a13 Ps144,21 λαλήσει
ВЪЗГЛАГОЛѬ 14a3 Ct2/Dt32,1 λαλήσω
ВЪЗГЛАДАТИ ipf.
ВЬЗГЛѦДААХЪ 4a19 Ps141,5 ἐπέβλεπον
ВЪЗГРЬМѢТИ pf.
ВОЗГРЬМѢ 22b23 Ct6/1Rg2,10 ἐβρόντησεν
ВЪЗДАТИ pf.
ВЪЗДАСИ 4b12 Ps141,8 ἀνταποδῷς
ВЪЗДАМЬ 16b20 Ct2/Dt32,35 ἀνταποδώσω
ВЪЗДАМЬ 17b4 Ct2/Dt32,41 ἀνταποδώσω
ВЪЗДАМЬ 17b6 Ct2/Dt32,41 ἀνταποδώσω
ВЪЗДАСТЪ 17b20 Ct2/Dt32,43 ἀνταποδώσει
ВЬЗДАСТЪ 17b23 Ct2/Dt32,43 ἀνταποδώσει
ВЪЗДАЛЪ ЕСИ 20a5 Ct4/Is26,12 ἀπέδοκας
ВЪЗДАМЬ 21b12 Ct5/Jon2,10 ἀποδώσω
ВЪЗДАѢТИ ipf.
ВЪЗДАЕТЕ 14a20 Ct2/Dt32,6 ἀνταποδίδοτε
БЛАГО(ДѢ)ТЬ ВЬЗДАЕМЪ 30b2 Ct15,8 εὐχαριστοῦμεν
ВЪЗДВИГНѪТИ (СѦ) pf.
ВЬЗДВІГЪ 5a22 Ps142,8 ἦρα
ВЬЗДВІГНѪ 17a22 Ct2/Dt32,40 ἀρῶ
ВЬЗДВІЖЕ СѦ 18b20 Ct3/Hab3,11 ἐπήρθη
ВЬЗДВІЖЕ 19a6 Ct3/Hab3,13 ἐξήγειρας
ВЬЗДВІЖЕ 23b14 Ct7/Is38,16 ἐξήγειρας
НЕВЬЗДВІЖЕНА 24b3 Ct8/Manas 5 ἄστεκτος
ВЬЗДВІЖЕ 29a19 Ct13/L1,69 ἤγειρεν
ВЪЗДВИЅѢТИ ipf.
ВЬЗДВІЅѢЕТЪ 22a20 Ct6/1Rg2,8 ἀνιστᾷ
ВЪЗРАДОВАТИ СѦ pf.
ВЪЗРАДОУѬТ СѦ 7a22 Ps144,7 ἀγαλλιάσονται
ВЪЗРАДОУѬТЪ СѦ 11a11 Ps149,2 ἀγαλλιάσθωσαν
ВЪЗРАДОУѬТЪ СѦ 11a20 Ps149,5 ἀγαλλιάσονται
ВЪЗРАДОУѬ СѦ 19b7 Ct3/Hab3,18 χαρήσομαι
ВЪЗРАДОВА СѦ 28b22 Ct12/L1,47 ἠγαλλίασεν
ВЬЗРАД(ОВА)ХОМЪ СѦ 31b10 lit/Ps89,14
ἠγαλλιασάμεθα
ВЪЗРЬВЬНОВАТИ pf.
ВЬЗРЕВЬНОВА 15b6 Ct2/Dt32,19 ἐζήλωσεν
ВЪЗДѢАНИЕ n.
ВЬЗДѢАНИЕ 3a21 Ps140,2 ἔπαρσις
ВЪЗДѢТИ pf.
ВЬЗДѢХЪ 5a10 Ps142,6 διεπέτασα
ВЪЗИМАТИ ipf.
ВЬЗЕМЛѦІ 30b7 lit/Ct15,19 ὁ αἴρων
ВЬЗЕМЛѦІ 30b9 lit/Ct15,21 ὁ αἴρων
ВЪЗИРАТИ ipf.
ВЬЗИРАѬШТЮ 23b8 Ct7/Is38,14 τοῦ βλέπειν
ВЪЗИСКАТИ ipf.
ВЬЗІСКАѦІ 4a23 Ps141,5 ὁ ἐκζητῶν
ВЪЗИТИ pf.
ВЬЗІДѪ 1a17 Ps138,8 ἀναβῶ
ДА ВЬЗИДѪ 19a22 Ct3/Hab3,16 τοῦ ἀναβῆναί με
ВЬЗИДЕ 22b23 Ct6/1Rg2,10 ἀνέβη
ВЪЗЛИѢТИ СѦ pf.
ВЪЗЛИѢ СѦ 21a16 Ct5/Jon2,6 περιεχύθη
ВЪЗЛЮБЛЕНЪ adj.
ВЬЗЛЮБЛЕНЫ 15a15 Ct2/Dt32,15 ὁ ἠγαπημένος
ВЬЗЛЮБЛЕНОУЕМОУ 20b1 Ct4/Is26,17 τῷ
ἀγαπητῷ
ВЬЗЛЮБЛЕНААГО 26a26 Ct9/Dn3,35 τὸν ἠγαπημένον
ВЪЗМОЩИ pf.
ВЪЗМОГѪ 1a14 Ps138,6 δύνωμαι
ВЪЗМОГѪ 3b17 Ps140,6 ἠδύνηθησαν
ВЪЗНЕНАВИДѢТИ pf.
ВЬЗНЕНАВИДѢХЪ 2a7 Ps138,21 ἐμίσησα
ВЪЗНЕСТИ (СѦ) pf.
ВЬЗНЕСЕТЪ СѦ 2b20 Ps139,9 ὑψωθῶσιν
ВЪЗНЕСѪ 7a1 Ps144,1 ὑψώσω
ВЬЗНЕСЕ СѦ 10b20 Ps148,13 ὑψώθη
ВЬЗНЕСЕТЪ 11a1 Ps148,14 ὑψώσει
ВЬЗНЕСЕТЪ 11a17 Ps149,4 ὑψώσει
ВЬЗНЕСѪ 12b8 Ct1/Ex15,2 ὑψώσω
ВЪЗНЕСЕ СѦ 21b16 Ct6/1Rg2,1 ὑψώθη
ВЬЗНЕСЕТЪ 23a2 Ct6/1Rg2,10 ὑψώσει
ВЬЗНЕСЕ 29a7 Ct12/L1,52 ὕψωσεν
ВЪЗНОШЕНИЕ n.
ВЪЗНОШЕНИѢ 11a22 Ps149,6 αἱ ὑψώσεις
ВЪЗЪВАТИ pf.
ВОЗЪВАХЪ 3a15 Ps140,1 ἐκέκραξα
(ЕГДА) ВЪЗОВѪ 3a17 Ps140,1 (ἐν τῷ) κεκραγέναι
ВОЗЪВАХЪ 4a8 Ps141,2 ἐκέκραξα

возъвахъ 4b1 Ps141,6 ἐκέκραξα
возъвахъ 21a2 Ct5/Jon2,3 ἐβόησα
взьвахъ 31b26 lit/Ps140,1 ἐκέκραξα
възьва 31b28 lit/Ps141,2 ἐκέκραξα
възвахъ 32a1 lit/Ps129,1 ἐκέκραξα
възьрѣти pf.
возьрѣти 25a6 Ct8/Manas 9 ἀτενίσαι
възѧти (сѧ) pf.
возъмѫ 1a19 Ps138,9 ἀναλάβοιμι
вьзѧсъ 12a20 Ps151,7 ἦρα
вьзѧтъ 15a2 Ct2/Dt32,11 ἀνέλαβεν
возъметъ сѧ 19b23 Ct4/Is26,10 ἀρθήτω
вьзѧтъ 20a14 Ct4/Is26,14 ἦρας
вълoжити pf.
вълoжи 19a5 Ct3/Hab3,13 ἔβαλες
вьмѣнѣти pf.
вьмѣнѣеши 6a5 Ps143,3 λογίζῃ
вьмѣтати ipf.
вьмѣтаѭщии 27a15 Ct9/Dn3,46 οἱ ἐμβάλλοντες
вънегда conj.
вьнегда 4a6 Ps141,1 ἐν τῷ + inf.
вьнити pf.
вьниди 4b19 Ps142,2 εἰσέλθῃς
вьниде 13b18 Ct1/Ex15,19 εἰσῆλθεν
вьниде 19a18 Ct3/Hab3,16 εἰσῆλθεν
вьнідѣте 20b20 Ct4/Is26,20 εἴσελθε
вънoушити pf.
вънoуши 2b13 Ps139,7 ἐνώτισαι
вънoуши 4b16 Ps142,1 ἐνώτισαι
вънѣѫдоу adv.
вьнѣждоу 16a10 Ct2/Dt32,25 ἔξωθεν
вънѧти pf.
вонъми 3a16 Ps140,1 πρόσχες
вонъми 4b4 Ps141,7 πρόσχες
вонъми 14a3 Ct2/Dt32,1 πρόσεχε
въпасти сѧ pf.
въпадѫтъ сѧ 4a3 Ps140,10 πεσοῦνται
въпити ipf.
вопиѣаше 20a25 Ct4/Is26,17 ἐκέκραξεν
въпль m.
вьплѣ 6b20 Ps143,14 κραυγή
вопль 21a5 Ct5/Jon2,3 κραυγῆς
въпросити pf.
въпроси 14b6 Ct2/Dt32,7 ἐπερώτησον
вьразоумити pf.
въразоуми 31a19 lit/Ps118,12 συνέτισον
вьразоуми 32b4 lit συνέτισον
въсадьникъ m.
въсадьникъ 12b3 Ct1/Ex15,1 ἀναβάτην
въсадьникы 12b12 Ct1/Ex15,4 ἀναβάτας
вьсадьникы 13b19 Ct1/Ex15,19 ἀναβάταις
въселити сѧ pf.
вьселѭ сѧ 1a20 Ps138,9 κατασκηνώσω
веселѧтъ сѧ 3a12 Ps139,14 κατοικήσουσιν
въсклицание n.
вьсклицанию 11b23 Ps150,5 ἀλαλαγμοῦ
въсклонение n.
вьсклонниѣ (!) 25a11 Ct8/Manas 10 ἄνεσις
въскраиньи adj.
въскраінеі 26b3 Ct9/Dn3,36 τὴν παρὰ τὸ χεῖλος
въскрьснѫти pf.
да воскрьснѫтъ 17a13 Ct2/Dt32,38 ἀναστήτωσαν
воскрьснѫтъ 20b10 Ct4/Is26,19 ἀναστήσονται
въскрѣсити pf.
вьскрѣсити имѫтъ 20a12 Ct4/Is26,14 ἀναστήσουσιν
въскоурити сѧ pf.
въскоурѧтъ сѧ 6a9 Ps143,5 καπνισθήσονται
въслѣдъ adv.
вьслѣдъ грѧдемъ 26b23 Ct9/Dn3,41 ἐξακολουθοῦμεν
въспѣти pf.
въспоѭ 6a20 Ps143,9 ᾄσομαι
въспоѭ 6a22 Ps143,9 ψαλῶ
(въсп)оіте 11a6 Ps149,1 ᾄσατε
да въспоѭтъ 11a15 Ps149,3 ψαλάτωσαν
въстати pf.
въстахъ 1b21 Ps138,18 ἐξηγέρθην
въстанѫтъ 20b11 Ct4/Is26,19 ἐγερθήσονται
въстанние n.
въстадние 1a4 Ps138,2 τὴν ἔγερσιν
въстокъ m.
въстокъ 29b17 Ct13/L1,78 ἀνατολή
въстрьмление n.
вьстрьмление 18b10 Ct3/Hab3,8 τὸ ὅρμημα
въстъкнѫти pf.
въстокъ 23a19 Ct7/Is38,12 πήξας
въсхвалити (сѧ) pf.
въсхвалѭ 7a6 Ps144,2 αἰνέσω
въсхвалитъ 7a11 Ps144,4 ἐπαινέσει
въсхвалѭ 8a18 Ps145,2 αἰνέσω
да въсхвалѧтъ 11a13 Ps149,3 αἰνεσάτωσαν
въсхвалѧтъ сѧ 11a19 Ps149,5 καυχήσονται
въсхвалѧтъ 23b19 Ct7/Is38,18 αἰνέσουσιν
въсхв(а)лѭ 25b5 Ct8/Manas 15 αἰνέσω
въсхвалѭ 30b19 lit/Ps144,2 αἰνέσω
въсхотѣти pf.
въс(хоште)тъ 9b3 Ps146,10 θελήσει
въсѣсти pf.
вьсѧдеши 18b11 Ct3/Hab3,8 ἐπιβήσῃ
вътoръ num.
вътoры 14a1
въцѣсарити сѧ pf.
въцѣсаритъ сѧ 8b20 Ps145,10 βασιλεύσει
вы pron. pers.
вамъ 17a2 Ct2/Dt32,35 ὑμῖν
вамъ 17a14 Ct2/Dt32,38 ὑμῖν
вамъ 17a14 Ct2/Dt32,38 ὑμῖν
вынѫ adv.
вынѫ 25b6 Ct8/Manas 15 διὰ παντός
высити ipf.
высітъ 22a19 Ct6/1Rg2,7 ἀνυψοῖ
высокъ adj.
высока 16a19 Ct2/Dt32,27 ὑψηλή
высокаѣ 19b11 Ct3/Hab3,19 τὰ ὑψηλά
высока 19b25 Ct4/Is26,11 ὑψηλός
высокыхъ 22a1 Ct6/1Rg2,3 ὑψηλά
высота f.
высотѫ 18b19 Ct3/Hab3,10 ὕψος
высоты 21a10 Ct5/Jon2,4 οἱ μετεωρισμοί
высотѣ 23a6 Ct7/Is38,10 τῷ ὕψει
высотѫ 23b8 Ct7/Is38,14 ὕψος
высоты 25a6 Ct8/Manas 9 τὸ ὕψος
вышьньи, -ии adj.
вышьниихъ 10a15 Ps148,1 τοῖς ὑψίστοις
вышьнеи 14b9 Ct2/Dt32,8 ὁ ὕψιστος
вышьнеи 24b9 Ct8/Manas 7 ὕψιστος
вышьнѣего 29b8 Ct13/L1,76 ὑψίστου
вышьниихъ 30a22 lit/Ct15,1 ὑψίστοις
выѣ f.
выѧ 19a7 Ct3/Hab3,13 τραχήλου
вьдова f.
въдоівоівѫ 8b18 Ps145,9 χήραν
вьседръжитель m.
вьседръжителю 24a12 Ct8/Manas 1 παντοκράτωρ
вьседр(ъ)жителю 30b4 lit/Ct15,12 παντοκράτωρ

вьсесъжагаемъ adj.
  вьсесъжагаемаа 26b10 Ct9/Dn3,38 ὁλοκαύτωσις
  вьсесъжагаемыихъ 26b16 Ct9/Dn3,39 ἐν ὁλοκαυτώμασιν
вьсь pron.
  вьсѩ 1a8 Ps138,3 πάσας
  вьсѣ 1a10 Ps138,5 πάντα
  вьси 1b14 Ps138,16 πάντες
  весь 2a22 Ps139,3 ὅλην
  вьсѣхъ 5a7 Ps142,5 πᾶσι
  вьсѩ 5b13 Ps142,12 πάντας
  вьсѣхъ 7a26 Ps144,9 πάντα
  вьсѣ 7b1 Ps144,10 πάντα
  вьсѣхъ 7b9 Ps144,13 πάντων
  вьсѣхъ 7b13 Ps144,13 gr. 0
  вьсѣхъ 7b15 Ps144,13 πᾶσι
  вьсѩ 7b16 Ps144,14 πάντας
  вьсѩ 7b18 Ps144,14 πάντας
  вьсѣхъ 7b19 Ps144,15 πάντων
  вьсѣхъ 8a1 Ps144,17 πάσαις
  вьсѣхъ 8a2 Ps144,17 πᾶσιν
  вьсѣмъ 8a4 Ps144,18 πᾶσιν
  вьсѣмъ 8a5 Ps144,18 πᾶσι
  вьсѩ 8a11 Ps144,20 πάντας
  вьсѩ 8a12 Ps144,20 πάντας
  вьсѣ 8b3 Ps145,4 πάντες
  вьсѣ 8b9 Ps145,6 πάντα
  вьсѣмъ 9a8 Ps146,4 πᾶσιν
  вьси 10a16 Ps148,2 πάντες
  вьсѩ 10a17 Ps148,2 πᾶσαι
  вьсѩ 10a19 Ps148,3 πάντα
  вьсѩ 10b7 Ps148,7 πᾶσαι
  вьси 10b11 Ps148,9 πάντες
  вьси 10b12 Ps148,9 πᾶσαι
  вьси 10b13 Ps148,10 πάντα
  вьси 10b15 Ps148,11 πάντες
  вьсѩ 10b16 Ps148,11 πάντες
  вьсѣмъ 11a2 Ps148,14 πᾶσι
  вьсѣмъ 11b7 Ps149,9 πᾶσι
  вьси 13b4 Ct1/Ex15,15 πάντες
  вьси 14a14 Ct2/Dt32,4 πᾶσαι
  вьсѣхъ 16a20 Ct2/Dt32,27 πάντα
  вьсѣ 16b2 Ct2/Dt32,29 gr. 0
  вьсѣ 16b17 Ct2/Dt32,34 πάντα
  вьси 17b15 Ct2/Dt32,43 πάντες
  вьси 17b18 Ct2/Dt32,43 πάντες
  вьсе 20a5 Ct4/Is26,12 πάντα
  вьсѩ 21a10 Ct5/Jon2,4 πάντες
  вьсѩ 23b2 Ct7/Is38,13 πάντα
  вьсѩ 23b18 Ct7/Is38,17 πάσας
  вьсѩ 24a7 Ct7/Is38,20 πάσας
  вьсеѭ 24a17 Ct8/Manas 2 παντί
  в(ьс)е 24a24 Ct8/Manas 4 πάντα
  вьсѭ 25b2 Ct8/Manas 14 πᾶσαν
  вьсѩ 25b6 Ct8/Manas 15 πάσαις
  вьсѣ 25b17 Ct9/Dn3,27 πάντα
  вьси 25b20 Ct9/Dn3,27 πᾶσαι
  вьсѣ 25b27 Ct9/Dn3,28 πάντα
  вьсемь 26a3 Ct9/Dn3,29 πᾶσιν
  вьсѣ 26a9 Ct9/Dn3,31 πάντα
  (вь)сѣ 26a10 Ct9/Dn3,31 πάντα
  вьсеѩ 26a16 Ct9/Dn3,32 πᾶσαν
  вьсѣхъ 26b5 Ct9/Dn3,37 πάντα
  вьсеі 26b6 Ct9/Dn3,37 πάσῃ
  вьсѣмь 26b24 Ct9/Dn3,41 ἐν ὅλῃ
  вьси 27a5 Ct9/Dn3,44 πάντες
  вьсеі 27a13 Ct9/Dn3,45 ὅλην
  вьсѣ 28a4 Ct11/Dn3,57 πάντα
  вьсѩ 28a6 Ct11/Dn3,57 gr. 0
  вьсѩ 28a8 Ct11/Dn3,60 πάντα
  вьсѩ 28a9 Ct11/Dn3,60 πάντα
  вьсѩ 28a10 Ct11/Dn3,61 πᾶσαι
  вьсѩ 28a12 Ct11/Dn3,61 gr. 0
  вьси 28a15 Ct11/Dn3,65 πάντα
  вьсѣ 28a26 Ct11/Dn3,76 πάντα
  вьсѣ 28b2 Ct11/Dn3,79 πάντα
  вьсѩ 28b4 Ct11/Dn3,80 πάντα
  вьси 28b5 Ct11/Dn3,81 πάντα
  вьсѩ 28b20 lit gr. 0
  вьси 28b26 Ct12/L1,48 πᾶσαι
  вьсѣхъ 29a24 Ct13/L1,71 πάντων
  вьсѩ 29b6 Ct13/L1,75 πάσας
  вьсѣхъ 30a3 Ct14/L2,31 πάντων
  вьсего ми(ра) 30b8 lit/Ct15,19 τοῦ κόσμου
  вьсего мира 30b10 lit/Ct15,21 τοῦ κόσμου
  весь день 31a8 lit ἐν τῇ ἡμέρᾳ ταύτῃ
  въсѩ 31b12 lit/Ps89,15 πάσαις
  вьсі 32a3 lit/Ps116,1 πάντα
  вьсѣ 32a14 lit πᾶσι
  вьсь миръ 32a17 lit ὁ κόσμος
  вьсѩ 32b25 lit πάντων
вьсѣкъ pron.
  вьсѣкъ 4b22 Ps142,2 πᾶς
  вьсѣкомь 7b11 Ps144,13 πάσῃ
  вьсѣко 7b23 Ps144,16 πᾶν
  вьсѣка 8a15 Ps144,21 πᾶσα
  вьсѣкомоу 10a10 Ps147,9 παντί
  вьсѣко 11b24 Ps150,6 πᾶσα
  вьсѣкы 19b19 Ct4/Is26,10 gr. 0
  вьсѣкъ 20a14 Ct4/Is26,14 πᾶν
  вьсѣка 25b8 Ct8/Manas 15 πᾶσα
  вьсѣкоѩ 27a9 Ct9/Dn3,44 πάσης
  вьсѣкъ 28a15 Ct11/Dn3,5 πᾶς
  вьсѣкъ 30b18 lit/ Ps144,2 ἑκάστην
вьсѣчьскъ adj.
  вьсѣчьскымъ 7a25 Ps144,9 τοῖς σύμπασιν
  вьсѣчьскыихъ 25b15 Ct9/Dn3,27 πᾶσιν
  вьсѣчьскыимъ 25b23 Ct9/Dn3,28 πάντα
вѣдѣти ipf.
  вѣдѣшѩ 15b1 Ct2/Dt32,17 ᾔδεισαν
  вѣдѣшѩ 15b3 Ct2/Dt32,17 ᾔδεισαν
  вѣ(д)ѣ(шѩ) vel вѣ(д)ѣ(вше) 19b26 Ct4/Is26,11 ᾔδεισαν
  вывѣмъ 20a8 Ct4/Is26,13 οἴδαμεν
  вѣдѣ 25a21 Ct8/Manas 12 γινώσκω
  вѣдѫщимъ 31a6 lit/Ps35,11 τοῖς γινώσκουσιν
вѣкъ m.
  вѣкоу 5a3 Ps142,3 αἰῶνος
  вѣкъ 7a3 Ps144,1 τὸν αἰῶνα
  вѣкъ 7a3 Ps144,1 τὸν αἰῶνα
  вѣкоу 7a4 Ps144,1 τοῦ αἰῶνος
  вѣкъ 7a7 Ps144,2 τὸν αἰῶνα
  вѣкъ 7a8 Ps144,2 τὸν αἰῶνα
  вѣкъ 7a8 Ps144,2 τοῦ αἰῶνος
  вѣкъ 7b10 Ps144,13 τῶν αἰώνων
  вѣкоу 8a16 Ps144,21 τοῦ αἰῶνος
  вѣкы 8a16 Ps144,21 τὸν αἰῶνα
  вѣкъ 8a16 Ps144,21 τὸν αἰῶνα
  вѣкъ 8b10 Ps145,6 τὸν αἰῶνα
  вѣкъ 8b20 Ps145,10 τὸν αἰῶνα
  (вѣ)коу 10b3 Ps148,6 τοῦ αἰῶνος
  вѣкъ 10b3 Ps148,6 τὸν αἰῶνα
  вѣ(къ) 10b3 Ps148,6 τὸν αἰῶνα
  вѣкы 13b17 Ct1/Ex15,18 τὸν αἰῶνα

вѣкы 13b17 Ct1/Ex15,18 αἰῶνα
вѣка 14b4 Ct2/Dt32,7 αἰῶνος
вѣкъ 17a25 Ct2/Dt32,40 τὸν αἰῶνα
вѣкъ 25a25 Ct8/Manas 13 τὸν αἰῶνα
вѣкы 25b10 Ct8/Manas 15 τοὺς αἰῶνας
вѣкы 25b14 Ct9/Dn3,26 τοὺς αἰῶνας
вѣкы 27b12 Ct10/Dn3,52 τοὺς αἰῶνας
вѣкы 27b15 Ct10/Dn3,52 τοὺς αἰῶνας
вѣкы 27b18 Ct10/Dn3,53 τοὺς αἰῶνας
вѣкы 27b22 Ct10/Dn3,54 τοὺς αἰῶνας
вѣкы 27b26 Ct10/Dn3,55 τοὺς αἰῶνας
вѣкы 28a2 Ct10/Dn3,56 τοὺς αἰῶνας
вѣкы 28a6 Ct11/Dn3,57 τοὺς αἰῶνας
в(ѣкъ) 28a8 Ct11/Dn3,59 gr. 0
вѣкы 28a8 Ct11/Dn3,59 τοὺς αἰῶνας
вѣкы 28a12 Ct11/Dn3,61 τοὺς αἰῶνας
вѣкы 28b16 lit τοὺς αἰῶνας
вѣкомъ 28b17 lit gr. 0
вѣкы 28b20 lit τοὺς αἰῶνας
вѣка 29a13 Ct12/L1,55 αἰῶνος
вѣка 29a22 Ct13/L1,70 αἰῶνος
вѣкы 30a20 lit/Mt6,13 αἰῶνας
вѣкъ 30b20 lit/Ps144,2 εἰς τὸν αἰῶνα
вѣкъ 30b20 lit/ Ps144,2 τὸν αἰῶνα
вѣкоу 30b20 lit/ Ps144,2 τοῦ αἰῶνος
вѣкы 31a12 lit/Dn3,26 τοὺς αἰῶνας
вѣкъ 31a25 lit/Ps137,8 τὸν αἰῶνα
вѣкомъ 31b4 lit gr. 0
вѣкы 31b4 lit τοὺς αἰῶνας
вѣкъ 32a25 lit/Dn3,26 τοὺς αἰῶνας
в(ѣкомъ) 32b14 lit τῶν αἰώνων
вѣкы 32b14 lit αἰῶνας
вѣра f.
вѣры 15b13 Ct2/Dt32,20 πίστις
вѣрьнъ adj.
вѣрєнъ 7b13 Ps144,13 πιστός
вѣрєнъ 14a15 Ct2/Dt32,4 πιστός
вѣчьнъ adj.
вѣчьныи 2a17 Ps138,24 αἰωνίᾳ
вѣчьнии 18b2 Ct3/Hab3,6 αἰώνιοι
вѣчьнааго 18b3 Ct3/Hab3,7 αἰωνίους
вѣчьнии 21a22 Ct5/Jon2,7 αἰώνιοι
г num. v. sub в
гадъ m.
гади 10b13 Ps148,10 ἑρπετά
глава f.
главоѭ 2b15 Ps139,8 τὴν κεφαλήν
глава 2b21 Ps139,10 ἡ κεφαλή
главы 3b12 Ps140,5 τὴν κεφαλήν
главы 17b11 Ct2/Dt32,42 κεφαλῆς
главы 19a5 Ct3/Hab3,13 κεφαλάς
главы 19a8 Ct3/Hab3,14 κεφαλάς
глава 21a19 Ct5/Jon2,6 ἡ κεφαλή
главы 25a10 Ct8/Manas 10 τὴν κεφαλήν
глаголати ipf.
глаголаашє 6a18 Ps143,8 ἐλάλησεν
глаголаашє 6b5 Ps143,11 ἐλάλησεν
глаголєтъ 18b14 Ct3/Hab3,9 λέγει
глаголитє 21b24 Ct6/1Rg2,3 λαλεῖτε
глагола 26b1 Ct9/Dn3,36 ἐλάλησας
глаголѭщє 27b8 Ct9/Dn3,51 λέγοντες
глагола 29a11 Ct12/L1,55 ἐλάλησεν
глагола 29a21 Ct13/L1,70 ἐλάλησεν
глаголѩ 32a1 lit
глаголъ m.
глаголы 3b16 Ps140,6 τὰ ῥήματα
глаголъı 14a4 Ct2/Dt32,1 ῥήματα
глаголы 14a8 Ct2/Dt32,2 τὰ ῥήματα
глаголоу 29b25 Ct14/L2,29 τὸ ῥῆμα
глаголоу 32b18 lit/L2,29 τὸ ῥῆμα
гладъ m.
гладємь 16a5 Ct2/Dt32,24 λιμῷ
гласъ m.
гласъ 3a16 Ps140,1 τῇ φωνῇ
гласомь 4a8 Ps141,2 φωνῇ
гласомь 4a9 Ps141,2 φωνῇ
гласѣ 11b15 Ps150,3 ἤχῳ
гласъ 18b18 Ct3/Hab3,10 φωνήν
гласа 19a16 Ct3/Hab3,16 φωνῆς
гласъ 21a6 Ct5/Jon2,3 φωνῆς
гласомь 21b9 Ct5/Jon2,10 φωνῆς
гласоу 31b26 lit τὸν (τυχόντα) ἦχον
гласъмъ 31b27 lit/Ps141,2 φωνῇ
сласъıх(!) 32a15 lit φωναῖς
глѫбина f.
глѫбинѣ 12b15 Ct1/Ex15,5 βυθόν
глѫбинѣ 13a8 Ct1/Ex15,10 gr. 0
глѫбинѫ 21a7 Ct5/Jon2,4 βάθη
глѫбины 32a1 lit/Ps129,1 βαθέων
гноище n.
гноишта 22a21 Ct6/1Rg2,8 κοπρίας
гнѣвъ m.
гнѣвъ 12b21 Ct1/Ex15,7 τὴν ὀργήν
гнѣвъ 15b7 Ct2/Dt32,19 ὀργήν
гнѣвъ 16a16 Ct2/Dt32,27 ὀργήν
гнѣвъ 18a11 Ct3/Hab3,2 ὀργῇ
гнѣвъ 20b24 Ct4/Is26,20 ἡ ὀργή
гнѣвъ 24b5 Ct8/Manas 5 ἡ ὀργή
гнѣздо n.
ѕнѣздо (!) 14b20 Ct2/Dt32,11 νοσσιάν
голиадъ m.
голиадоу 5b16 Ps143,1 τὸν Γολιαδ
къ голиадоу 12a4 Ps151,1 τῷ Γολιαδ
голоть f.
голоть 9b22 Ps147,6 κρύσταλλον
голот(ь) 10b8 Ps148,8 κρύσταλλος
голѫбь m.
голѫбь 23b5 Ct7/Is38,14 περιστερά
гоморы f. pl.
гоморъ 16b12 Ct2/Dt32,32 Γομορρας
гонити ipf.
гонѧщихъ 4b6 Ps141,7 τῶν καταδιωκόντων
гонѣашє 4b13 Ps142,1 καταδιώκει
гора f.
въ горы 6a9 Ps143,5 τῶν ὀρέων
горахъ 9a20 Ps146,8 ὄρεσι
горы 10b11 Ps148,9 τὰ ὄρη
горѫ 13b12 Ct1/Ex15,17 ὄρος
горы 18a13 Ct3/Hab3,3 ὄρους
горы 18b1 Ct3/Hab3,6 τὰ ὄρη
горы 28a25 Ct11/Dn3,75 ὄρη
горьскъ adj.
горьскаѣ 16a2 Ct2/Dt32,22 ὀρέων
горьскыѩ 21a20 Ct5/Jon2,6 ὀρέων
горьсть f.
горєсті 16b14 Ct2/Dt32,32 πικρίας
господь m.
г(о)споди 1a2 Ps138,1 κύριε
г(о)споди 1a10 Ps138,5 κύριε
г(о)споди 2a6 Ps138,21 κύριε
г(о)споди 2a12 Ps138,23 *ὁ θεός*
г(о)споди 2a19 Ps139,2 κύριε
г(о)споди 2b4 Ps139,5 κύριε
г(о)сподю 2b12 Ps139,7 τῷ κυρίῳ

Г‹ОСПОД›И	2b13 Ps139,7	κύριε
Г‹ОСПОД›И	2b14 Ps139,8	κύριε
Г‹ОСПОД›І	2b14 Ps139,8	κύριε
Г‹ОСПОД›И	2b17 Ps139,9	κύριε
Г‹ОСПОД›Ь	3a7 Ps139,13	κύριος
Г‹ОСПОД›И	3a15 Ps140,1	κύριε
Г‹ОСПОД›И	3a23 Ps140,3	κύριε
Г‹ОСПОД›И	3b20 Ps140,8	κύριε
Г‹ОСПОД›И	3b20 Ps140,8	κύριε
Г‹ОСПОД›Ю	4a8 Ps141,2	κύριον
Г‹ОСПОД›Ю	4a10 Ps141,2	κύριον
Г‹ОСПОД›И	4b1 Ps141,6	κύριε
Г‹ОСПОД›И	4b15 Ps142,1	κύριε
Г‹ОСПОД›И	5a13 Ps142,7	κύριε
Г‹ОСПОД›И	5a21 Ps142,8	κύριε
Г‹ОСПОД›И	5b2 Ps142,9	κύριε
Г‹ОСПОД›И	5b7 Ps142,11	κύριε
Г‹ОСПОД›Ь	5b17 Ps143,1	κύριος
Г‹ОСПОД›И	6a3 Ps143,3	κύριε
Г‹ОСПОД›И	6a8 Ps143,5	κύριε
Г‹ОСПОД›Ь	6b24 Ps143,15	κύριος
Г‹ОСПОД›Ь	7a9 Ps144,3	κύριος
Г‹ОСПОД›Ь	7a23 Ps144,8	ὁ κύριος
Г‹ОСПОД›Ъ	7a25 Ps144,9	κύριος
Г‹ОСПОД›І	7b1 Ps144,10	κύριε
Г‹ОСПОД›Ь	7b13 Ps144,13	κύριος
Г‹ОСПОД›Ь	7b16 Ps144,14	κύριος
Г‹ОСПОД›Ь	8a1 Ps144,17	κύριος
Г‹ОСПОД›Ь	8a4 Ps144,18	κύριος
Г‹ОСПОД›Ь	8a11 Ps144,20	κύριος
Г‹ОСПОД›Ѣ	8a18 Ps145,1	τὸν κύριον
Г‹ОСПОД›Ѣ	8a19 Ps145,2	κύριον
Г‹ОСПОД›Ѣ	8b7 Ps145,5	κύριον
Г‹ОСПОД›Ь	8b13 Ps145,7	κύριος
Г‹ОСПОД›Ь	8b13 Ps145,8	κύριος
Г‹ОСПОД›Ь	8b15 Ps145,8	κύριος
Г‹ОСПОД›Ь	8b16 Ps145,8	κύριος
Г‹ОСПОД›Ь	8b17 Ps145,9	κύριος
Г‹ОСПОД›Ь	8b20 Ps145,10	κύριος
Г‹ОСПОД›Ѣ	8b23 Ps146,1	τὸν κύριον
Г‹ОСПОД›Ъ	9a3 Ps146,2	ὁ κύριος
Г‹ОСПОД›Ь	9a10 Ps146,5	ὁ κύριος
Г‹ОСПОД›Ь	9a13 Ps146,6	ὁ κύριος
Г‹ОСПОД›Ю	9a16 Ps146,7	τῷ κυρίῳ
Г‹ОСПОД›Ь	9b6 Ps146,11	κύριος
Г‹ОСПОД›Ѣ	9b10 Ps147,1	τὸν κύριον
Г‹ОСПОД›Ѣ	10a14 Ps148,1	τὸν κύριον
Г‹ОСПОД›Ѣ	10b6 Ps148,7	τὸν κύριον
Г‹ОСПОД›Ю	11a6 Ps149,1	τῷ κυρίῳ
Г‹ОСПОД›Ь	11a16 Ps149,4	κύριος
Г‹ОСПОД›Ѣ	11b25 Ps150,6	τὸν κύριον
Г‹ОСПОД›Ю	12a10 Ps151,3	τῷ κυρίῳ
Г‹ОСПОД›Ь	12a11 Ps151,3	κύριος
Г‹ОСПОД›Ь	12a16 Ps151,5	κύριος
Г‹ОСПОД›Ю	12b2 Ct1/Ex15,1	τῷ κυρίῳ
Г‹ОСПОД›Ь	12b9 Ct1/Ex15,3	κύριος
Г‹ОСПОД›Ь	12b9 Ct1/Ex15,3	κύριος
Г‹ОСПОД›И	12b16 Ct1/Ex15,6	κύριε
Г‹ОСПОД›И	12b18 Ct1/Ex15,6	κύριε
Г‹ОСПОД›И	13a10 Ct1/Ex15,11	κύριε
Г‹ОСПОД›И	13b10 Ct1/Ex15,16	κύριε
Г‹ОСПОД›И	13b14 Ct1/Ex15,17	κύριε
Г‹ОСПОД›И	13b15 Ct1/Ex15,17	κύριε
Г‹ОСПОД›Ь	13b17 Ct1/Ex15,18	κύριος
Г‹ОСПОД›Ь	13b21 Ct1/Ex15,19	κύριος
Г‹ОСПОД›Ь	14a17 Ct2/Dt32,4	κύριος
Г‹ОСПОД›Ю	14a20 Ct2/Dt32,6	κυρίῳ
Г‹ОСПОД›Ь	15a3 Ct2/Dt32,12	κύριος
Г‹ОСПОД›Ь	15b6 Ct2/Dt32,13	κύριος
Г‹ОСПОД›Ь	16a20 Ct2/Dt32,27	κύριος
Г‹ОСПОД›Ь	16b6 Ct2/Dt32,30	ὁ κύριος
Г‹ОСПОД›Ь	17a3 Ct2/Dt32,36	κύριος
Г‹ОСПОД›Ь	17a9 Ct2/Dt32,37	κύριος
Г‹ОСПОД›Ь	17b24 Ct2/Dt32,43	κύριος
Г‹ОСПОД›И	18a2 Ct3/Hab3,1	κύριε
Г‹ОСПОД›И	18b8 Ct3/Hab3,8	κύριε
Г‹ОСПОД›Ь	18b14 Ct3/Hab3,9	κύριος
Г‹ОСПОД›И	19b6 Ct3/Hab3,18	τῷ κυρίῳ
Г‹ОСПОД›Ь	19b9 Ct3/Hab3,19	κύριος
Г‹ОСПОД›И	19b25 Ct4/Is26,11	κύριε
Г‹ОСПОД›И	20a4 Ct4/Is26,12	κύριε
Г‹ОСПОД›И	20a7 Ct4/Is26,13	κύριε
Г‹ОСПОД›И	20a8 Ct4/Is26,13	κύριε
Г‹ОСПОД›И	20a16 Ct4/Is26,15	κύριε
Г‹ОСПОД›И	20a19 Ct4/Is26,16	κύριε
Г‹ОСПОД›И	20b3 Ct4/Is26,18	κύριε
Г‹ОСПОД›И	21a3 Ct5/Jon2,3	κύριον
Г‹ОСПОД›И	21a25 Ct5/Jon2,7	κύριε
Г‹ОСПОД›Ѣ	21b2 Ct5/Jon2,8	τοῦ κυρίου
Г‹ОСПОД›Ю	21b13 Ct5/Jon2,10	τῷ κυρίῳ
Г‹ОСПОД›І	21b15 Ct6/1Rg2,1	κυρίῳ
Г‹ОСПОД›Ь	21b21 Ct6/1Rg2,2	κύριος
Г‹ОСПОД›И	21b23 Ct6/1Rg2,2	gr. 0
Г‹ОСПОД›Ь	22a4 Ct6/1Rg2,3	κύριος
Г‹ОСПОД›Ь	22a15 Ct6/1Rg2,6	κύριος
Г‹ОСПОД›Ь	22a18 Ct6/1Rg2,7	κύριος
Г‹ОСПОД›Ь	22b8 Ct6/1Rg2,10	κύριος
Г‹ОСПОД›Ь	22b10 Ct6/1Rg2,10	κύριος
Г‹ОСПОД›Ѣ	22b20 Ct6/1Rg2,10	τὸν κύριον
Г‹ОСПОД›Ь	22b23 Ct6/1Rg2,10	κύριος
Г‹ОСПОД›Ю	23b9 Ct7/Is38,14	τὸν κύριον
Г‹ОСПОД›И	23b12 Ct7/Is38,16	κύριε
Г‹ОСПОД›И	23b20 Ct7/Is38,18	κύριε
Г‹ОСПОД›И	24a5 Ct7/Is38,19	κύριε
Г‹ОСПОД›И	24a6 Ct7/Is38,20	gr. 0
Г‹ОСПОД›Ѣ	24a9 Ct7/Is38,20	*τοῦ θεοῦ*
Г‹ОСПОД›И	24a12 Ct8/Manas 1	κύριε
Г‹ОСПОД›И	24b9 Ct8/Manas 7	κύριος
Г‹ОСПОД›И	24b12 Ct8/Manas 7	κύριε
Г‹ОСПОД›И	24b18 Ct8/Manas 8	κύριε
Г‹ОСПОД›И	25a4 Ct8/Manas 9	κύριε
Г‹ОСПОД›И	25a19 Ct8/Manas 12	κύριε
Г‹ОСПОД›І	25a23 Ct8/Manas 13	κύριε
Г‹ОСПОД›И	25b12 Ct9/Dn3,26	κύριε
Г‹ОСПОД›И	27a4 Ct9/Dn3,43	κύριε
Г‹ОСПОД›Ь	27a12 Ct9/Dn3,45	κύριος
Г‹ОСПОД›И	27b10 Ct10/Dn3,52	κύριε
‹Г›‹ОСПОД›Ѣ	28a5 Ct11/Dn3,57	τὸν κύριον
Г‹ОСПОД›Ѣ	28a7 Ct11/Dn3,59	τὸν κύριον
Г‹ОСПОД›Ѣ	28a10 Ct11/Dn3,61	τὸν κύριον
Г‹ОСПОД›Ѣ	28a14 Ct11/Dn3,63	τὸν κύριον
Г‹ОСПОД›Ѣ	28a16 Ct11/Dn3,65	τὸν κύριον
Г‹ОСПОД›Ѣ	28a18 Ct11/Dn3,67	τὸν κύριον
Г‹ОСПОД›Ѣ	28a20 Ct11/Dn3,69	τὸν κύριον
Г‹ОСПОД›Ѣ	28a22 Ct11/Dn3,71	τὸν κύριον
Г‹ОСПОД›Ѣ	28a24 Ct11/Dn3,73	τὸν κύριον
Г‹ОСПОД›Ѣ	28a27 Ct11/Dn3,76	τὸν κύριον
Г‹ОСПОД›Ѣ	28b3 Ct11/Dn3,79	τὸν κύριον
Г‹ОСПОД›Ѣ	28b5 Ct11/Dn3,81	τὸν κύριον
Г‹ОСПОД›Ѣ	28b7 Ct11/Dn3,83	τὸν κύριον
Г‹ОСПОД›Ю	28b8 Ct11/Dn3,84	κυρίου
Г‹ОСПОД›Ѣ	28b8 Ct11/Dn3,85	τὸν κύριον
Г‹ОСПОД›Ѣ	28b11 Ct11/Dn3,87	τὸν κύριον
Г‹ОСПОД›Ѣ	28b13 Ct11/Dn3,88	τὸν κύριον

Г‹ОСПОД›Ѣ 28b15 lit
Г‹ОСПОД›Ю 28b19 lit τὸν κύριον
Г‹ОСПОД›Ѣ 28b19 lit
Г‹ОСПОД›Ѣ 28b22 Ct12/L1,46 τὸν κύριον
Г‹ОСПОД›Ь 29a16 Ct13/L1,68 κύριος
Г‹ОСПОД›И 30b4 lit/Ct15,10 κύριε
Г‹ОСПОД›И 30b5 lit/Ct15,13 κύριε
Г‹ОСПОД›И 30b7 lit/Ct15,16 κύριε
Г‹ОСПОД›Ь 30b15 lit/Ct15,26 κύριος
Г‹ОСПОД›И 30b21 lit/Ps89,1 κύριε
Г‹ОСПОД›И 30b23 lit/Ps40,5 κύριε
Г‹ОСПОД›И 30b26 lit/ Ps142,9b κύριε
Г‹ОСПОД›И 31a8 lit κύριε
Г‹ОСПОД›И 31a10 lit/Dn3,26 κύριε
Г‹ОСПОД›И 31a14 lit/Ps32,22 κύριε
Г‹ОСПОД›И 31a17 lit/Ps118,12 κύριε
Г‹ОСПОД›И 31a19 lit/Ps118,12 κύριε
Г‹ОСПОД›И 31a24 lit/Ps137,8 κύριε
Г‹ОСПОД›И 31a25 lit/Ps137,8 κύριε
Г‹ОСПОД›И 31b5 lit κύριε
Г‹ОСПОД›И 31b10 lit/Ps89,14 κύριε
Г‹ОСПОД›Ѣ 31b18 lit/Ps89,17 κυρίου
Г‹ОСПОД›И 31b25 lit/Ps103,1 κύριε
Г‹ОСПОД›Ѣ 31b25 lit/Ps103,1 τὸν κύριον
Г‹ОСПОД›И 31b26 lit/Ps140,1 κύριε
Г‹ОСПОД›И 31b28 lit/Ps141,2 κύριε
Г‹ОСПОД›Ѣ 32a3 lit/Ps116,1 τὸν κύριον
Г‹ОСПОД›И 32a5 lit
Г‹ОСПОД›И 32a21 lit κύριε
Г‹ОСПОД›И 32a23 lit/Dn3,26 κύριε
Г‹ОСПОД›И 32a26 lit/Ps32,22 κύριε
Г‹ОСПОД›И 32b2 lit/Ps118,12 κύριε
Г‹ОСПОД›И 32b4 lit *δέσποτα*
Г‹ОСПОД›И 32b15 lit
Г‹ОСПОД›Ъ 32b21 lit/L1,28 ὁ κύριος

ГОСПОДЬНЬ adj.
Г‹ОСПОДЬ›НѬ 8a13 Ps144,21 κυρίου
Г‹ОСПОДЬ›НЕ 10a23 Ps148,5 κυρίου
Г‹ОСПОДЬ›НЕ 10b20 Ps148,13 κυρίου
Г‹ОСПОДЬ›НЕ 14a10 Ct2/Dt32,3 κυρίου
Г‹ОСПОДЬ›НѢ 14b13 Ct2/Dt32,9 κυρίου
Г‹ОСПОДЬ›НѤ 19b24 Ct4/Is26,10 κυρίου
Г‹ОСПОДЬ›НЬ 20b25 Ct4/Is26,20 κυρίου
Г‹ОСПОДЬ›НЬ 27a24 Ct9/Dn3,49 κυρίου
Г‹ОСПОДЬ›НѢ 28a4 Ct11/Dn3,57 κυρίου
Г‹ОСПОДЬ›НѢ 28a7 Ct11/Dn3,58 κυρίου
Г‹ОСПОДЬ›НѤ 28a10 Ct11/Dn3,61 κυρίου
Г‹ОСПОДЬ›НИ 28b8 Ct11/Dn3,85 κυρίου
Г‹ОСПОДЬ›НИ 28b13 Ct11/Dn3,88 κυρίου
Г‹ОСПОДЬ›НЕМЬ 29b10 Ct13/L1,76 κυρίου

ГОТОВАТИ ipf.
ГОТОВАѤ 22a4 Ct6/1Rg2,3 ἑτοιμάζων

ГОТОВИТИ ipf.
‹ГОТО›ВѦШТЮМОУ 9a19 Ps146,8 τῷ ἑτοιμάζοντι

ГОТОВЪ adj.
ГОТОВОЕ 13b13 Ct1/Ex15,17 ἕτοιμον
ГОТОВА 17a2 Ct2/Dt32,35 ἕτοιμα

ГРАДЪ$_1$ m.
ГРАДЫ 2a5 Ps138,20 τὰς πόλεις
ГРАДЪ 25b24 Ct9/Dn3,28 τὴν πόλιν

ГРАДЪ$_2$ m.
ГРАДЪ 10b8 Ps148,8 χάλαζα

ГРАНО n.
ГРАННѢ·СИ (!) 31b8

ГРОБЪ m.
ГРОБѢХЪ 20b12 Ct4/Is26,19 τοῖς μνημείοις

ГРОЗДОВЪ adj.
ГРОЗДОВѪ 15a13 Ct2/Dt32,14 σταφυλῆς

ГРОЗДЪ m.
ГРОЗДЪ 16b13 Ct2/Dt32,32 ἡ σταφυλή
ГРОЗДЪ 16b13 Ct2/Dt32,32 σταφυλή
ГРОЗДЪ 16b14 Ct2/Dt32,32 βότρυς

ГРЪБЪ m.
ГРОБЪ 16a6 Ct2/Dt32,24 ὀπισθότονος

ГРЪДЪ adj.
ГРЪДИИ 2b7 Ps139,6 ὑπερήφανοι
ГРЪДЫѤ 29a4 Ct12/L1,51 ὑπερεφάνους

ГРЪДЫНИ f.
ГРЪДЫНИ 22a1 Ct6/1Rg2,3 ὑπεροχήν

ГРЪТАНЬ m.
ГРЪТАНИ 11a22 Ps149,6 τῷ λάρυγγι

ГРѢХЪ m.
ГРѢСѢХЪ 3b5 Ps140,4 ἁμαρτίαις
ГРѢХЫ 23b18 Ct7/Is38,17 τὰς ἁμαρτίας
СЪ ГРѢХЫ 25a24 Ct8/Manas 13 ταῖς ἀνομίαις
ГРѢХЪ 25b27 Ct9/Dn3,28 τὰς ἁμαρτίας
ГРѢХЪ 26b7 Ct9/Dn3,37 τὰς ἁμαρτίας
ГРѢХЪ 29b13 Ct13/L1,77 ἁμαρτιῶν
ГРѢХЫ 30b8 lit/Ct15,19 τὰς ἁμαρτίας
‹ГРѢ›ХЫ 30b9 lit/Ct15,21 τὰς ἁμαρτίας
БЕЗ ГРѢХА 31a8 lit ἀναμαρτήτους
БЕЗ ГРѢХА 32a22 lit ἀναμαρτήτους

ГРѢШЬНИКЪ m.
ГРѢШЬНИКЫ 1b23 Ps138,19 ἁμαρτωλούς
ГРѢШЬНИКОВИ 2b18 Ps139,9 ἁμαρτωλῷ
ГРѢШЬНИКА 3b11 Ps140,5 ἁμαρτωλοῦ
ГРѢШЬНИЦИ 4a4 Ps140,10 ἁμαρτωλοί
ГРѢШЬНИКЫ 8a12 Ps144,20 τοὺς ἁμαρτωλούς
ГРѢШЬНИКЫ 9a14 Ps146,6 ἁμαρτωλούς
ГРѢШЬНИКЫ 24b5 Ct8/Manas 5 ἁμαρτωλούς
ГРѢШЬНИКОМЪ 24b16 Ct8/Manas 7 ἁμαρτωλοῖς
ГРѢШЬНИКОУ 24b24 Ct8/Manas 8 τῷ ἁμαρτωλῷ

ГРѢШЬНИЧЬ adj.
ГРѢШЪНИЧѤ 2b4 Ps139,5 ἁμαρτωλοῦ

ГРѢШЬНЪ adj.
ГРѢШЬНЫХЪ 8b19 Ps145,9 ἁμαρτωλῶν

ГРѦСТИ ipf.
ГРѦДѪШТЕЕ 16b2 Ct2/Dt32,29 τὸν ἐπιόντα
ВЬСЛѢДЪ ГРѦДЕМЪ 26b23 Ct9/Dn3,41 ἐξακολουθοῦμεν

ГЪНАТИ ipf.
ГЪНАВЪ 13a3 Ct1/Ex15,9 διώξας

ГѪСЛИ f. pl.
ГѪСЛЕХЪ 9a17 Ps146,7 κιθάρᾳ
ГѪСЛЕХЪ 11b17 Ps150,3 κιθάρᾳ

ДА$_1$ part.
ДА· 3a19 Ps140,2 * 3b11 Ps140,5 * 8a14 Ps144,21 * 9a1 Ps146,1 * 10a22 Ps148,5 * 10b19 Ps148,13 * 11a13 Ps149,3 * 11a15 Ps149,3 * 11b24 Ps150,6 * 13b8 Ct1/Ex15,16 * 14a6 Ct2/Dt32,2 * 16a19 Ct2/Dt32,27 * 16b2 Ct2/Dt32,29 * 17a13 Ct2/Dt32,38 * 17b14 Ct2/Dt32,43 * 17b17 Ct2/Dt32,43 * 19a22 Ct3/Hab3,16 * 19b12 Ct3/Hab3,19 * 21a23 Ct5/Jon2,7 * 21b3 Ct5/Jon2,8 * 22a2 Ct6/1Rg2,3 * 22a23 Ct6/1Rg2,8 * 22b11 Ct6/1Rg2,10 * 22b13 Ct6/1Rg2,10 * 22b15 Ct6/1Rg2,10 * 22b18 Ct6/1Rg2,10 * 26b15 Ct9/Dn3,39 * 26b19 Ct9/Dn3,40 * 27a5 Ct9/Dn3,44 * 27a10 Ct9/Dn3,44 * 30a8 lit/Mt6,9 * 30a9 lit/Mt6,10 * 30a10 lit/Mt6,10

ДА$_2$ conj.

ДА ἵνα 16a16 Ct2/Dt32,27 * 16a17 Ct2/Dt32,27 * 19b24 Ct4/Is26,10 * 23b16 Ct7/Is38,17 * 26a7 Ct9/Dn3,30 * 32b26 lit *
ДАВИДОВЪ adj.
ДА(ВИДО)ВЪ τῷ Δαυιδ 1a1 Ps138,1 * 2a18 Ps139,1 * 3a14 Ps140,1 * 4a6 Ps141,1 * 4b13 Ps142,1 * 5b16 Ps143,1 * 6b25 Ps144,1 *
ДА(ВИДО)ВЪ 12a1
(ДАХВИДО)ВЪ 12a3 Ps151,1 εἰς Δαυιδ
ДА(ВИДО)ВѢ 29a20 Ct13/L1,69 Δαυιδ
ДАВИДЪ m.
ДА(ВИ)ДА 6b1 Ps143,10 Δαυιδ
ДАТИ pf.
ДАДИТЕ 14a11 Ct2/Dt32,3 δότε
ДАСТЪ 18b18 Ct3/Hab3,10 ἔδωκεν
ДАЖДЬ 20a4 Ct4/Is26,12 δός
ДАСТЪ 23a1 Ct6/1Rg2,10 δίδωσιν
ДА(Ж)ДЬ 27a2 Ct9/Dn3,43 δός
ДАТИ 29b2 Ct13/L1,74 τοῦ δοῦναι
ДАТИ 29b12 Ct13/L1,77 τοῦ δοῦναι
ДАЖДЬ 30a13 lit/Mt6,11 δός
ДАѢТИ ipf.
ДАѬШТЮМОУ 6a23 Ps143,10 τῷ διδόντι
ДАЕШИ 7b20 Ps144,15 δίδως
ДАѬШТА 8b12 Ps145,7 διδόντα
ДАѬШТЮМОУ 9a22 Ps146,9 διδόντι
ДАѬШТААГО 9b19 Ps147,5 τοῦ διδόντος
ДАѦ 22b3 Ct6/1Rg2,9 διδούς
ДАѦ 32a16 lit ὁ διδούς
ДВИГНѪТИ pf.
ДВІГНЕТЕ 16b5 Ct2/Dt32,30 μετακινήσουσιν
ДВИЖАТИ СА ipf.
ДВІЖѪЩІѢ СѦ 28b2 Ct11/Dn3,79 τὰ κινούμενα
ДВЬРИ f. pl.
ДВЪРИ 3b1 Ps140,3 θύραν
ДВЬРИ 20b22 Ct4/Is26,20 τὴν θύραν
ДЕВТЕРОНОМИѢ f.
ДЕВЬТЕРОНОМІІ 14a2 τῷ Δευτερονομίῳ
ДЕВАТЬ num.
ДЕВѦТИ 27a21 Ct9/Dn3,47 ἐννέα
ДЕМОНЪ m.
ДЕМОНОМЪ 15a22 Ct2/Dt32,17 δαιμονίοις
ДЕСНИЦА f.
ДЕСНІЦА 1a22 Ps138,10 ἡ δεξιά
ДЕСНІЦА 6a19 Ps143,8 ἡ δεξιά
ДЕСНІЦА 6a19 Ps143,8 δεξιά
ДЕСНІЦА 6b6 Ps143,11 δεξιά
ДЕСНІЦА 6b6 Ps143,11 ἡ δεξιά
ДЕСНІЦА 12b16 Ct1/Ex15,6 ἡ δεξιά
ДЕСНІЦѪ 13a14 Ct1/Ex15,12 τὴν δεξιάν
ДЕСНІЦЕѬ 17a23 Ct2/Dt32,40 τῇ δεξιᾷ
ДЕСНЪ adj.
ДЕСНѪѬ 4a19 Ps141,5 τὰ δεξιά
ДЕСНАА 12b17 Ct1/Ex15,6 ἡ δεξιά
ДЕСНѪѬ 30b12 lit/Ct15,23 δεξιᾷ
ДЕСАТЬ f.
ЧЕТЫРИ ДЕСѦТИ 27a20 Ct9/Dn3,47 τεσσαράκοντα
ДЕСАТЬСТРОУНЬНЪ adj.
ДЕСѦТЪСТРОУННѢ 6a21 Ps143,9 δεκαχόρδῳ
ДИВИТИ СА ipf.
ДИВИ(ВИ)ХЪ СѦ 18a4 Ct3/Hab3,1 ἐξέστην
ДИВЬНЪ adj.
ДИВЕНЪ 13a12 Ct1/Ex15,1 θαυμαστός
ДИѢПЪСАЛЪМА f.
ДІѢПСАЛЪМА 2b3 Ps139,4 διάψαλμα
ДІѢПСАЛЪ(М)А 2b20 Ps139,9 διάψαλμα
ДІѢПСАЛЪ(М)А 3a2 Ps139,11

ДЛЪГО adv.
ДЛЪГО ЛѢТЪ ЖИВѪТЪ 16a16 Ct2/Dt32,27 μακροχρονίσωσιν
ДЛЪГЪ adj.
ДЛЪГЫ 30a14 lit/Mt6,12 τὰ ὀφειλήματα
ДЛЪЖЬНИКЪ m.
ДЛЪЖЬНИКОМЪ 30a15 lit/Mt6,12 τοῖς ὀφειλέταις
ДО praep. c. gen.
ДО 9a15 Ps146,6 ἕως
ДО 9b18 Ps147,4 ἕως
ДО 15b22 Ct2/Dt32,22 ἕως
ДО 19a7 Ct3/Hab3,13 ἕως
ДО 21a16 Ct5/Jon2,6 ἕως
ДО 23a24 Ct7/Is38,13 ἕως
ДО 23b3 Ct7/Is38,13 ἕως
ДО 26a21 Ct9/Dn3,34 εἰς
ДО 29a13 Ct12/L1,55 ἕως
ДОБРОГЛАСЬНЪ adj.
ДОБРОГЛАСЬНѢХЪ 11b22 Ps150,5 εὐήχοις
ДОБРОДѢТѢЛЬ f.
ДОБРОДѢТѢЛЬ 18a14 Ct3/Hab3,3 ἡ ἀρετή
ДОБРЪ adj.
ДОБРА 12a15 Ps151,5 καλοί
ДОИДЕЖЕ conj.
ДОІДЕЖЕ 4a5 Ps140,10 ἕως οὗ (ἄν)
ДОІЖДЕЖЕ 4b12 Ps141,8 ἕως οὗ (ἄν)
ДОІДЕЖЕ 8a20 Ps145,2 ἕως
ДОІДЕЖЕ 13b9 Ct1/Ex15,16 ἕως (ἄν)
ДОІДЕЖЕ 13b10 Ct1/Ex15,16 ἕως (ἄν)
ДОІДЕЖЕ 20b23 Ct4/Is26,20 ἕως (ἄν)
ДОМЪ m.
ДОМОУ 12a6 Ps151,1 τῷ οἴκῳ
ДОМОМЬ 24a8 Ct7/Is38,20 τοῦ οἴκου
ДОМОУ 29a20 Ct13/L1,69 τῷ οἴκῳ
ДОСТОИНЪ adj.
ДОСТОІНЪ 25a5 Ct8/Manas 9 ἄξιος
(И)ЖЕ ДОСТОІНЪ ЕСІ 32a14 ἄξιόν σε
ДОСТОѢНИЕ n.
ДОСТОѢНИѢ 13b12 Ct1/Ex15,17 κληρονομίας
ДОСТОѢНИѢ 14b14 Ct2/Dt32,9 κληρονομίας
ДРЕВЛЬНИИ adj.
ДРЕВЛЬНѢА 1a11 Ps138,5 τὰ ἀρχαῖα
ДРЕВЛЬНѢѦ 5a6 Ps142,5 ἀρχαίων
ДРОУГЪ m.
ДРОУЅИ 1b17 Ps138,17 οἱ φίλοι
ДРЪЖАВА f.
ДРЪЖАВѪ 29a3 Ct12/L1,51 κράτος
ДРѢВО n.
ДРѢ(ВА) 10b11 Ps148,9 ξύλα
ДОУХЪ m.
Д(ОУ)ХА 1a15 Ps138,7 τοῦ πνεύματος
Д(ОУ)ХЪ 4a15 Ps141,4 τὸ πνεῦμα
Д(ОУ)ХЪ 5a4 Ps142,4 τὸ πνεῦμα
Д(ОУ)ХЪ 5a14 Ps142,7 τὸ πνεῦμα
Д(ОУ)ХЪ 5b5 Ps142,10 τὸ πνεῦμα
Д(ОУ)ХЪ 8b1 Ps145,4 τὸ πνεῦμα
Д(ОУ)ХЪ 10a5 Ps147,7 τὸ πνεῦμα
Д(ОУ)ХОМЬ 12b22 Ct1/Ex15,8 διὰ πνεύματος
Д(ОУ)ХЪ 13a7 Ct1/Ex15,10 τὸ πνεῦμα
Д(ОУ)ХЪ 19b14 Ct4/Is26,9 τὸ πνεῦμα
Д(ОУ)ХЪ 20b5 Ct4/Is26,18 πνεῦμα
Д(ОУ)ХЪ 23a20 Ct7/Is38,12 τὸ πνεῦμα
Д(ОУ)Х(О)МЬ 26b14 Ct9/Dn3,39 πνεύματι
Д(ОУ)ХЪ 27b1 Ct9/Dn3,50 πνεῦμα
Д(ОУ)СИ 28a16 Ct11/Dn3,65 τὰ πνεύματα
Д(ОУ)СІ 28b9 Ct11/Dn3,86 πνεύματα
Д(ОУ)ХА 28b15 lit πνεῦμα

ДОУХЪ 28b23 Ct12/L1,47 τὸ πνεῦμα
ДОУХОМЬ 30b16 lit/Ct15,27 πνεύματι
ДОУХОУ 31b4 lit τῷ πνεύματι
ДОУХА 32a13 lit πνεῦμα
ДОУХОУ 32b14 lit τῷ πνεύματι
ДОУША f.
ДОУША 1b7 Ps138,14 ἡ ψυχή
ДОУШѦ 3b21 Ps140,8 τὴν ψυχήν
ДОУШѦ 4a23 Ps141,5 τὴν ψυχήν
ДОУШѪ 4b8 Ps141,8 τὴν ψυχήν
ДОУШѪ 4b23 Ps142,3 τὴν ψυχήν
ДОУША 5a11 Ps142,6 ἡ ψυχή
ДОУШѪ 5a23 Ps142,8 τὴν ψυχήν
ДОУШѪ 5b9 Ps142,11 τὴν ψυχήν
ДОУШІ 5b14 Ps142,12 τὴν ψυχήν
ДОУШЄ 8a18 Ps145,1 ἡ ψυχή
ДОУШѪ 13a5 Ct1/Ex15,9 ψυχήν μου
ДОУША 18a10 Ct3/Hab3,2 τὴν ψυχήν
ДОУШѦ 21a17 Ct5/Jon2,6 ψυχῆς
ДОУША 21b2 Ct5/Jon2,8 τὴν ψυχήν
ДОУШѦ 23b11 Ct7/Is38,15 τῆς ψυχῆς
ДОУШѪ 23b16 Ct7/Is38,17 τὴν ψυχήν
ДОУШЄѪ 26b14 Ct9/Dn3,39 ἐν ψυχῇ
ДОУШѦ 28b9 Ct11/Dn3,86 ψυχαί
ДОУША 28b22 Ct12/L1,46 ἡ ψυχή
ДОУШЄ 30b6 lit/Ct15,15 πνεῦμα
ДОУШЮ (!) 30b24 lit/Ps40,5 ψυχήν
ДОУШЄ 31b24 lit/Ps103,1 ἡ ψυχή
ДОУШКАМЪ 32b24 lit τῶν ψυχῶν
ДЪВА num.
ДЪВА 16b5 Ct2/Dt32,30 δύο
ДЪВѢ 31b8
ДЪВОИ num.
ДЪВОЮ 18a5 Ct3/Hab3,2 δύο
ДЪЖДЬ m.
ДОЖДЬ 9a19 Ps146,8 ὑετόν
ДОЖДЬ 14a6 Ct2/Dt32,2 ὑετός
ДОЖДЬ 28a15 Ct11/Dn3,64 ὄμβρος
ДЪХНѪТИ pf.
ДЪХНЄТЪ 10a5 Ps147,7 πνεύσει
ДЪЩИ f.
ДЪШТЄРИ 6b10 Ps143,12 αἱ θυγατέρες
ДЪШТЄРЪ 15b8 Ct2/Dt32,1 θυγατέρων
ДЪХАНИЄ n.
ДЪХАНИЄ 11b24 Ps150,6 πνοή
ДЪХАНИЄ 23b14 Ct7/Is38,16 τὴν πνοήν
ДЬНЄВЬНЪ adj.
ДНЄВЬНЪ 32a18 lit τῆς ἡμέρας
ДЬНЬ m.
ДЄНЬ 1b1 Ps138,12 ἡμέρα
ВЬ ДЄНЬ 1b15 Ps138,16 ἡμέρας
ДЄНЬ 2a23 Ps139,3 τὴν ἡμέραν
ДЄНЬ 2b16 Ps139,8 ἡμέρᾳ
ДЬНИ 5a6 Ps142,5 ἡμερῶν
ДЄНЬЄ 6a6 Ps143,4 αἱ ἡμέραι
ДЬНЬ 7a5 Ps144,2 ἡμέραν
ДЄНЪ 8b2 Ps145,4 τῇ ἡμέρᾳ
ДЬНИ 14b4 Ct2/Dt32,7 ἡμέρας
ДЄНЬ 16b20 Ct2/Dt32,35 ἡμέρᾳ
ДЄНЪ 17a1 Ct2/Dt32,35 ἡμέρα
ДЄНЬ 19a21 Ct3/Hab3,16 ἡμέρᾳ
ДЬНЄІ 23a6 Ct7/Is38,10 τῶν ἡμερῶν
ДЄНЬ 23a23 Ct7/Is38,13 τῇ ἡμέρᾳ
ДЬНЄ 23b3 Ct7/Is38,13 τῆς ἡμέρας
ДЬНИ 24a7 Ct7/Is38,20 τὰς ἡμέρας
ДЬН(И) 25b6 Ct8/Manas 15 ἐν ταῖς ἡμέραις
ДЄНЬ 28a22 Ct11/Dn3,71 ἡμέραν
ДЬНИ 29b7 Ct13/L1,75 τὰς ἡμέρας
ДЄНЬ 30b18 lit/Ps144,2 ἡμέραν
ВЄСЬ ДЄНЬ 31a8 lit/Ps35,11 ἐν τῇ ἡμέρᾳ
ДНЄ 31b7 lit
ДѠНІ 31b12 lit/Ps89,14 ἡμέραις
(Д)ЬНІ 31b13 lit/Ps89,15 ἡμερῶν
ДЄНЫ (!) 32b16
ДЬНЬСЬ adv.
ДЬНЄСЬ 24a2 Ct7/Is38,19 τῆς σήμερον
ДЬНЄСЬ 26b7 Ct9/Dn3,37 σήμερον
ДЬНЄСЬ 26b20 Ct9/Dn3,40 σήμερον
ДЬНЄСЬ 30a13 lit/Mt6,11 σήμερον
ДѢВА f.
ДѢВЫ 10b18 Ps148,12 παρθένοι
ДѢВОѬ 16a12 Ct2/Dt32,25 παρθένῳ
ДѢВО 32b20 lit παρθένε
ДѢЛАЛИѢ f.
ДѢЛАЛИѦ 23a21 Ct7/Is38,12 ἐρίθου
ДѢЛО n.
ДѢЛА 1b6 Ps138,14 τὰ ἔργα
ДѢЛѢХЪ 5a7 Ps142,5 τοῖς ἔργοις
ДѢЛА 7a11 Ps144,4 τὰ ἔργα
ДѢЛѢХЪ 7a27 Ps144,9 τὰ ἔργα
ДѢЛА 7b2 Ps144,10 τὰ ἔργα
ДѢЛѢХЪ 7b15 Ps144,13 τοῖς ἔργοις
ДѢЛѢХЪ 8a3 Ps144,17 τοῖς ἔργοις
НА ДѢЛА 14a13 Ct2/Dt32,4 τὰ ἔργα
ДѢЛА 18a4 Ct3/Hab3,1 τὰ ἔργα
ДѢЛО 19b1 Ct3/Hab3,17 ἔργον
ДѢЛА 25b17 Ct9/Dn3,27 τὰ ἔργα
ДѢЛА 28a4 Ct11/Dn3,57 τὰ ἔργα
ДѢЛА 31b16 lit/Ps89,16 τὰ ἔργα
ДѢЛА 31b19 lit/Ps89,17 τὰ ἔργα
ДѢЛА 31b20 lit/Ps89,17 τὸ ἔργον
ДѢЛОМѢРЬНЪ adj.
ѪЖЄ ДѢЛОМѢРЬНОЄ 14b14 Ct2/Dt32,9 σχοίνισμα
ДѢТИ f. pl.
ДѢТИ 24a3 Ct7/Is38,19 παιδία
ЄВАЃЄЛИЄ, ЄВАНЂЄЛИЄ n.
ЄВГ(А)НЂ(Є)ЛИѢ 28b21 τοῦ εὐαγγελίου
ЄВГАНЂЄЛИѢ 29a15 τοῦ εὐαγγελίου
ЄВГАЃЄЛИѢ 29b23 τοῦ εὐαγγελίου
ЄВАЃЄЛИѢ 30a7
ЄГДА adv.
ЄГДА 3a17 Ps140,1 ἐν τῷ (+ inf.)
ЄГДА 4a14 Ps141,4 ἐν τῷ (+ inf.)
ЄГДА 4b13 Ps142,1 ὅτε
ЄГДА 12a3 Ps151,1 ὅτε
ЄГДА 14b9 Ct2/Dt32,8 ὅτε
ЄГДА 16b21 Ct2/Dt32,35 ὅταν
ЄГДА 18a6 Ct3/Hab3,2 ἐν τῷ (+ inf.)
ЄГДА 18a8 Ct3/Hab3,2 ἐν τῷ (+ inf.)
ЄГДА 18a9 Ct3/Hab3,2 ἐν τῷ (+ inf.)
ЄГДА 21b1 Ct5/Jon2,8 ἐν τῷ (+ inf.)
ЄДА part. et conj.
ЄДА КОГДА 2b19 Ps139,9 μήποτε
ЄДА 18b8 Ct3/Hab3,8 μή
ЄДИНЪ num.
ЄДИНОГО 10b21 Ps148,13 μόνου
ЄДИНЪ 15a3 Ct2/Dt32,12 μόνου
ЄДИНЪ 16b4 Ct2/Dt32,30 εἷς
ЄДИНЪ 27a13 Ct9/Dn3,45 μόνος
ЄДИНѢМИ 27b5 Ct9/Dn3,51 ἑνός
ЄДИНЪ 30b14 lit/Ct15,25 μόνος
ЄДИНЪ 30b15 lit/Ct15,26 μόνος
ЄДОМЬСКЪ adj.
ЄДОМЬСКЫ 13b2 Ct1/Ex15,15 Εδωμ

ЄЛИКО adv.
ЄЛИКО 20b23 Ct4/Is26,20 ὅσον
ЄЛИКО 21b11 Ct5/Jon2,10 ὅσα
ЄЛИКО 26a9 Ct9/Dn3,31 ὅσα
ЄЛИКО . 26a10 Ct9/Dn3,31 ὅσα
ЄСПЄѲИNА f.
ЄСПЄѲИNѢ 31b23 lit τοῦ ἑσπερινοῦ
ЄТИОПЬСКЪ adj.
ЄТИОПЪСКАА 18b5 Ct3/Hab3,7 αἰθιόπων
ЄЩЄ adv.
ЄШТЄ 3b13 Ps140,5 ἔτι
ЄШТЄ 13b18 Ct1/Ex15,19 ἔτι
ЖАЛОСТЬ f.
ЖАЛОСТЪ 20a1 Ct4/Is26,11 ζῆλος
ЖЄ conj. et part.
ЖЄ 1b16 Ps138,17 δέ
ЖЄ 3b11 Ps140,5 δέ
ЖЄ 9a14 Ps146,6 δέ
ЖЄ 12a3 Ps151,1 καί
ЖЄ 12a19 Ps151,7 δέ
(И·)ЖЄ 13a17 Ct1/Ex15,13 ὅν
ЖЄ 13b22 Ct1/Ex15,19 δέ
ЖЄ 14b5 Ct2/Dt32,7 δή
ЖО (!) 16a14 Ct2/Dt32,26 δή
ЖЄ 16b9 Ct2/Dt32,31 δέ
ЖЄ 19b6 Ct3/Hab3,18 δέ
ЖЄ 20a10 Ct4/Is26,14 δέ
ЖЄ 20b16 Ct4/Is26,19 δέ
ЖЄ 21b9 Ct5/Jon2,10 δέ
ЖЄ 23b21 Ct7/Is38,18 gr. 0
NИ ЖЄ 23b22 Ct7/Is38,18 οὐδέ
ЖЄ 24b7 Ct8/Manas 6 τε
ЖЄ 24b12 Ct8/Manas 7 gr. 0
ЖЄ 24b18 Ct8/Manas 8 οὖν
NИ ЖЄ 25a26 Ct8/Manas13 οὐδέ
ЖЄ 27a24 Ct9/Dn3,49 δέ
ЖЄЛѢZЬNЪ adj.
ЖЄЛѢZNЪИМ(И) 11b5 Ps149,8 σιδηραῖς
ЖЄЛѢZNА(М)И 25a9 Ct8/Manas 10 δεσμῷ σιδήρου
ЖЄNА f.
ЖЄNАХЪ 32b22 lit/L1,42 γυναιξί
ЖЄЩИ ipf.
ЖЄГѪШТЄ 27a16 Ct9/Dn3,46 καίοντες
ЖИВИТИ pf. ipf.
ЖИВИШИ 5b7 Ps142,11 ζήσεις
ЖИВИТЪ 22a15 Ct6/1Rg2,6 ζωογονεῖ
ЖИВОТЪ m.
ЖИВОТЪ 5a1 Ps142,3 τὴν ζωήν
ЖИВОТѢ 8a19 Ps145,2 ζωῇ
ЖИВОТА 20a10 Ct4/Is26,14 ζωήν
ЖИВОТЪ 21a24 Ct5/Jon2,7 ἡ ζωή
ЖИВОТА 23a16 Ct7/Is38,12 τῆς ζωῆς
ЖИВОТА 24a8 Ct7/Is38,20 τῆς ζωῆς
ЖИВОТА 25b7 Ct8/Manas 15 τῆς ζωῆς
ЖИВОТА 29b7 Ct13/L1,75 τῆς ζωῆς
ЖИ(В)ОТОУ 31a3 lit/Ps35,10 ζωῆς
ЖІВОТЪ 32a16 lit ζωήν
ЖИВОТЬNОЄ n.
ЖИВОТЬNОЄ 7b24 Ps144,16 ζῷον
ЖИВОТЬNОУ 18a5 Ct3/Hab3,2 ζῴων
ЖИВЪ adj.
ЖИВЫ 4b22 Ps142,2 ζῶν
ЖИВЫИХЪ 23a12 Ct7/Is38,11 ζώντων
ЖИВИ 24a1 Ct7/Is38,19 οἱ ζῶντες
ЖИЛИЩЄ n.
ЖИЛИШТЄ 13b13 Ct1/Ex15,17 κατοικητήριον
ЖИТИ ipf.
ЖИВѪЩИХЪ 4b3 Ps141,6 ζώντων
ЖИВѪШТѨѨ 13a21 Ct1/Ex15,14 κατοικοῦντας
ЖИВѪШТЄИ 13b4 Ct1/Ex15,15 οἱ κατοικοῦντες
ДЛЪГО ЛѢТЪ ЖИВѪТЪ 16a17 Ct2/Dt32,27 μακροχρονίσωσιν
ЖИТИ 17a18 Ct2/Dt32,39 ζῆν
ЖИВѪ 17a24 Ct2/Dt32,40 ζῶ
ЖИВѪШТИ 19b17 Ct4/Is26,9 οἱ ἐνοικοῦντες
ЖИВѪШТИ 20b9 Ct4/Is26,18 οἱ ἐνοικοῦντες
ЖИВѪШТИМИ 23a13 Ct7/Is38,11 κατοικούντων
ЖИТО n.
ЖИТЪ 15a6 Ct2/Dt32,13 γενήματα
ЖИТА 16a1 Ct2/Dt32,22 τὰ γενήματα
ЖРЬТВА f.
ЖРЪТВА 3a21 Ps140,2 θυσία
Ж(РЪ)ТВЫ 26b10 Ct9/Dn3,38 θυσία
ЖРЪТВА 26b19 Ct9/Dn3,40 ἡ θυσία
ЖЬДАТИ ipf.
ЖИДѪТЪ 4b11 Ps141,8 ὑπομενοῦσιν
ЖАЖДА f.
ЖѦЖДѪ 14b17 Ct2/Dt32,10 δίψει
ЅВѢZДА f.
ЅВѢ(ZДЪ) 9a7 Ps146,4 ἄστρων
ЅВѢZДЫ 10a19 Ps148,3 τὰ ἄστρα
ЅВѢZДЫ 26b2 Ct9/Dn3,36 τὰ ἄστρα
ЅВѢZДЫ 28a13 Ct11/Dn3,63 ἄστρα
ЅѢЛО adv.
ЅѢЛО 1b7 Ps138,14 σφόδρα
ЅѢЛО 1b16 Ps138,17 λίαν
ЅѢЛО 1b18 Ps138,17 λίαν
ЅѢЛО 4b5 Ps141,7 σφόδρα
ЅѢЛО 7a9 Ps144,3 σφόδρα
ЅѢЛО 13a9 Ct1/Ex15,10 σφοδρῷ
ZА praep. c. acc.
ZА 15b7 Ct2/Dt32,19 διά
ZА 16a16 Ct2/Dt32,27 διά
ZА 18b3 Ct3/Hab3,7 ἀντί
ZА 23b17 Ct7/Is38,17 ὀπίσω
ZА 26a27 Ct9/Dn3,35 διά
ZА 31b13 lit/Ps89,15 ἀντί
ZАБЫТИ pf.
ZАБЫ 15b5 Ct2/Dt32,18 ἐπελάθου
ZАВѢТЪ m.
ZАВѢТА 26a23 Ct9/Dn3,34 τὴν διαθήκην
ZАВѢТЪ 29a26 Ct13/L1,72 διαθήκης
ZАКЛЄПЪ m.
ZАКЛЄПИ 21a22 Ct5/Jon2,7 κάτοχοι
ZАКОNЪ m.
ZАКОNЪ 14a1
ZАNЄ conj.
ZАNЄ 19a24 Ct3/Hab3,17 διότι
ZАNЄ 19b15 Ct4/Is26,9 διότι
ZАN(Є) 24b24 Ct8/Manas 9 διότι
(ZА)NЄ 25a12 Ct8/Manas 10 διότι
ZАNЄ 25b1 Ct8/Manas 13 ὅτι
ZАПЄЧАТЬЛѢТИ СА pf.
ZАПЄЧАТЬЛѢШѦ СѦ 16b18 Ct2/Dt32,34 ἐσφράγισται
ZАПЄЧАТЬЛѢВЫ 24a20 Ct8/Manas 3 σφραγισάμενος
ZАПОВѢДЬ f.
(Z)АПОВѢДЄИ 26a4 Ct9/Dn3,29 τῶν ἐντολῶν
ZАПОВѢДѢТИ pf.
ZАПОВѢДѢ 26a7 Ct9/Dn3,30 ἐνετείλω
ZАПАТИ pf.
ZАПѦТИ 2b6 Ps139,5 ὑποσκελίσαι

запать adv.
запѧтъ 18a21 Ct3/Hab3,5 κατὰ πόδας
застѫпьникъ m.
застѫпьникъ 5b21 Ps143,2 ἀντιλήμπτωρ
затворити pf.
затворите 20b22 Ct4/Is26,20 ἀπόκλεισον
затвореи 24a20 Ct8/Manas 3 ὁ κλείσας
захариинъ adj. poss.
захариіна 29a14 Ζαχαριου
захариѣ m.
захариі 8a17 Ps145,1 Ζαχαριου
захариі 8b22 Ps146,1 Ζαχαριου
з(ахари) 9b9 Ps147,1 Ζαχαριου
захари(і) 10a13 Ps148,1 Ζαχαριου
зачало n.
зачѧла 1b19 Ps138,17 αἱ ἀρχαί
зачѧти pf.
зачьнї 31b25 lit ἀρχόμεθα
зачьни 32b19
звѣрь m.
звѣре 10b13 Ps148,10 τὰ θηρία
звѣреі 16a7 Ct2/Dt32,24 θηρίων
звѣрие 28b5 Ct11/Dn3,81 τὰ θηρία
землѣ f.
земліі 1b11 Ps138,15 τῆς γῆς
земли 3a4 Ps139,12 τῆς γῆς
земли 3b18 Ps140,7 τῆς γῆς
земли 4b3 Ps14,6 γῇ
земли 5a1 Ps142,3 τὴν γῆν
землѣ 5a11 Ps142,6 γῆ
землѭ 5b6 Ps142,10 γῇ
землѭ 8b2 Ps145,4 τὴν γῆν
землѭ 8b8 Ps145,6 τὴν γῆν
землѩ 9a15 Ps146,6 τῆς γῆς
земли 9a19 Ps146,8 τῇ γῇ
на землѭ 9b17 Ps148,4 τῇ γῇ
землѩ 10b6 Ps148,7 τῆς γῆς
земли 10b22 Ps148,13 γῆς
землѣ 13a15 Ct1/Ex15,12 ἡ γῆ
землѣ 14a4 Ct2/Dt32,1 γῆ
земли 15a5 Ct2/Dt32,13 τῆς γῆς
землѭ 16a1 Ct2/Dt32,24 γῆς
земли 16a9 Ct2/Dt32,24 γῆς
землѭ 17b24 Ct2/Dt32,43 τὴν γῆν
землѣ 18a15 Ct3/Hab3,3 ἡ γῆ
землѣ 18a23 Ct3/Hab3,6 ἡ γῆ
землѩ 18b6 Ct3/Hab3,7 γῆς
землѣ 18b15 Ct3/Hab3,9 γῆ
землѭ 18b25 Ct3/Hab3,12 γῆν
земли 19b16 Ct4/Is26,9 τῆς γῆς
земли 19b18 Ct4/Is26,9 τῆς γῆς
земли 19b20 Ct4/Is26,10 τῆς γῆς
земли 20a18 Ct4/Is26,15 τῆς γῆς
земли 20b7 Ct4/Is26,18 τῆς γῆς
земли 20b9 Ct4/Is26,18 τῆς γῆς
земли 20b13 Ct4/Is26,19 τῇ γῇ
землѣ 20b16 Ct4/Is26,19 ἡ γῆ
землѭ 21a21 Ct5/Jon2,7 γῆν
землѭ 22a10 Ct6/1Rg2,5 γῆν
землѩ 22a20 Ct6/1Rg2,8 γῆς
землѩ 22b22 Ct6/1Rg2,10 τῆς γῆς
земли 22b25 Ct6/1Rg2,10 γῆς
земли 23a11 Ct7/Is38,11 τῆς γῆς
землѭ 24a16 Ct8/Manas 2 τὴν γῆν
землѩ 25a28 Ct8/Manas 13 τῆς γῆς
землѩ 26a16 Ct9/Dn3,32 τὴν γῆν
земли 26b6 Ct9/Dn3,37 τῇ γῇ
землѣ 28a25 Ct11/Dn3,74 ἡ γῆ
земли 28a27 Ct11/Dn3,76 τῇ γῇ
земли 30a11 lit/Mt6,10 γῆς
земли 30a23 lit/Ct15,2 γῆς
земьскъ adj.
земьскаа 3b17 Ps140,7 γῆς
земьстіі 10b15 Ps148,11 τῆς γῆς
земьскꙑѩ 10b16 Ps148,11 γῆς
зиждати ipf.
(зижд)ѩі 9a3 Ps146,2 οἰκοδομῶν
зима f.
зима 28a17 Ct11/Dn3,67 ψῦχος
злъчь f.
злъчи 16b13 Ct2/Dt32,32 χολῆς
змиевъ adj.
змїева 16b15 Ct2/Dt32,33 δρακόντων
змии m.
змїеве 10b7 Ps148,7 δράκοντες
змиинъ adj. poss.
змїінъ 2b1 Ps139,4 ὄφεως
знати ipf.
знаетъ 1b7 Ps138,14 γινώσκει
знаѩі 4a20 Ps141,5 ὁ ἐπιγινώσκων
знати 22b20 Ct6/1Rg2,10 γινώσκειν
знои m.
зноѣ 14b17 Ct2/Dt32,10 καύματος
зноі 28a17 Ct11/Dn3,7 καῦμα
зъло n.
зъла 3a5 Ps139,12 κακά
зълѣ 16a3 Ct2/Dt32,23 κακά
зъло 20a16 Ct4/Is26,15 κακά
зъло 20a17 Ct4/Is26,15 κακά
зълъ 25a26 Ct8/Manas 13 τὰ κακά
зъ(л)а 27a7 Ct9/Dn3,44 κακά
зъла 31b15 lit/Ps89,15 κακά
зълоба f.
зълобахъ 24b11 Ct8/Manas 7 κακίαις
зѣница f.
зѣницѫ 14b19 Ct2/Dt32,10 κόρην
зѫбъ m.
зѫбꙑ 16a7 Ct2/Dt32,24 ὀδόντας
$и_1$ conj.
і 1a2 Ps138,1 καί
і 1a4 Ps138,2 καί
і 1a6 Ps138,3 καί
і 1a8 Ps138,3 καί
і 1a11 Ps138,5 καί
і 1a12 Ps138,5 καί
і 1a14 Ps138,6 gr. 0
і 1a15 Ps138,7 καί
і 1a19 Ps138,9 καί
і 1a21 Ps138,10 καί
і 1a22 Ps138,10 καί
і 1a23 Ps138,11 καί
и 1a24 Ps138,11 καί
і 1b1 Ps138,12 καί
і 1b7 Ps138,14 καί
і 1b9 Ps138,15 καί
і 1b13 Ps138,16 καί
і 1b15 Ps138,16 καί
і 1b20 Ps138,18 καί
і 1b21 Ps138,18 καί
і 2a7 Ps138,21 καί
і 2a12 Ps138,23 καί
і 2a13 Ps138,23 καί
і 2a15 Ps138,24 καί
і 2a16 Ps138,24 καί

ι	2b9 Ps139,6	καί
ι	3a8 Ps139,13	καί
ι	3a12 Ps139,14	καί
ι	3b1 Ps140,3	καί
ι	3b7 Ps140,4	καί
ѣко ι	3b17 Ps140,7	ὡσεί
ι	4a1 Ps140,9	καί
ι	4a15 Ps141,4	καί
ι	4a19 Ps141,5	καί
ι	4a20 Ps141,5	ὅτι
ι	4a23 Ps141,5	καί
ι	4b8 Ps141,8	gr. 0
ι	4b19 Ps142,2	καί
ѣко і	5a3 Ps142,3	ὡς
ι	5a3 Ps142,4	καί
ι	5a16 Ps142,7	καί
ι	5b9 Ps142,11	gr. 0
ι	5b11 Ps142,12	καί
ι	5b12 Ps142,12	καί
ι	5b19 Ps143,1	gr. 0
ι	5b20 Ps143,2	καί
ι	5b21 Ps143,2	καί
ι	5b23 Ps143,2	καί
ι	6a8 Ps143,5	καί
ι	6a9 Ps143,5	καί
ι	6a13 Ps143,6	καί
ι	6a15 Ps143,7	gr. 0
ι	6a18 Ps143,8	καί
ι	6b3 Ps143,11	καί
и	6b6 Ps143,11	καί
і	6b11 Ps143,12	gr. 0
и	7a2 Ps144,1	καί
і	7a3 Ps144,1	καί
и	7a6 Ps144,2	καί
і	7a7 Ps144,2	καί
ι	7a9 Ps144,3	καί
ι	7a9 Ps144,3	καί
ι	7a11 Ps144,4	καί
ι	7a12 Ps144,4	καί
ι	7a16 Ps144,5	καί
и	7a17 Ps144,6	καί
и	7a18 Ps144,6	καί
ι	7a21 Ps144,7	καί
ι	7a23 Ps144,8	καί
ι	7a24 Ps144,8	καί
ι	7a26 Ps144,9	καί
ι	7b2 Ps144,10	καί
ι	7b5 Ps144,11	καί
ι	7b7 Ps144,12	καί
ι	7b10 Ps144,13	καί
ι	7b12 Ps144,13	καί
ι	7b14 Ps144,13	καί
ι	7b17 Ps144,14	καί
ι	7b20 Ps144,15	καί
ι	7b23 Ps144,16	καί
ι	8a2 Ps144,17	καί
и	8a9 Ps144,19	καί
ι	8a10 Ps144,19	καί
ι	8a12 Ps144,20	καί
ι	8a14 Ps144,21	καί
ι	8a17 Ps145,1	καί
ι	8b1 Ps145,4	καί
ι	8b8 Ps145,6	καί
ι	8b18 Ps145,9	καί
ι	8b19 Ps145,9	καί
ι	8b21 Ps145,10	καί
ι	8b22 Ps146,1	καί

ι	9a8 Ps146,4	καί
і	9a10 Ps146,5	καί
и	9a11 Ps146,5	καί
ι	9a21 Ps146,8	καί
ι	9b1 Ps146,9	καί
ι	9b7 Ps146,11	καί
ι	9b9 Ps147,1	καί
ι	9b15 Ps147,3	καί
ι	10a4 Ps147,7	καί
ι	10a11 Ps147,9	καί
ι	10a13 Ps148,1	καί
ι	10a18 Ps148,3	καί
і	10a20 Ps148,3	καί
ι	10a21 Ps148,4	καί
ι	10b1 Ps148,5	καί
ι	10b2 Ps148,5	καί
ι	10b3 Ps148,6	καί
ι	10b7 Ps148,7	καί
ι	10b11 Ps148,9	καί
ι	10b12 Ps148,9	καί
ι	10b13 Ps148,10	καί
ι	10b14 Ps148,10	καί
и	10b15 Ps148,11	καί
ι	10b16 Ps148,11	καί
ι	10b18 Ps148,12	καί
ι	10b22 Ps148,13	καί
ι	11a10 Ps149,2	καί
ι	11a14 Ps149,3	καί
ι	11a17 Ps149,4	καί
ι	11a20 Ps149,5	καί
ι	11a23 Ps149,6	καί
ι	11b4 Ps149,8	καί
ι	11b17 Ps150,3	καί
ι	11b18 Ps150,4	καί
ι	11b20 Ps150,4	καί
ι	12a10 Ps151,3	καί
ι	12a12 Ps151,4	καί
и	12a14 Ps151,4	καί
ι	12a15 Ps151,5	καί
ι	12a16 Ps151,5	καί
ι	12a18 Ps151,6	καί
ι	12a20 Ps151,7	καί
ι	12b3 Ct1/Ex15,1	καί
ι	12b5 Ct1/Ex15,2	καί
ι	12b8 Ct1/Ex15,2	καί
ι	12b10 Ct1/Ex15,4	καί
ѣко ι	12b15 Ct1/Ex15,5	ὡσεί
ι	12b18 Ct1/Ex15,7	καί
ѣко ι	12b21 Ct1/Ex15,7	ὡς
ι	12b22 Ct1/Ex15,8	καί
ι	13a2 Ct1/Ex15,8	gr. 0
ι	13a20 Ct1/Ex15,14	καί
ι	13b2 Ct1/Ex15,15	καί
ι	13b6 Ct1/Ex15,16	καί
ι	13b18 Ct1/Ex15,19	καί
ι	13b19 Ct1/Ex15,19	καί
ι	13b21 Ct1/Ex15,19	καί
і	14a3 Ct2/Dt32,1	καί
ι	14a4 Ct2/Dt32,1	καί
ι	14a7 Ct2/Dt32,2	καί
ι	14a9 Ct2/Dt32,2	καί
ι	14a13 Ct2/Dt32,4	καί
ι	14a15 Ct2/Dt32,4	καί
ι	14a17 Ct2/Dt32,4	καί
ι	14a19 Ct2/Dt32,5	καί
ι	14b2 Ct2/Dt32,6	καί
ι	14b2 Ct2/Dt32,6	καί

ι	14b6 Ct2/Dt32,7	καί
ι	14b8 Ct2/Dt32,7	καί
И	14b18 Ct2/Dt32,10	καί
ι	14b18 Ct2/Dt32,10	καί
ι	14b21 Ct2/Dt32,11	καί
ι	15a2 Ct2/Dt32,11	καί
ι	15a3 Ct2/Dt32,12	καί
И	15a5 Ct2/Dt32,13	gr. 0
И	15a7 Ct2/Dt32,13	καί
ι	15a9 Ct2/Dt32,14	καί
ι	15a10 Ct2/Dt32,14	καί
ι	15a11 Ct2/Dt32,14	καί
И	15a13 Ct2/Dt32,14	καί
И	15a14 Ct2/Dt32,15	καί
ι	15a14 Ct2/Dt32,15	καί
ι	15a15 Ct2/Dt32,15	καί
И	15a16 Ct2/Dt32,15	καί
И	15a17 Ct2/Dt32,15	καί
ι	15b2 Ct2/Dt32,17	καί
И	15b5 Ct2/Dt32,18	καί
И	15b6 Ct2/Dt32,19	καί
ι	15b6 Ct2/Dt32,19	καί
И	15b7 Ct2/Dt32,19	καί
ι	15b8 Ct2/Dt32,19	καί
ι	15b9 Ct2/Dt32,20	καί
ι	15b10 Ct2/Dt32,20	καί
И	15b18 Ct2/Dt32,21	καί
ι	16a1 Ct2/Dt32,22	καί
И	16a3 Ct2/Dt32,23	καί
И	16a5 Ct2/Dt32,24	καί
ι	16a6 Ct2/Dt32,24	καί
И	16a11 Ct2/Dt32,25	καί
ι	16a13 Ct2/Dt32,25	gr. 0
И	16a17 Ct2/Dt32,27	καί
ι	16a22 Ct2/Dt32,28	καί
ι	16b5 Ct2/Dt32,30	καί
ι	16b6 Ct2/Dt32,30	καί
ι	16b11 Ct2/Dt32,32	καί
ι	16b15 Ct2/Dt32,33	καί
ι	16b18 Ct2/Dt32,34	καί
ι	17a2 Ct2/Dt32,35	καί
ι	17a4 Ct2/Dt32,36	καί
ι	17a6 Ct2/Dt32,36	καί
ι	17a8 Ct2/Dt32,36	καί
ι	17a9 Ct2/Dt32,37	καί
ι	17a11 Ct2/Dt32,38	καί
ι	17a13 Ct2/Dt32,38	καί
ι	17a14 Ct2/Dt32,38	καί
ι	17a16 Ct2/Dt32,39	καί
ι	17a18 Ct2/Dt32,39	καί
ι	17a19 Ct2/Dt32,39	καί
ι	17a20 Ct2/Dt32,39	καί
ι	17a23 Ct2/Dt32,40	καί
ι	17a24 Ct2/Dt32,40	καί
ι	17b2 Ct2/Dt32,41	καί
ι	17b4 Ct2/Dt32,41	καί
ι	17b5 Ct2/Dt32,41	καί
ι	17b8 Ct2/Dt32,42	καί
ι	17b10 Ct2/Dt32,42	καί
ι	17b14 Ct2/Dt32,43	καί
ι	17b17 Ct2/Dt32,43	καί
ι	17b20 Ct2/Dt32,43	καί
ι	17b20 Ct2/Dt32,43	καί
ι	17b22 Ct2/Dt32,43	καί
И	17b24 Ct2/Dt32,43	καί
И	18a3 Ct3/Hab3,1	καί
ι	18a4 Ct3/Hab3,1	καί

ι	18a12 Ct3/Hab3,3	καί
ι	18a15 Ct3/Hab3,3	καί
И	18a16 Ct3/Hab3,4	καί
ι	18a17 Ct3/Hab3,4	καί
ι	18a21 Ct3/Hab3,5	καί
I	18a23 Ct3/Hab3,6	καί
ι	18a24 Ct3/Hab3,6	καί
ι	18b2 Ct3/Hab3,6	καί
ι	18b6 Ct3/Hab3,7	καί
И	18b12 Ct3/Hab3,8	καί
И	18b16 Ct3/Hab3,10	καί
ι	18b20 Ct3/Hab3,11	καί
ι	19a1 Ct3/Hab3,12	καί
И	19a13 Ct3/Hab3,15	καί
ι	19a15 Ct3/Hab3,16	καί
ι	19a18 Ct3/Hab3,16	καί
И	19a19 Ct3/Hab3,16	καί
ι	19a25 Ct3/Hab3,17	καί
ι	19b2 Ct3/Hab3,17	καί
И	19b4 Ct3/Hab3,17	καί
ι	19b9 Ct3/Hab3,19	καί
И	19b11 Ct3/Hab3,19	gr. 0
ι	19b21 Ct4/Is26,10	gr. 0
ι	20a2 Ct4/Is26,11	καί
I	20a13 Ct4/Is26,14	καί
ι	20a13 Ct4/Is26,14	καί
И	20a23 Ct4/Is26,17	καί
ι	20b4 Ct4/Is26,18	καί
ι	20b5 Ct4/Is26,18	καί
ι	20b12 Ct4/Is26,19	καί
И	21a3 Ct5/Jon2,3	καί
И	21a8 Ct5/Jon2,4	καί
ι	21a10 Ct5/Jon2,4	καί
И	21a12 Ct5/Jon2,5	καί
ι	21a22 Ct5/Jon2,7	gr. 0
ι	21a23 Ct5/Jon2,7	καί
ι	21b3 Ct5/Jon2,8	καί
ι	21b6 Ct5/Jon2,9	καί
ι	21b10 Ct5/Jon2,10	καί
И	21b21 Ct6/1Rg2,2	καί
И	21b22 Ct6/1Rg2,2	καί
И	21b24 Ct6/1Rg2,3	καί
И	22a4 Ct6/1Rg2,3	καί
I	22a15 Ct6/1Rg2,6	καί
ι	22a16 Ct6/1Rg2,6	καί
ι	22a18 Ct6/1Rg2,7	καί
ι	22a19 Ct6/1Rg2,7	καί
ι	22a21 Ct6/1Rg2,8	καί
ι	22a24 Ct6/1Rg2,8	καί
ι	22b4 Ct6/1Rg2,9	καί
ι	22b13 Ct6/1Rg2,10	καί
ι	22b15 Ct6/1Rg2,10	καί
ι	22b20 Ct6/1Rg2,10	καί
ι	22b20 Ct6/1Rg2,10	καί
ι	22b21 Ct6/1Rg2,10	καί
ι	22b23 Ct6/1Rg2,10	καί
ι	22b24 Ct6/1Rg2,10	gr. 0
И	23a1 Ct6/1Rg2,10	καί
ι	23a2 Ct6/1Rg2,10	καί
И	23a18 Ct7/Is38,12	καί
ι	23b5 Ct7/Is38,14	καί
ι	23b10 Ct7/Is38,15	καί
ι	23b11 Ct7/Is38,16	gr. 0
ι	23b14 Ct7/Is38,16	καί
ι	23b15 Ct7/Is38,16	καί
ι	23b17 Ct7/Is38,17	καί
ι	24a2 Ct7/Is38,19	καί

ι	24a6 Ct7/Is38,20	καί
ι	24a13 Ct8/Manas 1	καί
ι	24a14 Ct8/Manas 1	καί
ι	24a14 Ct8/Manas 1	καί
ι	24a16 Ct8/Manas 2	καί
ι	24a20 Ct8/Manas 3	καί
ι	24a22 Ct8/Manas 3	καί
ι	24a24 Ct8/Manas 4	καί
ι	24b4 Ct8/Manas 5	καί
ι	24b7 Ct8/Manas 6	καί
ι	24b10 Ct8/Manas 7	καί
I	24b10 Ct8/Manas 7	καί
и	24b13 Ct8/Manas 7	καί
и	24b15 Ct8/Manas 7	καί
и	24b20 Ct8/Manas 8	καί
и	24b21 Ct8/Manas 8	καί
и	25a1 Ct8/Manas 9	gr. 0
ι	25a5 Ct8/Manas 9	καί
ι	25a6 Ct8/Manas 9	καί
ι	25a11 Ct8/Manas 10	καί
ι	25a13 Ct8/Manas 10	καί
ι	25a15 Ct8/Manas 10	καί
ι	25a17 Ct8/Manas 11	καί
и	25a20 Ct8/Manas 12	καί
ι	25a23 Ct8/Manas 13	καί
и	25b2 Ct8/Manas 14	καί
и	25b5 Ct8/Manas 15	καί
ι	25b9 Ct8/Manas 15	καί
ι	25b13 Ct9/Dn3,26	καί
ι	25b13 Ct9/Dn3,26	καί
ι	25b17 Ct9/Dn3,27	καί
ι	25b18 Ct9/Dn3,27	καί
ι	25b20 Ct9/Dn3,27	καί
ι	25b21 Ct9/Dn3,28	καί
ι	25b24 Ct9/Dn3,28	καί
ι	25b26 Ct9/Dn3,28	καί
ι	26a1 Ct9/Dn3,29	καί
ι	26a3 Ct9/Dn3,29	καί
ι	26a3 Ct9/Dn3,29	καί
и	26a9 Ct9/Dn3,31	καί
ι	26a14 Ct9/Dn3,32	καί
ι	26a15 Ct9/Dn3,32	καί
ι	26a17 Ct9/Dn3,33	καί
ι	26a18 Ct9/Dn3,33	καί
ι	26a23 Ct9/Dn3,35	καί
и	26a27 Ct9/Dn3,35	καί
ι	26b3 Ct9/Dn3,36	καί
ι	26b5 Ct9/Dn3,37	καί
ι	26b8 Ct9/Dn3,38	καί
ι	26b14 Ct9/Dn3,39	καί
ι	26b17 Ct9/Dn3,40	καί
ι	26b20 Ct9/Dn3,40	καί
ι	26b23 Ct9/Dn3,41	καί
I	26b24 Ct9/Dn3,41	καί
ι	26b25 Ct9/Dn3,41	καί
ι	26b28 Ct9/Dn3,42	καί
ι	27a2 Ct9/Dn3,43	καί
ι	27a8 Ct9/Dn3,44	καί
ι	27a10 Ct9/Dn3,44	καί
ι	27a13 Ct9/Dn3,45	καί
ι	27a15 Ct9/Dn3,46	καί
ι	27a17 Ct9/Dn3,46	καί
ι	27a17 Ct9/Dn3,46	καί
ι	27a18 Ct9/Dn3,46	καί
и	27a19 Ct9/Dn3,47	καί
ι	27a21 Ct9/Dn3,47	gr. 0
ι	27a21 Ct9/Dn3,48	καί

ι	27a22 Ct9/Dn3,48	καί
и	27a26 Ct9/Dn3,49	καί
ι	27a27 Ct9/Dn3,50	καί
ι	27b2 Ct9/Dn3,50	καί
ι	27b6 Ct9/Dn3,51	καί
ι	27b7 Ct9/Dn3,51	καί
ι	27b11 Ct10/Dn3,52	καί
и	27b11 Ct10/Dn3,52	καί
и	27b13 Ct10/Dn3,52	καί
ι	27b14 Ct10/Dn3,52	καί
ι	27b14 Ct10/Dn3,52	καί
и	27b17 Ct10/Dn3,53	καί
и	27b18 Ct10/Dn3,53	καί
ι	27b20 Ct10/Dn3,54	καί
и	27b21 Ct10/Dn3,54	καί
ι	27b24 Ct10/Dn3,55	καί
ι	27b25 Ct10/Dn3,55	καί
ι	28a1 Ct10/Dn3,56	καί
I	28a1 Ct10/Dn3,56	καί
ι	28a5 Ct11/Dn3,57	καί
ι	28a11 Ct11/Dn3,61	καί
ι	28a13 Ct11/Dn3,63	καί
и	28a17 Ct11/Dn3,67	καί
и	28a17 Ct11/Dn3,66	καί
ι	28a18 Ct11/Dn3,67	καί
ι	28a19 Ct11/Dn3,68	καί
и	28a19 Ct11/Dn3,68	καί
ι	28a20 Ct11/Dn3,69	καί
и	28a21 Ct11/Dn3,70	καί
ι	28a22 Ct11/Dn3,71	καί
ι	28a23 Ct11/Dn3,72	καί
и	28a24 Ct11/Dn3,73	καί
и	28a25 Ct11/Dn3,75	καί
ι	28a26 Ct11/Dn3,76	gr. 0
I	28b1 Ct11/Dn3,78	καί
ι	28b5 Ct11/Dn3,81	καί
I	28b7 Ct11/Dn3,83	καί
и	28b9 Ct11/Dn3,86	καί
ι	28b10 Ct11/Dn3,86	καί
ι	28b11 Ct11/Dn3,87	καί
ι	28b13 Ct11/Dn3,88	καί
и	28b14	
ι	28b14 lit	καί
I	28b15 lit	καί
I	28b16	
ι	28b16	
I	28b16	
I	28b19 lit	καί
I	28b22 Ct12/L1,47	καί
ι	29a1 Ct12/L1,50	καί
I	29a2 Ct12/L1,50	καί
ι	29a7 Ct12/L1,52	καί
и	29a8 Ct12/L1,53	καί
ι	29a12 Ct12/L1,55	καί
ι	29a17 Ct13/L1,68	καί
и	29a19 Ct13/L1,69	καί
ι	29a26 Ct13/L1,72	καί
[и]	29a27 Ct13/L1,72	gr. 0
ι	29b6 Ct13/L1,75	καί
ι	29b8 Ct13/L1,76	καί
ι	29b18 Ct13/L1,79	καί
ι	30a4 Ct14/L2,32	καί
ι	30a11 lit/Mt6,10	καί
и	30a13 lit/Mt6,12	καί
ι	30a14 lit/Mt6,12	καί
ι	30a16 lit/Mt6,13	καί
ι	30a19 lit/Mt6,13	καί

и 30a20 lit/Mt6,13 καί
і 30a22 lit/Ct15,2 καί
і 30b6 lit/Ct15,15 καί
і 30b18 lit/Ps144,2 καί
і 30b20 lit/Ps144,2 καί
і 30b22 lit/Ps89,1 καί
і 30b23 lit/Ps40,5 gr. 0
і 31a8 lit καί
і 31a11 lit/Dn3,26 καί
и 31a11 lit/Dn3,26 καί
ѣкоже и 31a15 lit/Ps32,22 καθάπερ
и 31b3 lit καί
и 31b3 lit καί
і 31b6 lit καί
и 31b10 lit/Ps89,14 καί
и 31b16 lit/Ps89,16 καί
и 31b17 lit/Ps89,16 καί
і 31b18 lit/Ps89,17 καί
і 31b19 lit/Ps89,17 καί
и 31b20 lit/Ps89,17 καί
і 31b22 lit/Ps140,1 καί
і 31b27 lit/Ps140,1 καί
и 31b27 lit/Ps11,2 gr. 0
і 31b28 Ps 141,2 gr.0
и 32a3 lit
и 32a13 lit καί
и 32a13 lit καί
и 32a21 lit καί
и 32a24 lit/Dn3,26 καί
и 32a24 lit/Dn3,26 καί
и 32b15 lit
і 32b16 lit
і 32b19 lit
і 32b22 lit/L1,42 καί
и 32b24 lit

$и_2$ pron.

(къ) немоу 1a14 Ps138,6 (πρὸς) αὐτήν
єꙗ 1a25 Ps138,12 gr. 0
єꙗ 1b2 Ps138,12 αὐτῆς
єꙗ 1b2 Ps138,12 αὐτῆς
ѣ 1b7 Ps138,14 gr. 0
(въ) нихъ 1b16 Ps138,16 (ἐν) αὐτοῖς
іхъ 1b19 Ps138,17 αὐτῶν
ꙗ 1b20 Ps138,18 αὐτούς
іхъ 2a10 Ps138,22 αὐτούς
іхъ 2b2 Ps139,4 αὐτῶν
іхъ 2b21 Ps139,10 αὐτῶν
ꙗ 2b22 Ps139,10 αὐτούς
іхъ 2b22 Ps139,10 αὐτῶν
(на) нихъ 2b23 Ps139,11 (ἐπ΄) αὐτούς
ꙗ 3a1 Ps139,11 αὐτούς
іхъ 3b8 Ps140,4 αὐτῶν
і·хъ 3b14 Ps140,5 αὐτῶν
іхъ 3b15 Ps140,6 αὐτῶν
іхъ 3b19 Ps140,7 ἡμῶν
(прѣдъ) нимь 4a11 Ps141,3 (ἐναντίον) αὐτοῦ
(прѣдъ) нимь 4a13 Ps141,3 (ἐνώπιον) αὐτοῦ
і 4b13 Ps142,1 αὐτόν
єго 4b14 Ps142,1 αὐτοῦ
(на) нь 5b23 Ps143,2 (ἐπ΄) αὐτῷ
ємоу 6a4 Ps143,3 αὐτῷ
і 6a5 Ps143,3 αὐτόν
єго 6a7 Ps143,4 αὐτοῦ
ꙗ 6a12 Ps143,6 αὐτούς
ꙗ 6a13 Ps143,6 αὐτούς
іхъ 6a19 Ps143,8 αὐτῶν
іхъ 6b6 Ps143,11 αὐτῶν
іхъ 6b8 Ps143,12 αὐτῶν
іхъ 6b11 Ps143,12 αὐτῶν
іхъ 6b13 Ps143,13 αὐτῶν
іхъ 6b15 Ps143,13 αὐτῶν
іхъ 6b18 Ps143,14 αὐτῶν
іхъ 6b21 Ps143,14 αὐτῶν
іхъ 6b24 Ps143,15 αὐτοῦ
єго 7a10 Ps144,3 αὐτοῦ
єго 7a26 Ps144,9 αὐτοῦ
єго 7a27 Ps144,9 αὐτοῦ
імъ 7b20 Ps144,15 αὐτοῖς
и 8a5 Ps144,18 αὐτόν
і 8a6 Ps144,18 αὐτόν
єго 8a8 Ps144,19 αὐτόν
ихъ 8a9 Ps144,19 αὐτῶν
ꙗ 8a10 Ps144,19 αὐτούς
єго 8a11 Ps144,20 αὐτόν
єго 8a15 Ps144,21 αὐτοῦ
вь нихъ 8a22 Ps145,3 οἷς
єго 8b1 Ps145,4 αὐτοῦ
ихъ 8b4 Ps145,4 αὐτῶν
ємоу 8b6 Ps145,5 gr. 0
єго 8b7 Ps145,5 αὐτοῦ
(вь) нихъ 8b9 Ps145,6 (ἐν) αὐτοῖς
іхъ 9a6 Ps146,3 αὐτῶν
імъ 9a8 Ps146,4 αὐτοῖς
єго 9a11 Ps146,5 αὐτοῦ
єго 9a11 Ps146,5 αὐτοῦ
ім(ъ) 9a22 Ps146,9 αὐτῶν
єго 9b7 Ps146,11 αὐτόν
єго 9b8 Ps146,11 αὐτοῦ
єго 9b18 Ps147,4 αὐτοῦ
єго 10a2 Ps147,6 αὐτοῦ
ѣ 10a5 Ps147,7 αὐτά
єго 10a5 Ps147,7 αὐτοῦ
імъ 10a12 Ps147,9 αὐτοῖς
і 10a15 Ps148,1 αὐτόν
і 10a16 Ps148,2 αὐτόν
єго 10a16 Ps148,2 αὐτοῦ
єго 10a17 Ps148,2 αὐτοῦ
і 10a17 Ps148,2 αὐτόν
і 10a18 Ps148,3 αὐτόν
і 10a19 Ps148,3 αὐτόν
і 10a21 Ps148,4 αὐτόν
ѣ 10b3 Ps148,6 αὐτά
єго 10b10 Ps148,8 αὐτοῦ
є·го 10b22 Ps148,13 αὐτοῦ
єго 11a3 Ps148,14 αὐτοῦ
ємь 11a5 Ps148,14 αὐτῷ
єго 11a7 Ps149,1 αὐτοῦ
єго 11a8 Ps149,1 αὐτοῦ
єго 11a10 Ps149,2 αὐτόν
ємоу 11a15 Ps149,3 αὐτῷ
іхъ 11a23 Ps149,6 αὐτῶν
іхъ 11a24 Ps149,6 αὐτῶν
іхъ 11b3 Ps149,8 αὐτῶν
іхъ 11b4 Ps149,8 αὐτῶν
вь нихъ 11b6 Ps149,9 ἐν αὐτοῖς
єго 11b8 Ps149,9 αὐτοῦ
і 11b10 Ps150,1 αὐτόν
єго 11b11 Ps150,1 αὐτοῦ
єго 11b12 Ps150,2 αὐτοῦ
і 11b12 Ps150,2 αὐτόν
і 11b13 Ps150,2 αὐτόν
єго 11b14 Ps150,2 αὐτοῦ
і 11b15 Ps150,3 αὐτόν
і 11b16 Ps150,3 αὐτόν

і	11b18 Ps150,4	αὐτόν
і	11b19 Ps150,4	αὐτόν
і	11b21 Ps150,5	αὐτόν
і	11b23 Ps150,5	αὐτόν
і	12a11 Ps151,4	αὐτόν
(въ) нихъ	12a16 Ps151,5	(ἐν) αὐτοῖς
єго	12a19 Ps151,7	παρ᾽αὐτοῦ
і	12a20 Ps151,7	αὐτόν
і	12b7 Ct1/Ex15,2	αὐτόν
і	12b8 Ct1/Ex15,2	αὐτόν
ємоу	12b9 Ct1/Ex15,3	αὐτῷ
іхъ	12b11 Ct1/Ex15,4	αὐτοῦ
ꙗ	12b14 Ct1/Ex15,5	αὐτούς
ꙗ	12b21 Ct1/Ex15,7	αὐτούς
ꙗ	13a7 Ct1/Ex15,10	αὐτούς
ꙗ	13a15 Ct1/Ex15,13	αὐτούς
ꙗ	13b3 Ct1/Ex15,15	αὐτούς
(на) нѭ (!)	13b6 Ct1/Ex15,16	(ἐπ᾽) αὐτούς
ꙗ	13b12 Ct1/Ex15,17	αὐτούς
(на) нꙗ	13b21 Ct1/Ex15,19	(ἐπ᾽) αὐτούς
єго	14a13 Ct2/Dt32,4	αὐτοῦ
єго	14a14 Ct2/Dt32,4	αὐτοῦ
(въ) нємь	14a16 Ct2/Dt32,4	(ἐν) αὐτῷ
єго	14b13 Ct2/Dt32,9	αὐτοῦ
єго	14b15 Ct2/Dt32,9	αὐτοῦ
и	14b18 Ct2/Dt32,10	αὐτόν
і	14b18 Ct2/Dt32,10	αὐτόν
ꙗ	15a1 Ct2/Dt32,11	αὐτούς
ꙗ	15a2 Ct2/Dt32,1	αὐτούς
ꙗ	15a3 Ct2/Dt32,12	αὐτούς
(съ) ними	15a4 Ct2/Dt32,12	(μετ᾽) αὐτῶν
ꙗ	15a5 Ct2/Dt32,13	αὐτούς
ꙗ	15a6 Ct2/Dt32,13	αὐτούς
іхъ	15b3 Ct2/Dt32,17	αὐτῶν
іхъ	15b8 Ct2/Dt32,19	αὐτοῦ
(отъ) нихъ	15b10 Ct/Dt32,20	(ἀπ᾽)αὐτῶν
імъ	15b11 Ct2/Dt32,20	αυτοῖς
(въ) нихъ	15b14 Ct2/Dt32,21	(ἐν) αὐτοῖς
ꙗ	15b18 Ct2/Dt32,21	αὐτούς
ꙗ	15b20 Ct2/Dt32,21	αὐτούς
єꙗ	16a1 Ct2/Dt32,22	αὐτῆς
(на) нꙗ	16a3 Ct2/Dt32,23	(εἰς) αὐτούς
(на) нихъ	16a4 Ct2/Dt32,23	(εἰς) αὐτούς
(на) нꙗ	16a8 Ct2/Dt32,24	(εἰς) αὐτούς
ꙗ	16a10 Ct2/Dt32,25	αὐτούς
ꙗ	16a14 C2/Dt32,26	αὐτούς
Іхъ	16a15 Ct2/Dt32,24	αὐτῶν
(въ) нихъ	16a22 Ct2/Dt32,28	(ἐν) αὐτοῖς
іхъ	16b6 Ct2/Dt32,30	αὐτούς
іхъ	16b7 Ct2/Dt32,30	αὐτούς
ихъ	16b8 Ct2/Dt32,31	αὐτῶν
іхъ	16b11 Ct2/Dt32,32	αὐτῶν
іхъ	16b11 Ct2/Dt32,32	αὐτῶν
іхъ	16b13 Ct2/Dt32,32	αὐτῶν
іхъ	16b14 Ct2/Dt32,32	αὐτοῖς
іхъ	16b15 Ct2/Dt32,33	αὐτῶν
іхъ	16b22 Ct2/Dt32,35	αὐτῶν
іхъ	17a1 Ct2/Dt32,35	αὐτῶν
ꙗ	17a6 Ct2/Dt32,36	αὐτούς
іхъ	17a9 Ct2/Dt32,37	αὐτῶν
(на) нꙗ	17a10 Ct2/Dt32,37	(ἐπ᾽) αὐτοῖς
іхъ	17a12 Ct2/Dt32,38	αὐτῶν
(съ) ними	17b14 Ct2/Dt32,43	(ἅμα) αὐτῷ
ємоу	17b15 Ct2/Dt32,43	αὐτῷ
єго	17b17 Ct2/Dt32,43	αὐτοῦ
І	17b18 Ct2/Dt32,43	αὐτῷ
єго	17b22 Ct2/Dt32,43	αὐτόν
єго	18a14 Ct3/Hab3,3	αὐτοῦ
єго	18a15 Ct3/Hab3,3	αὐτοῦ
єго	18a16 Ct3/Hab3,4	αὐτοῦ
єго	18a17 Ct3/Hab3,4	αὐτοῦ
єго	18a20 Ct3/Hab3,5	αὐτοῦ
єго	18a22 Ct3/Hab3,5	αὐτοῦ
(о) нємь	19a10 Ct3/Hab3,14	(ἐν) αὐτῇ
єго	19b12 Ct3/Hab3,19	αὐτοῦ
(на) нꙗ	20a13 Ct4/Is26,14	(ἐπήγαγες)
іхъ	20a15 Ct4/Is26,14	αὐτῶν
імъ	20a16 Ct4/Is26,15	αὐτοῖς
імъ	20b15 Ct4/Is26,19	αὐτοῖς
і	22a23 Ct6/1Rg2,8	αὐτόν
ємоу	22b2 Ct6/1Rg2,8	αὐτοῖς
єго	22b9 Ct6/1Rg2,10	αὐτοῦ
(о) нємь	23b12 Ct7/Is38,16	(περὶ) αὐτῆς
іхъ	24a15 Ct8/Manas 1	αὐτῶν
ѭ	24a21 Ct8/Manas 3	αὐτήν
іхъ	26b2 Ct9/Dn3,36	αὐτῶν
іхъ	27a10 Ct9/Dn3,44	αὐτῶν
ꙗ	27a15 Ct9/Dn3,46	αὐτούς
Іхъ	27b2 Ct9/Dn3,50	αὐτῶν
імъ	27b4 Ct9/Dn3,50	αὐτοῖς
єго	28a5 Ct11/Dn3,57	αὐτόν
єго	28a8 Ct11/Dn3,59	αὐτόν
єго	28a11 Ct11/Dn3,61	αὐτόν
і	28b20	αὐτόν
твоієго (!)	29a1 Ct12/L1, 49	αὐτοῦ
єго	29a1 Ct12/L1,50	αὐτοῦ
єго	29a2 Ct12/L1,50	αὐτόν
Іхъ	29a5 Ct12/L1,51	αὐτῶν
єго	29a13 Ct12/L1,55	αὐτοῦ
єго	29a22 Ct13/L1,70	αὐτοῦ
ємоу	29b5 Ct13/L1,74	αὐτῷ
(прѣдъ) нимь	29b6 Ct13/L1,75	(ἐνώπιον) αὐτοῦ
єго	29b11 Ct13/L1,76	αὐτοῦ
єго	29b13 Ct13/L1,77	αὐτοῦ
съ нім(и)	31b8	
Іхъ	31b17 lit/Ps89,16	αὐτῶν
идолъ m.		
ідолы	12a18 Ps151,6	ἐν τοῖς εἰδώλοις
ідолѣхъ	15b16 Ct2/Dt32,21	τοῖς εἰδώλοις
иже pron.		
ѭже	1b9 Ps138,15	ὅ
іже	2a21 Ps139,3	οἵτινες
іже	2b6 Ps139,5	οἵτινες
ѭже	3b23 Ps140,9	ἧς
по нємоуже	4a17 Ps141,4	ᾗ
(во) ньже	5a21 Ps142,8	(ἐν) ᾗ
іхъже	6a18 Ps143,8	ὧν
іхъже	6b4 Ps143,11	ὧν
іхъже	6b8 Ps143,12	ὧν
імъже	6b22 Ps143,15	ᾧ
имъже	6b24 Ps143,15	οὗ
ємоуже	8b5 Ps145,5	οὗ
ѣже (сѫтъ)	8b9 Ps145,6	τά
ѣже (твоꙗтъ)	10b9 Ps148,8	τὰ (ποιοῦντα)
ꙗже	13b11 Ct1/Ex15,16	ὅν
єже	13b14 Ct1/Ex15,17	ὅ
ѭже	13b15 Ct1/Ex15,17	ὅ
ꙗже	14b10 Ct2/Dt32,8	ὥς
іхъже	15b1 Ct2/Dt32,17	οἷς
іхъже	15b2 Ct2/Dt32,17	οὕς
іхъже	15b13 Ct2/Dt32,20	οἷς
(въ) нихъже	17a10 Ct2/Dt32,37	(ἐφ᾽) οἷς
іхъже	17a11 Ct2/Dt32,38	ὧν
іже	17a20 Ct2/Dt32,39	ὅς

ИЖЕ 19b19 Ct4/Is26,10 ὁ
ІЖЕ 20b6 Ct4/Is26,18 gr. 0
ІЖЕ (СѪТЪ) 20b13 Ct4/Is26,19 οἱ
ѢЖЕ (ЕСТЪ) 20b14 Ct4/Is26,19 ἡ
ЕꙖЖЕ 21a21 Ct5/Jon2,7 ἧς
ЕЖЕ 22b19 Ct6/1Rg2,10 gr. 0
ІЖЕ 23b10 Ct7/Is38,15 ὅς
ІЖЕ (СѪТЪ) 23b19 Ct7/Is38,18 οἱ
ІЖЕ (СѪТЪ) 23b22 Ct7/Is38,18 οἱ
ꙖЖЕ 24a3 Ct7/Is38,19 ἅ
ЕГОЖЕ 24a24 Ct8/Manas 4 ὅν
ѢЖЕ 25a18 Ct8/Manas 11 τῆς
ѢЖЕ 25b16 Ct9/Dn3,27 οἷς
ѢЖЕ 25b23 Ct9/Dn3,28 ἅ
ІМЪЖЕ 26b1 Ct9/Dn3,36 οἷς
ꙖЖЕ 27a22 Ct9/Dn3,48 οὕς
ЕѬЖЕ 29b1 Ct13/L1,73 ὅν
(ВЬ) НИХЪЖЕ 29b16 Ct13/L1,78 (ἐν) οἷς
(Е)ЖЕ 30a2 Ct14/L2,31 ὅ
ІЖЕ (ЕСИ) 30a8 lit/Mt6,9 ὅ
ꙖЖЕ 31b7 lit gr. 0
В(Ъ НꙖ)ЖЕ 31b13 lit/Ps89,15 ἀνθ᾽ ὧν
ВЬ НѢЖЕ 31b15 lit/Ps89,15 ὧν
(И)ЖЕ ДОСТОІНЪ ЕСІ 32a14 lit ἄξιόν σε
ИꙀ praep. c. gen.
І (!) 1b4 Ps138,13 ἐκ
ІС 4b8 Ps141,8 ἐκ
ИꙀ· 6a16 Ps143,7 ἐκ
ИꙀ· 6b3 Ps143,11 ἐκ
ІС 15a7 Ct2/Dt32,13 ἐκ
І(-ЧꙋѢВА) 21a5 Ct5/Jon2,3 ἐκ (κοιλίας)
ИꙀ 21a23 Ct5/Jon2,7 ἐκ
ІꙀ 22a3 Ct6/1Rg2,3 ἐκ
ИꙀ· 29a23 Ct13/L1,71 ἐκ
ІꙀ 29b3 Ct13/L1,74 ἐκ
ІꙀ 32a4
ИꙀБАВИТЕЛЬ m.
И(ꙀБА)ВИТЕЛЬ 5b22 Ps143,2 ῥύστης
ИꙀБАВИТИ (СѦ) pf.
ІꙀБАВИ 2a20 Ps139,2 ῥῦσαι
ІꙀБАВИ 4b6 Ps141,7 ῥῦσαι
ІꙀБАВИ 6a15 Ps143,7 ῥῦσαι
ІꙀБАВꙖШТЮМОУ 6b1 Ps143,10 τῷ λυτρουμένῳ
ІꙀБАВИ 6b3 Ps143,11 ῥῦσαι
ІꙀБАВИ 13a17 Ct1/Ex15,13 ἐλυτρώσω
ІꙀБАВЛЬШЕМЪ СѦ 29b4 Ct13/L1,74 ῥυσθέντας
ИꙀБАВИ 30a17 lit/Mt6,13 ῥῦσαι
ИꙀБАВІМЪ СѦ 32b26 lit ῥυσθῶμεν
ИꙀБАВЛЕНИЕ n.
ІꙀБАВЛЕНИЕ 29a17 Ct13/L1,68 λύτρωσιν
ИꙀБИТИ pf.
ІꙀБІЕШИ 1b23 Ps138,19 ἀποκτείνῃς
ИꙀБЬꙊАНЪ adj.
ІꙀБЪꙊАНЫИМІ 3b8 Ps140,4 τῶν ἐκλεκτῶν
ІꙀБЪꙊАНЫ 12b12 Ct1/Ex15,4 ἐπιλέκτους
ИꙀВЕСТИ pf.
ИꙀВЕДИ 4b8 Ps141,8 ἐξάγαγε
ІꙀВЕ(Д)ЕШИ 5b9 Ps142,11 ἐξάξεις
ИꙀВЛѢЩИ pf.
ІꙀВЛЪКЪ 12a19 Ps151,7 σπασάμενος
ИꙀГꙊѢБИ f. pl.
ИꙀГꙊѢБЬМИ 27a17 Ct9/Dn3,46 στιππύον
ИꙀДАЛЕЧЕ adv.
ІꙀДАЛЕЧЕ 1a5 Ps138,2 ἀπὸ μακρόθεν
ИꙀДꙊАИЛЕВЪ adj.
(ИꙀДꙊАИ)ЛЕВ(А) 9a4 Ps146,2 Ισραηλ
І(ꙀДꙊА)ИЛ(Е)ВОМЪ 11a3 Ps148,14 Ισραηλ
І(ꙀДꙊА)ИЛ(Е)ВЪ 12a21 Ps151,7 Ισραηλ
І(ꙀДꙊА)ИЛ(Е)ВІ 13b22 Ct1/Ex15,19 Ισραηλ
І(ꙀДꙊА)ИЛ(Е)ВЪ 29a16 Ct13/L1,68 τοῦ Ισραηλ
ИꙀДꙊАИЛЬ m.
І(ꙀДꙊА)ИЛЮ 10a9 Ps147,8 τῷ Ισραηλ
І(ꙀДꙊА)ИЛЬ 11a9 Ps149,2 Ισραηλ
І(ꙀДꙊА)ИЛЬ 14b15 Ct2/Dt32,9 Ισραηλ
І(ꙀДꙊА)ИЛѢ 26a28 Ct9/Dn3,35 Ισραηλ
І(ꙀДꙊА)ИЛ(Ю) 28b6 Ct11/Dn3,83 Ισραηλ
І(ꙀДꙊА)ИЛѢ 29a10 Ct12/L1,54 Ισραηλ
І(ꙀДꙊА)ИЛЮ 30a5 lit/Ct14/L2,32 Ισραηλ
ИꙀИТИ pf.
ІꙀИДЕТЪ 8b1 Ps145,4 ἐξελεύσεται
ІꙀИ(ДЕ) НА СѢЧЬ 12a4 Ps151,1 ἐμονομάχησεν
ІꙀИДЪ 12a16 Ps151,6 ἐξῆλθον
ИꙀИДЕТЪ 18a21 Ct3/Hab3,5 ἐξελεύσεται
ІꙀИДЕ 19a3 Ct3/Hab3,13 ἐξῆλθες
ДА ИꙀИДЕТЪ 21a23 Ct5/Jon2,7 ἀναβήτω
ДА ІꙀИДЕТЪ 22a2 Ct6/1Rg2,3 ἐξελθάτω
ІꙀИДЕ 23a18 Ct7/Is38,12 ἐξῆλθεν
ИꙀНЕМОЩИ pf.
ІꙀНЕМОЖЕ 22a6 Ct6/1Rg2,4 ἠσθένησεν
ІꙀНЕМОЖЕ 22a13 Ct6/1Rg2,5 ἠσθένησεν
ИꙀОБꙊѢСТИ pf.
ІꙀОБꙊѢСТІ 26b13 Ct9/Dn3,38 εὑρεῖν
ИꙀѦТИ pf.
ІꙀЪМИ 2a19 Ps139,2 ἐξελοῦ
ІꙀЪМИ 2b5 Ps139,5 ἐξελοῦ
ІꙀЪМ(И) 5b1 Ps142,9 ἐξελοῦ
ИꙀЪМИ 6a15 Ps143,7 ἐξελοῦ
ІꙀЪМИ 6b3 Ps143,11 ἐξελοῦ
ІꙀЪМЕТЪ 17a20 Ct2/Dt32,39 ἐξελεῖται
ІꙀꙖТЪ 23b10 Ct7/Is38,15 ἐξείλατο
ІꙀЪМИ 27a1 Ct9/Dn3,43 ἐξελοῦ
ИМЕНОВАТИ ipf.
ІМЕНОУЕМЪ 20a9 Ct4/Is26,13 ὀνομάζομεν
ИМѢТИ ipf.
ІМАТЪ+ 19b21 Ct4/Is26,10
ІМѪТЪ+ 20a10 Ct4/Is26,14 * 20a11 Ct4/Is26,14
ІМАМЬ+ 23a10 Ct7/Is38,11 * 23a12 Ct7/Is38,11
ИМѦ n.
ІМЕНИ 3a11 Ps139,14 τῷ ὀνόματι
ІМЕНИ 4b9 Ps141,8 τῷ ὀνόματι
ІМЕН(Е) 5b7 Ps142,11 τοῦ ὀνόματος
ІМѦ 7a2 Ps144,1 τὸ ὄνομα
ІМѦ 7a7 Ps144,2 τὸ ὄνομα
ІМѦ 8a15 Ps144,21 τὸ ὄνομα
ІМЕ(НА) 9a8 Ps146,4 ὀνόματα
ІМѦ 10a23 Ps148,5 τὸ ὄνομα
ІМѦ 10b19 Ps148,13 τὸ ὄνομα
ІМѦ 10b20 Ps148,13 τὸ ὄνομα
ІМѦ 11a13 Ps149,3 τὸ ὄνομα
ІМѦ 12b9 Ct1/Ex15,3 ὄνομα
ІМѦ 14a10 Ct2/Dt32,3 ὄνομα
ІМѦ 20a9 Ct4/Is26,13 τὸ ὄνομα
ІМЕ(Н)ЕМЬ 24a23 Ct8/Manas 3 ὀνόματι
ІМѦ 25b13 Ct9/Dn3,26 τὸ ὄνομα
ІМЕНИ 26a22 Ct9/Dn3,34 τὸ ὄνομα
ІМЕНИ 27a3 Ct9/Dn3,43 τῷ ὀνόματι
ІМѦ 27b13 Ct10/Dn3,52 τὸ ὄνομα
ІМѦ 27b15 Ct10/Dn3,52
ІМѦ 29a1 Ct12/L1,49 τὸ ὄνομα
ІМѦ 30a9 lit/Mt6,9 τὸ ὄνομα
ІМѦ 30b19 lit/Ps144,2 τὸ ὄνομα
ІМѦ 31a12 lit/Dn3,26 τὸ ὄνομα
ІМѦ 32a25 lit/Dn3,26 τὸ ὄνομα

ИНОПЛЕМЕНЬНИКЪ m.
ІНОПЛЕМЕННИКОУ 12a17 Ps151,6 ἀλλοφύλῳ
ИНОЧѦДЪ adj.
ІНОЧꙖДЫ 30b5 lit/Ct15,13 μονογενή
ИНЪ pron.
ІНОГО 20a8 Ct4/Is26,13 ἄλλον
ИНЬИ, ИНИИ m.
ІНЕЦНЕЦ 14a9 Ct2/Dt32,2 νιφετός
ИОАНОВЪ adj.
ИОАНОВА 29a14 Ct13/L1
ИОНИНЪ adj.
ИОНИНА 21a1 Ιωνα
ИПОСТАСЬ v. ѴПОСТАСЬ
ИСААКОВЪ adj.
ИСААКОВЪ 24a13 Ct8/Manas 1 Ισαακ
ИСААКЪ, ИСАКЪ m.
ІСААКОУ 24b20 Ct8/Manas 8 Ισαακ
ИСАКА 26a27 Ct9/Dn3,35 Ισαακ
ИСАИѢ m.
ИСАИЮ 19b13 Ct4/Is26 Ησαιου
ИСКАТИ ipf.
ИЩЕМЪ 26b25 Ct9/Dn3,41 ζητοῦμεν
ИСКОНЬЧАВАТИ СѦ ipf.
ЕГДА ІСКОНЬЧАВААШЕ СꙖ 4a14 Ps141,4 ἐν τῷ ἐκλείπειν
ЕГДА ІСКОНЬЧАВААШЕ СꙖ 21b1 Ct5/Jon2,8 ἐν τῷ ἐκλείπειν
ИСКОНЬЧАТИ СѦ pf. ipf.
ІСКОНЬЧА СꙖ 5a13 Ps142,7 ἐξέλιπεν
ИСКОНЬЧАСТЕ СꙖ 23b7 Ct7/Is38,14 ἐξέλιπον
ИСКОУСИТИ pf.
ІСКОУСИЛЪ ЕСИ 1a2 Ps138,1 ἐδοκίμασας
ІСКОУСИ 2a12 Ps138,23 δοκίμασον
ИСЛѢДОВАТИ ipf.
ІСЛѢДОВАЛЪ ЕСИ 1a7 Ps138,3 ἐξιχνίασσας
ИСПЛЪНИТИ (СѦ) pf.
ІСПЛЪНИ 22a9 Ct6/1Rg2,5 πλήρεις
ІСПЛЪНИ 29a8 Ct12/L1,53 ἐνεπλήσεν
ІСПЛЪНІХОМЪ СꙖ 31b9 lit/Ps89,14 ἐνεπλήσθημεν
ИСПЛЪНЬ adj.
ІСПЛЪНЬ 6b13 Ps143,13 πλήρη
ІСПЛЪНЬ 18a15 Ct3/Hab3,3 πλήρης
ИСПОВѢДАНИЕ n.
ИСПОВѢДАНИІ 9a16 Ps146,7 ἐξομολογήσει
ІСПОВѢДАНИЕ 10b22 Ps148,14 ἡ ἐξομολόγησις
ИСПОВѢДАНИѢ 21b10 Ct5/Jon2,10 ἐξομολογήσεως
ИСПОВѢДѢТИ (СѦ) pf.
ІСПОВѢМЬ СꙖ 1b5 Ps138,14 ἐξομολογήσομαι
ІСПОВѢДꙖТЪ СꙖ 3a10 Ps139,14 ἐξομολογήσονται
ІСПОВѢДѢ 4a13 Ps141,3 ἀπαγγελῶ
ІСПОВѢМЬ ТИ (!) СꙖ 4b9 Ps141,8 τοῦ ἐξομολογήσασθαι
ІСПОВѢДꙖТЪ 7a16 Ps144,5 διηγήσονται
ІСПОВѢДꙖТЪ 7a19 Ps144,6 διηγήσονται
ІСПОВѢДꙖТЪ СꙖ 7b1 Ps144,10 ἐξομολογησάσθωσαν
ИСПРАВИТИ (СѦ) pf.
ІСПРАВИТЪ СꙖ 3a3 Ps139,12 κατευθυντήσεται
ДА СꙖ ІСПРАВИТЪ 3a19 Ps140,2 κατευθυνθήτω
ІСПРАВИ 31b20 lit/Ps89,17 κατεύθυνον
ИСПРАВІ 31b21 lit/Ps89,17 κατεύθυνον
ИСПЫТАТИ pf. ipf.
ІСПЫТАІ 2a13 Ps138,23 ἔτασον
[И]СТАТИ pf. v. ИСТАѢТИ
ИСТАѢТИ pf.
ІСТААХЪ 2a8 Ps138,21 ἐξετηκόμην
ИСТАШꙖ 18b2 Ct3/Hab3,6 ἐτάκησαν

ИСТИНА f.
ІСТІНѪ 4b16 Ps142,1 τῇ ἀληθείᾳ
ІСТІНѪ 8a7 Ps144,18 ἀληθείᾳ
ІСТІНѪ 8b10 Ps145,6 ἀλήθειαν
ИСТОЧЬНИКЪ m.
ІСТОЧЬНИЦИ 28b1 Ct11/Dn3,9 αἱ πηγαί
ІСТОЧЬНИКЪ 31a3 lit/Ps40,5 πηγή
ИСТЬЛѢНИЕ n.
ІСТЬЛѢНИІ 3a6 Ps139,12 διαφθοράν
ИСТЬЛѢНИѢ 21a23 Ct5/Jon2,7 φθορᾶς
ИСТѢЛЕНИЕ n.
ІСТѢЛЕНИЕ 20b14 Ct4/Is26,19 ἴαμα
ИСОУ-ХРИСТЪ m.
И(СО)У(Х)(РИСТ)Е 30b5 lit/Ct15,14 ’Ιησοῦ Χριστέ
И(СО)УХ(РИСТ)Ь 30b15 lit/Ct15,27 ’Ιησοῦς Χριστός
ИСХОДИЩЕ n.
ІСХОДИШТІХЪ 6b17 Ps143,13 ταῖς ἐξόδοις
ИСХОДЪ m.
ІСХОДѢ 12b1 τῷ ἐξόδῳ
ИСЦѢЛЕНИЕ n. v. ИСТѢЛЕНИЕ
ИСЦѢЛИТИ, ИСТѢЛИТИ pf.
(ИСЦѢЛ)ѢꙖІ 9a5 Ps146,3 ὁ ἰώμενος
ІСТѢЛꙖ 17a19 Ct2/Dt32,39 ἰάσομαι
ИСЦѢЛИ 30b23 lit/Ct15,41 ἴασαι
ИТИ ipf. pf.
ІДѪ 1a15 Ps138,7 πορευθῶ
ІДЕТЪ 18a20 Ct3/Hab3,5 πορεύσεται
ІДѪ 23a7 Ct7/Is38,10 πορεύσομαι
ПРѢДИ ІДЕШИ 29b9 Ct13/L1,76 προπορεύσῃ
ИЩЕЅНѪТИ pf.
ШТЕЅЪ 23a15 Ct7/Is38,12 ἐξέλιπον
ИЩИСТИ pf.
ІЩЬТѪ 1b20 Ps138,18 ἐξαριθμήσομαι
ИЮДѢИСКЪ adj.
ІЮДѢІСКА 23a4 Ct7/Is38
ІЮДѢІСКА 24a10 Ct8/Manas
ИѢКОВЛЬ adj.
ІѢКОВЛЬ 8b5 Ps145,5 Ιακωβ
ИѢКОВЛЬ 24a14 Ct8/Manas 1 Ιακωβ
ИѢКОВЪ m.
(ИѢКО)ВОУ 10a8 Ps147,8 τῷ Ιακωβ
ИѢКОВОУ 14b13 Ct2/Dt32,9 Ιακωβ
ИѢКОВЪ 15a14 Ct2/Dt32,15 Ιακωβ
ІѢКОВОУ 24b21 Ct8/Manas 8 Ιακωβ
ИЕЅЕКИЛЕВЪ adj.
ІЕЅЕКИЛЕВА 23a4 Ct7/Is38 Εζεκιου
ИЕРОУСАЛИМЪ m.
И(ЕРОУСА)Л(И)МА 9a3 Ps146,2 Ιερουσαλημ
І(ЕРОУСА)ЛИМЕ 9b10 Ps147,1 Ιερουσαλημ
І(ЕРОУСА)ЛИМЪ 25b25 Ct9/Dn3,28 Ιερουσαλημ
ИЕРѢИ m.
ІЕРѢИ 28b8 Ct11/Dn3,84 ἱερεῖς
КАДИЛО n.
КАДИЛО 3a20 Ps140,2 θυμίαμα
КА(ДИ)ЛА 26b11 Ct9/Dn3,38 θυμίαμα
КАКО adv.
КАКО 16b4 Ct2/Dt32,30 πῶς
КАМО adv.
КАМО 1a15 Ps138,7 ποῦ
КАМО 1a16 Ps138,7 ποῦ
КАМЫ m.
ПРІ КАМЕНИ 3b15 Ps140,6 ἐχόμενα πέτρας
КАМЕНЬ 12b15 Ct1/Ex15,5 λίθος
КАМЕНЕ 15a7 Ct2/Dt32,13 πέτρας
КАМЕНЕ 15a8 Ct2/Dt32,13 πέτρας
КАѢТИ СѦ ipf.
КАꙖ СꙖ 24b11 Ct8/Manas 7 μετανοῶν

КАѬШТИЦ(МЪ) СѦ 25b1 Ct8/Manas 13 τῶν μετανοούντων
КЕДРЪ m.
КЕДРI 10b12 Ps148,9 κέδροι
КИТЪ m.
КИТИ 28b2 Ct11/Dn3,79 κήτη
КЛАНѢТИ СА ipf.
КЛАНѢЕМЪ СѦ 28b18 lit προσκυνοῦμεν
КЛАНѢЕМЪ СѦ 30a26 lit/Ct15,6 προσκυνοῦμεν
КЛАТВА f.
КЛѦТВѪ 29b1 Ct13/L1,73 ὅρκον
КЛАТИ СА ipf.
КЛЬНѪ СѦ 17a23 Ct2/Dt32,40 ὀμοῦμαι
КЛѦТЪ СѦ 29b1 Ct13/L1,73 ὤμοσεν
КОГДА adv. et conj.
ЕДА КОГДА 2b19 Ps139,9 μήποτε
КОЗЬЛЬ adj.
КОЗЕЛЬ 15a11 Ct2/Dt32,14 τράγων
КОЛЕСНИЦА f.
КОЛЕСНIЦА 12b10 Ct1/Ex15,4 ἅρματα
КОЛЕСНIЦАМИ 13b19 Ct1/Ex15,19 ἅρμασιν
КОЛѢНО n.
КОЛѢНѢ 25a17 Ct8/Manas 11 γόνυ
КОНЬ m.
КОНЪ 12b3 Ct1/Ex15,1 ἵππον
КОНЬ 13b18 Ct1/Ex15,19 ἵππος
КОНIѦ 18b11 Ct3/Hab3,8 τοὺς ἵππους
КОНIѦ 19a13 Ct3/Hab3,15 τοὺς ἵππους
КОНЬСКЪ adj.
КОНЬСТѢ 9b3 Ps146,10 τοῦ ἵππου
КОНЬЦЬ m.
КОНЦЬ 1a1 Ps138,1 τὸ τέλος
КОНЦЬ 2a18 Ps139,1 τὸ τέλος
КОНЬЦА 7a10 Ps144,3 πέρας
КОНЕЦЬ 19a7 Ct3/Hab3,13 τέλος
КОНЬЦЕМЪ 22b24 Ct6/1Rg2,10 ἄκρα
КОНЬЦА 26a21 Ct9/Dn3,34 τέλος
КОНЦI 32a2 lit
КО(Н)ЦЫ 32a3 lit
КОРИСТЬ f.
КОРИСТЬ 13a4 Ct1/Ex15,9 σκῦλα
КОСНѪТИ pf.
КОСНI 6a9 Ps143,5 ἅψαι
КОСТЬ f.
КОСТЬ 1b8 Ps138,15 τὸ ὀστοῦν
КОСТI 3b19 Ps140,7 τὰ ὀστᾶ
КОСТI 19a18 Ct3/Hab3,16 τὰ ὀστᾶ
КОСТI 23b2 Ct7/Is38,13 τὰ ὀστᾶ
КРАВИИ adj.
КРАВИЕ 15a9 Ct2/Dt32,14 βοῶν
КРИЛО n.
КРIЛѢ 1a19 Ps138,9 τὰς πτέρυγας
КРIЛѢ 15a1 Ct2/Dt32,11 τὰς πτέρυγας
КРОВЪ m.
КРЪВИ (!) 18b6 Ct3/Hab3,7 αἱ σκηναί
КРОВЪ 23a19 Ct7/Is38,12 σκηνήν
КРОМѢ adv. praep. c. gen.
КРОМѢ 12a3 Ps151,1 ἔξωθεν
КРОТЪКЪ adj.
КРОТЪКЫѦ 9a13 Ps146,6 πραεῖς
КРОТЪКЫѦ 11a18 Ps149,4 πραεῖς
КРЪВЬ f.
КРЪВЕИ 2a1 Ps138,19 αἱμάτων
КРОВЬ 15a13 Ct2/Dt32,14 αἷμα
КРЪВИ 17b7 Ct2/Dt32,42 αἵματος
КРЪВЕ 17b10 Ct2/Dt32,42 αἵματος
КРОВЬ 17b19 Ct2/Dt32,43 τὸ αἷμα

КРЬСТИТЕЛЬ m.
КРЬСТIТЕЛЮ 32b25 lit βαπτιστά
КРѢПОСТЬ f.
КРѢПО(С)ТЬ 9a10 Ps146,5 ἡ ἰσχύς
КРѢПОСТЬѬ 12b17 Ct1/Ex15,6 ἐν ἰσχύι
КРѢПОСТЬѬ 13a18 Ct1/Ex15,13 τῇ ἰσχύι
КРѢПОСТI 18a18 Ct3/Hab3,4 ἰσχύος
КРѢПОСТЬ 19a20 Ct3/Hab3,16 ἡ ἰσχύς
КРѢПОСТIѬ 22b7 Ct6/1Rg2,9 ἐν τῇ ἰσχύι
КРѢПОСТЬ 23a1 Ct6/1Rg2,10 ἰσχύν
КРѢПОСТЬ 27a10 Ct9/Dn3,44 ἡ ἰσχύς
КОУМБАЛЪ m.
КОУМБАЛѢХЪ 11b21 Ps150,5 κυμβάλοις
КОУМБАЛѢХЪ 11b23 Ps150,5 κυμβάλοις
КОУПЬНО adv.
КОУПЬНО СЪ 17b13 Ct2/Dt32,43 ἅμα
КОУПЬНО СЪ 27a24 Ct9/Dn3,49 ἅμα
КЪ praep. c. dat.
КЪ πρός 1a14 Ps138,6 * 3a15 Ps140,1 * 3a18 Ps140,1 * 3b20 Ps140,8 * 4a8 Ps141,2 * 4a10 Ps141,2 * 4b1 Ps141,6 * 5a10 Ps142,6 * 5a22 Ps142,8 * 5b2 Ps142,9 * 5b16 Ps143,1 *
КЪ 12a4 Ps151,1 gr. 0
КЪ 19b15 Ct4/Is26,9 πρός
КЪ 21a3 Ct5/Jon2,3 πρός
КЪ 21a14 Ct5/Jon2,5 πρός
КЪ 21a24 Ct5/Jon2,7 πρός
КЪ 21b3 Ct5/Jon2,8 πρός
КЪ 21b4 Ct5/Jon2,8 εἰς
КЪ 23b9 Ct7/Is38,14 πρός
КЪ 29a11 Ct12/L1,55 πρός
КЪ 29b1 Ct13/L1,73 πρός
КЪ 30a6
КЪ 30b26 lit/Ps142,9b πρός
КЪ 31b27 lit/Ps140,1 πρός
КЪ 31b28 lit/Ps141,2 πρός
КЪДЕ adv.
КЪДЕ 17a9 Ct2/Dt32,37 ποῦ
КЪЖДЕ pron.
КЪЖДЕ 7a5 Ps144,2 ἑκάστην
КЪНИГЫ f. pl.
КЪНИГАХЪ 1b13 Ps138,16 τὸ βιβλίον
КЪНИГЫ 12a1 Ps 151
КЪНАЅЬ m.
КЪНѦЅѦ 8a21 Ps145,3 ἄρχοντας
КЪНѦЅИ 10b16 Ps148,11 ἄρχοντες
КЪНѦЅI 13b2 Ct1/Ex15,15 ἄρχοντες
КЪНѦЅЬ 17b11 Ct2/Dt32,42 ἀρχόντων
КЪНѦЅ(Ѣ) 26b8 Ct9/Dn3,38 ἄρχων
КЪТО pron.
КЪТО τίς 10a2 Ps147,6 * 12a10 Ps151,3 * 13a10 Ct1/Ex15,11 * 13a11 Ct1/Ex15,11
КУМБАЛЪ v. КОУМБАЛЪ
ЛАКАТИ ipf.
ЛАЧѪШТИМЪ 8b12 Ps145,7 τοῖς πεινῶσιν
ЛАЧѪШТИИ 22a10 Ct6/1Rg2,5 οἱ πεινῶντες
ЛАЧѪШТѦѦ 29a7 Ct12/L1,53 πεινῶντας
ЛАКЪТЬ m.
ЛАКОТЪ 27a21 Ct9/Dn3,47 πήχεις
ЛАСТОВИЦА f.
ЛАСТОВИЦА 23b4 Ct7/Is38,14 χελιδών
ЛЕДЪ m.
ЛЕДИ 28a19 Ct11/Dn3,69 πάγος
ЛИ conj.
ЛИ 6a4 Ps143,3 ἤ
ЛИ 18b9 Ct3/Hab3,8 ἤ
ЛИ 18b10 Ct3/Hab3,8 ἤ

ли part.
ли 2a6 Ps138,21 gr. 0
ли 14a20 Ct2/Dt32,6 gr. 0
ли 14b1 Ct2/Dt32,6 gr. 0
ли 16b17 Ct2/Dt32,34 gr. 0
ли оѵбо 21a14 Ct5/Jon2,5 ἄρα
ликъ m.
лицѣ 11a14 Ps149,3 χορῷ
лицѣ 11b18 Ps150,4 χορῷ
лице n.
лица 1a16 Ps138,7 τοῦ προσώπου
лицемь 3a13 Ps139,14 τῷ προσώπῳ
лица 5a15 Ps142,7 τὸ πρόσωπον
(л)ицю 10a2 Ps147,6 πρόσωπον
лице 15b9 Ct2/Dt32,20 τὸ πρόσωπον
лицемь 18a20 Ct3/Hab3,5 προσώπου
лица 24b1 Ct8/Manas 4 προσώπου
лица 26b25 Ct9/Dn3,41 τὸ πρόσωπον
лицемь 29b10 Ct13/L1,76 προσώπου
лицемь 30a2 Ct14/L2,31 πρόσωπον
лишити сѧ pf.
лишишѧ сѧ 22a9 Ct6/1Rg2,5 ἠλαττώθησαν
ложе n.
ложихъ 11a21 Ps149,5 τῶν κοιτῶν
лоꙁа f.
лоꙁа 16b11 Ct2/Dt32,32 ἡ κληματίς
лоꙁие n.
лоꙁиемь 27a18 Ct9/Dn3,46 κληματίδα
лоѵчьнїи adj. poss.
лоѵче 28b21 τοῦ κατὰ Λουκᾶν
лоѵче 29a14 τοῦ κατὰ Λουκᾶν
лоѵче 29b23 τοῦ κατὰ Λουκᾶν
лоѵчее (!) 30a7
лоѵна f.
лоѵна 10a18 Ps148,3 σελήνη
лоѵна 18b20 Ct3/Hab3,11 ἡ σελήνη
лъжа f.
лъжѫ 21b7 Ct5/Jon2,9 ψευδῆ
лысто n.
лыстех(ъ) 9b4 Ps146,10 ταῖς κνήμαις
львъ m.
львоѵ 23b1 Ct7/Is38,13 λέοντι
льсть f.
льсті 1a9 Ps138,4 λόγος
лѣпота f.
лѣпотоѭ 24a17 Ct8/Manas 2 τῷ κόσμῳ
лѣто n.
лѣта 14b5 Ct2/Dt32,7 ἔτη
длъго лѣтъ живѫтъ 16a17 Ct2/Dt32,27
μακροχρονίσωσιν
лѣто 16b3 Ct2/Dt32,29 χρόνον
лѣта 18a7 Ct3/Hab3,2 τὰ ἔτη
лѣта 22b5 Ct6/1Rg2,9 ἔτη
лѣта 23a8 Ct7/Is38,10 τὰ ἔτη
любити ipf.
любѧщѧѧ 8a11 Ps144,20 τοὺς ἀγαπῶντας
любитъ 8b16 Ps145,8 ἀγαπᾷ
любы f.
любовь 18a18 Ct3/Hab3,4 ἀγάπησιν
людье, -ие m. pl.
люди 6a1 Ps143,2 τὸν λαόν
люди 6b22 Ps143,15 τὸν λαόν
людие 6b23 Ps143,15 ὁ λαός
людие 10b15 Ps148,11 λαοί
людеı 11a1 Ps148,14 λαοῦ
(л)юдемъ 11a4 Ps148,14 λαῷ
людемь 11a16 Ps149,4 ἐν λαῷ
людехъ 11b2 Ps149,7 τοῖς λαοῖς
люди 13a16 Ct1/Ex15,13 τὸν λαόν
людие 13b9 Ct1/Ex15,16 ὁ λαός
людие 13b11 Ct1/Ex15,16 ὁ λαός
людие 14a22 Ct2/Dt32,6 λαός
людеи 14b13 Ct2/Dt32,9 λαός
людемъ 17a3 Ct2/Dt32,36 τὸν λαόν
людьми 17b17 Ct2/Dt32,43 τοῦ λαοῦ
людеı 17b24 Ct2/Dt32,43 τοῦ λαοῦ
людие 18b16 Ct3/Hab3,10 λαοί
людемъ 19a3 Ct3/Hab3,13 λαοῦ
люди 19a22 Ct3/Hab3,16 λαόν
люди 20a1 Ct4/Is26,11 λαόν
людие 20b19 Ct4/Is26,20 λαός
людемъ 29a17 Ct13/L1,68 τῷ λαῷ
людемъ 29b12 Ct13/L1,77 τῷ λαῷ
людеи 30a3 Ct14/L2,31 τῶν λαῶν
людеı 30a5 Ct14/L2,32 λαοῦ
людьскъ adj.
людьскыими 22a24 Ct6/1Rg2,8 λαῶν
лютъ adj.
люта 6b2 Ps143,10 πονηρᾶς
лѫкавъ adj.
лѫкава 2a19 Ps139,2 πονηροῦ
лѫкавьнъ adj.
лѫкавъна 3b4 Ps140,4 πονηρίας
лѫкавьнѣишю 26a15 Ct9/Dn3,32 πονηροτάτῳ
лѫкъ m.
лѫкъ 18b13 Ct3/Hab3,9 τὸ τόξον
лѫкъ 22a6 Ct6/1Rg2,4 τόξον
мадиѣмьскъ adj.
мадиѣмьскы 18b6 Ct3/Hab3,7 Μαδιαμ
мало adv.
мало 20a21 Ct4/Is26,16 μικρᾷ
мало 20b23 Ct4/Is26,20 μικρόν
манасиинъ adj.
манасиіна 24a10 Μανασση
мариѣ f.
марие 32b21 lit Μαρια
маслиньнъ adj.
маслıнно 19b1 Ct3/Hab3,17 ἐλαίας
масло n.
масло 15a9 Ct2/Dt32,14 βούτυρον
мати f.
матере 1b4 Ps138,13 μητρός
матере 21b14 Ct6/1Rg2 μητρός
медъ m.
медъ 15a7 Ct2/Dt32,13 μέλι
метати ipf.
метаѭщаего 9b22 Ps147,6 βάλλοντος
мечь m.
мечи 11a23 Ps149,6 ῥομφαῖαι
мечь 12a19 Ps151,7 τὴν μάχαιραν
мечемь 13a5 Ct1/Ex15,9 τῇ μαχαίρῃ
мечь 16a10 Ct2/Dt32,25 μάχαιρα
мечь 17b1 Ct2/Dt32,41 τὴν μάχαιραν
милосрьдъ adj.
милосрьдъ 24b9 Ct8/Manas 7 εὔσπλαγχνος
милосрьдеı 29b14 Ct13/L1,78 σπλάγχα
милостивъ adj.
милостівъ 7a23 Ps144,8 ἐλεήμων
милость f.
милостьѭ 3b9 Ps140,5 ἐν ἐλέει
милость 5a18 Ps142,8 τὸ ἔλεος
милостьѭ 5b11 Ps142,12 ἐν τῷ ἐλέει
ми(л)ост(ь) 5b20 Ps143,2 ἔλεος
милость 9b8 Ps146,11 τὸ ἔλεος

милостьѭ	12a13 Ps151,4	ἐν τῷ ἐλαίῳ
милость	18a11 Ct3/Hab3,2	ἐλέους
милость	21b7 Ct5/Jon2,9	ἔλεος
на милость	23b23 Ct7/Is38,18	τὴν ἐλεημοσύνην
милость	24b8 Ct8/Manas6	τὸ ἔλεος
милості	25b5 Ct8/Manas14	ἔλεος
милості	26a24 Ct9/Dn3,35	τὸ ἔλεος
милост‹ь›	26b13 Ct9/Dn3,38	ἔλεος
милості	27a1 Ct9/Dn3,42	τοῦ ἐλέους
милость	29a1 Ct12/L1,50	τὸ ἔλεος
милость	29a11 Ct12/L1,54	ἐλέους
милость	29a25 Ct13/L1,72	ἔλεος
милості	29b14 Ct13/L1,78	ἐλέους
милость	31a6 lit/Ps35,11	τὸ ἔλεος
милость	31a14 lit/Ps32,22	τὸ ἔλεος
милость	31a25 lit/Ps137,8	τὸ ἔλεος
‹мило›сті	31b9 lit/Ps89,14	τοῦ ἐλέους
милость	32a26 lit/Ps32,22	τὸ ἔλεος
‹мило›сть	32b8 lit/Ps137,8	τὸ ἔλεος
мимоити pf.ipf.		
мимоιдѫтъ	10b5 Ps148,6	παρελεύσεται
мимоидєтъ	20b24 Ct4/Is26,20	παρέλθῃ
миръ$_1$ m.		
миръ	9b15 Ps147,3	εἰρήνην
миръ	20a4 Ct4/Is26,12	εἰρήνην
миромъ	29b26 Ct14/L2,29	εἰρήνῃ
миръ	30a23 lit/Ct15,2	εἰρήνη
м‹иром›ъ	32b19 lit/L2,29	εἰρήνῃ
миръ$_2$ m.		
вьсєго мира	30b8 lit/Ct15,19	τοῦ κόσμου
вьсєго мира	30b10 lit/Ct15,21	τοῦ κόσμου
вьсь міръ	32a17 lit	ὁ κόσμος
мирьнъ adj.		
мирєнъ	29b21 Ct13/L1,79	εἰρήνης
мисаиль m.		
мисаιлю	28b12 Ct11/Dn3,88	Μισαηλ
млънии f.		
млъниєѭ	6a11 Ps143,6	ἀστραπήν
млъниѭ	17b1 Ct2/Dt32,41	ἀστραπήν
млъниꙗ	18b24 Ct3/Hab3,11	ἀστραπῆς
млъниꙗ	28a23 Ct11/Dn3,73	ἀστραπαί
млѣко n.		
млѣко	15a9 Ct2/Dt32,14	γάλα
моавитьскъ adj.		
моѣвитьсті	13b2 Ct1/Ex15,15	Μωαβιτων
могѫть m.		
могѫтьми	22a23 Ct6/1Rg2,8	δυναστῶν
мои pron.		
моє	1a4 Ps138,2	μου
моє	1a4 Ps138,2	μου
моѣ	1a5 Ps138,2	μου
моѭ	1a6 Ps138,3	μου
моѭ	1a7 Ps138,3	μου
моꙗ	1a8 Ps138,3	μου
моємь	1a9 Ps138,4	μου
моѣ	1a11 Ps138,5	gr. 0
моєι	1a24 Ps138,11	μου
моѭ	1b3 Ps138,13	μου
моєꙗ	1b4 Ps138,13	μου
моѣ	1b7 Ps138,14	μου
моѣ	1b8 Ps138,15	μου
моѣ	1b10 Ps138,15	μου
моє	1b12 Ps138,16	μου
моє	2a13 Ps138,23	μου
моꙗ	2a14 Ps138,23	μου
моꙗ	2b7 Ps139,5	μου
моιма	2b9 Ps139,6	μου
моι	2b12 Ps139,7	μοι
моѭ	2b13 Ps139,7	μου
моєго	2b14 Ps139,8	μου
моєѭ	2b15 Ps139,8	μου
моєꙗ	2b18 Ps139,9	μου
моєꙗ	3a17 Ps140,1	μου
моѣ	3a20 Ps140,2	μου
моєю	3a21 Ps140,2	μου
моιмъ	3a24 Ps140,3	μου
моіхъ	3b2 Ps140,3	μου
моєго	3b3 Ps140,4	μου
моєꙗ	3b12 Ps140,5	μου
моѣ	3b13 Ps140,5	μου
моι	3b16 Ps140,6	μου
моі	3b20 Ps140,8	μου
моєꙗ	3b22 Ps140,8	μου
моιмь	4a8 Ps141,2	μου
моιмь	4a9 Ps141,2	μου
моѭ	4a12 Ps141,3	μου
моѭ	4a12 Ps141,3	μου
моι	4a15 Ps141,4	μου
моꙗ	4a16 Ps141,4	μου
моєꙗ	4a23 Ps141,5	μου
моє	4b2 Ps141,6	μου
моѣ	4b3 Ps141,6	μου
моѭ	4b4 Ps141,7	μου
моѭ	4b9 Ps141,8	μου
моѭ	4b15 Ps142,1	μου
моє	4b16 Ps142,1	μου
моѭ	4b23 Ps142,3	μου
моі	5a1 Ps142,3	μου
моι	5a4 Ps142,4	μου
моє	5a5 Ps142,4	μου
моι	5a10 Ps142,6	μου
моѣ	5a11 Ps142,6	μου
моι	5a14 Ps142,7	μου
моѭ	5a23 Ps142,8	μου
моιхъ	5b1 Ps142,9	μου
моι	5b4 Ps142,10	μου
моѭ	5b10 Ps142,11	μου
моꙗ	5b12 Ps142,12	μου
моєι	5b14 Ps142,12	μου
моι	5b17 Ps143,1	μου
моι	5b18 Ps143,1	μου
моꙗ	5b19 Ps143,1	μου
моѣ	5b20 Ps143,2	μου
моі	5b21 Ps143,2	μου
м‹оє›	5b21 Ps143,2	μου
моι	5b22 Ps143,2	μου
моі	5b23 Ps143,2	μου
моꙗ	6a2 Ps143,2	μου
моі	7a1 Ps144,1	μου
моі	7a2 Ps144,1	μου
моѣ	8a14 Ps144,21	μου
моѣ	8a18 Ps145,1	μου
моємь	8a19 Ps145,2	μου
моємоу	8a20 Ps145,2	μου
моєι	12a5 Ps151,1	μου
моєго	12a6 Ps151,1	μου
моєго	12a7 Ps151,1	μου
моι	12a8 Ps151,2	μου
моι	12a9 Ps151,2	μου
моємоу	12a10 Ps151,3	μου
моєго	12a14 Ps151,4	μου
моѣ	12a15 Ps151,5	μου

мои 12b7 Ct1/Ex15,2 μου
моѥго 12b7 Ct1/Ex15,2 μου
моѣ 13a6 Ct1/Ex15,9 μου
моихъ 14a5 Ct2/Dt32,1 μου
моє 14a7 Ct2/Dt32,2 μου
мои 14a8 Ct2/Dt32,2 μου
моѥꙗ 15b22 Ct2/Dt32,22 μου
моꙗ 16a4 Ct2/Dt32,2 μου
моѥю 17a21 Ct2/Dt32,39 μου
моѭ 17a23 Ct2/Dt32,40 μου
мои 17b2 Ct2/Dt32,41 μου
моѣ 17b3 Ct2/Dt32,41 μου
моꙗ 17b7 Ct2/Dt32,42 μου
моє 17b8 Ct2/Dt32,42 μου
моѣ 18a10 Ct3/Hab3,2 μου
моє 19a16 Ct3/Hab3,16 μου
моихъ 19a17 Ct3/Hab3,16 μου
моꙗ 19a19 Ct3/Hab3,16 μου
моѣ 19a20 Ct3/Hab3,16 μου
моѥꙗ 19a21 Ct3/Hab3,16 μου
моѥго 19a23 Ct3/Hab3,16 μου
моѥмь 19b8 Ct3/Hab3,18 μου
моѣ 19b9 Ct3/Hab3,19 μου
мои 19b9 Ct3/Hab3,19 μου
мои 19b10 Ct3/Hab3,19 μου
мои 19b15 Ct4/Is26,9 μου
мои 20b20 Ct4/Is26,20 μου
моѥи 21a2 Ct5/Jon2,3 μου
мои 21a3 Ct5/Jon2,3 μου
мои 21a5 Ct5/Jon2,3 μου
мои 21a6 Ct5/Jon2,3 μου
моѥꙗ 21a17 Ct5/Jon2,6 μου
моѣ 21a19 Ct5/Jon2,6 μου
мои 21a24 Ct5/Jon2,7 μου
мои 21a25 Ct5/Jon2,7 μου
моѣ 21b2 Ct5/Jon2,8 μου
моѣ 21b4 Ct5/Jon2,8 μου
моє 21b13 Ct5/Jon2,10 μου
моє 21b15 Ct6/1Rg2,1 μου
мои 21b16 Ct6/1Rg2,1 μου
моѥмь 21b17 Ct6/1Rg2,1 μου
моѣ 21b18 Ct6/1Rg2,1 μου
моꙗ 21b18 Ct6/1Rg2,1 μου
моихъ 23a7 Ct7/Is38,10 μου
моѥго 23a17 Ct7/Is38,12 μου
мои 23a20 Ct7/Is38,12 μου
моꙗ 23b2 Ct7/Is38,13 μου
мои 23b7 Ct7/Is38,14 μου
моѥꙗ 23b11 Ct7/Is38,15 μου
моє 23b14 Ct7/Is38,16 μου
моѭ 23b16 Ct7/Is38,17 μου
моꙗ 23b18 Ct7/Is38,17 μου
моѥго 24a5 Ct7/Is38,19 μου
моѥго 24a8 Ct7/Is38,20 μου
моѥго 24a9 Ct7/Is38,20 μου
моѣ 25a4 Ct8/Manas 9 μου
моѣ 25a5 Ct8/Manas 9 μου
моихъ 25a8 Ct8/Manas 9 μου
(мо)ѥꙗ 25a11 Ct8/Manas 10 μου
моѥго 25a18 Ct8/Manas 11 μου
моѣ 25a20 Ct8/Manas 12 μου
моими 25a24 Ct8/Manas 13 μου
моихъ 25a26 Ct8/Manas 13 μοι
моѥго 25b7 Ct8/Manas 15 μου
моѣ 28b22 Ct12/L1,46 μου
мои 28b23 Ct12/L1,47 μου
моѥмь 28b23 Ct12/L1,47 μου

мои 30a1 Ct14/L2,30 μου
моѭ 30b24 lit/Ps40,5 μου
мои 31a2 lit/Ps35,10 μου
моѣ 31b25 lit/Ps103,1 μου
мои 31b25 lit/Ps103,1 μου
моимъ 31b28 lit/Ps141,2 μου

молєниє n.
молєниє 4b16 Ps142,1 τὴν δέησιν

молитва f.
молитвѫ 2b13 Ps139,7 τὴν φωνὴν τῆς δεήσεως
молитвы 3a16 Ps140,1 τῆς δεήσεως
молитва 3a19 Ps140,2 ἡ προσευχή
молитва 3b13 Ps140,5 ἡ προσευχή
молитва 4a7 Ps141,1 προσευχή
молитвѫ 4a11 Ps141,3 τὴν δέησιν
молитвѫ 4b4 Ps141,7 πρὸς τὴν δέησιν
молитвѫ 4b15 Ps142,1 τῆς προσευχῆς
молитвѫ 8a9 Ps144,19 τῆς δεήσεως
молитвы 19a16 Ct3/Hab3,16 προσευχῆς
молітва 21a1 Ct5/Jon προσευχή
молитва 21b4 Ct5/Jon2,8 ἡ προσευχή
мо(л)(и)тв(а) 21b14 Ct6/1Rg2 προσευχή
молитвѫ 22b3 Ct6/1Rg2,9 εὐχήν
мо(л)(итва) 23a4 Ct7/Is38 προσευχή
мол(итва) 24a10 Ct8/Manas προσευχή
мо(л)(ит)ва 25b11 Ct9/Dn3 ὕμνος
(м)о(л)(итва) 28a3 Ct11/Dn3 ὕμνος
мол(итва) 29a14 Ct13/L1 προσευχή
мол(итва) 29b22 Ct14/L2 προσευχή
мол(итва) 30a6
молитвѫ 30b11 lit/Ct15,22 τὴν δέησιν
мол(и)твы 32a4 lit
(мо)литвы 32a6 lit

молитвьнъ adj.
пѣс(нь) молітвънѫѭ 32a19 lit τὴν εὐχήν

молити сѧ ipf.
молихъ сꙗ 4a10 Ps141,2 ἐδεήθην
молꙗщюѥмоу сꙗ 22b3 Ct6/1Rg2,9 τῷ εὐχομένῳ
молꙗ сꙗ 25a22 Ct8/Manas 13 δεόμενος

морє n.
морю 1a20 Ps138,9 τῆς θαλάσσης
морє 8b9 Ps145,6 τὴν θάλασσαν
морє 12b4 C1/Ex15,1 θάλασσαν
морє 12b11 Ct1/Ex15,4 θάλασσαν
мори 12b14 Ct1/Ex15,4 θαλάσσῃ
морѣ 13a2 Ct1/Ex15,8 τῆς θαλάσσης
морє 13a7 Ct1/Ex15,10 θάλασσα
морє 13b20 Ct1/Ex15,19 θάλασσαν
морѣ 13b23 Ct1/Ex15,19 τῆς θαλάσσης
морє 18b10 Ct3/Hab3,8 θαλάσσῃ
морє 19a13 Ct3/Hab3,15 θάλασσαν
морє 24a18 Ct8/Manas 3 τὴν θάλασσαν
мо(рѣ) 26b3 Ct9/Dn3,36 τῆς θαλάσσης
морѣ 28b1 Ct11/Dn3,9 θάλασσαι

морьскъ adj.
морьскѫѭ 13b21 Ct1/Ex15,19 τῆς θαλάσσης
морьскаѥго 21a8 Ct5/Jon2,4 θαλάσσης
морьскаѥго 25a1 Ct8/Manas 9 θαλάσσης

мосѣовъ adj.
мосѣова 12b1 Ct1/Ex15 Μωυσεως
мосѣова 14a2 Ct2/Dt32 Μωυσεως

моѣвитьскъ v. моавитьскъ

морѧзъ m.
морѧза 10a2 Ps147,6 ψύχους
морѧзи 28a19 Ct11/Dn3,69 ψῦχος

мрьзость f.
  мръзостехъ 15a20 Ct2/Dt32,16 βδελύγμασιν
мрьзъкъ adj.
  мръзокъ 26a13 Ct9/Dn3,32 ἐχθίστων
мрьтвити ipf.
  мрътвітъ 22a15 Ct6/1Rg2,6 θανατοῖ
мрьтвъ adj.
  мрътві 5a3 Ps142,3 νεκρούς
  мрътвіи 20a10 Ct4/Is26,14 οἱ νεκροί
  мрътвіи 20b10 Ct4/Is26,19 οἱ νεκροί
мрѣжа f.
  мрѣжѫ 4a3 Ps140,10 ἀμφιβλήστρῳ
мъногоплодьнъ adj.
  многоплодънъны 6b15 Ps143,13 πολυτόκα
мъногъ pron. adj.
  многъ 6a16 Ps143,7 πολλῶν
  многы 19a14 Ct3/Hab3,15 πολλά
  мъногаа 22a13 Ct6/1Rg2,5 ἡ πολλή
  мъ-ногами 25a9 Ct8/Manas 10 πολλῷ
  мьноѕ(ѣ)и 25b4 Ct8/Manas 14 τὸ πολύ
мъножьство n.
  множьство 9a7 Ps146,4 πλήθη
  мьножьствомь 12b18 Ct1/Ex15,7 τῷ πλήθει
  мъножь(с)твоу 26b28 Ct9/Dn3,42 τὸ πλῆθος
мы pron.
  намъ 20a5 Ct4/Is26,12 ἡμῖν
  намъ 20a6 Ct4/Is26,12 ἡμῖν
  ны 20a7 Ct4/Is26,13 ἡμᾶς
  намъ 20a22 Ct4/Is26,16 ἡμῖν
  намъ 25b16 Ct9/Dn3,27 ἡμῖν
  ны 25b24 Ct9/Dn3,28 ἡμᾶς
  ны 25b27 Ct9/Dn3,28 ἡμῖν
  намъ 26a7 Ct9/Dn3,30 ἡμῖν
  намъ 26a8 Ct9/Dn3,30 ἡμῖν
  намъ 26a9 Ct9/Dn3,31 ἡμῖν
  на ны 26a10 Ct9/Dn3,31 ἡμῖν
  ны 26a12 Ct9/Dn3,32 ἡμᾶς
  намъ 26a17 Ct9/Dn3,33 ἡμῖν
  насъ 26a21 Ct9/Dn3,34 ἡμᾶς
  насъ 26a25 Ct9/Dn3,35 ἡμῶν
  насъ 26b26 Ct9/Dn3,41 ἡμᾶς
  нами 26b27 Ct9/Dn3,42 ἡμῶν
  (нъ)і 27a2 Ct9/Dn3,43 ἡμᾶς
  насъ 29a24 Ct13/L1,71 ἡμᾶς
  нам(ъ) 29b2 Ct13/L1,74 ἡμῖν
  насъ 29b16 Ct13/L1,78 ἡμᾶς
  намъ 30a13 lit/Mt6,11 ἡμῖν
  мы 30a14 lit/Mt6,12 ἡμεῖς
  намъ 30a14 lit/Mt6,12 ἡμῖν
  насъ 30a16 lit/Mt6,13 ἡμᾶς
  ны 30a17 lit/Mt6,13 ἡμᾶς
  ны 30b9 lit/Ct15,20 ἡμᾶς
  ны 30b13 lit/Ct15,24 ἡμᾶς
  намъ 30b21 lit/Ps89,1 ἡμῖν
  намъ 31a9 lit/Ps118,12 ἡμᾶς
  насъ 31a15 lit/Ps32,22 ἡμᾶς
  ны 31b14 lit/Ps89,15 ἡμᾶς
  насъ 31b19 lit/Ps89,17 ἡμᾶς
  насъ 31b20 lit/Ps89,17 ἡμᾶς
  ны 32a5 lit
  намъ 32a22 lit ἡμᾶς
  насъ 32a27 lit/Ps32,22 ἡμᾶς
  ны 32b25 lit ἡμῶν
мысль f.
  мысліѫ 29a4 Ct12/L1,51 διανοίᾳ
мышица f.
  мышьцѩ 13b7 Ct1/Ex15,16 βραχίονος
  мышьца 19b25 Ct4/Is26,11 ὁ βραχίων
  мышьцеіѫ 29a3 Ct12/L1,51 ἐν βραχίονι
мьгла f.
  мъглѫ 9b20 Ps147,5 ὁμίχλην
мьньи adj.
  мьнеі 12a5 Ps151,1 μικρός
мьстити pf.
  мьстітъ 17b20 Ct2/Dt32,43 ἐκδικήσει
мьсть f.
  месть 3a8 Ps139,13 τὴν δίκην
  месть 11b1 Ps149,7 ἐκδίκησιν
  мьсті 16b20 Ct2/Dt32,35 ἐκδικήσεως
  месть 17b4 Ct2/Dt32,41 δίκην
  месть 17b21 Ct2/Dt32,43 δίκην
мьщати ipf.
  мъштаетъ 17b19 Ct2/Dt32,43 ἐκδικεῖται
мѣсто n.
  мѣста 26b12 Ct9/Dn3,38 τόπος
мѣсѧць m.
  мѣсѩць 28a13 Ct11/Dn3,3 σελήνη
мѧсо n.
  мѩса 17b9 Ct2/Dt32,42 κρέα
мѫжь m.
  мѫжь 2a1 Ps138,19 ἄνδρες
  мѫжа 2a20 Ps139,2 ἀνδρός
  мѫжь 3a3 Ps139,12 ἀνήρ
  мѫжа 3a4 Ps139,12 ἄνδρα
  мѫжь 22b7 Ct6/1Rg2,9 ἀνήρ
мѫжьскъ adj.
  (мѫ)жьстѣхъ 9b4 Ps146,10 τοῦ ἀνδρός
  мѫжескъ полъ 20a14 Ct4/Is26,14 ἄρσεν
мѫченикъ m.
  м(ѫ)ч(ени)ці 28b13 Ct11/Dn3,88 μάρτυρες
на praep.
  1) c. acc.
  на 1a17 Ps138,8 εἰς
  на 2a17 Ps138,24 ἐν
  на 2b19 Ps139,9 κατά
  на 3b20 Ps140,8 ἐπί
  на 5a1 Ps142,3 εἰς
  на 5a19 Ps142,8 ἐπί
  (н)а 5b6 Ps142,10 ἐν
  на 5b18 Ps143,1 εἰς
  на 5b19 Ps143,1 εἰς
  на 5b23 Ps143,2 ἐπ΄
  на 7a5 Ps144,2 κατά
  на 7b19 Ps144,15 εἰς
  на 8a21 Ps145,3 ἐπί
  на 8b7 Ps145,5 ἐπί
  на 9b6 Ps146,11 ἐν
  на 9b8 Ps146,11 ἐπί
  на 9b17 Ps147,4 gr. 0
  ізи(де) на сѣчь 12a4 Ps151,1 ἐμονομάχην
  на 13b6 Ct1/Ex15,16 ἐπί
  на 13b17 Ct1/Ex15,18 ἐπί
  на 13b21 Ct1/Ex15,19 ἐπί
  на 14a9 Ct2/Dt32,2 ἐπί
  на 14a10 Ct2/Dt32,2 ἐπί
  на 14a13 Ct2/Dt32,4 gr. 0
  на 14b21 Ct2/Dt32,11 ἐπί
  на 15a5 Ct2/Dt32,13 ἐπί
  на 15b11 Ct2/Dt32,20 ἐπί
  на 16a3 Ct2/Dt32,23 εἰς
  на 16a7 Ct2/Dt32,24 εἰς
  на 16b2 Ct2/Dt32,29 εἰς
  на 17a10 Ct2/Dt32,37 ἐπί
  на 17a22 Ct2/Dt32,40 εἰς

на 18a21 Ct3/Hab3,5 εἰς
на 18b11 Ct3/Hab3,8 ἐπί
на 18b14 Ct3/Hab3,9 ἐπί
на 19a13 Ct3/Hab3,15 εἰς
на 19b10 Ct3/Hab3,19 εἰς
на 19b11 Ct3/Hab3,19 ἐπί
(наведе) на нѩ 20a13 Ct4/Is26,14 (ἐπήγαγες)
на мѩ 21a16 Ct5/Jon2,6 μοι
на 21b18 Ct6/1Rg2,1 ἐπί
на 22b23 Ct6/1Rg2,10 εἰς
на 23b8 Ct7/Is38,14 εἰς
на 23b23 Ct7/Is38,18 gr. 0
на 24b5 Ct8/Manas 5 ἐπί
на ны 25b24 Ct9/Dn3,28 ἡμῖν
на 25b24 Ct9/Dn3,28 ἐπί
на 25b27 Ct9/Dn3,28 gr. 0
на 26a10 Ct9/Dn3,31 ἐπί
на 26b22 Ct9/Dn3,40 ἐπί
на 27a20 Ct9/Dn3,47 ἐπί
на 28b24 Ct12/L1,48 ἐπί
на 29b21 Ct13/L1,79 εἰς
на 30b18 lit/Ps144,2 κατά
на 31a16 lit/Ps32,22 ἐπί
на 31b16 lit/Ps89,16 ἐπί
на 31b16 lit/Ps89,16 ἐπί
на 32b1 lit/Ps32,22 ἐπί
2) c. loc.
на 1a12 Ps138,5 ἐπί
на 2b23 Ps139,11 ἐπί
на 3a4 Ps139,12 ἐπί
на 3b18 Ps140,7 ἐπί
на 4a17 Ps141,4 ἐν
на 4b3 Ps141,6 ἐν
на 6b20 Ps143,14 ἐν
на 7a26 Ps144,9 ἐπί
на 8a22 Ps145,3 ἐπί
на 10b22 Ps148,14 gr. 0
на 11a21 Ps149,5 ἐπί
на 15a2 Ct2/Dt32,11 ἐπί
на 16a4 Ct2/Dt32,23 εἰς
на 19b18 Ct4/Is26,9 ἐπί
на 19b20 Ct4/Is26,10 ἐπί
на 20b7 Ct4/Is26,18 ἐπί
на 20b9 Ct4/Is26,18 ἐπί
на 20b13 Ct4/Is26,19 ἐν
на 23a11 Ct7/Is38,11 ἐπί
на 25b2 Ct8/Manas 14 ἐν
на 27b20 Ct10/Dn3,54 ἐπί
на 27b23 Ct10/Dn3,55 ἐπί
на 27b27 Ct10/Dn3,56 ἐν
на 28a27 Ct11/Dn3,76 ἐν
на 30a8 lit/Mt6,9 ἐν
на 30a11 lit/Mt6,10 ἐν
на 30a11 lit/Mt6,10 ἐπί
на 30a23 lit/Ct15,2 ἐπί
на 31a14 lit/Ps32,22 ἐπί
на 31b19 Ps89,17 ἐπί
на 31b20 Ps89,17 ἐπί
на 32a3 lit
на 32a27 lit/Ps32,22 ἐπί
навести pf.
наведе 13b21 Ct1/Ex15,19 ἐπήγαγεν
наведе 19a13 Ct3/Hab3,15 ἐπεβίβασας
наведе 25b24 Ct9/Dn3,28 ἐπήγαγες
наведе 25b26 Ct9/Dn3,28 ἐπήγαγες
наведе 26a10 Ct9/Dn3,31 ἐπήγαγες
навлащи adv. vel adj.
навлашті 12a2 Ps151,1 ἰδιόγραφος
наводити ipf.
наводѩ 19b11 Ct3/Hab3,19 ἐπιβιβᾷ
надъ praep. c. instr.
надъ 2b15 Ps139,8 ἐπί
надъ 27a19 Ct9/Dn3,47 ἐπάνω
надѣѣти сѧ, надѣти сѧ ipf.
надѣите сѩ 8a21 Ps145,3 πεποίθατε
наказание n.
наказание 20a21 Ct4/Is26,16 ἡ παιδεία
наказати pf.
наказа 14b18 Ct2/Dt32,10 ἐπαίδευσεν
налещи pf.
налѩгѫтъ 16a17 Ct2/Dt32,27 συνεπιθῶνται
налѧщи pf.
налѩчеши 18b13 Ct3/Hab3,9 ἐντενεῖς
налѧцати ipf.
налѩцаѩ 18b13 Ct3/Hab3,9 ἐντείνων
намастити pf.
да намастітъ 3b11 Ps140,5 λιπανάτω
напасти pf.
нападетъ 13b6 Ct1/Ex15,16 ἐπιπέσοι
напасть f.
напасть 30a16 lit/Mt6,13 πειρασμόν
написати сѧ ipf.
напішѫтъ сѩ 1b14 Ps138,16 γραφήσονται
напѹавити pf.
напѹавити 29b20 Ct13/L1,79 τοῦ κατευθῦναι
наѹещи (сѧ) pf.
наѹече 24b16 Ct8/Manas 7 ὡρίσας
наѹечеши сѩ 29b9 Ct13/L1,76 κληθήσῃ
наѹицати ipf.
(на)ѹицаѩ 9a9 Ps146,4 καλῶν
насадити pf.
насади 13b12 Ct1/Ex15,17 καταφύτευσον
насладити сѧ pf.
да насладитъ сѩ 9a1 Ps146,1 ἡδυνθείη
наслѣдити pf.
наслѣдитъ 22b1 Ct6/1Rg2,8 κατακληρονομῶν
наставити pf.
наставитъ 1a21 Ps138,10 ὁδηγήσει
настави 2a16 Ps138,24 ὁδήγησον
наставитъ 5b5 Ps142,10 ὁδηγήσει
наставилъ еси 13a15 Ct1/Ex15,13 ὡδήγησας
наставі 31b17 lit/Ps89,16 ὁδήγησον
насытити (сѧ) pf.
насъішѫ 13a4 Ct1/Ex15,9 ἐμπλήσω
насыти 15a5 Ct2/Dt32,13 ἐψώμισεν
насыти сѩ 15a14 Ct2/Dt32,15 ἐνεπλήσθη
насъіщати pf.
насъішаеши 7b23 Ps144,16 ἐμπιπλᾷς
насъішаѩ 9b16 Ps147,3 ἐμπιπλῶν
насѫщьнъ adj.
насѫщьнъи 30a12 lit/Mt6,11 τὸν ἐπιούσιον
наоучати ipf.
наоучаѩ 5b17 Ps143,1 ὁ διδάσκων
наоучити (сѧ) pf.
наоучи 5b2 Ps142,10 δίδαξον
наоучите сѩ 19b17 Ct4/Is26,9 μάθετε
(н)аоучитъ сѩ 19b20 Ct4/Is26,10 μάθῃ
наоучи 30b26 lit/Ps142,10 δίδαξον
наоучи 31a17 lit/Ps118,12 δίδαξον
наоучи 32b2 lit/Ps118,12 δίδαξον
наѳта f.
наѳьтѫ 27a17 Ct9/Dn3,46 νάφθαν
начинание n.
начинанилѣ 22a5 Ct6/1Rg2,3 ἐπιτηδεύματα

НАЧѦТИ pf.
НАЧЬНѢТЕ 9a16 Ps146,7 ἐξάρξατε
НАШЬ pron. poss.
НАШЕМОУ 9a1 Ps146,1 ἡμῶν
НАШЬ 9a10 Ps146,5 ἡμῶν
НАШЕМОУ 9a17 Ps146,7 ἡμῶν
НАШЕМОУ 14a12 Ct2/Dt32,3 ἡμῶν
НАША 16a19 Ct2/Dt32,27 ἡμῶν
НАШЬ 16b8 Ct2/Dt32,31 ἡμῶν
НАШИ 16b9 Ct2/Dt32,31 ἡμῶν
НАШЬ 20a4 Ct4/Is26,12 ἡμῶν
НАШЬ 20a7 Ct4/Is26,13 ἡμῶν
НАШЬ 21b22 Ct6/1Rg2,2 ἡμῶν
НАШИМЪ 23a1 Ct6/1Rg2,10 ἡμῶν
НАШИХЪ 24a13 Ct8/Manas 1 ἡμῶν
НАШИ(ХЪ) 25b12 Ct9/Dn3,26 ἡμῶν
НАШИХЪ 25b25 Ct9/Dn3,28 ἡμῶν
НАШИХЪ 25b27 Ct9/Dn3,28 ἡμῶν
НАШ(ИХЪ) 26b7 Ct9/Dn3,37 ἡμῶν
НАША 26b19 Ct9/Dn3,40 ἡμῶν
НА(ШИ)ХЪ 27b10 Ct10/Dn3,52 ἡμῶν
НАШИМЪ 29a12 Ct12/L1,55 ἡμῶν
НАШЕГО 29a19 Ct13/L1,69 ἡμῶν
НАШИХЪ 29a23 Ct13/L1,71 ἡμῶν
НАШИМИ 29a25 Ct13/L1,72 ἡμῶν
НАШЕМОУ 29b2 Ct13/L1,73 ἡμῶν
НАШИХЪ 29b3 Ct13/L1,74 ἡμῶν
НАШЕГО 29b7 Ct13/L1,75 ἡμῶν
НАШИХЪ 29b13 Ct13/L1,77 ἡμῶν
НАШЕГО 29b15 Ct13/L1,78 ἡμῶν
НАШѩ[НАШѩ] 29b20 Ct13/L1,79 ἡμῶν
НАШЬ 30a8 lit/Mt6,9 ἡμῶν
НАШЬ 30a12 lit/Mt6,11 ἡμῶν
НАШѩ 30a14 lit/Mt6,12 ἡμῶν
НАШИМЪ 30a16 lit/Mt6,12 ἡμῶν
НАШѫ 30b11 lit/Ct15,22 ἡμῶν
НА(ШИ)ХЪ 31a10 lit/Dn3,26 ἡμῶν
НАШѩ 31b12 lit/Ps89,15 ἡμῶν
НАШЕГО 31b18 lit/Ps89,17 ἡμῶν
НАШIХЪ 31b19 lit/Ps89,17 ἡμῶν
НАШIХЪ 31b21 lit/Ps89,17 ἡμῶν
НАШIХЪ 32a23 lit/Dn3,26 ἡμῶν
НАШIМЪ 32b24 lit ἡμῶν
НАШЬСТВИЕ n.
НАШЕСТВIѢ 18b17 Ct3/Hab3,10 πορείας
НЕ part. neg.
НЕ 1a14 Ps138,6 οὐ μή
НЕ 1a25 Ps138,12 οὐ
НЕ 1b8 Ps138,15 οὐκ
НЕ 2a6 Ps138,21 οὐχί
НЕ 2b17 Ps139,9 μή
НЕ 2b19 Ps139,9 μή
НЕ 3a2 Ps139,11 μή
НЕ 3a3 Ps139,12 οὐ
НЕ 3b3 Ps140,4 μή
НЕ 3b7 Ps140,4 οὐ μή
НЕ 3b11 Ps140,5 μή
НЕ 3b21 Ps140,8 μή
НЕ 4a20 Ps141,5 οὐκ
НЕ 4b19 Ps142,2 μή
НЕ 4b21 Ps142,2 οὐ
НЕ 5a15 Ps142,7 μή
НЕ 8a21 Ps145,3 μή
НЕ 9b3 Ps146,10 οὐκ
НЕ 10a12 Ps147,9 οὐκ
НЕ 12a16 Ps151,5 οὐκ
НЕ 14a18 Ct2/Dt32,5 οὐκ
НЕ 14a22 Ct2/Dt32,6 οὐκ
НЕ 15a3 Ct2/Dt32,12 οὐκ
НЕ 15a22 Ct2/Dt32,17 οὐ
НЕ 15b1 Ct2/Dt32,17 οὐκ
НЕ 15b3 Ct2/Dt32,17 οὐκ
НЕ 15b15 Ct2/Dt32,21 οὐ
НЕ 15b18 Ct2/Dt32,21 οὐκ
НЕ 16a16 Ct/Dt32,27 μή
НЕ 16a17 Ct2/Dt32,27 μή
НЕ 16a19 Ct2/Dt32,27 μή
НЕ 16a20 Ct2/Dt32,27 οὐχί
НЕ 16b1 Ct2/Dt32,29 οὐκ
НЕ 16b6 Ct2/Dt32,30 μή
НЕ 16b8 Ct2/Dt32,31 οὐ
НЕ 16b17 Ct2/Dt32,34 οὐκ
НЕ 19a24 Ct3/Hab3,17 οὐ
НЕ 19a25 Ct3/Hab3,17 οὐκ
НЕ 19b2 Ct3/Hab3,17 οὐ
НЕ 19b4 Ct3/Hab3,17 οὐκ
НЕ 19b20 Ct4/Is26,10 οὐ μή
НЕ 19b21 Ct4/Is26,10 οὐ μή
НЕ 19b24 Ct4/Is26,10 μή
НЕ 19b26 Ct4/Is26,11 οὐκ
НЕ 20a8 Ct4/Is26,13 οὐκ
НЕ 20a10 Ct4/Is26,14 οὐ μή
НЕ 20a11 Ct4/Is26,14 οὐ μή
НЕ 20b8 Ct4/Is26,18 οὐ
НЕ 21b24 Ct6/1Rg2,3 μή
НЕ 21b24 Ct6/1Rg2,3 μή
НЕ 22b6 Ct6/1Rg2,9 οὐκ
НЕ 22b11 Ct6/1Rg2,10 μή
НЕ 22b13 Ct6/1Rg2,10 μή
НЕ 22b15 Ct6/1Rg2,10 μή
ЮЖЕ НЕ 23a10 Ct7/Is38,11 οὐκέτι μή
ЮЖЕ НЕ 23a12 Ct7/Is38,11 οὐκέτι μή
НЕ 23b16 Ct7/Is38,17 μή
НЕ 23b19 Ct7/Is38,18 οὐ
НЕ 24a6 Ct7/Is38,20 οὐ
НЕ 24b19 Ct8/Manas 8 οὐκ
НЕ 24b21 Ct8/Manas 8 οὐχ
НЕ 25a10 Ct8/Manas 10 μή
НЕ 25a14 Ct8/Manas 10 μή
НЕ 25a15 Ct8/Manas 10 μή
НЕ 25a23 Ct8/Manas 13 μή
НЕ 26a4 Ct9/Dn3,29 οὐκ
НЕ 26a24 Ct9/Dn3,35 μή
НЕ 26b26 Ct9/Dn3,41 μή
НЕ 27a15 Ct9/Dn3,46 οὐ
НЕ 27b2 Ct9/Dn3,50 οὐχ
НЕ 30a16 lit/Mt6,13 μή
НЕ 31a26 lit/Ps137,8 μή
НЕ БЫТИ v. sub БЫТИ
НЕБЕСЬНЪ adj.
Н(Е)Б(Е)СЬНѫѭ 23b9 Ct7/Is38,14 τοῦ οὐρανοῦ
Н(Е)Б(Е)СЬНЪIѩ 25a7 Ct8/Manas 9 τοῦ οὐρανοῦ
Н(Е)Б(Е)(СЬ)НАѢ 25b8 Ct8/Manas 15 τῶν οὐρανῶν
Н(Е)Б(Е)СЬНЪ(Iѩ) 26b2 Ct9/Dn3,36 τοῦ οὐρανοῦ
(Н(Е)Б(Е))СЬНѢI 28a1 Ct10/Dn3,56 τοῦ οὐρανοῦ
Н(Е)Б(Е)СЬНЪIѩ 28a14 Ct11/Dn3,63 τοῦ οὐρανοῦ
Н(Е)Б(Е)СЬНЪIѩ 28b4 Ct11/Dn3,81 τοῦ οὐρανοῦ
Н(Е)Б(Е)СЬНЪI 30b4 lit/Ct15,11 ἐπουράνιε
Н(Е)Б(ЕСЬ)НАГО 32a9 lit οὐρανοῦ
НЕБО n.
Н(Е)БО 1a17 Ps138,8 τὸν οὐρανόν
Н(Е)Б(Е)СА 6a8 Ps143,5 οὐρανούς
Н(Е)БО 8b8 Ps145,6 τὸν οὐρανόν
Н(Е)БО 9a18 Ps146,8 τὸν οὐρανόν

НЕБЕСЪ 10a14 Ps148,1 τῶν οὐρανῶν
Н(Е)Б(Е)СЪ 10a21 Ps148,4 τῶν οὐρανῶν
Н(Е)Б(Е)СА 10a21 Ps148,4 οἱ οὐρανοί
Н(Е)Б(Е)СЪ 10a22 Ps148,4 τῶν οὐρανῶν
НА Н(Е)Б(Е)СЕ 10b22 Ps148,13 οὐρανοῦ
НЕБО 14a3 Ct2/Dt32,1 οὐρανέ
Н(Е)БО 17a22 Ct2/Dt32,40 τὸν οὐρανόν
Н(Е)Б(Е)СА 17b13 Ct2/Dt32,43 οὐρανοί
Н(Е)Б(Е)СА 18a14 Ct3/Hab3,3 οὐρανούς
Н(Е)Б(Е)СА 22b23 Ct6/1Rg2,10 οὐρανούς
Н(Е)БО 24a16 Ct8/Manas 2 τὸν οὐρανόν
Н(Е)Б(Е)СА 28a7 Ct11/Dn3,59 οὐρανοί
Н(Е)Б(Е)СЪ 28a10 Ct11/Dn3,1 τῶν οὐρανῶν
Н(Е)Б(Е)СЕХЪ 30a8 lit/Mt6,9 τοῖς οὐρανοῖς
Н(Е)Б(Е)СЕ 30a11 lit/Mt6,10 οὐρανοῦ

НЕДОСТОИНЪ adj.
НЕДОСТОІН(А) 25b3 Ct8/Manas 14 ἀνάξιον

НЕИСЛѢДОВАНЪ adj.
НЕІСЛѢДОВАНА 24b7 Ct8/Manas 6 ἀνεξιχνίαστον

НЕИСТѢЛЕНЪ, НЕИСЦѢЛЬНЪ adj.
НЕІСТѢЛЕНЬ 16a6 Ct2/Dt32,24 ἀνίατος
НЕІСТѢЛЕНА 16b16 Ct2/Dt32,33 ἀνίατος

НЕМОЩЬНЪ adj.
НЕМОШТЬНИІ 22a7 Ct6/1Rg2,4 ἀσθενοῦντες
НЕМОЩЬНА 22b8 Ct6/1Rg2,10 ἀσθενῆ

НЕМѪДРЪ adj.
НЕМѪДРІ 14a22 Ct2/Dt32,6 οὐχὶ σοφός

НЕНАВИДѢТИ ipf.
НЕНАВИДѨШТѨѨ 2a6 Ps138,21 τοὺς μισοῦντας
НЕНАВИДѢАХЪ 2a9 Ps138,22 ἐμίσουν
НЕНАВИДѨШТІИМЪ 17b5 Ct2/Dt32,41 τοῖς μισοῦσιν
НЕНАВИДѨШТІИМЪ 17b22 Ct2/Dt32,43 τοῖς μισοῦσιν
НЕНАВИДѨЩИІХЪ 29a24 Ct13/L1,71 τῶν μισούντων

НЕНАВИСТЬ f.
НЕНАВИСТѬ 2a9 Ps138,22 μῖσος

НЕНАКАЗАНЪ adj.
НЕНАКАЗАНЫ 20a2 Ct4/Is26,11 ἀπαίδευτον

НЕПЛОДЫ f.
НЕПЛОДЫ 22a12 Ct6/1Rg2,5 στεῖρα

НЕПОСТОИНЪ adj.
НЕПОСТОІНЪ 24b4 Ct8/Manas 5 ἀνυπόστατος

НЕПРАВЬДА f.
НЕПРАВЪДѪ 2a21 Ps139,3 ἀδικίας
НЕПРАВЪДЫ 14a15 Ct2/Dt32,4 ἀδικία
НЕПРАВЕДЪ 25a8 Ct8/Manas 9 τῶν ἀδικιῶν

НЕПРАВЬДЬНЪ adj.
НЕПРАВЕДЬНА 2a20 Ps139,2 ἀδίκου
НЕПРАВЕДЬНА 2b5 Ps139,5 ἀδίκων
НЕПРАВЕДЬНА 3a4 Ps139,12 ἄδικον
НЕПРАВЕДЬН(А) 6a19 Ps143,8 ἀδικίας
НЕПРАВЕДЪНА 6b6 Ps143,11 ἀδικίας
НЕПРАВЕДЬНОУ 26a14 Ct9/Dn3,32 ἀδίκῳ

НЕПРИѢЗНИНА f.
НЕПРІѢЗНІНѪ 25a13 Ct8/Manas 10 τὸ πονηρόν

НЕПРИѢЗНЬ f.
НЕПРІѢЗНІ 30a17 lit/Mt6,13 τοῦ πονηροῦ

НЕПРОТЛАЧЕНАѢ f.
НЕПРОТЛАЧЕНѪѬ 1a6 Ps138,3 τὴν σχοῖνον

НЕПЫЩЕВАТИ ipf.
НЕПЪШТЕВАТИ 3b4 Ps140,4 τοῦ προφασίζεσθαι

НЕРАЗОУМИВЪ adj.
НЕРАЗОУМИВИ 16b9 Ct2/Dt32,31 ἀνόητοι

НЕРАЗОУМЬНЪ adj.
НЕРАЗОУМЬНѢ 15b19 Ct2/Dt32,21 ἀσυνέτῳ

НЕСЪДѢЛАНЪ adj.
НЕСЪДѢЛАНОЕ 1b12 Ps138,16 τὸ ἀκατέργαστον

НЕЧЬСТИВЪ adj.
НЕЧЬСТІВЫ 19b19 Ct4/Is26,10 ὁ ἀσεβής
НЕЧЬСТІВЫ 19b23 Ct4/Is26,10 ὁ ἀσεβής
НЕЧЬСТІВЫХЪ 20b16 Ct4/Is26,19 τῶν ἀσεβῶν

НИ part. et conj. neg.
НИ 6b20 Ps143,14 οὐδέ
НИ 9b4 Ps146,10 οὐδέ
НИ 20a11 Ct4/Is26,14 οὐδέ
НИ 22a2 Ct6/1Rg2,3 μηδέ
НИ 23b20 Ct7/Is38,18 οὐδέ
НИ ЖЕ 23b22 Ct7/Is38,18 οὐδέ
НИ 25a25 Ct8/Manas 13 μηδέ
НИ ЖЕ 25a26 Ct8/Manas 13 μηδέ
НИ 26a6 Ct9/Dn3,30 οὐδέ
(Н)И 26a6 Ct9/Dn3,30 οὐδέ
НИ 26a21 Ct9/Dn3,34 μή
НИ 26a22 Ct9/Dn3,34 (καὶ) μή
НИ 26b9 Ct9/Dn3,38 οὐδέ
НИ 26b9 Ct9/Dn3,38 οὐδέ
НИ 26b9 Ct9/Dn3,38 οὐδέ
НИ 26b10 Ct9/Dn3,38 οὐδέ
НИ 26b11 Ct9/Dn3,38 οὐδέ
НИ 26b11 Ct9/Dn3,38 οὐδέ
НИ 26b12 Ct9/Dn3,38 οὐ
НИ 27b3 Ct9/Dn3,50 (καὶ) οὐκ
НИ 27b3 Ct9/Dn3,50 (καὶ) οὐ

НИЗЪВОДИТИ ipf.
НИЗЪВОДИТЪ 22a16 Ct6/1Rg2,6 κατάγει

НИЗЪВРѢЩИ pf.
НИЗЪВРЪЖЕНЫѨ 7b18 Ps144,14 τοὺς κατερραγμένους
НИЗЪВРЪЖЕНЫѨ 8b15 Ps145,8 κατερραγμένους

НИЗЪЛОЖИТИ pf.
НИЗЪЛОЖИ 3a1 Ps139,11 καταβαλεῖς
НИЗЪЛОЖИШИ 19a1 Ct3/Hab3,12 κατάξεις
НИЗЪЛОЖИ 29a6 Ct12/L1,52 καθεῖλεν

НИЗЪПАДАТИ ipf.
НИЗЪПАДАѬШТѨѨ 7b16 Ps144,14 τοὺς καταπίπτοντας

НИЗЪХОДИТИ ipf.
СЪ НИЗЪХОДѨШТІИМИ 5a16 Ps142,7 τοῖς καταβαίνουσιν

НИКЪТОЖЕ pron.
НИКЪТОЖЕ 1b15 Ps138,16 οὐδείς

НИЩЬ adj.
НИШТІИМЪ 3a8 Ps139,13 τοῦ πτωχοῦ
НИШТИІ 19a12 Ct3/Hab3,14 πτωχός
НИШТА 22a22 Ct6/1Rg2,8 πτωχόν

НОВЪ adj.
НОВѪ 6a20 Ps143,9 καινήν
НОВЫ ОТЪРАСЛІ 6b8 Ps143,12 νεόφυτα
НОВѪ 11a6 Ps149,1 καινόν
НОВИ 15b1 Ct2/Dt32,17 καινοί

НОГА f.
НОГАМА 2b9 Ps139,6 τοῖς ποσίν
НОГА 16b22 Ct2/Dt32,35 ὁ πούς
НОЅѢ 19b10 Ct3/Hab3,19 τοὺς πόδας
НОГЫ 29b20 Ct13/L1,79 τοὺς πόδας

НОЩЬ f.
НОЩЬ 1a24 Ps138,11 νύξ
НОШТЬ 1b1 Ps138,12 νύξ
НОШТІ 19b14 Ct4/Is26,9 νυκτός
НОШТІ 23b3 Ct7/Is38,13 τῆς νυκτός
НОШТЬ 28a21 Ct11/Dn3,1 νύκτες

НЪ conj.
НЪ ἀλλά 20b8 Ct4/Is26,18 * 22b18 Ct6/1Rg2,10 * 24b23 Ct8/Manas 8 * 25a22 Ct8/Manas 13 * 26b14 Ct9/Dn3,39 * 26b27 Ct9/Dn3,42 * 30a17 lit/Mt6,13 *

НЫНѢ adv.
НЫНѢ 20a2 Ct4/Is26,11 νῦν
НЫНѢ 25a17 Ct8/Manas 11 νῦν
НЫНѢ 26a17 Ct9/Dn3,33 νῦν
НЫНѢ 26b23 Ct9/Dn3,41 νῦν
НЫНѢ 28b16 lit
НЫНѢ 29b24 Ct14/L2,29 νῦν
НЫНѢ 32b17 lit/L2,29 νῦν
НѪЖДА f.
НѪЖДЕѬ 18b1 Ct3/Hab3,6 βίᾳ
О praep.
1) c. acc.
О 4a19 Ps141,5 εἰς
О 30b12 lit/Ct15,23 ἐν
2) c. loc.
О 1a13 Ps138,6 ἐξ
О 2a7 Ps138,21 ἐπί
О 3b5 Ps140,4 ἐν
О 11a9 Ps149,2 ἐπί
О 11a11 Ps149,2 ἐπί
О 15a19 Ct2/Dt32,16 ἐπί
О 15b15 Ct2/Dt32,21 ἐπί
О 15b18 Ct2/Dt32,21 ἐπί
О 15b19 Ct2/Dt32,21 ἐπί
О 17a4 Ct2/Dt32,36 ἐπί
О 19a10 Ct3/Hab3,14 ἐν
О 19b6 Ct3/Hab3,18 ἐν
О 19b7 Ct3/Hab3,18 ἐπί
О 21b15 Ct6/1Rg2,1 ἐν
О 21b16 Ct6/1Rg2,1 ἐν
О 21b19 Ct6/1Rg2,1 ἐν
О 22b18 Ct6/1Rg2,10 ἐν
О 23b12 Ct7/Is38,16 περί
О 24b11 Ct8/Manas 7 ἐπί
О 25b15 Ct9/Dn3,27 ἐπί
О 26a3 Ct9/Dn3,29 ἐν
О 27a22 Ct9/Dn3,48 περί
О 28b23 Ct12/L1,47 ἐπί
ОБАРѢТИ ipf.
ОБАРѢꙖИ 23a19 Ct7/Is38,12 ὁ καταλύων
ОБАЧЕ conj.
ѠБАЧЕ 3a10 Ps139,14 πλήν
ОБИДѢТИ pf. ipf.
ОБИДИМЫИМЪ 8b11 Ps145,7 τοῖς ἀδικουμένοις
ОБИТИ pf.
ОБИДЕ 14b18 Ct2/Dt32,10 ἐκύκλωσεν
ОБИДѪ 21a9 Ct5/Jon2,4 ἐκύκλωσαν
ОБИДЕ 21a17 Ct5/Jon2,6 ἐκύκλωσεν
ОБИДЕ 27a21 Ct9/Dn3,48 διώδευσεν
ОБИТѢЛЬ f.
ОБИТѢЛЬ 13a19 Ct1/Ex15,13 κατάλυμα
ОБЛАГАТИ ipf.
Ѡ(БЛАГ)АѬШТЮМОУ 9a18 Ps146,8 τῷ περιβάλλοντι
ОБЛАКЪ m.
ОБЛАКЫ 9a18 Ps146,8 ἐν νεφέλαις
ОБЛАЦИ 28a24 Ct11/Dn3,73 νεφέλαι
ОБЛИЧЕНИЕ n.
ОБЛІЧЕНИѢ 11b2 Ps149,7 ἐλεγμούς
ОБЛИЧИТИ pf.
ОБЛІЧИТЪ 3b10 Ps140,5 ἐλέγξει
ОБОѬДОУ adv.
ОБОѬДОУ ОСТРІ 11a23 Ps149,6 δίστομοι
ОБРѢСТИ pf.
ОБРѢТЕ 27a22 Ct9/Dn3,48 εὗρεν
ОБѢЩАНИЕ n.
ОБѢЩАНИѢ 24b8 Ct8/Manas 6 τῆς ἐπαγγελίας
ОБѢЩАТИ pf.
ОБѢШТАХЪ 21b11 Ct5/Jon2,10 ηὐξάμην
ОБѢЩА 24b13 Ct8/Manas 7 ἐπηγγείλω
ОБѦЗАТИ pf. ipf.
(ОБѦ)ЗА(Ѩ) 9a6 Ps146,3 δεσμεύων
ОВЬНЬ adj. poss.
ОВЬНЕМЬ 15a10 Ct2/Dt32,14 κριῶν
ОВЬНИХЪ 26b17 Ct9/Dn3,39 κριῶν
ОВЬЦА f.
ОВЬЦѨ 6b15 Ps143,13 τὰ πρόβατα
ОВЬЦѨ 12a7 Ps151,1 τὰ πρόβατα
ОВЕЦЬ 12a14 Ps151,4 τῶν προβάτων
ОВЬЦѨ 19b3 Ct3/Hab3,17 πρόβατα
ОВЬЧЬ adj. poss.
ОВЬЧЕ 15a9 Ct2/Dt32,14 προβάτων
ОГНЬ m.
ОГНЕМЬ 2b23 Ps139,11 ἐν πυρί
ѠГНЬ 10b8 Ps148,8 πῦρ
ОГНЬ 15b21 Ct2/Dt32,22 πῦρ
ОГНЬ 20a2 Ct4/Is26,11 πῦρ
ОГНЬ 27b3 Ct9/Dn3,50 τὸ πῦρ
ОГНЬ 28a17 Ct11/Dn3,66 πῦρ
ОГНЬНЪ adj.
ОГНЬНЫИ 27a26 Ct9/Dn3,49 τοῦ πυρός
ОГРАДИТИ СѦ pf.
ОГРАЖДЕНЫ 3b1 Ps140,3 περιοχῆς
ОГѪСТѢТИ pf.
ѠГѪСТѢШѨ 13a1 Ct1/Ex15,8 ἐπάγη
ОГѪСТѢШѨ 13a2 Ct1/Ex15,8 ἐπάγη
ОЖИТИ pf.
ОЖИХЪ 23b15 Ct7/Is38,16 ἔζησα
ОКАМѦНИТИ СѦ, ОКАМЕНИТО СѦ pf.
ДА ОКАМѨНѨТЪ СѨ 13b8 Ct1/Ex15,16 ἀπολιθωθήτωσαν
ОКО n.
ОЧИ 1b12 Ps138,16 οἱ ὀφθαλμοί
ОЧИ 3b20 Ps140,8 οἱ ὀφθαλμοί
ѠЧИ 7b19 Ps144,15 οἱ ὀφθαλμοί
ОКА 14b19 Ct2/Dt32,10 ὀφθαλμοῦ
ОЧИЮ 21a13 Ct5/Jon2,5 ὀφθαλμῶν
ОЧИ 23b7 Ct7/Is38,14 οἱ ὀφθαλμοί
ОЧИ 30a1 Ct14/L2,30 οἱ ὀφθαλμοί
ОКОВАТИ СѦ pf.
ОКОВАНЫѨ 8b13 Ps145,7 πεπεδημένους
ОКОВИ m. pl.
РѪЧЬ(НЫИ)МИ ОКОВЫ 11b5 Ps149,8 ἐν χειροπέδαις
ОКРЪВЕНИЕ n.
ОКРЪВЕНИЕ 30a4 Ct14/L2,32 ἀποκάλυψιν
ОКРѪЖЕНИЕ n.
ОКРѬЖЕНИЮ 2b21 Ps139,10 τοῦ κυκλώματος
ОЛОВО n.
ОЛОВО 13a8 Ct1/Ex15,10 μόλιβος
ОЛѢИ m.
ОЛѢІ 3b10 lit/Ps140,5 ἔλαιον
ОЛѢІ 15a7 Ct2/Dt32,13 ἔλαιον
ОМРАЧИТИ СѦ pf.
ОМРАЧИТЪ СѨ 1a25 Ps138,12 σκοτισθήσεται
ОПЛЪЧЕНИЕ n.
ОПЛЪЧЕНИЕ 5b18 Ps143,1 παράταξιν
ОПЛЪЧИТИ pf.
ОПЛЪЧААХѪ 2a23 Ps139,3 παρετάσσοντο
ОПРАВЬДАНИЕ n.
ѠПРАВЪДАНИѢ 10a8 Ps147,8 δικαιώματα
ОПРАВЪДАНИЕМЪ 31a18 lit/ps118,12 τὰ δικαιώματα
ОПРАВ(Ь)Д(А)НЪЕМЪ 32b2 lit/Ps118,12 τὰ δικαιώματα

ОПРАВЬДА(НИ)ЕМЪ 32b5 lit/Ps118,12 τὰ δικαιώματα
ОПРАВЬДИТИ СѦ pf.
ОПРАВЬДИТЪ СѦ 4b21 Ps142,2 δικαιωθήσεται
ОРЪГАНЪ m.
ОРЪГАНѢ 11b20 Ps150,4 ὀργάνῳ
ОРЪГАНЫ 12a8 Ps151,2 ὄργανον
ОРЬЛЪ m.
ОРЕЛЪ 14b20 Ct2/Dt32,11 ἀετός
ОРѪЖЬЕ, -ИЕ n.
ОРѪЖЬѢ 6b2 Ps143,10 ῥομφαίας
ОРѪЖИЕ 17b8 Ct2/Dt32,42 ἡ μάχαιρα
ОРѪЖИѢ 18b24 Ct3/Hab3,11 ὅπλων
ОСКРЪБИТИ pf.
ОСКРЪБИ 27b3 Ct9/Dn3,50 ἐλύπησεν
ОСКѪДѢТИ pf.
ОСКѪДѢШѦ 19b3 Ct3/Hab3,17 ἐξέλιπον
ОСЛАБѢТИ pf. ipf.
ОСЛАБѢВЪШѦ 17a6 Ct2/Dt32,36 παραλελυμένους
ОСНОВАНИЕ n.
ОСЪНОВАНИѢ 16a2 Ct2/Dt32,22 θεμέλια
ОСТАВИТИ pf.
ОСТАВИ 2b19 Ps139,9 ἐγκαταλίπῃς
ОСТАВИ 15a16 Ct2/Dt32,15 ἐγκατέλιπεν
ОСТАВИ 15b4 Ct2/Dt32,18 ἐγκατέλιπες
ОСТАВЛѬ 16a14 Ct2/Dt32,26 παύσω
ОСТАВІШѦ 21b8 Ct5/Jon2,9 ἐγκατέλιπον
ОСТАВЛѬ 23a8 Ct7/Is38,10 καταλείψω
ОСТАВИХЪ 23a16 Ct7/Is38,12 κατέλιπον
ОСТАВИ 26a24 Ct9/Dn3,35 ἀποστήσῃς
ОСТАВИ 30a13 lit/Mt6,12 ἄφες
ОСТАВЛѢТИ ipf.
ОСТАВЛѢЕМЪ 30a15 lit/Mt6,12 ἀφήκαμεν
ОСТАВЛѢНИЕ n.
ОСТАВЛЕНИЕ 29b13 Ct13/L1,77 ἀφέσει
ОСТРЪ adj.
ОБОѬДОУ ОСТРІ 11a23 Ps149,6 δίστομοι
ОСТѪПИТИ, ОТЪСТѪПИТИ pf.
ОТЪСТѪПИ 15a17 Ct2/Dt32,15 ἀπέστη
ОСТѪПИТИ 26a2 Ct9/Dn3,29 ἀποστῆναι
ОСѢНИТИ pf.
ОСѢНИЛЪ ЕСИ 2b14 Ps139,8 ἐπεσκίασας
ОСѪДИТИ pf.
ОСѪДИ 25a27 Ct8/Manas 13 καταδικάσῃς
ОТВРЪЗАТИ ipf.
ѠТВРЪЗАЕШИ 7b22 Ps144,16 ἀνοίγεις
ОТВРѢСТИ pf.
ОТВРѢСТІ 26a17 Ct9/Dn3,33 ἀνοῖξαι
ОТИТИ pf.
ОТИДЕ 23a18 Ct7/Is38,12 ἀπῆλθεν
ОТРОКЪ m.
ОТРОКОМЬ 16a12 Ct2/Dt32,25 καθεστηκότος
ОТРОКЪ 25b11 Ct9/Dn3 τῶν παίδων
ОТРОКЪ 27b9 Ct10/Dn3 τῶν παίδων
ОТРОКЪ 28a3 Ct11/Dn3 τῶν παίδων
ОТРОКА 29a10 Ct12/L1,54 παιδός
ОТРОКА 29a20 Ct13/L1,69 τοῦ παιδός
ОТРОЧѦ n.
ОТРОЧѦ 29b8 Ct13/L1,76 παιδίον
ОТЪ praep. c. gen.
ОТЪ 1a15 Ps138,7 ἀπό
ОТЪ 1a15 Ps138,7 ἀπό
ОТЪ 1a25 Ps138,12 ἀπό
ОТЪ 1b8 Ps138,15 ἀπό
ОТЪ 2a2 Ps138,19 ἀπό
ОТЪ 2a19 Ps139,2 ἐξ
ОТЪ 2a20 Ps139,2 ἀπό
ОТЪ 2b4 Ps139,5 ἐκ
ОТЪ 2b5 Ps139,5 ἀπό
ОТЪ 2b17 Ps139,9 ἀπό
ОТЪ 3b23 Ps140,9 ἀπό
ОТЪ 4a1 Ps140,9 ἀπό
ОТЪ 4a14 Ps141,4 ἐξ
ОТЪ 4a22 Ps141,5 ἀπό
ОТЪ 4b6 Ps141,7 ἐκ
ОТЪ 5a15 Ps142,7 ἀπό
ОТЪ 5b1 Ps142,9 ἐκ
ОТЪ 5b9 Ps142,11 ἐκ
ОТЪ 6a16 Ps143,7 ἐξ
ОТЪ 6b2 Ps143,10 ἐκ
ОТЪ 6b14 Ps143,13 ἐκ
ОТЪ 10b6 Ps148,7 ἐκ
ОТЪ 12a14 Ps151,4 ἐκ
ОТЪ 12a21 Ps151,7 ἐξ
ОТЪ 14a5 Ct2/Dt32,1 ἐκ
ОТЪ 15a8 Ct2/Dt32,13 ἐκ
ОТЪ 15a18 Ct2/Dt32,15 ἀπό
ОТЪ 15b9 Ct2/Dt32,20 ἀπό
ОТЪ 15b21 Ct2/Dt32,22 ἐκ
ОТЪ 16a11 Ct2/Dt32,25 ἐκ
ОТЪ 16a14 Ct2/Dt32,26 ἐξ
ОТЪ 16b10 Ct2/Dt32,32 ἐκ
ОТЪ 16b11 Ct2/Dt32,32 ἐκ
ОТЪ 17a20 Ct2/Dt32,39 ἐκ
ОТО 17b7 Ct2/Dt32,42 ἀπό
ѠТЪ 17b10 Ct2/Dt32,42 ἀπό
ОТЪ 17b11 Ct2/Dt32,42 ἀπό
ОТЪ 18a12 Ct3/Hab3,3 ἐξ
ОТЪ 18a12 Ct3/Hab3,3 ἐκ
ОТЪ 19a16 Ct3/Hab3,16 ἀπό
ОТЪ 19b3 Ct3/Hab3,17 ἀπό
ѠТЪ 19b14 Ct4/Is26,9 ἐκ
ОТЪ 20b14 Ct4/Is26,19 παρά
ОТЪ 21a12 Ct5/Jon2,5 ἐξ
ОТЪ 21b1 Ct5/Jon2,8 ἀπό
ОТЪ 22a20 Ct6/1Rg2,8 ἀπό
ОТЪ 22a21 Ct6/1Rg2,8 ἀπό
ОТЪ 23a15 Ct7/Is38,12 ἐκ
ОТЪ 23a18 Ct7/Is38,12 ἀπό
ОТЪ 23b3 Ct7/Is38,13 ἀπό
ѠТЪ 24a2 Ct7/Is38,19 ἀπό
ОТЪ 24b1 Ct8/Manas 4 ἀπό
ѠТЪ 25a7 Ct8/Manas 9 ἀπό
ОТЪ 25a19 Ct8/Manas 11 παρά
ОТЪ 26a2 Ct9/Dn3,29 ἀπό
ОТЪ 26a25 Ct9/Dn3,35 ἀπό
ОТЪ 26a27 Ct9/Dn3,35 ὑπό
ОТО 27a9 Ct9/Dn3,44 ἀπό
ОТЪ 27a27 Ct9/Dn3,49 ἐκ
ОТЪ 28b21 Ct12/L1 ἐκ
ОТЪ СЕЛѢ v. sub ОТЪСЕЛѢ
ОТЪ 29a14 Ct13/L1 ἐκ
ОТЪ 29a22 Ct13/L1,70 ἀπό
ОТЪ 29a23 Ct13/L1,71 ἐξ
ОТЪ 29b23 Ct14/L2 ἐκ
ОТЪ 30a7 L11/MT6
ОТЪ 30a17 lit/Mt6,13 ἀπό
ОТЪ 32b26 lit gr. 0
ОТЪВРАТИТИ pf.
ОТЪВРАТИ 5a15 Ps142,7 ἀποτρέψῃς
ОТЪВРАШТѪ 15b9 Ct2/Dt32,21 ἀποστρέψω
ОТЪВРѢЩИ pf.
ОТЪВРЪЖЕ СѦ 15a15 Ct2/Dt32,15 ἀπελάκτισεν
ѠТЪВРЪЖЕ 21a6 Ct5/Jon2,4 ἀπέρριψας

ОТЪВРЪЖЕ 23b17 Ct7/Is38,17 ἀπέρριψας
ОТЪДАНИЄ n.
ОТЪДАНИЄ 24b13 Ct8/Manas 7 ἄφεσιν
ОТЪДАТИ pf.
ОТЪДАСТЪ 16b6 Ct2/Dt32,30 ἀπέδοτο
ОТЪНѪДЬ adv.
ОТЪНѪ(ДЬ) 27b2 Ct9/Dn3,50 καθόλου
ОТЪПОУСТИТИ pf.
ОТЪПОУСТІ 29a9 Ct12/L1,53 ἐξαπέστειλεν
ОТЪПОУСТІ 29b24 Ct14/L2,29 ἀπολύεις
ОТЪПОУЩАТИ ipf.
ОТЪПОУЩАЄШІ 32b17 lit/L2,29 ἀπολύεις
ОТЪРАДИТИ pf.
ОТЪРАДИ 25a22 Ct8/Manas 13 ἄνες
ѠТЪРАДИ 25a23 Ct8/Manas 13 ἄνες
ОТЪРАСЛЬ f.
НОВЫ ОТЪРАСЛІ 6b9 Ps143,12 νεόφυτα
ОТЪРИГАТИ ipf.
ОТЪРИГАѬШТѨ 6b14 Ps143,13 ἐξερευγόμενα
ОТЪРИНѪТИ (СѦ) pf.
ОТЪРИНѪТЪ 7a21 Ps144,7 ἐξερεύξονται
ОТЪРИНѪХЪ СѨ 21a12 Ct5/Jon2,5 ἀπῶσμαι
ОТЪСЄЛѢ adv.
ОТЪСЄЛѢ 28b25 Ct12/L1,48 ἀπὸ τοῦ νῦν
ОТЪСТѪПИТИ v. ОС-
ОТЬЦЬ m.
О‹ТЬ›ЦА 12a6 Ps151,1 τοῦ πατρός
О‹ТЬ›ЦА 12a7 Ps151,1 τοῦ πατρός
О‹ТЬ›ЦА 12a14 Ps151,4 τοῦ πατρός
О‹ТЬ›ЦА 12b7 Ct1/Ex15,2 τοῦ πατρός
О‹ТЬ›ЦЬ 14b1 Ct2/Dt32,6 πατήρ
О‹ТЬ›ЦА 14b6 Ct2/Dt32,7 τὸν πατέρα
О‹ТЬ›ЦИ 15b3 Ct2/Dt32,19 οἱ πατέρες
О‹ТЬ›ЦЬ 24a12 Ct8/Manas 1 τῶν πατέρων
О‹ТЬ›ЦЬ 25b12 Ct9/Dn3,26 τῶν πατέρων
О‹ТЬ›ЦЬ 25b25 Ct9/Dn3,28 τῶν πατέρων
О‹ТЬ›ЦЬ 27b10 Ct10/Dn3,52 τῶν πατέρων
О‹ТЬ›ЦА 28b14 πατέρα
О‹ТЬ›ЦЕМЪ 29a12 Ct12/L1,55 πατρός
О‹ТЬ›ЦІ 29a25 Ct13/L1,72 τῶν πατέρων
О‹ТЬ›ЦЮ 29b2 Ct13/L1,73 τὸν πατέρα
(О)ТЬЧЄ 30a8 lit/Mt6,9 πάτερ
О‹ТЬ›ЧЄ 30b4 lit/Ct15,12 πατήρ
О‹ТЬ›ЦА 30b12 lit/Ct15,23 τοῦ πατρός
О‹ТЬ›ЦА 30b17 lit/Ct15,28 πατρός
О‹ТЬ›ЦЬ 31a10 lit/Dn3,26 τῶν πατέρων
О‹ТЬ›ЦЮ 31b3 lit τῷ πατρί
О‹ТЬ›ЦЮ 31b6 lit τῷ πατρί
О‹ТЬ›ЦЮ 31b21 lit τῷ πατρί
(О‹ТЬ›Ц)А 32a9 lit/Ps89,17 πατρός
О‹ТЬ›ЦЬ 32a23 lit/Dn3,26 τῶν πατέρων
О‹ТЬ›ЦЮ 32b24
ОТЬЧЬ adj. poss.
О‹ТЬ›ЧЬ 30b7 lit/Ct15,18 τοῦ πατρός
ОТѨТИ pf.
ОТЫМИ 3b21 Ps140,8 ἀντανέλης
ОТЪѨТЪ 23b10 Ct7/Is38,15 ἀφείλατο
ОТЪѨТЪ 27a26 Ct9/Dn3,49 ἐξετίναξεν
ОЧИСТИТИ pf.
ОЧИСТІТЪ 17b24 Ct2/Dt32,43 ἐκκαθαριεῖ
ПАДАНИЄ n.
ПАДАНИѢ 6b20 Ps143,14 κατάπτωμα
ПАКЫ adv.
ПАКЫ 1b22 Ps138,18 ἔτι
ПАМѨТЬ f.
ПАМѨТЬ 7a20 Ps144,7 μνήμην
ПАМѨТЬ 16a15 Ct2/Dt32,26 τὸ μνημόσυνον

ПАСТИ$_1$ (СѦ) ipf.
(ПАС)ѢАХЪ 12a7 Ps151,1 ἐποίμαινον
ПАСТИ$_2$ (СѦ) pf.
ПАДѪ 2b23 Ps139,11 πεσοῦνται
ПАДЕМЪ СѨ 20b8 Ct4/Is26,18 πεσούμεθα
ПАДѪТЪ СѨ 20b8 Ct4/Is26,18 πεσοῦνται
ПАДЕТЪ 20b17 Ct4/Is26,19 πεσεῖται
ПАЧЄ adv.
ПАЧЄ 1b20 Ps138,18 ὑπέρ
ПАЧЄ 4b7 Ps141,7 ὑπέρ
ПАЧЄ 25a1 Ct8/Manas 9 ὑπέρ
ПАЧЄ 26a15 Ct9/Dn3,32 παρά
ПАЧЄ 26b5 Ct9/Dn3,37 παρά
ПЕРЬНАТЪ adj.
ПЕРЬНАТЫ 10b14 Ps148,10 πτερωτά
ПЕЧАЛЬ f.
ПЕЧАЛЬ 4a12 Ps141,3 τὴν θλῖψιν
ПЕЧАЛИ 5b9 Ps142,11 θλίψεως
ПЕЧАЛИ 19a21 Ct3/Hab3,16 θλίψεως
ПЕЧАЛИ 20a19 Ct4/Is26,16 θλίψει
ПЕЧАЛИ 20a21 Ct4/Is26,16 θλίψει
ПЕЧАЛИ 21a2 Ct5/Jon2,3 θλίψει
ПЕЧАЛЬНЪ adj.
ПЕЧАЛЬНЫ 17a6 Ct2/Dt32,36 ἐκλελοιπότας
ПЕЩЬ f.
ПЕЩЬ 27a16 Ct9/Dn3,46 τὴν κάμινον
ПЕЩЬѨ 27a20 Ct9/Dn3,47 τῆς καμίνου
ПЕЩИ 27a22 Ct9/Dn3,48 τὴν κάμινον
ПЕЩЬ 27a25 Ct9/Dn3,49 τὴν κάμινον
ПЕЩІ 27a27 Ct9/Dn3,49 τῆς καμίνου
ПЕШТІ 27b1 Ct9/Dn3,50 τῆς καμίνου
ПЕЩІ 27b8 Ct9/Dn3,51 τῇ καμίνῳ
ПИТИ ipf.
ПИѢАХѪ 15a13 Ct2/Dt32,12 ἔπιον
ПИѢАШЕТЕ 17a11 Ct2/Dt32,38 ἐπίνετε
ПИТѢТИ ipf.
ПИТѢѨШТААГО 15b5 Ct2/Dt32,18 τοῦ τρέφοντος
ПИЩА f.
ПИШТІ 1a24 Ps138,11 ἐν τῇ τρυφῇ
ПИШТѪ 7b20 Ps144,15 τὴν τροφήν
ПИШТѪ 8b12 Ps145,7 τροφήν
ПІШТ(Ѫ) 9a22 Ps146,9 τροφήν
ПИЩѨ 19b3 Ct3/Hab 3,17 βρώσεως
ПЛАМЫ m.
ПЛАМЕНЬ 27a19 Ct9/Dn3,47 ἡ φλόξ
ПЛАМЕНЬ 27a26 Ct9/Dn3,49 τὴν φλόγα
ПЛАТЬНО n.
ПЛАТЬНО 23a21 Ct7/Is38,12 ἱστός
ПЛОДИТИ СѦ ipf.
ПЛОДѨШТѨѨ СѨ 6b17 Ps143,13 πληθύνοντα
ПЛОДОВИТЪ adj.
ПЛОДОВИТА 10b12 Ps148,9 καρποφόρα
ПЛОДЪ m.
ПЛОДА СЪТВОРИТЪ 19a24 Ct3/Hab3,17 καρποφορήσει
ПЛОДЪ 32b22 lit/L1,42 ὁ καρπός
ПЛЪТЬ f.
ПЛОТЬ 8a15 Ps144,21 σάρξ
ПЛѢНЪ m.
ПЛѢНЪ 17a7 Ct2/Dt32,36 ἐπαγωγῇ
ПЛѢНЬНИКЪ m.
ПЛѢННИКЪ 17b10 Ct2/Dt32,42 αἰχμαλωσίας
ПО praep.
1) c. dat.
ПО (НЕМОУЖЕ) 4a17 Ps141,4 (ᾗ)
ПО 10b22 Ps148,14 ἐπί
ПО 11b13 Ps150,2 κατά

ПО 13b23 Ct1/Ex15,19 διά
ПО 14b11 Ct2/Dt32,8 κατά
ПО 19b16 Ct4/Is26,9 ἐπί
ПО 24b12 Ct8/Manas 7 κατά
ПО 25b4 Ct8/Manas 14 κατά
ПО 25b23 Ct9/Dn3,28 κατά
ПО 26b6 Ct9/Dn3,37 ἐν
ПО 26b27 Ct9/Dn3,42 κατά
ПО 26b28 Ct9/Dn3,42 κατά
ПО 27a2 Ct9/Dn3,43 κατά
ПО 27a13 Ct9/Dn3,45 ἐπί
ПО 29b25 Ct14/L2,29 κατά
ПО 31b24
ПО 32b18 lit/L2,29 κατά
2) c. loc.
ПО 16a9 Ct2/Dt32,24 ἐπί
ПО 21a11 Ct5/Jon2,4 ἐπί
ПО 26b21 Ct9/Dn3,40 ὄπισθεν
ПОБОЛѢТИ pf.
ПОБОЛѢХОМЪ 20b4 Ct4/Is26,18 ὠδινήσαμεν
ПОБѢДИТИ pf.
ДА ПОБѢЖДѪ 19b12 Ct3/Hab3,19 τοῦ νικῆναι
ПОВЄЛѢНИЄ n.
ПОВЄЛѢНИѢ 10b4 Ps148,6 πρόσταγμα
ПОВЄЛѢ (!) 19b16 Ct4/Is26,9 τὰ προστάγματα
ПОВЄЛѢНИѢ 24a18 Ct8/Manas 3 τοῦ προστάγματος
ПОВЄЛѢНЄИ 25a15 Ct8/Manas 10 τὰ προστάγματα
ПОВЄЛѢНЪ adj.
ПОВЄЛѢНАА 30a6 lit
ПОВЄЛѢТИ pf.
ПОВ(Є)ЛѢ 10b1 Ps148,5 ἐνετείλατο
ПОВИНОВАТИ ipf.
ПОВИНОУѨ 6a1 Ps143,2 ὁ ὑποτάσσων
ПОГРѦЗНѪТИ pf.
ПОГРѨЗѪ 12b14 Ct1/Ex15,5 κατέδυσαν
ПОГРѨЗѪ 13a8 Ct1/Ex15,10 ἔδυσαν
ПОГОУБИТИ pf.
ПОГОУБИШИ 5b12 Ps142,12 ἀπολεῖς
ПОГОУБИТЪ 8b19 Ps145,9 ἀφανιεῖ
ПОГОУБЛѬ 16a21 Ct2/Dt32,28 ἀπολωλεκός
ПОГОУБИ 20a13 Ct4/Is26,14 ἀπώλεσας
ПОГОУБИ 25a23 Ct8/Manas 13 συναπολέσῃς
ПОГЪНАТИ ipf. pf.
ПОГЪНА 4b23 Ps142,3 κατεδίωξεν
ПОЖЄНЄТЪ 16b4 Ct2/Dt32,30 διώξεται
ПОГЫБАТИ ipf.
ПОГЫБЛѬТЪ 8b3 Ps145,4 ἀπολοῦνται
ПОГЫБНѪТИ pf.
ПОГЫБЄ 4a22 Ps141,5 ἀπώλετο
ПОГЫБНЄТЪ 23b16 Ct7/Is38,17 ἀπόληται
ПОГЫБѢЛЬ f.
ПОГЫБѢЛИ 17a1 Ct2/Dt32,35 ἀπωλείας
ПОДВИЖАТИ СѦ pf.
ПОДВІЖА СѨ 18a23 Ct3/Hab3,6 ἐσαλεύθη
ПОДОБАТИ ipf.
ПОДОБАЄ 31b1 lit πρέπει
(ПО)ДОБАЄ 31b1 lit πρέπει
(ПО)ДОБАЄ 31b2 lit πρέπει
(ПОДОБ)А(ЄТЪ) 32b10 lit πρέπει
ПОДО(БАЄТЪ) 32b11 lit πρέπει
(ПО)ДОБА(ЄТЪ) 32b13 lit πρέπει
ПОДОБЬНЪ adj.
ПОДОБЬНО ВРѢМѨ 7b21 Ps144,15 εὐκαιρίᾳ
ПОДОБЄНЪ 13a10 Ct1/Ex15,11 ὅμοιος
ПОДОБЄНЪ 13a11 Ct1/Ex15,11 ὅμοιος
ПОДЪ praep.
1) c. acc.
ПОДЪ 6a2 Ps143,2 ὑπό
2) c. instr.
ПОДЪ 2b2 Ps139,4 ὑπό
ПОДЪИМАТИ ipf.
ПОДЪЄМЛЄТЪ 7b16 Ps144,14 ὑποστηρίζει
ПОЖЄЩИ pf.
ПОЖЄЖЄ 27a22 Ct9/Dn3,48 ἐνεπύρισεν
ПОЖРЪТИ, ПОЖРѢТИ$_1$ pf.
ПОЖРЪШѨ 15a22 Ct2/Dt32,17 ἔθυσαν
ПОЖЬРѬ 21b10 Ct5/Jon2,10 θύσω
ПОЖРЪТИ 26b12 Ct9/Dn3,38 τοῦ καρπῶσαι
ПОЖРЪТИ$_2$ pf.
ПОЖРЪТИ БЫШѨ 3b14 Ps140,6 κατεπόθησαν
ПОЖРѢТЪ 13a14 Ct1/Ex15,12 κατέπιεν
ПОЗНАТИ pf.
ПОЗНАЛЪ ЄСИ 1a2 Ps138,1 ἔγνως
ПОЗНА 1a3 Ps138,2 ἔγνως
ПОЗНА 1a10 Ps138,5 ἔγνως
ПОЗНАІ 2a13 Ps138,23 γνῶθι
ПОЗНА 4a15 Ps141,4 ἔγνως
ПОЗНАНЪ БѪДЄШИ 18a6 Ct3/Hab3,2 γνωσθήσῃ
ПОЗНАНЪ БѪДЄШИ 18a7 Ct3/Hab3,2 ἐπιγνωσθήσῃ
ПОИТИ pf.
ПОІДѪ 5a21 Ps142,8 πορεύσομαι
ПОКАЗАТИ pf. ipf.
ПОКАЖЄТЪ 3b9 Ps140,5 παιδεύσει
ПОКАЖѪ 15b10 Ct2/Dt32,20 δείξω
ПОКАѢНИЄ n.
ПОКААНИЄ 24b13 Ct8/Manas 7 μετάνοιαν
ПОКААНИЄ 24b16 Ct8/Manas 7 μετάνοιαν
ПОКААНИѢ 24b19 Ct8/Manas 8 μετάνοιαν
П(ОКАА)НИЄ 24b23 Ct8/Manas 8 μετάνοιαν
ПОКЛАНѢТИ ipf.
ПОКЛАНѢѬ 25a17 Ct8/Manas 11 κλίνω
ПОКЛОНИТИ СѦ pf.
ДА ПОКЛОНѨТЪ СѨ 17b14 Ct2/Dt32,43
προσκυνησάτωσαν
ПОКРОВИТЄЛЬ m.
ПОКРОВИТЄЛЬ 12b5 Ct1/Ex15,2 σκεπαστής
ПОКРОВИТЄЛИ 17a14 Ct2/Dt32,38 σκεπασταί
ПОКРЫТИ pf.
ПОКРЫЄТЪ 2b22 Ps139,10 καλύψει
ПОКРЫ 12b14 Ct1/Ex15,5 ἐκάλυψεν
ПОКРЫ 13a7 Ct1/Ex15,10 ἐκάλυψεν
ПОКРЫЄТЪ 14b20 Ct2/Dt32,11 σκεπάσαι
ПОКРЫ 18a14 Ct3/Hab3,3 ἐκάλυψεν
ПОЛАГАТИ ipf.
ПОЛАГАѨІ 9b14 Ps147,3 ὁ τιθείς
ПОЛОЖИТИ pf.
ПОЛОЖИ 1a12 Ps138,5 ἔθηκας
ПОЛОЖИШѨ 2b11 Ps139,6 ἔθεντο
ПОЛОЖИ 3a23 Ps140,3 θοῦ
ПОЛОЖИ 10b4 Ps148,6 ἔθετο
ПОЛОЖИ 18a17 Ct3/Hab3,4 ἔθετο
ПОЛО[ЛО]ЖИ 24b19 Ct8/Manas 8 ἔθου
ПОЛОЖИЛЪ ЄСИ 24b23 Ct8/Manas 8 ἔθου
ПОЛЪ m.
МѪЖЄСКЪ ПОЛЪ 20a14 Ct4/Is26,14 ἄρσεν
ПОЛЄ n.
ПОЛѢ 18a21 Ct3/Hab3,5 πεδία
ПОЛѢ 19b2 Ct3/Hab3,17 τὰ πεδία
ПОМАЗАНИЄ n.
ПОМАЗАНИѢ 12a13 Ps151,4 τῆς χρίσεως
ПОМАЗАТИ pf. ipf.
ПОМАЗА 12a12 Ps151,4 ἔχρισεν

ПОМИЛОВАТИ pf.
ПОМИЛОУІ 30b9 lit/Ct15,20 ἐλέησον
ПОМИЛОУІ 30b12 lit/Ct15,24 ἐλέησον
ПОМИЛОУІ 30b23 lit/Ct15,40 ἐλέησον
ПОМІЛОУІ 31b5 lit ἐλέησον
ПОМИЛОУІ 32a2 lit
ПОМ‹И›ЛОУ‹И› 32b15 lit ἐλέησον
ПОМОЩИ pf.
ДА ПОМОГѪТЪ 17a13 Ct2/Dt32,38 βοηθησάτωσαν
ПОМОЩЬНИКЪ m.
ПОМОШТЬНИКЪ 5b23 Ps143,2 ὑπερασπιστής
ПОМОШТЬНИКЪ 8b5 Ps145,5 βοηθός
ПОМОШТЬНИКЪ 12b5 Ct1/Ex15,2 βοηθός
ПОМЫШЛЕНИЕ n.
ПОМЫШЛЕНИѢ 1a5 Ps138,2 τοὺς διαλογισμούς
ПОМЫШЛЕНИІХЪ 2a3 Ps138,20 διαλογισμόν
ПОМЫШЛЕНИѢ 8b3 Ps145,4 οἱ διαλογισμοί
ПОМЫСЛИТИ pf.
ПОМЫСЛІШѦ 2a21 Ps139,3 ἐλογίσαντο
ПОМЫСЛІШѦ 2b6 Ps139,5 ἐλογίσαντο
ПОМЫСЛІШѦ 2b18 Ps139,9 διελογίσαντο
ПОМѦНѪТИ pf.
ПОМѦНѪХЪ 5a6 Ps142,5 ἐμνήσθην
ПОМѢНѢТЕ 14b4 Ct2/Dt32,7 μνήσθητε
ПОМѦНЕШИ 18a11 Ct3/Hab3,2 μνησθήσῃ
ПОМѦНѪХОМЪ 20a20 Ct4/Is26,16 ἐμνήσθην
ПОМѦНѪХЪ 21b2 Ct5/Jon2,8 ἐμνήσθην
ПОМѦ‹Н›ѪТИ 29a10 Ct12/L1,54 μνησθῆναι
ПОМѦНѪТИ 29a26 Ct13/L1,72 μνησθῆναι
ПОМѦНІ 32b26 lit μνήσθητι
ПОНОШЕНИЕ n.
ПОНОШЕНИЕ 12a20 Ps151,7 ὄνειδος
ПОНОШЕНИЮ 26a18 Ct9/Dn3,33 ὄνειδος
ПОНРѢТИ pf.
ПОНРѢТЪ 21a19 Ct5/Jon2,6 ἔδυ
ПООСТРИТИ pf.
ПООСТРІШѦ 2b1 Ps139,4 ἠκόνησαν
ПООШТРѪ 17b1 Ct2/Dt32,41 παροξυνῶ
ПОПАЛИТИ pf.
ПОПАЛИТЪ 16a1 Ct2/Dt32,22 φλέξει
ПОПЕЛЪ m.
ПОП‹ЕЛЪ› 9b20 Ps147,5 σποδόν
ПОПЬРАТИ pf.
ПОПЕРЕТЪ 1a23 Ps138,11 καταπατήσει
ПОРАЗИТИ pf.
ПОРАЖѪ 17a19 Ct2/Dt32,39 πατάξω
ПОРОЧЬНЪ adj.
ПОРОЧЬНА 14a18 Ct2/Dt32,5 μωμητά
ПОСАДИТИ pf.
ПОСАДИ 5a2 Ps142,3 ἐκάθισεν
ДА ПОСАДІТЪ 22a23 Ct6/1Rg2,8 τοῦ καθίσαι
ПОСЛОУШАТИ pf. ipf.
ПОСЛОУШАХОМЪ 26a4 Ct9/Dn3,29 ἠκούσαμεν
ПОСЛѢДЪКЪ m.
ПОСЛѢДОКЪ 15b11 Ct2/Dt32,20 ἐσχάτων
ПОСЛѢДЬНИИ adj.
ПОСЛѢДЬНѢ 1a10 Ps138,5 τὰ ἔσχατα
ПОСЛѢДЬНИІХЪ 1a20 Ps138,9 τὰ ἔσχατα
ПОСЛѢДЬНѢѢ 21a18 Ct5/Jon2,6 ἐσχάτη
ПОСРѢДѢ adv.
ПОСРѢДѢ ἐν μέσῳ 13a2 Ct1/Ex15,8 * 13b23 Ct1/Ex15,19 * 18a5 Ct3/Hab3,2 * 22b22 Ct6/1Rg2,10
ПОСТАВИТИ pf.
ПОСТАВИ 10b3 Ps148,6 ἔστησεν
ПОСТАВИ 14b11 Ct2/Dt32,8 ἔστησεν
ПОСТИГНѪТИ pf.
ПОСТІГНѪ 13a3 Ct1/Ex15,9 καταλήμψομαι

ПОСТОѢТИ pf.
ПОСТОѦТЪ 3a2 Ps139,11 ὑποστῶσιν
ПО‹СТО›ІТЪ 10a2 Ps147,6 ὑποστήσεται
ПОСТЫДѢТИ СѦ pf.
ПОСТЫДѢ‹Т›Ъ СѦ 27a8 Ct9/Dn3,44 καταισχυνθείησαν
ПОСЪЛАТИ pf.
ПОСЪЛИ 6a12 Ps143,6 ἐξαπόστειλον
ПОСЪЛИ 6a14 Ps143,7 ἐξαπόστειλον
‹ПОСЪ›ЛЕТЪ 10a4 Ps147,7 ἀποστελεῖ
ПОСЪЛА 12a11 Ps151,4 ἐξαπέστειλεν
ПОСЪЛА 12b21 Ct1/Ex15,7 ἀπέστειλας
ПОСЪЛА 13a7 Ct1/Ex15,10 ἀπέστειλας
ПОСЪЛѬ 16a7 Ct2/Dt32,24 ἐξαποστελῶ
ПОСЫЛАТИ ipf.
ПОСЫЛАѦ 9b17 Ps147,4 ὁ ἀποστέλλων
ПОСЫПАТИ ipf.
‹ПО›СЫПАѬШТААГО 9b20 Ps147,5 πάσσοντος
ПОСѢТИТИ pf.
ПОСѢТИ 29a16 Ct13/L1,68 ἐπεσκέψατο
ПОСѢТИЛЪ ЕСТЪ 29b16 Ct13/L1,78 ἐπεσκέψατο
ПОТЕЩИ pf. ipf.
‹ПОТ›ЕКѪТЪ 10a6 Ps147,7 ῥυήσεται
ПОТОМЬ adv.
ПОТОМЪ 31b25 lit
ПОТОМЪ 32a19 lit
ПОТМЪ (!) 32b15 lit
ПО‹ТО›МЪ 32b16 lit
ПОТОПИТИ pf.
ПОТОПИ 12b13 Ct1/Ex15,4 κατεπόντισεν
ПОТРѢБИТИ pf.
ПОТРѢБИШИ 5b11 Ps142,12 ἐξολεθρεύσεις
ПОТРѢБИТЪ 8a12 Ps144,20 ἐξολεθρεύσει
ПОТЪЩАТИ СѦ pf.
ПОТЪШТАШѦ 13b1 Ct1/Ex15,15 ἔσπευσαν
ПООУЧИТИ СѦ pf.
ПООУЧИХЪ СѦ 5a7 Ps142,5 ἐμελέτησα
ПООУЧИХЪ СѦ 5a9 Ps142,5 ἐμελέτων
ПООУЧѪ СѦ 23b6 Ct7/Is38,14 μελετήσω
ПОХОТЬ f.
ПОХОТИ 2b17 Ps139,9 τῆς ἐπιθυμίας
ПОЧИТИ pf.
ПОЧИѬ 19a21 Ct3/Hab3,16 ἀναπαύσομαι
ПОЩЬБЬТАТИ pf.
ПОЩЕБЫЩѪ 23b5 Ct7/Is38,14 φωνήσω
ПОѢСТИ pf.
ПОѢСТЪ 12b21 Ct1/Ex15,7 κατέφαγεν
ПОѢСТЪ 16a1 Ct2/Dt32,22 καταφάγεται
ПОѢСТЪ 20a3 Ct4/Is26,11 ἔδεται
ПОѦТИ pf.
ПОѦТЪ 12a14 Ps151,4 ἦρεν
ПРАВЪ adj.
ПРАВИІ 3a12 Ps139,14 εὐθεῖς
ПРАВѪѬ 5b6 Ps142,10 εὐθείᾳ
ПРАВИІ 25b18 Ct9/Dn3,27 εὐθεῖαι
ПРАВЬДА f.
ПРАВЪДѪ 4b18 Ps142,1 τῇ δικαιοσύνῃ
ПРАВЪДѪ 5b8 Ps142,11 τῇ δικαιοσύνῃ
ВЪ ПРАВЪДѢ 7a21 Ps144,7 τῇ δικαιοσύνῃ
ПРАВЪДОѬ 13a15 Ct1/Ex15,13 τῇ δικαιοσύνῃ
ПРАВЬДѢ 19b17 Ct4/Is26,9 δικαιοσύνην
ПРАДѢ (!) 19b20 Ct4/Is26,10 δικαιοσύνην
ПРАВЪДѪ 22b21 Ct6/1Rg2,10 δικαιοσύνην
ПРАВЪДѪ 24a4 Ct7/Is38,19 τὴν δικαιοσύνην
ПРАВЪДОѬ 29b6 Ct13/L1,75 δικαιοσύνῃ
ПРАВЪДОѬ 31a20 lit/Ct15,37 τὰ δικαιώματα
ПРАВЪДОѬ 31a22 lit/Ct15,38 τοῖς δικαιώμασι

(пра)вьдоѭ 32b6 lit/Ps118,12 τοῖς δικαιώμασι
правьдьникъ m.
праведьникъ 3b9 Ps140,5 δίκαιος
праведьници 4b11 Ps141,8 δίκαιοι
праведьникы 8b16 Ps145,8 δικαίους
правьдьнъ adj.
праведьнı 3a10 Ps139,14 δίκαιοι
правьденъ 8a1 Ps144,17 δίκαιος
правъденъ 14a16 Ct2/Dt32,4 δίκαιος
правъденъ 21b22 Ct6/1Rg2,2 δίκαιος
праведьнаего 22b5 Ct6/1Rg2,9 δίκαιοι
правьденъ 22b25 Ct6/1Rg2,10 gr. 0
праведьнааго 24a15 Ct8/Manas 1 τοῦ δικαίου
праведьнъихъ 24b18 Ct8/Manas 8 τῶν δικαίων
праведьнъимъ 24b19 Ct8/Manas 8 δικαίοις
правьденъ 25b15 Ct9/Dn3,27 δίκαιος
праведьнъı(хъ) 28b9 Ct11/Dn3,86 δικαίων
при praep. c. loc.
прı стьѕи 2b10 Ps139,6 ἐχόμενα τρίβου
прı камени 3b15 Ps140,6 ἐχόμενα πέτρας
прı 3b19 Ps140,7 παρά
приближати ся ipf.
прıблıжаѭштı(мъ сѧ) 11a4 Ps148,14 ἐγγίζοντι
прıблıжаетъ сѧ 20a23 Ct4/Is26,17 ἐγγίζει
прıблıжаѭштѧ сѧ 23a22 Ct7/Is38,12 ἐγγιζούσης
приближити ся pf.
(егда) прıблıжѧтъ сѧ 18a6 Ct3/Hab3,2 (ἐν τῷ) ἐγγίζειν
прибѣгнѫти pf.
прıбѣгъ 5b2 Ps142,9 κατέφυγον
прıбѣгъ 30b26 lit/Ps142,9b κατέφυγον
прибѣжище n.
прıбѣжиште 5b20 Ps143,2 καταφυγή
прıбѣжиште 30b21 lit/Ps89,1 καταφυγή
привидѣние n.
прıвидѣниѣ 18b19 Ct3/Hab3,10 φαντασίας
призъвати pf.
прıзъвахъ 14a11 Ct2/Dt32,3 ἐκάλεσα
призывати ipf.
прıзываѭштıмы-и 8a4 Ps144,18 τοῖς ἐπικαλουμένοις (αὐτόν)
прıзываѭштıмъи-ı 8a6 Ps144,18 τοῖς ἐπικαλουμένοις (αὐτόν)
прıзываѭштı(мъ) 9b2 Ps146,9 τοῖς ἐπικαλουμένοις
призьрѣти pf.
прıзьрѣ 18a24 Ct3/Hab3,6 ἐπέβλεψεν
прıзьрѣти ми 21a14 Ct5/Jon2,5 τοῦ ἐπιβλέψαι
прıзьрѣ 28b24 Ct12/L1,48 ἐπέβλεψεν
прıзьрı 31b16 lit/Ps89,16 ἰδέ
приимати ipf.
прıемлѧ 9a13 Ps146,6 ἀναλαμβάνων
прикоснѫти ся pf.
прıкоснѫ сѧ 27b2 Ct9/Dn3,50 ἥψατο
приложити pf.
прıложи 20a16 Ct4/Is26,15 πρόσθες
прıложи 20a16 Ct4/Is26,15 πρόσθες
прıложѭ 21a13 Ct5/Jon2,5 προσθήσω
прıложıтъ 31b6
приношение n.
прıношениѣ 26b11 Ct9/Dn3,38 προσφορά
присно adv.
прıсно 28b16 lit
пристати pf.
прıсташѧ 17a2 Ct2/Dt32,35 πάρεστιν
прити pf.
прıдѫ 15b2 Ct2/Dt32,17 ἥκασιν
(егда) прıдетъ 18a8 Ct3/Hab3,2 (ἐν τῷ) παρεῖναι
прıдетъ 18a12 Ct3/Hab3,3 ἥξει
да прıдетъ 21b3 Ct5/Jon2,8 ἔλθοι
прıде(т)ъ 30a9 lit/Mt6,10 ἐλθέτω
прıшьдъ(ше) 32a10 lit ἐλθόντες
пришьльствие n.
прıшьлествıѣ 19a22 Ct3/Hab3,16 παροικίας
пришьльць m.
прıшельцѧ 8b17 Ps145,9 τοὺς προσηλύτους
приѩти pf.
прıѩтъ 1b4 Ps138,13 ἀντελάβου
прıимѫтъ 2a4 Ps138,20 λήμψονται
прıиметъ 8b18 Ps145,9 ἀναλήμψεται
прıѩсѧ 13a21 Ct1/Ex15,14 ἔλαβον
прıѩтъ 13b3 Ct1/Ex15,15 ἔλαβεν
прıѩтъ 15a1 Ct2/Dt32,11 ἐδέξατο
да прıмѫтъ 16b2 Ct2/Dt32,29 καταδεξάσθωσαν
прıметъ 17b2 Ct2/Dt32,41 ἀνθέξεται
прıметъ 20a1 Ct4/Is26,11 λήμψεται
прıѩсомъ 20b4 Ct4/Is26,18 ἐλάβομεν
прıѩтъ 23b15 Ct7/Is38,17 εἵλου
да прıѩти бѫдемъ 26b15 Ct9/Dn3,39 προσδεχθείημεν
(пр)ѩтъ 29a10 Ct12/L1,54 ἀντελάβετο
прıми 30b11 lit/Ct15,22 πρόσδεξαι
пробавити pf.
(про)бави 31a6 lit/Ps35,11 παράτεινον
провѣщание n.
провѣштание 14a6 Ct2/Dt32,2 τὸ ἀπόφθεγμα
прогнѣвати (ся) pf. ipf.
прогнѣвашѧ сѧ 13a20 Ct1/Ex15,14 ὠργίσθησαν
прогнѣвашѧ 15a20 Ct2/Dt32,16 ἐξεπίκρανάν
прогнѣвашѧ 15b15 Ct2/Dt32,21 παρώργισαν
прогнѣваѭ 15b19 Ct2/Dt32,21 παροργιῶ
прогнѣваеши сѧ 18b8 Ct3/Hab3,8 ὠργίσθης
прогнѣвахъ 25a12 Ct8/Manas 10 παρώργισα
прозябати ipf.
(прозяб)аѭштюмоу 9a20 Ps146,8 τῷ ἐξανατέλλοντι
прозѧбаѭштıѣ 28a26 Ct11/Dn3,76 τὰ φυόμενα
проити pf.
проıдѫтъ 13b9 Ct1/Ex15,16 παρέλθῃ
проıдѫтъ 13b10 Ct1/Ex15,16 παρέλθῃ
проıдѫ 13b23 Ct1/Ex15,19 ἐπορεύθησαν
проıдѫтъ 18b23 Ct3/Hab3,11 πορεύσονται
прокименъ m.
прок(именъ) 32a18 lit προκείμενον
проклати pf.
проклатъ 12a18 Ps151,6 ἐπικατηράσατο
пролиѣти pf.
пролѣѭ 4a11 Ps141,3 ἐκχεῶ
пропадь f.
пропади 21a19 Ct5/Jon2,6 σχισμάς
пророкъ m.
про(ро)коу 18a1 Ct3/Hab3 τοῦ προφήτου
пророкоу 19b13 Ct4/Is26 προφήτου
пророка 26b9 Ct9/Dn3,38 προφήτης
пророцı 28b13 Ct11/Dn3,88 προφῆται
пророкъ 29a22 Ct13/L1,70 προφητῶν
пророкъ 29b8 Ct13/L1,76 προφήτης
просвѣтити (ся) pf.
просвѣтитъ сѧ 1b1 Ps138,12 φωτισθήσεται
просвѣтити 29b17 Ct13/L1,79 ἐπιφᾶναι
просвѣти 31a21 lit/Ct15,38 φώτισον
про(свѣти) 32b6 lit/Ps118,12 φώτισον
просвѣщение n.
просвѣштение 1a24 Ps138,11 φωτισμός
просити ipf.
прошѫ 25a22 Ct8/Manas 13 αἰτοῦμαι

прославити (сѧ) pf.
прослави сѩ 12b2 Ct1/Ex15,1 δεδόξασται
прославлѭ 12b7 Ct1/Ex15,2 δοξάσω
прослави сѩ 12b16 Ct1/Ex15,6 δεδόξασται
прославленъ 13a11 Ct1/Ex15,11 δεδοξασμένος
прославлено 25b13 Ct9/Dn3,26 δεδοξασμένον
прославлено 27b14 Ct10/Dn3,52 ὑπερυψούμενον
просла(в)лено 31a11 lit/ Dn3,26 δεδοξασμένον
прославлено 32a24 lit/Dn3,26 δεδοξασμένον
прострѣти pf.
прострѣ 13a14 Ct1/Ex15,12 ἐξέτεινας
простеръ 15a1 Ct2/Dt32,11 διείς
противѫ praep.
противѫ 10a1 Ps147,6 κατά
противѫ 12a17 Ps151,6 εἰς συνάντησιν
проівѫ (!) 31b26 lit/Ps103,1 εἰς
противѫ 32b16 lit
прочии adj.
прочаа 23a9 Ct7/Is38,10 τὰ ἐπίλοιπα
прочее 23a16 Ct7/Is38,12 τὸ λοιπόν
прьстъ m.
п(ръ)сты 5b19 Ps143,1 τοὺς δακτύλους
(п)(ръ)сті 12a9 Ps151,2 οἱ δάκτυλοι
прѣвъзносити ipf.
прѣвъз(но)симъ 27b11 Ct10/Dn3,52 ὑπερυψούμενος
прѣвъзносимъ 27b18 Ct10/Dn3,53 ὑπερένδοξος
прѣвъзносимъ 27b21 Ct10/Dn3,54 ὑπερυψούμενος
прѣвъзносимъ 27b25 Ct10/Dn3,55 ὑπερυψούμενος
прѣ(в)ъзносимъ 28a1 Ct10/Dn3,56 ὑπερένδοξος
прѣвъзносите 28a5 Ct11/Dn3,57 ὑπερυψοῦτε
прѣвъзносите 28a8 Ct11/Dn3,59 ὑπερυψοῦτε
прѣвъзносите 28a11 Ct11/Dn3,61 ὑπερυψοῦτε
прѣзвъзносите 28a14 Ct11/Dn3,63 ὑπερυψοῦτε
прѣзвъзносите 28a18 Ct11/Dn3,67 ὑπερυψοῦτε
прѣзвъзносите 28a20 Ct11/Dn3,69 ὑπερυψοῦτε
прѣзвъзносите 28b7 Ct11/Dn3,83 ὑπερυψοῦτε
прѣзвъзносите 28b11 Ct11/Dn3,87 ὑπερυψοῦτε
прѣзвъзносите 28b15 lit ὑπερυψοῦμεν
прѣвьзносите 28b19 lit ὑπερυψοῦντες
прѣвышьнь adj.
прѣвышьнѣа 10a22 Ps148,4 τὸ ὑπεράνω
прѣвышь(наѣ) 28a9 Ct11/Dn3,60 τὰ ὑπεράνα
прѣгрѣшити pf.
прѣгрѣшихомъ 26a3 Ct9/Dn3,29 ἐξημάρτομεν
прѣдати pf.
прѣдаждь 2b17 Ps139,9 παραδῷς
прѣдастъ 16b7 Ct2/Dt32,3 παρέδωκεν
прѣданъ быхъ 23a23 Ct7/Is38,13 παρεδόθην
прѣданъ быхъ 23b3 Ct7/Is38,13 παρεδόθην
(п)(р)ѣдастъ 26a12 Ct9/Dn3,32 παρέδωκας
прѣдаждь 26a21 Ct9/Dn3,34 παραδῷς
прѣди adv.
прѣди идеши 29b9 Ct13/L1,76 προπορεύσῃ
прѣдъ praep. c. instr.
прѣдъ 3a20 Ps140,2 ἐνώπιον
прѣдъ 4a11 Ps141,3 ἐναντίον
прѣдъ 4a13 Ps141,3 ἐνώπιον
прѣдъ 4b21 Ps142,2 ἐνώπιον
прѣдъ 18a20 Ct3/Hab3,5 πρό
прѣдъ 24a8 Ct7/Is38,20 κατέναντι
прѣдъ 25a13 Ct8/Manas 10 ἐνώπιον
прѣ(дъ) 26b12 Ct9/Dn3,38 ἐνώπιον
прѣдъ 26b20 Ct9/Dn3,40 ἐνώπιον
прѣдъ 29b6 Ct13/L1,75 ἐνώπιον
прѣдъ 29b10 Ct13/L1,76 πρό
прѣдъ 30a2 lit/Ct14/L2,31 κατά

прѣдѣлъ m.
прѣдѣлы 9b14 Ps147,3 τὰ ὅρια
прѣдѣлы 14b11 Ct2/Dt32,8 ὅρια
прѣзьрѣти pf. ipf.
прѣзьрѣ 1a8 Ps138,3 προεῖδες
(не) прѣзьри 31a26 lit/Ps137,8 (μὴ) παρίδῃς
прѣисподьнь adj.
преісподьнихъ 1b10 Ps138,15 τοῖς κατωτάτοις
прѣісподьнѣаго 15b23 Ct2/Dt32,22 κάτω
прѣісподьнихъ 25a27 Ct8/Manas 13 τοῖς κατωτάτοις
прѣити pf.
прѣидѫ 4a5 Ps140,10 ἂν παρέλθω
прѣидѫ 21a11 Ct5/Jon2,4 διῆλθον
прѣидѫ 22a10 Ct6/1Rg2,5 παρῆκαν
прѣклонити pf.
прѣклони 6a8 Ps143,5 κλῖνον
прѣкоутити, прѣкѫтити pf.
прѣкѫштены 6b11 Ps143,12 περικεκοσμημέναι
прѣмилостивъ adj.
прѣмилостівъ 7a24 Ps144,8 πολυέλεος
прѣм(и)л(ости)въ 24b10 Ct8/Manas 7 πολυέλεος
прѣмъногъ adj.
прѣмногоумоу 11b13 Ps150,2 τὸ πλῆθος
прѣмѫдрость f.
прѣмѫдростиѭ 22b12 Ct6/1Rg2,10 ἐν τῇ σοφίᾳ
прѣмѫдръ adj.
прѣмѫдрыи 22b11 Ct6/1Rg2,10 ὁ σοφός
прѣподобие n.
прѣподобиемь 29b5 Ct13/L1,75 ἐν ὁσιότητι
прѣподобьнъ adj.
п(рѣпо)д(о)бьниі 7b2 Ps144,10 οἱ ὅσιοι
прѣподобенъ 7b14 Ps144,13 ὅσιος
прѣподобенъ 8a2 Ps144,17 ὅσιος
прѣподобьны(м)ъ 11a2 Ps148,14 τοῖς ὁσίοις
прѣпо(добьн)ыимъ 11a7 Ps149,1 ὁσίων
прѣподобьниі 11a19 Ps149,5 ὅσιοι
п(рѣпо)добьныімъ 11b7 Ps149,9 τοῖς ὁσίοις
прѣподобенъ 14a17 Ct2/Dt32,4 ὅσιος
пр(ѣ)п(одоб)ьни 28b10 Ct11/Dn3,87 ὅσιοι
прѣ(подоб)ьны 32a16 lit gr. 0
прѣпоѣсати сѧ pf. ipf.
прѣпоѣсашѩ сѩ 22a7 Ct6/1Rg2,4 περιεζώσαντο
прѣпѧти pf.
прѣпѩшѩ 2b9 Ps139,6 διέτειναν
прѣсмыкати сѧ ipf.
прѣсмыкаѭштиими сѩ 16a8 Ct2/Dt32,24 συρόντων
прѣстати pf.
прѣста 19b18 Ct4/Is26,10 πέπαυται
прѣстанѫ 24a6 Ct7/Is38,20 παύσομαι
прѣсташѩ 27a15 Ct9/Dn3,46 διέλιπον
прѣстолъ m.
прѣстолъ 22a24 Ct6/1Rg2,8 θρόνον
прѣстолѣ 27b23 Ct10/Dn3,55 θρόνου
прѣстолъ 29a6 Ct12/L1,52 θρόνων
прѣстѫпьникъ m.
прѣстѫпьникъ 26a13 Ct9/Dn3,32 ἀποστατῶν
прѣсѣсти сѧ pf.
прѣсѣде сѩ 3b18 Ps140,7 διερράγη
прѣходити ipf.
прѣходѩтъ 6a7 Ps143,4 παράγουσιν
прѣштение n.
прѣштениемь 18b25 Ct3/Hab3,12 ἐν ἀπειλῇ
прѣштениѣ 24b6 Ct8/Manas 5 τῆς ἀπειλῆς
псалътырь m. f.
псалтыри 6a21 Ps143,9 ψαλτηρίῳ
псалтыри 11a15 Ps149,3 ψαλτηρίῳ

ПСАЛЪТЫРИ 11b16 Ps150,3 ψαλτηρίῳ
ПЪСАЛЪТЫРЪ 12a9 Ps151,2 ψαλτήριον
ПЪСАЛТЫРЕМЬ 24a7 Ct7/Is38,20 ψαλτηρίου
ПОУСТЫНИ f.
ПОУСТЫНИ 14b16 Ct2/Dt32,10 τῇ ἐρήμῳ
ПСАЛОМЪ, ПЪСАЛЪМЪ m.
ПЪСАЛОМЪ 1a1 Ps138,1 ψαλμός
ПЪСАЛОМЪ 2a18 Ps139,1 ψαλμός
ПЪСАЛОМЪ 3a14 Ps140,1 ψαλμός
ПЪСАЛОМЪ 4b13 Ps142,1 ψαλμός
ПЪСАЛ(О)МЪ 5b15 Ps143,1
ПЪСАЛОМЪ 6b25 Ps144,1 αἴνεσις
ПЪСАЛОМЪ 8b23 Ps146,1 ψαλμός
ПЪСАЛ(О)МЪ 12a1 Ps151
ПСАЛ(О)МЪ 12a2 Ps151,1 ὁ ψαλμός
ПСАЛ(О)МЪ 31b24 lit ψαλμός
ПЬКЪЛЪ m.
ПЕКЪЛОМЬ 27a17 Ct9/Dn3,46 πίσσαν
ПЬТЕНЬЦЬ m.
ПЬТЕНЬЦѦ 14b21 Ct2/Dt32,11 τοῖς νεοσσοῖς
ПЬТЕНЬЦЕМЪ 9b1 Ps146,9 τοῖς νεοσσοῖς
ПЬТИЦА f.
ПЬТИЦѦ 10b14 Ps148,10 πετεινά
ПЬТИЦЬ 16a6 Ct2/Dt32,24 ὀρνέων
ПЬТИЦѦ 28b4 Ct11/Dn3,80 τὰ πετεινά
ПЬШЕНИЧЬНЪ adj.
ПЪШЕНИЧЬНА 9b15 Ps147,3 πυροῦ
ПЬШЕНИЧЬНОМЬ 15a12 Ct2/Dt32,14 πυροῦ
ПѢВЬЦЬ m.
ПѢ(ВЬ)Ц(Ь) 32a18 lit
ПѢ(ВЬ)Ц(Ь) 32b19 lit
ПѢСНЬ f.
ПѢСНЬ 6a20 Ps143,9 ᾠδήν
(П)Ѣ(С)НЬ 11a2 Ps148,14 ὕμνος
ПѢСНЬ 11a6 Ps149,1 ᾆσμα
ПѢСНЬ 12b1 Ct1/Ex15 ᾠδή
ПѢСНЬ 14a1 Ct2/Dt32 ᾠδή
ПѢСНЬ 18a1Ct3/Hab3 προσευχή
ПѢСНЕХЪ 19b12 Ct3/Hab3,19 τῇ ᾠδῇ
ПѢСНЬ 19b13 Ct4/Is26 προσευχή
ПѢС(НЬ) 27b9 Ct10/Dn3 ὕμνος
ПѢСНЬ 28b21 Ct12/L1 προσευχή
ПѢСНЬ 30a21 lit ὕμνος
ПѢ(С)НЬ 31b2 lit ὕμνος
ПѢС(НЬ) МОЛИТВЪНѪѬ 32a19 τὴν εὐχήν
ПѢСЪКЪ m.
ПѢСЪКА 1b20 Ps138,18 ἄμμον
ПѢСЪКА 25a1 Ct8/Manas 9 ψάμμου
ПѢСОКЪ 26b3 Ct9/Dn3,36 τὴν ἄμμον
ПѢТИ (СѦ) ipf.
ПОѬ 8a20 Ps145,2 ψαλῶ
ПОІТЕ 9a17 Ps146,7 ψάλατε
ПОѬТЪ 12a14 Ps151,4 ἦρεν
ПОІМЪ 12b2 Ct1/Ex15,1 ᾄσωμεν
ПОЕТЪ 25b8 Ct8/Manas 15 ὑμνεῖ
ПОѢАХѪ 27b6 Ct9/Dn3,51 ὕμνουν
ПОІТЕ 28a5 Ct11/Dn3,57 ὑμνεῖτε
ПОІТЕ 28a7 Ct11/Dn3,9 ὑμνεῖτε
(ПО)ІТЕ 28a11 Ct11/Dn3,61 ὑμνεῖτε
ПОІІТЕ 28a14 Ct11/Dn3,63 ὑμνεῖτε
ПОІТЕ 28a16 Ct11/Dn3,65 ὑμνεῖτε
ПОІТЕ 28a18 Ct11/Dn3,67 ὑμνεῖτε
ПОІТЕ 28a20 Ct11/Dn3,69 ὑμνεῖτε
ПОІТЕ 28a22 Ct11/Dn3,71 ὑμνεῖτε
ПОІТЕ 28a24 Ct11/Dn3,73 ὑμνεῖτе
ПОІИТЕ 28a27 Ct11/Dn3,76 ὑμνεῖτε
ПОІТЕ 28b3 Ct11/Dn3,79 ὑμνεῖτε
ПОІТ(Е) 28b5 Ct11/Dn3,81 ὑμνεῖτε
ПОІТЕ 28b7 Ct11/Dn3,83 ὑμνεῖτε
ПОІТЕ 28b8 Ct11/Dn3,85 ὑμνεῖτε
ПОІТЕ 28b11 Ct11/Dn3,87 ὑμνεῖτε
ПОІТЕ 28b13 Ct11/Dn3,88 ὑμνεῖτε
ПОІТЕ 28b15 lit ὑμνοῦμεν
ПОІТЕ 28b19 lit ὑμνοῦντες
ПОІ 31b24 lit
ПОІ 31b27 lit
ПѢТЪ БЫТИ 32a15 lit ὑμνεῖσθαι
ПѪТО n.
ПѪТЬ(І) 11b3 Ps149,8 ἐν πέδαις
ПѪТЬ m.
ПѪТИ 1a8 Ps138,3 τὰς ὁδούς
ПѪТЬ 2a15 Ps138,24 ὁδός
ПѪТЬ 2a17 Ps138,24 ὁδῷ
ПѪТИ 4a17 Ps141,4 ὁδῷ
ПѪТЬ 5a21 Ps142,8 ὁδόν
ПѪТЕХЪ 8a1 Ps144,17 ταῖς ὁδοῖς
ПѪТИ 8b19 Ps145,9 ὁδόν
(П)ѪІПѪТЬЕ 14a14 Ct2/Dt32,4 αἱ ὁδοί
ПѪТИЕ 25b18 Ct9/Dn3,27 αἱ ὁδοί
ПѪТИЕ (!) 25b20 Ct9/Dn3,27 (αἱ κρίσεις)
ПѪТЬ 29b11 Ct13/L1,76 ὁδούς
ПѪТЬ 29b21 Ct13/L1,79 ὁδόν
ПѪЧИНА f.
ПѪЧИНОѬ 12b14 Ct1/Ex15,5 πόντῳ
Р num.
РћЅ 1a1 Ps138 ΡΛΗ΄
РћЗ 2a18 Ps139 ΡΛΘ΄
Р(І)ћК (!) 3a14 Ps140 (ΡΜ΄)
РКА 4a7 Ps141 ΡΜΑ΄
РћБ (!) 4b14 Ps142 (ΡΜΒ΄)
РКВ 5b16 Ps143 ΡΜΓ΄
РКГ 6b25 Ps144 ΡΜΔ΄
РКД 8a16 Ps145 ΡΜΕ΄
РКЖ 9b9 Ps147 ΡΜΖ΄
РЛ 11b8 Ps150 ΡΝ΄
РВ 31b24 lit ΡΓ΄
РАБА f.
РАБЫ 28b24 Ct12/L1,48 τῆς δούλης
РАБЪ m.
РАБОМЬ 4b20 Ps142,2 τοῦ δούλου
РАБЪ 5b14 Ps142,12 δοῦλος
РАБА 6b1 Ps143,10 τὸν δοῦλον
РАБѢХЪ 17a4 Ct2/Dt32,36 τοῖς δούλοις
РАБЪ 26a19 Ct9/Dn3,33 τοῖς δούλοις
РАБА 26a27 Ct9/Dn3,35 τὸν δοῦλον
РАБОМЪ 27a6 Ct9/Dn3,44 τοῖς δούλοις
РАБИ 28b8 Ct11/Dn3,84 δοῦλοι
РАБА 29b24 Ct14/L2,29 τὸν δοῦλον
РАБЫ 31b16 lit/Ps89,16 τοὺς δούλους
РАБА 32b17 lit/L2,29 τὸν δοῦλον
РАДИ postp. c. gen.
РАДИ 5b7 Ps142,11 ἕνεκα
РАДИ διά 20a13 Ct4/Is26,14 * 20b3 Ct4/Is26,18 * 25b27 Ct9/Dn3,28 * 26a22 Ct9/Dn3,34 * 26a26 Ct9/Dn3,35 * 26b7 Ct9/Dn3,37 * 29b14 Ct13/L1,78 * 30b3 Ct15,9 * 32a17 lit
РАДОВАТИ СѦ ipf.
РАДОУИ СѦ 32b20 lit/L1,28 χαῖρε
РАЖДЕЩИ СѦ pf.
РАЖДЕЖЕ СѦ 15b22 Ct2/Dt32,22 καυθήσεται
РАЗБОЛѢТИ pf.
РАЗБОЛѦТЪ 18b16 Ct3/Hab3,10 ὠδινήσουσιν
РАЗВРАТИТИ pf.
РАЗВРАШТЕНЪ 14a19 Ct2/Dt32,5 διεστραμμένη

развраштенъ 15b12 Ct2/Dt32,20 ἐξεστραμμένη
развръшти pf.
развръзѫтъ 19a10 Ct3/Hab3,14 διανοίξουσιν
развѣ praep. c. gen.
развѣ 17a17 Ct2/Dt32,39 πλήν
развѣ 20a8 Ct4/Is26,13 ἐκτός
развѣ 21b23 Ct6/1Rg2,2 πλήν
разгорѣти сѧ pf.
разгорѣ сѧ 15b21 Ct2/Dt32,22 ἐκκέκαυται
разгънати pf.
ражденеши 6a11 Ps143,6 σκορπιεῖς
раздражити pf.
раздражишѧ 15a19 Ct2/Dt32,16 παρώξυναν
раздражи сѧ 15b7 Ct2/Dt32,19 παρωξύνθη
раздражишѧ 15b15 Ct2/Dt32,21 παρεζήλωσαν
раздражѫ 15b18 Ct2/Dt32,21 παραζηλώσω
раздроушити pf.
раздроуши 26a22 Ct9/Dn3,34 διασκεδάσῃς
раздѣлити pf.
раздѣлѭ 13a4 Ct1/Ex15,9 μεριῶ
раздѣлѣти ipf.
раздѣлѣаше 14b9 Ct2/Dt32,8 διεμέριζεν
разоумъ m.
разоумъ 1a13 Ps138,6 ἡ γνῶσις
разоумъ 4a6 Ps141,1 συνέσεως
разоумоу 9a11 Ps146,5 τῆς συνέσεως
разоумъ 29b12 Ct13/L1,77 γνῶσιν
разоумьнъ adj.
разоуменъ 22a4 Ct6/1Rg2,3 γνώσεων
разоумѣвати ipf.
разоумѣвати 22b19 Ct6/1Rg2,10 συνίειν
разоумѣти pf. ipf.
разоумѣ 1a4 Ps138,2 συνῆκας
разоумѣи 2a12 Ps138,23 γνῶθι
разоумѣхъ 3a7 Ps139,13 ἔγνων
разоумѣите 14b4 Ct2/Dt32,7 σύνετε
разоумѣти 16b1 Ct2/Dt32,29 συνιέναι
разоумѣхъ 18a3 Ct3/Hab3,1 κατενόεσα
(р)азоумѣѭтъ 27a12 Ct9/Dn3,45 γνώτωσαν
рамо n.
рамоу 15a2 Ct2/Dt32,11 τῶν μεταφρένων
распалати сѧ, распалѣти сѧ ipf.
распалааше сѧ 27a19 Ct9/Dn3,47 διεχεῖτο
растачати ipf.
растачѧ 18b17 Ct3/Hab3,10 σκορπίζων
растаѣти (сѧ) ipf.
раста(етъ) 10a4 Ps147,7 τήξει
растаашѧ сѧ 13b3 Ct1/Ex15,1 ἐτάκησαν
расташѧ сѧ (!) 18a24 Ct3/Hab3,6 ἐτάκη
расточити pf.
расточи 29a4 Ct12/L1,51 διεσκόρπισεν
растѫпити сѧ pf.
растѫпи сѧ 12b23 Ct1/Ex15,8 διέστη
расоути сѧ pf.
расоущѧ сѧ (!) 3b19 Ps140,7 διεσκορπίσθη
расѣсти сѧ pf.
расѧдетъ сѧ 18b15 Ct3/Hab3,9 ῥαγήσεται
расѣѣние n.
расѣаниѣ 9a3 Ps146,2 τὰς διασποράς
расѣѣти pf.
расѣа 14b10 Ct2/Dt32,8 διέσπειρεν
расѣѭ 16a14 Ct2/Dt32,26 διασπερῶ
раширити сѧ pf.
раширишѧ сѧ 21b17 Ct6/1Rg2,1 ἐπλατύνθη
раширѣти ipf.
раширѣ 15a16 Ct2/Dt32,15 ἐπλατύνθη
рещи pf. ipf.
рѣхъ 1a23 Ps138,11 εἶπα
речете 2a3 Ps138,20 ἐρεῖς
рѣхъ 2b12 Ps139,7 εἶπα
рѣхъ 4b1 Ps141,6 εἶπα
рекѫтъ 7a18 Ps144,6 ἐροῦσιν
рекѫтъ 7b4 Ps144,11 ἐροῦσιν
рече 10b1 Ps148,5 εἶπεν
рече 13a3 Ct1/Ex15,9 εἶπεν
рекѫтъ 14b8 Ct2/Dt32,7 ἐροῦσιν
рече 15b9 Ct2/Dt32,20 εἶπεν
рѣхъ 16a14 Ct2/Dt32,26 εἶπα
да рекѫтъ 16a19 Ct2/Dt32,27 εἴπωσιν
рече 17a9 Ct2/Dt32,37 εἶπεν
рекѫ 17a24 Ct2/Dt32,40 ἐρῶ
рѣхъ 21a12 Ct5/Jon2,5 εἶπα
рѣхъ 23a6 Ct7/Is38,10 εἶπα
рѣхъ 23a10 Ct7/Is38,11 εἶπα
рѣхъ 30b22 lit/Ps40,5 εἶπα
р(ци) 31b7 lit
ре[к⟨ъ⟩ 31b22 lit
рци 32a4 lit
рци 32a6 lit
ровъ m.
ровъ 5a17 Ps142,7 λάκκον
рогъ m.
рогъ 11a1 Ps148,14 κέρας
роѕи 18a17 Ct3/Hab3,4 κέρατα
рогъ 21b16 Ct6/1Rg2,1 κέρας
рогъ 23a2 Ct6/1Rg2,10 κέρας
рогъ 29a19 Ct13/L1,69 κέρας
родити ipf.
рождьшаго 15b4 Ct2/Dt32,18 τὸν γεννήσαντα
родити 20a24 Ct4/Is26,17 τοῦ τεκεῖν
родихомъ 20b5 Ct4/Is26,18 ἐτέκομεν
роди 22a12 Ct6/1Rg2,5 ἔτεκεν
роди 32b23 lit/L1,32 ἔτεκες
родъ m.
родъ 7a11 Ps144,4 γενεά
родъ 7a11 Ps144,4 γενεά
родѣ 7b11 Ps144,13 γενεᾷ
родѣ 7b12 Ps144,13 γενεᾷ
родъ 8b21 Ps145,10 γενεάν
родъ 8b21 Ps145,10 γενεάν
родъ 14a19 Ct2/Dt32,5 γενεά
рода 14b5 Ct2/Dt32,7 γενεᾶς
родъ 14b5 Ct2/Dt32,7 γενεῶν
родъ 15b12 Ct2/Dt32,20 γενεά
рода 19a25 Ct3/Hab3,17 γενήματα
роди 28b26 Ct12/L1,48 αἱ γενεαί
родъ 29a2 Ct12/L1,50 γενεάν
родъ 29a2 Ct12/L1,50 γενεάν
родъ 30b22 lit/Ps89,1 γενεᾷ
родъ 30b22 lit/Ps89,1 γενεᾷ
рождение n.
рождениѣ 23a15 Ct7/Is38,12 τῆς συγγενείας
роса f.
роса 14a8 Ct2/Dt32,2 δρόσος
роса 20b14 Ct4/Is26,19 ἡ δρόσος
роса 28a15 Ct11/Dn3,64 δρόσος
росы 28a19 Ct11/Dn3,68 δρόσοι
рѣка f.
рѣкахъ 18b8 Ct3/Hab3,8 ποταμοῖς
рѣкахъ 18b9 Ct3/Hab3,8 ποταμοῖς
рѣками 18b15 Ct3/Hab3,9 ποταμῶν
рѣкы 21a8 Ct5/Jon2,4 ποταμοί
рѣк(ы) 28b1 Ct11/Dn3,79 ποταμοί

рѣснота f.
рѣсноты 19b21 Ct4/Is26,10 ἀλήθειαν
рѣснотѫ (!) 25b26 Ct9/Dn3,28 (ἐν) ἀληθείᾳ
рѣснотивьнъ adj.
рѣснотивъна 14a13 Ct2/Dt32,4 ἀληθινά
рѣснотивьна 25b17 Ct9/Dn3,27 ἀληθινά
рѣснотивьни 25b20 Ct9/Dn3,27 ἀληθιναί
рѣснотивъны 25b21 Ct9/Dn3,28 ἀληθείας
рѣснь f. sive adj.
(вь рѣ)сні (сѫдь) 26a11 Ct9/Dn3,31 (ἐν) ἀληθινῇ (κρίσει)
рѣшити ipf.
рѣшитъ 8b13 Ps145,7 λύει
рѫка f.
рѫкѫ 1a12 Ps138,5 τὴν χεῖρα
рѫка 1a21 Ps138,10 ἡ χείρ
рѫкы 2b4 Ps139,5 χειρός
рѫкоу 3a21 Ps140,2 τῶν χειρῶν
рѫкоу 5a9 Ps142,5 τῶν χειρῶν
рѫцѣ 5a10 Ps142,6 τὰς χεῖρας
рѫ(ц)ѣ 5b18 Ps143,1 τὰς χεῖρας
рѫкѫ 6a14 Ps143,7 τὴν χεῖρα
із·д·рѫкы 6a16 Ps143,7 ἐκ χειρός
із·д·рѫкы 6b3 Ps143,11 ἐκ χειρός
рѫкѫ 7b22 Ps144,16 τὴν χεῖρα
рѫкахъ 11a24 Ps149,6 ταῖς χερσίν
рѫцѣ 12a7 Ps151,2 αἱ χεῖρες
рѫка 12b17 Ct1/Ex15,6 χείρ
рѫка 13a6 Ct1/Ex15,9 ἡ χείρ
рѫцѣ 13b15 Ct1/Ex15,17 αἱ χεῖρες
рѫка 16a19 Ct2/Dt32,27 ἡ χείρ
рѫкоу 17a21 Ct2/Dt32,39 τῶν χειρῶν
рѫкѫ 17a22 Ct2/Dt32,40 τὴν χεῖρα
рѫка 17b3 Ct2/Dt32,41 ἡ χείρ
рѫкоу 18a17 Ct3/Hab3,4 χερσίν
рѫцѣ 26a12 Ct9/Dn3,32 χεῖρας
из·д·рѫкы 29a23 Ct13/L1,71 ἐκ χειρός
из·д·рѫкы 29b3Ct13/L1,74 ἐκ χειρός
рѫкоу 31a26 lit/Ps137,8 τῶν χειρῶν
рѫкъ 31b19 lit/Ps89,17 τῶν χειρῶν
рѫкъ 31b20 lit/Ps89,17 τῶν χειρῶν
р(ѫкоу) 32b10 lit/Ps137,8 τῶν χειρῶν
рѫчьнъ adj.
рѫчь(нъи)ми оковы 11b4 Ps149,8 ἐν χειροπέδαις
самоилевъ, самоуилевъ adj.
самоилевы 21b14 Σαμουηλ
самъ pron.
самъ 12a11 Ps151,3 αὐτός
самъ 14a22 Ct2/Dt32,6 αὐτός
свои pron. poss.
своі 1a19 Ps138,9 μου
своіхъ 2a4 Ps138,20 gr. 0
своємь 2a22 Ps139,3 gr. 0
своꙇ 2b1 Ps139,4 αὐτῶν
своѭ 4a3 Ps140,10 αὐτοῦ
своімь 4b20 Ps142,2 σου
своєго 6b1 Ps143,10 αὐτοῦ
своєꙇ 6b10 Ps143,12 αὐτῶν
своіхъ 6b18 Ps143,13 αὐτῶν
своіхъ 7b14 Ps144,13 αὐτοῦ
своіхъ 7b15 Ps144,13 αὐτοῦ
своіхъ 8a2 Ps144,17 αὐτοῦ
своіхъ 8a3 Ps144,17 αὐτοῦ
своѭ 8b2 Ps145,4 αὐτοῦ
своєго 8b7 Ps145,5 αὐτοῦ
своє 9b17 Ps147,4 αὐτοῦ
своꙇ 9b19 Ps147,5 αὐτοῦ
своі 9b22 Ps147,6 αὐτοῦ
своє 10a4 Ps147,7 αὐτοῦ
своє 10a7 Ps147,8 αὐτοῦ
своѩ 10a9 Ps147,8 αὐτοῦ
своіхъ 10a11 Ps147,9 αὐτοῦ
своіхъ 11a1 Ps148,14 αὐτοῦ
своємь 11a12 Ps149,2 αὐτῶν
своімъ 11a17 Ps149,4 αὐτοῦ
своіхъ 11a21 Ps149,5 αὐτῶν
своєго 12a12 Ps151,4 αὐτοῦ
своіми 12a18 Ps151,6 αὐτοῦ
своꙇ 12b21 Ct1/Ex15,7 σου
своѭ 13a5 Ct1/Ex15,9 μου
своімь 13a6 Ct1/Ex15,9 μου
своꙇ 13a7 Ct1/Ex15,10 σου
своѭ 13a14 Ct1/Ex15,12 σου
своєѭ 13a18 Ct1/Ex15,13 σου
своѭ 13a19 Ct1/Ex15,13 σου
своѩ 14b21 Ct2/Dt32,11 αὐτοῦ
своє 14b21 Ct2/Dt32,11 αὐτοῦ
своі 15a1 Ct2/Dt32,11 αὐτοῦ
своєю 15a2 Ct2/Dt32,11 αὐτοῦ
своєго 15a18 Ct2/Dt32,15 αὐτοῦ
своіхъ 15a20 Ct2/Dt32,16 αὐτῶν
своє 15b9 Ct2/Dt32,20 μου
своіхъ 15b17 Ct2/Dt32,21 αὐτῶν
своꙇхъ 16b19 Ct2/Dt32,34 μου
своімъ 17a3 Ct2/Dt32,36 αὐτοῦ
своіхъ 17a4 Ct2/Dt32,36 αὐτοῦ
своєѭ 17a24 Ct2/Dt32,40 μου
своихъ 17b19 Ct2/Dt32,43 αὐτοῦ
своіхъ 17b25 Ct2/Dt32,43 αὐτοῦ
своєѩ 18a19 Ct3/Hab3,4 αὐτοῦ
своі 18b14 Ct3/Hab3,9 σου
своꙇ 18b18 Ct3/Hab3,10 αὐτῆς
своєго 18b19 Ct3/Hab3,10 αὐτῆς
своємь 18b21 Ct3/Hab3,11 αὐτῆς
своѩ 19a11 Ct3/Hab3,14 αὐτῶν
своєі 20a25 Ct4/Is26,17 αὐτῆς
своѭ 21b7 Ct5/Jon2,9 αὐτῶν
своѣ 22a5 Ct6/1Rg2,3 αὐτοῦ
своєѭ 22b8 Ct6/1Rg2,9 αὐτοῦ
своєѭ 22b13 Ct6/1Rg2,10 αὐτοῦ
своєѭ 22b14 Ct6/1Rg2,10 αὐτοῦ
своімь 22b17 Ct6/1Rg2,10 αὐτοῦ
своєго 23a3 Ct6/1Rg2,10 αὐτοῦ
своєго 23a15 Ct7/Is38,12 μου
своєѩ 28b25 Ct12/L1,48 αὐτοῦ
своєѭ 29a4 Ct12/L1,51 αὐτοῦ
своєго 29a10 Ct12/L1,54 αὐτοῦ
своімъ 29a18 Ct13/L1,68 αὐτοῦ
своєго 29a20 Ct13/L1,69 αὐτοῦ
своі 29a27 Ct13/L1,72 αὐτοῦ
свѣтъ m.
свѣтъ 1b2 Ps138,12 τὸ φῶς
свѣтъ 10a20 Ps148,3 τὸ φῶς
свѣтъ 18a16 Ct3/Hab3,4 φῶς
свѣтъ 18b22 Ct3/Hab3,11 φῶς
свѣтъ 19b15 Ct4/Is26,9 φῶς
свѣтъ 28a23 Ct11/Dn3,72 φῶς
(с)вѣтъ 30a4 Ct14/L2,32 φῶς
свѣтъ 31a5 lit/Ps35,10 φῶς
свѣтьлость f.
свѣтълостъ 31b18 lit/Ps89,17 ἡ λαμπρότης
свѧтити сѧ pf. ipf.
да (свѧ)титъ сѧ 30a9 lit/Mt6,9 ἁγιασθήτω

свѧтъ m.
с(вѧ)тое 8a15 Ps144,21 τὸ ἅγιον
с(вѧ)тꙑи(хъ) 11b9 Ps150,1 τοῖς ἁγίοις
с(вѧ)тꙑихъ 13a12 Ct1/Ex15,11 ἁγίοις
свѧтѫѭ 13a19 Ct1/Ex15,13 ἅγιον
с(вѧ)тꙑи 18a12 Ct3/Hab3,3 ὁ ἅγιος
с(вѧ)тѣи 21a15 Ct5/Jon2,5 ἅγιον
с(вѧ)тѣи 21b5 Ct5/Jon2,8 ἅγιον
с(вѧ)тъ 21b21 Ct6/1Rg2,2 ἅγιος
с(вѧ)тъ 21b23 Ct6/1Rg2,2 ἅγιος
с(вѧ)тъ 22b10 Ct6/1Rg2,10 ἅγιος
с(вѧ)тꙑхъ 25b25 Ct9/Dn3,28 τὴν ἁγίαν
с(вѧ)таего 26a28 Ct9/Dn3,35 τὸν ἁγίον
с(вѧ)тое 27b14 Ct10/Dn3,52 τὸ ἅγιον
с(вѧ)тꙑѩ 27b16 Ct10/Dn3,53 τῆς ἁγίας
с(вѧ)таего 28b14 ἅγιον
(с)в(ѧ)то 29a1 Ct12/L1,49 ἅγιον
с(вѧ)тъихъ 29a21 Ct13/L1,70 τὸν ἁγίων
с(вѧ)тꙑи(и) 29a27 Ct13/L1,72 ἁγίας
с(вѧ)тꙑ 30b6 lit/Ct15,15 ἅγιον
с(вѧ)тъ 30b14 lit/Ct15,25 ἅγιος
с(вѧ)тꙑмь 30b16 lit/Ct15,27 ἁγίῳ
с(вѧ)тꙑ 31a24 lit/Ps137,8 ἅγιε
с(вѧ)то(мо)у 31b3 lit ἁγίῳ
(с(вѧ)тꙑ)хъ 32a5 lit Ps116,1 τῶν ἁγίων
с(вѧ)тꙑѩ 32a7 lit ἁγίας
с(вѧ)таго 32a13 lit ἅγιον
(с(вѧ)т(о))моу 32b14 lit ἁγίῳ
с(вѧ)тꙑ 32b19
свѧтꙑни f.
с(вѧ)тꙑнѩ 7a14 Ps144,5 τῆς ἁγιωσύνης
с(вѧ)тꙑнѭ 13b14 Ct1/Ex15,17 ἁγίασμα
се interj.
се 1a10 Ps138,5 ἰδού
се 16b17 Ct2/Dt32,34 ἰδού
се 28b25 Ct12/L1,48 ἰδού
седмь num.
седмь 22a12 Ct6/1Rg2,5 ἑπτά
секратъ adv.
секрать 15b2 Ct2/Dt32,17 πρόσφατοι
село n.
села 18b5 Ct3/Hab3,7 σκηνώματα
сельнъ adj.
сельнꙑихъ 15a6 Ct2/Dt32,13 ἀγρῶν
сила f.
сила 2b14 Ps139,8 δύναμις
силѫ 7a12 Ps144,4 τὴν δύναμιν
силѫ 7a17 Ps144,6 τὴν δύναμιν
силѫ 7b5 Ps144,11 τὴν δυναστείαν
силѫ 7b7 Ps144,12 τὴν δυναστείαν
силѣ 9b3 Ps146,10 τῇ δυναστείᾳ
силꙑ 10a17 Ps148,2 αἱ δυνάμεις
силꙑ 11b11 Ps150,1 δυνάμεως
силахъ 11b12 Ps150,2 ταῖς δυναστείαις
силꙑ 12b10 Ct1/Ex15,4 τὴν δύναμιν
силѫ 15a5 Ct2/Dt32,13 τὴν ἰσχύν
сила 19b9 Ct3/Hab3,19 δύναμις
силоѭ 22a8 Ct6/1Rg2,4 δύναμιν
силоѭ 22b14 Ct6/1Rg2,10 ἐν τῇ δυνάμει
силꙑ 24b1 Ct8/Manas 4 δυνάμεως
сила 25b8 Ct8/Manas 15 ἡ δύναμις
си(л)ꙑ 27a9 Ct9/Dn3,44 δυνάμεως
силꙑ 28a10 Ct11/Dn3,61 αἱ δυνάμεις
сила 30a19 Mt6,13 ἡ δύναμις
сильнъ adj.
сильнꙑхъ 19a9 Ct3/Hab3,14 δυναστῶν
силънꙑхъ 22a6 Ct6/1Rg2,4 δυνατῶν
силенъ 22b6 Ct6/1Rg2,9 δυνατός
сильнꙑ 22b14 Ct6/1Rg2,10 ὁ δυνατός
сильнꙑи 28b27 Ct12/L1,49 ὁ δυνατός
сильнꙑѩ 29a6 Ct12/L1,52 δυνατός
сионъ m.
сионе 8b21 Ps145,10 Σιων
сионе 9b11 Ps147,1 Σιων
сиони 11a11 Ps149,2 Σιων
сиръ adj.
сира 8b18 Ps145,9 ὀρφανόν
сирѣчь part.
сірѣчь 31b23
сиѣние n.
сиѣние 18a16 Ct3/Hab3,4 φέγγος
сканъдѣлъ m.
сканъдѣлъ 2b10 Ps139,6 σκάνδαλον
сканъдѣлъ 4a1 Ps140,9 σκανδάλων
скипьтръ m.
скрiпътрi (!) 18b14 Ct3/Hab3,9 σκῆπτρα
скорость f.
скорості 9b18 Ps147,4 τάχους
скотъ m.
скотомъ 9a22 Ps146,9 τοῖς κτήνεσι
скоти 10b13 Ps148,10 τὰ κτήνη
скоти 28b5 Ct11/Dn3,81 τὰ κτήνη
слава f.
слава 3a13 Ps139,14
слав(а) 5b15 Ps139,14
славꙑ 7a14 Ps144,5 τῆς δόξης
славѫ 7b4 Ps144,11 δόξαν
славѫ 7b7 Ps144,12 τὴν δόξαν
слав(а) 8a16 Ps144,21
слава 10a12 Ps147,9
славѣ 11a20 Ps149,5 δόξῃ
слава 11b7 Ps149,9 δόξα
слава 12a1 Ps151
славꙑ 12b19 Ct1/Ex15,7 τῆς δόξης
славахъ 13a13 Ct1/Ex15,11 δόξαις
славꙑ 19b24 Ct4/Is26,10 τὴν δόξαν
слава 20b18 Ct4/Is26,19 δόξα
славꙑ 22b1 Ct6/1Rg2,8 δόξης
славꙑ 24b4 Ct8/Manas 5 τῆς δόξης
слава 25b9 Ct8/Manas 15 ἡ δόξα
славѫ 27a3 Ct9/Dn3,43 δόξαν
славꙑ 27b13 Ct10/Dn3,52 τῆς δόξης
славꙑ 27b17 Ct10/Dn3,53 δόξης
славꙑ 27b23 Ct10/Dn3,55 δόξης
слава 29b22 Ct14/L2
славѫ 30a5 Ct14/L2,32 δόξαν
слава 30a20 lit/Mt6,13 ἡ δόξα
слава 30a22 lit/Ct15,1 δόξα
славꙑ 30b3 lit/Ct15,9 δόξαν
славѣ 30b16 lit/Ct15,28 δόξαν
слава 31b2 lit δόξα
сл(а)ва 31b6 lit δόξα
сл(а)ва 31b21 lit δόξα
славꙑ 32a8 lit δόξης
слав(а) 32b24
славити ipf.
славлѣахѫ 27b7 Ct9/Dn3,51 ἐδόξαζον
славитъ 32a18 lit δοξάζει
славословествити ipf.
славословествимъ 30b1 lit/Ct15,7 δοξολογοῦμεν
славьно adv.
славъно 12b2 Ct1/Ex15,1 ἐνδόξως
славьнъ adj.
славънꙑѩ 11b4 Ps149,8 τοὺς ἐνδόξους

СЛАВЪНЪІХЪ 20a17 Ct4/Is26,15 τοῖς ἐνδόξοις
СЛАВЪНЪІИМЬ 24a22 Ct8/Manas 3 ἐνδόξῳ
СЛАВЕНЪ 27a13 Ct9/Dn3,45 ἔνδοξος
СЛАНА f.
СЛАНЪІ 28a21 Ct11/Dn3,70 πάχναι
СЛОВО n.
СЛОВЕСА 3b3 Ps140,4 λόγους
СЛОВЕСЕХЪ 7b13 Ps144,13 τοῖς λόγοις
СЛОВО 9b17 Ps147,4 τὸ λόγιον
С(ЛОВО) 9b18 Ps147,4 ὁ λόγος
СЛОВО 10a4 Ps147,7 τὸν λόγον
СЛОВО 10a7 Ps147,8 τὸν λόγον
(СЛО)ВО 10b9 Ps148,8 τὸν λόγον
СЛОВО 18a20 Ct3/Hab3,5 λόγος
СЛОВОМЬ 24a18 Ct8/Manas 3 τῷ λόγῳ
СЛОУГА m.
СЛОУГЪІ 27a16 Ct9/Dn3,46 ὑπηρέται
СЛОУЖИТИ ipf.
СЛОУЖИТИ 29b5 Ct13/L1,74 λατρεύειν
СЛОУЖЬБА f.
СЛОУЖЬБѢ 9a21 Ps146,8 τῇ δουλείᾳ
СЛОУХЪ m.
СЛОУХЪ 18a2 Ct3/Hab3,1 τὴν ἀκοήν
СЛЪНЬЦЕ n.
СЛЪНЪЦЕ 10a18 Ps148,3 ἥλιος
СЛЪНЬЦЕ 18b20 Ct3/Hab3,11 ὁ ἥλιος
СЛЪНЬЦЕ 28a13 Ct11/Dn3,62 ἥλιος
(СЛЪ)НЬЦОУ 32a11 lit ἡλίου
СЛЪІШАТИ ipf.
СЛЪІШАНѪ 5a18 Ps142,8 ἀκουστόν
СЛЪІШАШѦ 13a20 Ct1/Ex15,14 ἤκουσαν
СЛЪІШИТЪ 14a4 Ct2/Dt32,1 ἀκουέτω
СЛѢДЪ m.
ВЬ СЛѢДЪ ГРѦДЕМЪ 26b23 Ct9/Dn3,41 ἐξακολουθοῦμεν
СЛѢПЬЦЬ m.
СЛѢПЬЦѦ 8b14 Ps145,8 τυφλούς
СМОКЪІ f.
СМОКЪІ 19a24 Ct3/Hab3,17 συκῆ
СНѢГЪ m.
СНѢГЪ 9b19 Ps147,5 χιόνα
ГНѢГЪ (!) 10b8 Ps148,8 χιών
СНѢЅИ 28a21 Ct11/Dn3,70 χιόνες
СОДОМЬСКЪ adj.
СОДОМЕСКЪХЪ (!) 16b10 Ct2/Dt32,32 Σοδομων
СРАМИТИ СА ipf.
СРАМИ 26b26 Ct9/Dn3,41 καταισχύνῃς
ДА СРАМѦТЪ СѦ 27a5 Ct9/Dn3,44 ἐντραπείησαν
СРЬДЬЦЕ n.
СРЬДЬЦЕ 2a12 Ps138,23 τὴν καρδίαν
СРЬДЬЦІ 2a22 Ps139,3 καρδίᾳ
СРЬДЬЦА 3b3 Ps140,4 τὴν καρδίαν
СРЬДЬЦЕ 5a5 Ps142,4 ἡ καρδία
СРЬДЬЦ(Е)МЬ 9a5 Ps146,3 τὴν καρδίαν
СРЬЪДЬЦЕ 19a15 Ct3/Hab3,16 ἡ καρδία
СРЬДЬЦА 21a8 Ct5/Jon2,4 καρδίας
СРРЬДЬЦЕ 21b15 Ct6/1Rg2,1 ἡ καρδία
СРЬДЬЦА 25a17 Ct8/Manas 11 καρδίας
СРЬДЬЦЕМЬ 26b24 Ct9/Dn3,41 καρδίᾳ
СРЬДЬЦЕМЬ 28b10 Ct11/Dn3,87 τῇ καρδίᾳ
СРЬДЬЦА 29a5 Ct12/L1,51 καρδίας
СРѢДА f.
СРѢДѪ 27a27 Ct9/Dn3,50 τὸ μέσον
СТАРЬЦЬ m.
СТАРЬЦИ 10b18 Ps148,12 πρεσβῦται
СТАРЬЦѦ 14b7 Ct2/Dt32,7 τοὺς πρεσβυτέρους
СТАРЬЦЕМЬ 16a13 Ct2/Dt32,25 πρεσβυτέρου
СТАТИ pf.
СТА 18a23 Ct3/Hab3,6 ἔστη
СТА 18b21 Ct3/Hab3,11 ἔστη
СТИХОВЬНА f.
(СТ(И)Х(ОВЬ)Н)Ѫ 32b16
СТИХЪ m.
СТІХ(Ъ) 32a2 * 32a4
СТОПА f.
СТОПЪІ 2b6 Ps139,5 τὰ διαβήματα
СТРАСТЬ f.
СТРАСТЕХЪ 3a1 Ps139,11 ταλαιπωρίαις
СТРАХЪ m.
СТРАХЪ 13b6 Ct1/Ex15,16 φόβος
СТРАХЪ 16a11 Ct2/Dt32,25 φόβος
СТРАХА 20b3 Ct4/Is26,18 τὸν φόβον
БЕ-СТРАХА 29b3 Ct13/L1,74 ἀφόβως
СТРАСѢ (!) 31a4 lit/Ps35,10 *τῷ φωτί*
СТРАШЬНО adv.
СТРАШЬНО 1b5 Ps138,14 φοβερῶς
СТРАШЬНЪ adj.
СТРАШЬНЪІИХЪ 7a17 Ps144,6 τῶν φοβερῶν
СТРАШЬНЪІИМЬ 24a21 Ct8/Manas 3 τῷ φοβερῷ
СТРОУНА f.
СТРОУНАХЪ 11b19 Ps150,4 χορδαῖς
СТРЪПЬТИВЪ adj.
СТРОПЬТИВЪ 14a19 Ct2/Dt32,5 σκολιά
СТРѢЛА f.
СТРѢЛЪІ 6a12 Ps143,6 τὰ βέλη
СТРѢЛЪІ 16a3 Ct2/Dt32,23 τὰ βέλη
СТРѢЛЪІ 17b7 Ct2/Dt32,42 τὰ βέλη
СТРѢЛЪІ 18b22 Ct3/Hab3,11 βολίδες
СТОУДЪ m.
СТОУДОУ 26a18 Ct9/Dn3,33 αἰσχύνη
СТОУДА 26b22 Ct9/Dn3,40 αἰσχύνη
СТЬБЛИЕ n.
СТЕБЛІЕ 12b22 Ct1/Ex15,7 καλάμην
СТЬЅА f.
СТЬЅѪ 1a6 Ps138,3 τὴν τρίβον
СТЬЅѦ 2a14 Ps138,23 τὰς τρίβους
ПРІ СТЬЅИ 2b10 Ps139,6 τρίβου
СТЬЅѦ 4a16 Ps141,4 τὰς τρίβους
СТѢНА f.
СТѢНА 13a1 Ct1/Ex15,8 τεῖχος
СТѪПАТИ ipf.
СТѪПАИТЕ 20b19 Ct4/Is26,20 βάδιζε
СОУХО n.
СОУХОУ 13b23 Ct1/Ex15,19 ξηρᾶς
СОУЕТА f.
СОУЕТѢ 2a5 Ps138,20 ματαιότητα
СОУЕТѢ 6a6 Ps143,4 ματαιότητι
СОУЕТѪ 6a18 Ps143,8 ματαιότητα
СОУЕТѪ 6b5 Ps143,11 ματαιότητα
СОУЕТЬНЪ adj.
СОУЕТЪНАА 21b6 Ct5/Jon2,9 μάταια
СЦѢГЛЪ adj.
СЦѢГОЛЪ 4a4 Ps140,10 κατὰ μόνας
СЪ praep.
1) c. gen.
СЪ 10a14 Ps148,1 ἐκ
СЪ 29a6 Ct12/L1,52 ἀπό
2) c. instr.
СЪ 1b22 Ps138,18 μετά
СЪ 3a12 Ps139,14 σύν
СЪ 3b6 Ps140,4 σύν
СЪ 3b8 Ps140,4 μετά
СЪ 4b20 Ps142,2 μετά

съ 5a16 Ps142,7 gr. 0
съ 10b18 Ps148,12 μετά
съ 13b19 Ct1/Ex15,1 σύν
съ 15a4 Ct2/Dt32,12 μετά
съ 15a10 Ct2/Dt32,14 μετά
съ 15a12 Ct2/Dt32,14 μετά
съ 16a8 Ct2/Dt32,24 μετά
съ 16a12 Ct2/Dt32,25 μετά
съ 16a12 Ct2/Dt32,25 σύν
коупьно съ 17b14 Ct2/Dt32,43 ἅμα
съ 17b17 Ct2/Dt32,43 μετά
съ 21b9 Ct5/Jon2,10 μετά
съ 22a23 Ct6/1Rg2,8 μετά
съ 23a13 Ct7/Is38,11 μετά
со 24a7 Ct7/Is38,20 μετά
со 24a16 Ct8/Manas 2 σύν
съ 25a24 Ct8/Manas 13 gr. 0
съ 26b27 Ct9/Dn3,42 μετά
коупьно съ 27a25 Ct9/Dn3,49 ἅμα
съ 29a25 Ct13/L1,72 μετά
съ 29b25 Ct14/L2,29 ἐν
съ 30b15 lit/Ct15,27 σύν
съ 31b8 lit
с 32b19 lit/L2,29 ἐν
съ 32b21 lit/L1,28 μετά
съблазнити сѧ pf.
съблазнітъ сѧ 16b21 Ct2/Dt32,35 σφαλῇ
съблюсти pf.
съблюдеши 25a25 Ct8/Manas 13 τηρήσῃς
съблюсомъ 26a6 Ct9/Dn3,30 συνετηρήσαμεν
съборати pf.
сьберетъ 9a4 Ps146,2 ἐπισυνάξει
съберѫ 16a3 Ct2/Dt32,23 συνάξω
собьраша 16b17 Ct2/Dt32,34 συνῆκται
съвршенье n.
съвршение 19b10 Ct3/Hab3,19 συντέλειαν
съвршенъ adj.
съвршенож 2a9 Ps138,22 τέλειον
съвыше adv.
съвыше 6a14 Ps143,7 ἐξ ὕψους
съвыше 29b17 Ct13/L1,78 ἐξ ὕψους
съвѣтъ m.
съвѣтъ 16a21 Ct2/Dt32,28 βουλήν
съвѧзати pf.
съвѧзати 11b3 Ps149,8 τοῦ δῆσαι
съгрѣшити pf.
съгрѣшиша 14a18 Ct2/Dt32,5 ἡμάρτοσαν
съгрѣшьшимъ 24b14 Ct8/Manas 7 τοῖς ἡμαρτηκόσι
съгрѣшьшимъ 24b21 Ct8/Manas 8 τοῖς ἡμαρτηκόσιν
(съ)грѣши(х)ъ 24b24 Ct8/Manas 9 ἥμαρτον
съгрѣшихъ 25a19 Ct8/Manas 12 ἡμάρτηκα
съгрѣшихъ 25a20 Ct8/Manas 12 ἡμάρτηκα
съгрѣшихомъ 26a1 Ct9/Dn3,29 ἡμάρτομεν
съгрѣшихъ 30b24 lit/Ps40,5 ἥμαρτον
съдѣлати pf.
съдѣла 13b14 Ct1/Ex15,17 κατειργάσω
съзьдати (сѧ) pf.
созъда 1a11 Ps138,5 ἔπλασας
съзиждѫтъ сѧ 1b15 Ps138,16 πλασθήσονται
созъдаша сѧ 10b2 Ps148,5 ἐκτίσθησαν
созъда 14b2 Ct2/Dt32,6 ἔκτισεν
съказати (сѧ) pf. ipf.
съкажи 5a21 Ps142,8 γνώρισον
съказа сѧ 6a3 Ps143,3 ἐγνώσθης
съказати 7b6 Ps144,12 τοῦ γνωρίσαι
съказа 10a12 Ps147,9 ἐδήλωσεν
съконьчати (сѧ) pf.
съконьчаѭтъ 16a4 Ct2/Dt32,23 συντελέσω
съконьчаетъ сѧ 26b20 Ct9/Dn3,40 ἐκτελέσαι
съкровище n.
съкровиштіхъ 16b18 Ct2/Dt32,34 τοῖς θησαυροῖς
съкроушати ipf.
съкроушаѩ 12b9 Ct1/Ex15,3 συντρίβων
съкроушение n.
съкроушениѣ 9a6 Ps146,3 τὰ συντρίμματα
съкроушити (сѧ) pf.
съкроушенъıѩ 9a5 Ps146,3 τοὺς συντετριμμένους
съкроуши 12b18 Ct1/Ex15,6 ἔθραυσεν
съкроушиша сѧ 18b1 Ct3/Hab3,6 διεθρύβη
съкроушиша сѧ 23b1 Ct7/Is38,13 συνέτριψεν
съкроушеноѭ 26b14 Ct9/Dn3,39 συντετριμμένῃ
да съ(кр)оушитъ сѧ 27a10Ct9/Dn3,44 συντριβείη
съкрыти pf.
съкрыша 2b7 Ps139,6 ἔκρυψαν
съкрыша 4a18 Ps141,4 ἔκρυψαν
сълъгати pf.
солъжетъ 19b1 Ct3/Hab3,17 ψεύσεται
сълацати ipf.
(съ)лѧцаемъ 25a9 Ct8/Manas 10 κατακαμπτόμενος
съмощрение, съмотрение n.
смоштрению 26b27 Ct9/Dn3,42 τὴν ἐπιείκειαν
съмотрити pf. ipf.
смоштрѣахъ 4a19 Ps141,5 κατενόουν
съмрьть f.
съмрьть 19a6 Ct3/Hab3,13 θάνατον
съмрьтьнъ adj.
съмрьтьнѣи 29b19 Ct13/L1,79 θανάτου
съмыслити pf.
съмыслиша 16b1 Ct2/Dt32,29 ἐφρόνησαν
съмѣрение n.
съмѣрение 28b24 Ct12/L1,48 ταπείνωσιν
съмѣрити (сѧ) pf.
съмѣрихъ сѧ 4b5 Ps141,7 ἐταπεινώθην
съмѣрилъ естъ 5a1 Ps142,3 ἐταπείνωσεν
съмѣрилъ (еси) 31b14 Ps89,15 ἐταπείνωσας
съмѣрѣти ipf.
съмѣрѣѩ 9a14 Ps146,6 ταπεινῶν
съмѣрѣетъ 22a19 Ct6/1Rg2,7 ταπεινοῖ
съмѣрьнъ adj.
съмѣрени 26b6 Ct9/Dn3,37 ταπεινοί
съмѣреномь 26b15 Ct9/Dn3,39 ταπεινώσεως
съмѣрениі 28b10 Ct11/Dn3,87 ταπεινοί
съмѣренъıѩ 29a7 Ct12/L1,52 ταπεινούς
съмасти (сѧ) pf.
съмѧте сѧ 5a5 Ps142,4 ἐταράχθη
съмѧтеши 6a13 Ps143,6 συνταράξεις
(егда) съмѧтетъ сѧ 18a10 Ct3/Hab3,2 (ἐν τῷ) ταραχθῆναι
съмѧте сѧ 19a19 Ct3/Hab3,16 ἐταράχθη
съмѫщати ipf.
съмѫштаѭшта 19a14 Ct3/Hab3,15 ταράσσοντας
сънити pf.
сънидѫ 1a18 Ps138,8 καταβῶ
сънидı 6a8 Ps143,5 κατάβηθι
сънидѫтъ 14a7 Ct2/Dt32,2 καταβήτω
сънидъ 21a20 Ct5/Jon2,7 κατέβην
сниде 27a24 Ct9/Dn3,49 συγκατέβη
сънѣсти pf.
сънѣсть 17b8 Ct2/Dt32,42 καταφάγεται
съпасение n.
съпасениѣ 2b14 Ps139,8 τῆς σωτηρίας
съпасение 6a23 Ps143,10 τὴν σωτηρίαν
съпасениѣ 8a23 Ps145,3 σωτηρία
съпасение 11a18 Ps149,4 σωτηρίᾳ

с(ъ)п(ас)ение 12b6 Ct1/Ex15,2 σωτηρίαν
с(ъ)п(ас)енье 18b12 Ct3/Hab3,8 σωτηρία
с(ъ)п(ас)ение 19a3 Ct3/Hab3,13 σωτηρίαν
с(ъ)п(ас)ениѣ 20b6 Ct4/Is26,18 σωτηρίας
с(ъ)п(ас)ение 21b12 Ct5/Jon2,10 σωτηρίαν
с(ъ)п(ас)ениі 21b19 Ct6/1Rg2,1 σωτηρίᾳ
с(ъ)п(ас)ениі 21b19 Ct6/1Rg2,1 σωτηρίᾳ
с(ъ)п(ас)ениѣ 23a11 Ct7/Is38,11 τὸ σωτήριον
с(ъ)п(ас)ениѣ 24a5 Ct7/Is38,19 τῆς σωτηρίας
с(ъ)п(ас)ение 24b17 Ct8/Manas 7 σωτηρίαν
с(ъ)п(ас)ениѣ 29a19 Ct13/L1,69 σωτηρίας
с(ъ)п(ас)ение 29a23 Ct13/L1,71 σωτηρίαν
с(ъ)п(ас)ениѣ 29b12 Ct13/L1,77 σωτηρίας
с(ъ)п(ас)енье 30a1 Ct14/L2,30 τὸ σωτήριον
съпасти pf.
съпасетъ 8a10 Ps144,19 σώσει
с(ъ)п(ас)ті 19a4 Ct3/Hab3,13 τοῦ σῶσαι
с(ъ)п(ас)еши 25b4 Ct8/Manas 14 σώσεις
съпасъ m.
с(ъ)п(ас)а 15a18 Ct2/Dt32,15 σωτῆρος
с(ъ)п(ас)ѣ 19b7 Ct3/Hab3.18 τῷ σωτῆρι
с(ъ)п(ас)ѣ 28b23 Ct12/L1.47 τῷ σωτῆρι
с(ъ)п(ас)е 32a2
с(ъ)п(ас)ь 32b23 lit/L1,42 σωτῆρα
съподобити pf.
съподоби 32a21 lit καταξίωσον
съпѧти pf.
съпеныи 24a17 Ct8/Manas 3 ὁ πεδήσας
съсати ipf.
съсашѩ 15a7 Ct2/Dt32,13 ἐθήλασαν
съсѫште 16a12 Ct2/Dt32.25 θηλάζων
съставити pf.
съставишѩ 4a1 Ps140,9 συνεστήσαντο
съставишѩ 12a9 Ps151,2 ἥρμοσαν
съсѣщи pf.
съсѣклъ еси 19a8 Ct3/Hab3,14 διέκοψας
сътворити pf.
сътвори 1b9 Ps138,15 ἐποίησας
сътворитъ 3a7 Ps139,13 ποιήσει
створи 5a18 Ps142.8 ποίησον
сътворит 8a8 Ps144,19 ποιήσει
сътворьшаего 8b8 Ps145,6 τὸν ποιήσαντα
(сът)вори 10a10 Ps147.9 ἐποίησεν
съ(тв)орьшиімь 11a9 Ps149,2 τῷ ποιήσαντι
сътворити 11b1 Ps149.7 τοῦ ποιῆσαι
сътворити 11b6 Ps149.9 τοῦ ποιῆσαι
сътвористе 12a8 Ps151,2 ἐποίησαν
сътвори 14b2 Ct2/Dt32,6 ἐποίησεν
сътворьшааго 15a17 Ct2/Dt32,15 τὸν ποιήσαντα
сътвори 16a20 Ct2/Dt32,27 ἐποίησεν
сътворіѫ 17a18 Ct2/Dt32,39 ποιήσω
плода сътворитъ 19a24 Ct3/Hab3,17
καρποφορήσει
сътворѩтъ 19b2 Ct3/Hab3,17 ποιήσει
сътворити імать 19b22 Ct4/Is26,10 ποιήσει
сътвори 20b6 Ct4/Is26,18 *ἐποιήσαμεν*
сътворитъ 22b8 Ct6/1Rg2,10 ποιήσει
сътворіѫ 24a3 Ct7/Is38,19 ποιήσω
сътвореі 24a16 Ct8/Manas 2 ὁ ποιήσας
сътворихъ 25a14 Ct8/Manas 10 ἐποίησα
сътворь 25a14 Ct8/Manas 10 ποιήσας
сътвори 25b16 Ct9/Dn3,27 ἐποίησας
сътворилъ еси 25b22 Ct9/Dn3,28 ἐποίησας
сътворихомъ 26a6 Ct9/Dn3,30 ἐποιήσαμεν
сътвори 26a9 Ct9/Dn3,31 ἐποίησας
сътвори 26a11 Ct9/Dn3,31 ἐποίησας
сътвори 26b27 Ct9/Dn3,42 ποίησον

сътвори 27a27 Ct9/Dn3,50 ἐποίησεν
сътвори 28b27 Ct12/L1,49 ἐποίησεν
(с)ътвори 29a3 Ct12/L1,51 ἐποίησεν
сътвори 29a17 Ct13/L1,68 ἐποίησεν
сътворити 29a25 Ct13/L1,72 ποιῆσαι
сътрьти pf.
сътрълъ еси 12b19 Ct1/Ex15,7 συνέτριψας
сътрѧсти сѧ pf.
сътрѩсѫтъ сѩ 19a9 Ct3/Hab3,14 σεισθήσονται
сътѧжати pf. ipf.
сътѩжа 1b3 Ps138,13 ἐκτήσω
сътѩжа 13b11 Ct1/Ex15,18 ἐκτήσω
сътѩжа 14b1 Ct2/Dt32,6 ἐκτήσατο
сътѩжи 20a7 Ct4/Is26,13 κτῆσαι
сътѫжати ipf.
сътѫжаѭштѩѩ 5b13 Ps142,12 τοὺς θλίβοντας
сътѫжити pf.
съ(тѫ)жи 27b3 Ct9/Dn3,50 παρηνώχλησεν
съхранити (сѧ) pf.
съхрани 2b4 Ps139,5 φύλαξον
съхрани 3b23 Ps140,9 φύλαξον
съхрани 14b18 Ct2/Dt32,10 διεφύλαξεν
съхранихъ сѩ 19a15 Ct3/Hab3,16 ἐφυλαξάμην
съхрань 25a15 Ct8/Manas 10 φυλάξας
(с)ъхранити сѩ 31a9 lit/Ct15,33 φυλαχθῆναι
съхраніті сѩ 32a22 lit φυλαχθῆναι
съчисти сѧ pf.
съчетаѭтъ сѩ 3b7 Ps140,4 *συνδυάσω*
съчитати ipf.
(съчи)таѩ 9a7 Ps146,4 ὁ ἀριθμῶν
сꙑнъ m.
с(ꙑ)нъ 4b14 Ps142,1 ὁ υἱός
с(ꙑ)нъ 6a4 Ps143,3 υἱός
с(ꙑ)н(о)въ 6a17 Ps143,7 υἱῶν
с(ꙑ)новъ 6b4 Ps143,11 υἱῶν
с(ꙑ)нови 6b8 Ps143,12 οἱ υἱοί
с(ꙑ)номъ 7b6 Ps144,12 τοῖς υἱοῖς
с(ꙑ)нꙑ 8a22 Ps145,3 υἱούς
с(ꙑ)нꙑ 9b13 Ps147,2 τοὺς υἱούς
с(ꙑ)номъ 11a3 Ps148,14 τοῖς υἱοῖς
с(ꙑ)нове 11a10 Ps149,2 υἱοί
с(ꙑ)нъ 12a21 Ps151,7 υἱῶν
с(ꙑ)нови 13b22 Ct1/Ex15,19 οἱ υἱοί
с(ꙑ)нꙑ 14b10 Ct2/Dt32,8 υἱούς
с(ꙑ)новъ 15a11 Ct2/Dt32,14 υἱῶν
с(ꙑ)новъ 15b7 Ct2/Dt32,19 υἱῶν
с(ꙑ)новъ 15b13 Ct2/Dt32,20 υἱοί
с(ꙑ)нови 17b18 Ct2/Dt32,43 υἱοί
с(ꙑ)новъ 17b19 Ct2/Dt32,43 τῶν υἱῶν
с(ꙑ)нови 28b6 Ct11/Dn3,82 υἱοί
с(ꙑ)на 28b14 lit υἱόν
с(ꙑ)не 30b5 lit/Ct15,13 υἱέ
с(ꙑ)не 30b7 lit/Ct15,18 ὁ υἱός
с(ꙑ)ноу 31b3 lit τῷ υἱῷ
с(ꙑ)нꙑ 31b17 lit/Ps89,16 τοὺς υἱούς
с(ꙑ)на 32a13 lit υἱόν
с(ꙑ)не 32a16 lit υἱέ
с(ꙑ)ноу 32b24 lit
сь pron.
семь 4a17 Ps141,4 ταύτῃ
сеѩ 6b14 Ps143,13 τούτου
сьѭ 6b14 Ps143,13 τούτο
си 6b23 Ps143,15 ταῦτα
си 11b7 Ps149,9 αὕτη
(с)ь 12a2 Ps151,1 οὗτος
сь 12b6 Ct1/Ex15,2 οὗτος
сиѩ 13a16 Ct1/Ex15,13 τούτον

си 13b11 Ct1/Ex15,16 οὗτος
си 14a20 Ct2/Dt32,6 ταῦτα
си 14a22 Ct2/Dt32,6 οὗτος
сь 14b1 Ct2/Dt32,6 οὗτος
сихъ 16a20 Ct2/Dt32,27 ταῦτα
си 16b2 Ct2/Dt32,29 ταῦτα
си 16b17 Ct2/Dt32,34 ταῦτα
сего 20a13 Ct4/Is26,14 τοῦτο
семь 22b18 Ct6/1Rg2,10 τούτῳ
си 25b27 Ct9/Dn3,28 ταῦτα
се 26b8 Ct9/Dn3,38 τούτῳ
си 26b10 Ct9/Dn3,38 gr. 0
сі 31b8 lit
сь 31b24 lit
сьѭ 32a19 lit ταύτην
съ 32a21 lit ταύτῃ
се 32b19 lit

сѣдильно n.
сѣд‹иль›но 5b15 lit
сѣд‹ильно› 29b22 lit

сѣдѣние n.
вѣдѣние (!) 1a3 Ps138,2 τὴν καθέδραν

сѣдѣти ipf.
сѣдѩи 27b20 Ct10/Dn3,54 καθημένος
сѣдѩштѩ 29b18 Ct13/L1,79 τοῖς καθημένοις
с(ѣ)дѩі 30b11 lit/Ct15,23 ὁ καθήμενος

сѣмѧ n.
сѣмени 24a14 Ct8/Manas 1 τοῦ σπέρματος
сѣм(ѩ) 26b1 Ct9/Dn3,36 τὸ σπέρμα
сѣмени 29a12 Ct12/L1,55 τῷ σπέρματι

сѣно n.
сѣно 14a10 Ct2/Dt32,2 χόρτον

сѣнь f.
сѣнь 6a7 Ps143,4 σκιά
сѣни 29b19 Ct13/L1,79 σκιᾷ

сѣньнъ adj.
сѣннꙑ 18a13 Ct3/Hab3,3 κατασκίου

сѣть f.
сѣть 2b8 Ps139,6 παγίδα
сѣть 2b9 Ps139,6 παγίδας
сѣти 3b23 Ps140,9 παγίδος
сѣть 4a18 Ps141,4 παγίδα

сѣчь f.
ізі(де) на сѣчь 12a3 Ps151,1 ἐμονομάχησεν

сѧ pron.
сѩ+ 1a13 Ps138,6 * 1a14 Ps138,6 * 1a20 Ps138,9 * 1a25 Ps138,12 * 1b1 Ps138,12 * 1b5 Ps138,14 * 1b6 Ps138,14 * 1b8 Ps138,15 * 1b14 Ps138,16 * 1b15 Ps138,16 * 1b18 Ps138,17 * 1b21 Ps138,18 * 2a1 Ps138,19 * 2b20 Ps139,9 * 3a4 Ps139,12 * 3a11 Ps139,14 * 3a12 Ps139,14 * 3a19 Ps140,2 * 3b8 Ps140,4 * 3b16 Ps140,6 * 3b18 Ps140,7 * 3b19 Ps140,7 * 4a3 Ps140,10 * 4a10 Ps141,2 * 4a14 Ps141,4 * 4b5 Ps141,7 * 4b7 Ps141,7 * 4b9 Ps141,8 * 4b21 Ps142,2 * 5a5 Ps142,4 * 5a7 Ps142,5 * 5a9 Ps142,5 * 5a14 Ps142,7 * 5a16 Ps142,7 * 6a4 Ps143,3 * 6a6 Ps143,4 * 6a10 Ps143,5 * 6b17 Ps143,13 * 7a22 Ps144,7 * 7b1 Ps144,10 * 8a8 Ps144,19 * 8a21 Ps145,3 * 8b2 Ps145,4 * 8b20 Ps145,10 * 9a1 Ps146,1 * 9b7 Ps146,11 * 10b2 Ps148,5 * 10b20 Ps148,13 * ‹с›ѩ+ 11a5 Ps148,14 * 11a9 Ps149,2 * 11a11 Ps149,2 * 11a19 Ps149,5 * 11a21 Ps149,5 * 12b3 Ct1/Ex15,1 * 12b16 Ct1/Ex15,6 * 12b23 Ct1/Ex15,8 * 13a21 Ct1/Ex15,14 * 13b4 Ct1/Ex15,15 * 13b8 Ct1/Ex15,16 * 14a6 Ct2/Dt32,2 * 15a14 Ct2/Dt32,15 * 15a15 Ct2/Dt32,15 * 15b7 Ct2/Dt32,19 * 15b21 Ct2/Dt32,22 * 15b22 Ct2/Dt32,22 * 16a9 Ct2/Dt32,24 * 16b18 Ct2/Dt32,34 * 16b21 Ct2/Dt32,35 * 17a5 Ct2/Dt32,36 * 17a23 Ct2/Dt32,40 * 17b13 Ct2/Dt32,43 * 17b15 Ct2/Dt32,43 * 17b16 Ct2/Dt32,43 * 18a3 Ct3/Hab3,1 * 18a4 Ct3/Hab3,1 * 18a7 Ct3/Hab3,2 * 18a9 Ct3/Hab3,2 * 18a10 Ct3/Hab3,2 * 18a23 Ct3/Hab3,6 * 18a24 Ct3/Hab3,6 * 18b1Ct3/Hab3,6 * 18b5 Ct3/Hab3,7 * 18b8 Ct3/Hab3,8 * 18b15 Ct3/Hab3,9 * 18b20 Ct3/Hab3,11 * 19a10 Ct3/Hab3,14 * 19a15 Ct3/Hab3,16 * 19a15 Ct3/Hab3,16 * 19a19 Ct3/Hab3,16 * 19b6 Ct3/Hab3,18 * 19b7 Ct3/Hab3,18 * 19b17 Ct4/Is26,9 * 19b20 Ct4/Is26,10 * 19b23 Ct4/Is26,10 * 20a24 Ct4/Is26,17 * 20b8 Ct4/Is26,18 * 20b9 Ct4/Is26,18 * 20b12 Ct4/Is26,19 * 21a12 Ct5/Jon2,5 * 21a16 Ct5/Jon2,6 * 21b1 Ct5/Jon2,8 * 21b15 Ct6/1Rg2,1 * 21b16 Ct6/1Rg2,1 * 21b17 Ct6/1Rg2,1 * 21b19 Ct6/1Rg2,1 * 21b24 Ct6/1Rg2,3 * 22a8 Ct6/1Rg2,4 * 22a9 Ct6/1Rg2,5 * 22b4 Ct6/1Rg2,9 * 22b6 Ct6/1Rg2,9 * 22b11 Ct6/1Rg2,10 * 22b14 Ct6/1Rg2,10 * 22b15 Ct6/1Rg2,10 * 22b18 Ct6/1Rg2,10 * 22b19 Ct6/1Rg2,10 * 23a22 Ct7/Is38,12 * 23b2 Ct7/Is38,13 * 23b6 Ct7/Is38,14 * 23b7 Ct7/Is38,14 * 23b15 Ct7/Is38,16 * 24a24 Ct8/Manas 4 * 24b11 Ct8/Manas 7 * 25a3 Ct8/Manas 9 * 25a4 Ct8/Manas 9 * 25a22 Ct8/Manas 13 * 25b2 Ct8/Manas 13 * 26b5 Ct9/Dn3,37 * 26b21 Ct9/Dn3,40 * 26b25 Ct9/Dn3,41 * 27a5 Ct9/Dn3,44 * 27a6 Ct9/Dn3,44 * 27a9 Ct9/Dn3,44 * 27a11 Ct9/Dn3,44 * 27a19 Ct9/Dn3,47 * 27b2 Ct9/Dn3,50 * 28b2 Ct11/Dn3,9 * 28b19 * 28b23 Ct12/L1,47 * 29a2 Ct12/L1,50 * 29a9 Ct12/L1,53 * 29b1 Ct13/L1,73 * 29b4 Ct13/L1,74 * 29b9 Ct13/L1,76 * 30a9 lit/Mt6,9 * 30a26 lit/Ct15,6 * 31a9 lit * 31b9 lit/Ps89,14 * 31b11 lit/Ps89,14 * 31b12 lit/Ps89,14 * с(ѩ)+ 31b13 lit/Ps89,15 * 32a22 lit* 32b20 lit/L1,28 * 32b26 lit *

сѫгласъ m.
сѫглась 31b27 lit

сѫдии m.
сѫдиѩ 3b15 Ps140,6 οἱ κρίται
сѫдьѩ 10b16 Ps148,11 κρίται

сѫдити ipf.
сѫдитъ 17a3 Ct2/Dt32,36 κρινεῖ
сѫдітъ 22b24 Ct6/1Rg2,10 κρινεῖ

сѫдъ m.
сѫдъ 3a8 Ps139,13 τὴν κρίσιν
сѫдъ 4b19 Ps142,2 κρίσιν
сѫдъ 8b11 Ps145,7 κρίμα
сѫдъ 11b6 Ps149,9 κρίμα
сѫдъ 14a14 Ct2/Dt32,4 κρίσις
сѫдъ 17b2 Ct2/Dt32,41 κρίματος
сѫдъ 22b21 Ct6/1Rg2,10 κρίμα
сѫдомь 25b26 Ct9/Dn3,28 ἐν κρίσει
сѫдъ 26a11 Ct9/Dn3,31 κρίσει

сѫдьба f.
сѫ(дъб)ꙑ 10a8 Ps147,8 κρίματα
сѫдобъ 10a11 Ps147,9 τὰ κρίματα
сѫдъбꙑ 25b21 Ct9/Dn3,28 κρίματα

сѫпостатъ m.
сѫпостатꙑ 12b20 Ct1/Ex15,7 τοὺς ὑπεναντίους
сѫпостати 16a18 Ct2/Dt32,27 οἱ ὑπεναντίοι
сѫпостатꙑ 20a3 Ct4/Is26,11 τοὺς ὑπεναντίους
сѫпостата 22b9 Ct6/1Rg2,10 τὸν ἀντίδικον

сѵмеонъ m.
сѵмионѣ 29b22 Ct14 Συμεων

таи adv. pr.
таи 19a12 Ct3/Hab3,14 λάθρᾳ

таина f.
таінѣ 1b9 Ps138,15 κρυφῇ

ТАКО adv. conj.
ТАКО 1b2 Ps138,12 οὕτως
ТАКО 10a10 Ps147,9 οὕτως
ТАКО (pro ѣко) 14a10 Ct2/Dt32,3 ὅτι
ТАКО 20a25 Ct4/Is26,17 οὕτως
ТАКО 23b1 Ct7/Is38,13 οὕτως
ТАКО 23b5 Ct7/Is38,14 οὕτω
ТАКО 23b6 Ct7/Is38,14 οὕτω
ТАКО 26b19 Ct9/Dn3,40 οὕτως
ТАѢТИ ipf.
ТАѬШТЕ 16a5 Ct2/Dt32,24 τηκόμενοι
ТВАРЬ f.
ТВАРЕХЪ 5a8 Ps142,5 ποιήμασιν
ТВАРИ 31a26 lit/Ps137,8 τὰ ἔργα
ТВОИ pron.
ТВОѬ 1a12 Ps138,5 σου
ТВОІ 1a13 Ps138,6 σου
ТВОЕГО 1a15 Ps138,7 σου
ТВОЕГО 1a16 Ps138,7 σου
ТВОѢ 1a21 Ps138,10 σου
ТВОѢ 1a22 Ps138,10 σου
ТВОѢ 1b7 Ps138,14 σου
ТВОІХЪ 1b13 Ps138,16 σου
ТВОІ 1b13 Ps138,16 σου
ТВОІ 1b17 Ps138,17 σου
ТВОꙖ 2a5 Ps138,20 σου
ТВОІХЪ 2a8 Ps138,21 σου
ТВОЕМОУ 3a11 Ps139,14 σου
ТВОІМЬ 3a13 Ps139,14 σου
ТВОЕМОУ 4b10 Ps141,8 σου
ТВОѬ 4b17 Ps142,1 σου
ТВОѬ 4b19 Ps142,1 σου
ТВОІХЪ 5a8 Ps142,5 σου
ТВОЕЮ 5a9 Ps142,5 σου
ТВОЕГО 5a15 Ps142,7 σου
ТВОѬ 5a19 Ps142,8 σου
ТВОѬ 5b3 Ps142,10 σου
ТВОІ 5b5 Ps142,10 σου
ТВОЕГО 5b7 Ps142,11 σου
ТВОѬ 5b8 Ps142,11 σου
ТВОЕѬ 5b11 Ps142,12 σου
ТВОІ 5b14 Ps142,12 σου
ТВОꙖ 6a9 Ps143,5 σου
ТВОЕѬ 6a11 Ps143,6 gr. 0
ТВОꙖ 6a12 Ps143,6 σου
ТВОѬ 6a14 Ps143,7 σου
ТВОЕ 7a3 Ps144,1 σου
ТВОЕ 7a7 Ps144,2 σου
ТВОѬ 7a12 Ps144,4 σου
ТВОѢ 7a12 Ps144,4 σου
ТВОЕꙖ 7a15 Ps144,5 σου
ТВОѢ 7a16 Ps144,5 σου
ТВОІХЪ 7a17 Ps144,6 σου
ТВОЕ 7a18 Ps144,6 σου
ТВОЕꙖ 7a21 Ps144,7 σου
ТВОЕІ 7a22 Ps144,7 σου
ТВОѢ 7b2 Ps144,10 σου
ТВОІ 7b2 Ps144,10 σου
ТВОЕГО 7b4 Ps144,11 σου
ТВОѬ 7b5 Ps144,11 σου
ТВОѬ 7b7 Ps144,12 σου
ТВОЕГО 7b8 Ps144,12 σου
ТВОЕ 7b9 Ps144,13 σου
ТВОЕ 7b11 Ps144,13 σου
ТВОѬ 7b22 Ps144,16 σου
ТВОІ 8b21 Ps145,10 σου
ТВОЕГО 9b11 Ps147,1 σου
ТВОІХЪ 9b12 Ps147,2 σου
ТВОꙖ 9b13 Ps147,2 σου
ТВОꙖ 9b14 Ps147,3 σου
ТВОЕ (pro ЕГО) 11a13 Ps149,3 (αὐτοῦ)
ТВОѢ 12b16 Ct1/Ex15,6 σου
ТВОѢ 12b17 Ct1/Ex15,6 σου
ТВОЕꙖ 12b19 Ct1/Ex15,7 σου
ТВОꙖ 12b23 Ct1/Ex15,8 σου
ТВОꙖ 13a16 Ct1/Ex15,13 σου
ТВОЕѬ 13a16 Ct1/Ex15,13 σου
ТВОЕꙖ 13b8 Ct1/Ex15,16 σου
ТВОІ 13b10 Ct1/Ex15,16 σου
ТВОІ 13b11 Ct1/Ex15,16 σου
ТВОЕГО 13b13 Ct1/Ex15,13 σου
ТВОЕ 13b14 Ct1/Ex15,17 σου
ТВОІ 13b16 Ct1/Ex15,17 σου
ТВОІ 14b1 Ct2/Dt32,6 σου
ТВОЕГО 14b6 Ct2/Dt32,7 σου
ТВОꙖ 14b7 Ct2/Dt32,7 σου
ТВОІ 18a2 Ct3/Hab3,1 σου
ТВОѢ 18a4 Ct3/Hab3,1 σου
ТВОѢ 18b9 Ct3/Hab3,8 σου
ТВОЕ 18b10 Ct3/Hab3,8 σου
ТВОꙖ 18b11 Ct3/Hab3,8 σου
ТВОЕ 18b12 Ct3/Hab3,8 σου
ТВОꙖ 18b22 Ct3/Hab3,11 σου
ТВОЕГО 18b24 Ct3/Hab3,11 σου
ТВОІМЪ 19a3 Ct3/Hab3,13 σου
ТВОꙖ 19a4 Ct3/Hab3,13 σου
ТВОꙖ 19a13 Ct3/Hab3,15 σου
ТВОѢ 19b16 Ct4/Is26,9 σου
ТВОѢ 19b25 Ct4/Is26,11 σου
ТВОІ 20a4 Ct4/Is26,12 gr. 0
ТВОЕ 20a9 Ct4/Is26,13 σου
ТВОЕ 20a22 Ct4/Is26,16 σου
ТВОЕМОУ 20b2 Ct4/Is26,17 σου
ТВОЕ (!) 20b3 Ct4/Is26,18 σου
ТВОЕГО 20b6 Ct4/Is26,18 σου
ТВОꙖ 21a10 Ct5/Jon2,4 σου
ТВОꙖ 21a11 Ct5/Jon2,4 σου
ТВОЕЮ 21a13 Ct5/Jon2,5 σου
ТВОЕИ 21a15 Ct5/Jon2,5 σου
ТВОЕИ 21b5 Ct5/Jon2,8 σου
ТВОЕМЬ 21b20 Ct6/1Rg2,1 σου
ТВОѬ 23b24 Ct7/Is38,18 σου
ТВОѬ 24a4 Ct7/Is38,19 σου
ТВОЕГО 24a19 Ct8/Manas 3 σου
ТВОІМЬ 24a23 Ct8/Manas 3 σου
ТВОꙖ 24b2 Ct8/Manas 4 σου
ТВОꙖ 24b4 Ct8/Manas 5 σου
ТВОЕГО 24b6 Ct8/Manas 5 σου
ТВОЕГО 24b8 Ct8/Manas 6 σου
ТВОЕꙖ 24b13 Ct8/Manas 7 σου
ТВОІХЪ 24b16 Ct8/Manas 7 σου
ТВОѬ 25a12 Ct8/Manas 10 σου
ТВОЕꙖ 25a15 Ct8/Manas 10 σου
ТВОІХЪ 25a16 Ct8/Manas 10 σου
ТВОѬ 25b3 Ct8/Manas 14 σου
ТВОЕИ 25b5 Ct8/Manas 14 σου
ТВОЕ 25b14 Ct9/Dn3,26 σου
ТВОѢ 25b17 Ct9/Dn3,27 σου
ТВОІ 25b19 Ct9/Dn3,27 σου
ТВОІ 25b20 Ct9/Dn3,27 σου
ТВОꙖ 25b21 Ct9/Dn3,28 gr. 0
ТВОІХЪ 26a4 Ct9/Dn3,29 σου
ТВОІХЪ 26a19 Ct9/Dn3,33 σου
ТВОЕГО 26a22 Ct9/Dn3,34 σου

ТВОЄГО 26a23 Ct9/Dn3,34 σου
ТВОЄѩ 26a24 Ct9/Dn3,35 σου
ТВОЄГО 26a28 Ct9/Dn3,35 σου
ТВОЄГО 26a28 Ct9/Dn3,35 σου
ТВОЄГО 26b26 Ct9/Dn3,41 σου
ТВОЄМОУ 26b28 Ct9/Dn3,42 σου
ТВОЄѩ 27a1 Ct9/Dn3,42 σου
ТВОІМЪ 27a2 Ct9/Dn3,43 σου
ТВОЄМОУ 27a3 Ct9/Dn3,43 σου
ТВОІМЪ 27a7 Ct9/Dn3,44 σου
ТВОЄѩ 27b13 Ct10/Dn3,52 σου
ТВОЄ 27b15 Ct10/Dn3,52 gr. 0
ТВОЄѩ 27b17 Ct10/Dn3,53 σου
ТВОЄГО 27b24 Ct10/Dn3,55 σου
[ТВО]ЄГО (!) 29a1 Ct12/L1,49 αὐτοῦ, cf. ЄГО
ТВОЄГО 29b24 Ct14/L2,29 σου
ТВОЄМОУ 29b25 Ct14/L2,29 σου
ТВОЄ 30a1 Ct14/L2,30 σου
ТВОІХЪ 30a5 Ct14/L2,32 σου
ТВОЄ 30a9 lit/Mt6,9 σου
ТВОЄ 30a10 lit/Mt6,10 σου
ТВОѢ 30a11 lit/Mt6,10 σου
ТВОЄ 30a19 lit/Mt6,13 σου
ТВОЄѩ 30b3 lit/Ct15,9 σου
ТВОЄ 30b19 lit/Ps144,2 σου
ТВОЄМЬ 31a4 lit/Ps35,10 σου
ТВОѬ 31a6 lit/Ps35,11 σου
ТВОЄ 31a12 lit/Dn3,26 σου
ТВОѢ 31a14 lit/Ps32,22 σου
ТВОІМЪ 31a18 lit/Ps118,12 σου
ТВОЄѬ 31a20 lit/Ps118,12 σου
ТВОЄѬ 31a22 lit/Ps118,12 σου
ТВОѢ 31a25 lit/Ps137,8 σου
ТВОЄЮ 31a26 lit/Ps137,8 σου
ТВОЄѩ 31b10 lit/Ps89,14 σου
ТВОѩ 31b16 lit/Ps89,16 σου
ТВОѢ 31b17 lit/Ps89,16 σου
ТВОІХЪ 32a5
ТВОЄ 32a25 lit/Dn3,26 σου
ТВОѢ 32a26 lit/Ps32,22 σου
ТВОІМЪ 32b3 lit/Ps118,12 σου
ТВОІМ(Ъ) 32b5 lit/Ps118,12 σου
ТВ(ОѢ) 32b9 lit/Ps137,8 σου
ТВ(ОЄЮ) 32b10 lit
ТВОЄГО 32b18 lit/L2,29 σου
ТВОЄМО (!) seu ТВОЄМѸ 32b18 lit/L2,29 σου
ТВОЄГО 32b23 lit/L1,42 σου
ТВОРИТИ ipf.
ТВОРѩШТИМИ 3b6 Ps140,4 ἐργαζομένοις
ТВОРѩШТІІХЪ 4a2 Ps140,9 τῶν ἐργαζομένων
ТВОРИТИ 5b3 Ps142,10 τοῦ ποεῖν
(ѢЖЕ) ТВОРѩШТААГО 8b11 Ps145,7 (τὰ) ποιοῦντα
ТВОРѩТЪ 10b9 Ps148,8 τὰ ποιοῦντα
ТВОРѩ 13a13 Ct1/Ex15,11 ποῶν
ТВОРИТИ 22b20 Ct6/1Rg2,10 ποεῖν
ТВОРИТИ 31a1 lit/Ps142,10 τοῦ ποεῖν
ТВРЬДЪ adj.
ТВРЪДА 15a8 Ct2/Dt32,13 στερεᾶς
ТВРЪДѪ 18a18 Ct3/Hab3,4 κραταιάν
ТВРЬДЬ f.
ТВРЪДИ 27b27 Ct10/Dn3,56 τῷ στερεώματι
ТЕЩИ ipf.
ТЕЧЕТЪ 9b18 Ps147,4 δραμεῖται
ТИХЪ adj.
(ТИХЪІ) 32a7 lit ἱλαρόν
ТЛЪСТЪ adj.
ТЛЪСТІ 6b19 Ps143,14 παχεῖς

ТЛЪЩА f.
ТЛЪШТА 3b17 Ps140,7 πάχος
ТОГДА adv.
ТОГДА 13b1 Ct1/Ex15,15 τότε
ТОГД(А) 27b4 Ct9/Dn3,51 τότε
ТОКЪМО, ТЪКЪМО adv.
ТОКМО 16a16 Ct2/Dt32,27 εἰ μή
ТРЕПЕТАТИ ipf.
ТРЕПЕШТЕТЪ 24b1 Ct8/Manas 4 τρέμει
ТРЕПЕТЪ m.
ТРЕПЕТЪ 13b3 Ct1/Ex15,15 τρόμος
ТРЕПЕТЪ 13b6 Ct1/Ex15,16 τρόμος
ТРЕПЕТЪ 19a18 Ct3/Hab3,16 τρόμος
ТРИЕ num.
ТРЕИ 25b11 τριῶν
Т(РИ)Є 27b4 Ct9/Dn3,51 τρεῖς
ТРОСКОТЪ m.
ТРОСКОТЪ 14a9 Ct2/Dt32,2 ἄγρωστιν
ТРОУДЪ m.
ТРОУДЪ 2b21 Ps139,10 κόπος
ТРОУДЪ 18b3 Ct3/Hab3,7 κόπων
ТРОУДЬНЪ adj.
ТРОУДЬНЪІ 17a8 Ct2/Dt32,36 παρειμένους
ТРЬПѢЛИВЪ adj.
ТРЪПѢЛИВЪ 7a24 Ps144,8 μακρόθυμος
ТРЪПѢЛИВЪ 24b10 Ct8/Manas 7 μακρόθυμος
ТРЬСТАТИ m. pl.
ТРЪСТАТЪІ 12b12 Ct1/Ex15,4 τριστάτας
ТРѢБА f.
ТРѢБЪІ 17a12 Ct2/Dt32,38 τῶν σπονδῶν
ТРѢБОВАТИ ipf.
ТРѢБОУѩ 25a18 Ct8/Manas 11 δεόμενος
ТРѢВА f.
ТРѢВѪ 9a21 Ps146,8 χλόην
ТРѪБЬНЪ adj.
ТРѪБЬНѢ 11b15 Ps150,3 σάλπιγγος
ТОУ adv.
ТОУ ἐκεῖ 1a17 Ps138,8 * 1a18 Ps138,8 * 1a21 Ps138,10
ТОУЖДЬ adj.
ТОУЖДІІХЪ 6a17 Ps143,7 ἀλλοτρίων
ТОУЖДІІХЪ 6b4 Ps143,11 ἀλλοτρίων
ТОУЖДЬ 15a4 Ct2/Dt32,12 ἀλλότριος
ТОУЖДИХЪ 15a19 Ct2/Dt32,16 ἀλλοτρίοις
ТОУКЪ m.
ТОУКА 9b15 Ps147,3 στέαρ
ТОУКОМЬ 15a10 Ct2/Dt32,14 στέατος
ТОУКОМЬ 15a12 Ct2/Dt32,14 στέατος
ТОУКЪ 17a11 Ct2/Dt32,38 τὸ στέαρ
ТОУМБАНЪ m.
ТОУМБАНѢ 11a14 Ps149,3 τυμπάνῳ
ТОУМБАНѢ 11b18 Ps150,4 τυμπάνῳ
ТОУЧЬНЪ adj.
ТОУЧЕНЪ 26b18 Ct9/Dn3,40 πιόνων
ТЪ pron.
ТЪ 8b2 Ps145,4 ἐκείνη
ТЪ 10b1 Ps148,5 αὐτός
ТЪ 10b1 Ps148,5 αὐτός
ТОГО 10b21 Ps148,13 αὐτοῦ
ТЪ 12a11 Ps151,3 αὐτός
ТИ 15b15 Ct2/Dn32,21 αὐτοί
ТИ 27b4 Ct9/Dn3,51 οἱ
ТОГО 14a18 Ct2/Dt32,5 αὐτῷ
ТЪ 22b24 Ct6/1Rg2,10 αὐτός
ТОГО 31b7 lit
ТОМЬ 31b25 lit
ТЪКЪМО v. ТОКЪМО

тъщь adj.
тъщѩ 29a9 Ct12/L1,53 κενούς
ты pron.
ты 1a3 Ps138,2 σύ
ты 1a4 Ps138,2 σύ
тъ (!) 1a7 Ps138,3 σύ
ты 1a10 Ps138,5 σύ
ты 1a11 Ps138,5 σύ
ты 1a17 Ps138,8 σύ
тебє 1a25 Ps138,12 σοῦ
ты 1b3 Ps138,13 σύ
тебѣ 1b5 Ps138,14 σοι
тебє 1b8 Ps138,15 σοῦ
тобоѭ 1b22 Ps138,18 σοῦ
тѩ 2a6 Ps138,21 σε
[ты ты 2b12 Ps139,7 σύ
[ты ты 2b12 Ps139,7 σύ
тебѣ 3a15 Ps140,1 σέ
тобоѭ 3a20 Ps140,2 σοῦ
тебѣ 3b20 Ps140,8 σέ
тѩ 3b21 Ps140,8 σέ
тъ (!) 4a15 Ps141,4 σύ
тебѣ 4b1 Ps141,6 σέ
тъ(!) 4b1 Ps141,6 σύ
ти 4b9 Ps141,8
тобоѭ 4b22 Ps142,2 σοῦ
тебѣ 5a10 Ps142,6 σέ
ти 5a12 Ps142,6 σοι
тѩ 5a19 Ps142,8 σοί
тебѣ 5a22 Ps142,8 σέ
тебѣ 5b2 Ps142,9 σέ
ты 5b4 Ps142,10 σύ
тебѣ 6a20 Ps143,9 σοι
ти 6a22 Ps143,9 σοι
тѩ 7a1 Ps144,1 σε
тѩ 7a6 Ps144,2 σε
тебѣ 7b1 Ps144,10 σοι
тѩ 7b3 Ps144,10 σε
тѩ 7b19 Ps144,15 σέ
ты 7b20 Ps144,15 σέ
ты 7b22 Ps144,16 σέ
теб(ѣ) 9b13 Ps147,2 σοί
тѩ 9b16 Ps147,3 σε
тебѣ 13a10 Ct1/Ex15,11 σοι
тебѣ 13a11 Ct1/Ex15,11 σοι
тѩ 14b2 Ct2/Dt32,6 σε
тѩ 14b2 Ct2/Dt32,6 σε
тѩ 14b3 Ct2/Dt32,6 σε
тебѣ 14b7 Ct2/Dt32,7 σοι
тебѣ 14b8 Ct2/Dt32,7 σοι
тѩ 15a17 Ct2/Dt32,15 gr. 0
тѩ 15b4 Ct2/Dt32,18 σε
тѩ 15b5 Ct2/Dt32,18 σε
тебѣ 19b15 Ct4/Is26,9 σέ
тебє 20a8 Ct4/Is26,13 σοῦ
тѩ 20a20 Ct4/Is26,16 σοῦ
тебє 20b14 Ct4/Is26,19 σοῦ
тебѣ 21a3 Ct5/Jon2,3 gr. 0
тебѣ 21a24 Ct5/Jon2,7 σε
тебѣ 21b4 Ct5/Jon2,8 σέ
тебѣ 21b12 Ct5/Jon2,10 σοι
тебє 21b23 Ct6/1Rg2,2 σοῦ
ты 23b12 Ct7/Is38,16 gr. 0
тебѣ 23b13 Ct7/Is38,16 σοι
тѩ 23b20 Ct7/Is38,18 σε
тѩ 23b22 Ct7/Is38,18 σε
тѩ 24a1 Ct7/Is38,19 σε
тѩ 24a6 Ct7/Is38,20 σε
ты 24b9 Ct8/Manas 7 σύ
ты 24b12 Ct8/Manas 7 σύ
тебѣ 24b14 Ct8/Manas 7 σοι
ты 24b18 Ct8/Manas 8 σύ
тебѣ 24b22 Ct8/Manas 8 σοι
тобоѭ 25a13 Ct8/Manas 10 σοῦ
тебє 25a19 Ct8/Manas 11 σοῦ
тебѣ 25a22 Ct8/Manas 13 σοῦ
ты 25b1 Ct8/Manas 13 σύ
тѩ 25b6 Ct8/Manas 15 σε
тебє 25b8 Ct8/Manas 15 σε
тебѣ 25b9 Ct8/Manas 15 σοῦ
тебє 26a2 Ct9/Dn3,29 σοῦ
тѩ 26a20 Ct9/Dn3,33 σε
тебє 26a27 Ct9/Dn3,35 σοῦ
тобоѭ 26b13 Ct9/Dn3,38 σου
тобоѭ 26b20 Ct9/Dn3,40 σου
тебѣ 26b21 Ct9/Dn3,40 σου
тѩ 26b22 Ct9/Dn3,40 σοί
тебє 26b25 Ct9/Dn3,41 σε
ты 27a12 Ct9/Dn3,45 σύ
ты 29b8 Ct13/L1,76 σύ
тѩ 30a25 lit/Ct15,4 σε
тѩ 30a25 lit/Ct15,5 σε
тї 30a26 lit/Ct15,6 σε
тѩ 30b1 lit/Ct15,7 σε
тебѣ 30b2 lit/Ct15,8 σοι
ты 30b14 lit/Ct15,26 σύ
ты 30b14 lit/Ct15,25 σύ
тѩ 30b18 lit/Ps144,2 σε
тебѣ 30b25 lit/Ps40,5 σοι
тебѣ 30b26 lit/Ps142,9b σε
ты 31a2 lit/Ps142,9b σύ
те(б)є 31a2 lit/Ps35,10 σοί
тѩ 31a7 lit/Ps35,11 σε
тѩ 31a16 lit/Ps32,22 σέ
тебѣ 31b1 lit σοί
тебѣ 31b1 lit σοί
тебѣ 31b2 lit σοί
тебѣ 31b27 lit/Ps140,1 σέ
тѩ 32a18 lit σε
тѩ 32b1 lit/Ps32,22 σέ
те(б)ѣ 32b11 lit σοί
тобоѭ 32b21 lit/L1,28 σοῦ
ты 32b22 lit/L1,42 σύ
тысѫщѧ num.
тысѫщѫ 16b4 Ct2/Dt32,30 χιλίους
тьма$_1$ f.
тъма 1a23 Ps138,11 σκότος
тъма 1a25 Ps138,12 σκότος
тъма 1b2 Ps138,12 τὸ σκότος
тъма 28a23 Ct11/Dn3,3 σκότος
тъмѣ 29b18 Ct13/L1,79 σκότει
тьма$_2$ f.
тъмѫ 16b5 Ct2/Dt32,3 μυριάδας
тъмаіаіхъ 26b18 Ct9/Dn3,40 μυριάσιν
тьмьница f.
темьницѩ 4b8 Ps141,8 φυλακῆς
тьмьнъ adj.
темъныіхъ 5a2 Ps142,3 σκοτεινοῖς
тѫча f.
тѫча 14a9 Ct2/Dt32,2 ὄμβρος
оу praep. c. gen.
оу 16b17 Ct2/Dt32,34 παρά
оу 31a2 lit/Ps35,10 παρά

оубити pf.
оубиѭ 17a18 Ct2/Dt32,39 ἀποκτενῶ
оублажити pf.
оублажишѧ 6b22 Ps143,15 ἐμακάρισαν
оубо conj.
оубо 1a23 Ps138,11 ἄρα
ли оубо 21a14 Ct5/Jon2,5 ἄρα
оубогъ adj.
оубогыимъ 3a9 Ps139,13 τῶν πενήτων
оубога 22a21 Ct6/1Rg2,8 πένητα
оубожити ipf.
оубожитъ 22a18 Ct6/1Rg2,7 πτωχίζει
оубоѣти сѧ pf.
оубоѣхъ сѩ 18a3 Ct3/Hab3,1 ἐφοβήθην
оубоѩтъ сѩ 18b5 Ct3/Hab3,7 πτοηθήσονται
оубоѣ сѩ 19a15 Ct3/Hab3,16 ἐπτοήθη
оуготовати pf.
оуготовасте 13b15 Ct1/Ex15,17 ἡτοίμασαν
оугото(ва)ти 29b10 Ct13/L1,76 ἑτοιμάσαι
оуготовалъ еси 30a2 Ct14/L2,31 ἡτοίμασας
оудєлѣти pf.
оуделѣєтъ 13a6 Ct1/Ex15,9 κυριεύσει
оудивити сѧ pf.
оудивилъ сѩ єстъ 1a13 Ps138,6 ἐθαυμαστώθη
оудивихъ сѩ 1b6 Ps138,14 ἐθαυμαστώθην
оудовьлити pf.
оудовьлилъ єси 14b16 Ct2/Dt32,10 αὐτάρκησεν
оудръжати pf. ipf.
оудръжитъ 1a22 Ps138,10 καθέξει
оуже adv. v. юже
оужасъ m.
оужасомь 19a8 Ct3/Hab3,14 ἐν ἐκστάσει
оуѕда f.
оуѕды 19a11 Ct3/Hab3,14 χαλινούς
оуѕьрѣти pf.
оуѕьрѩтъ 18b16 Ct3/Hab3,10 ὄψονται
оу(ѕ)ьримъ 31a4 lit/Ps35,10 ὀψόμεθα
оуклонити (сѧ) pf.
оуклоните сѩ 2a1 Ps138,19 ἐκκλίνατε
оукл(о)ни 3b3 Ps140,4 ἐκκλίνῃς
оукрасити pf.
оукрашены 6b11 Ps143,12 κεκαλλωπισμέναι
оукрѣпити (сѧ) pf.
оукрѣпишѩ сѩ 4b7 Ps141,7 ἐκραταιώθησαν
оу(крѣ)пи 9b11 Ps147,2 ἐνίσχυσεν
да оукрѣпѩто (!) 17b17 Ct2/Dt32,43 ἐνισχυσάτωσαν
оукрѣплѣти сѧ ipf.
оукрѣплѣєтъ сѩ 22b6 Ct6/1Rg2,9 ἐνισχύει
оукѫщение n.
оукѫштение 6b12 Ps143,12 ὁμοίωμα
оуловити pf.
оуловѩтъ 3a5 Ps139,12 θηρεύσει
оумалити (сѧ) pf.
оумалиши 18b25 Ct3/Hab3,12 ὀλιγώσεις
оумалихомъ сѩ 26b4 Ct9/Dn3,37 ἐσμικρύνθημεν
оумолити сѧ pf.
оумолитъ сѩ 17a4 Ct2/Dt32,36 παρακληθήσεται
оумрѣти pf.
оумерьшиі 23b20 Ct7/Is38,18 οἱ ἀποθανόντες
оумъножение n.
оумножениѣ 7a20 Ps144,7 τοῦ πλήθους
оумножению 24b12 Ct8/Manas 7 τὸ πλῆθος
оумъножениемь 24b15 Ct8/Manas 7 τῷ πλήθει
оумъ(н)ожениѣ 25a7 Ct8/Manas 9 πλήθους
оумъножити (сѧ) pf.
оумьножѩтъ сѩ 1b20 Ps138,18 πληθυνθήσονται
(оу)мьножишѩ сѩ 25a3 Ct8/Manas 9 ἐπλήθυναν
оумьножишѩ сѩ 25a4 Ct8/Manas 9 ἐπλήθυναν
оумьножити 26b1 Ct9/Dn3,36 πληθῦναι
оумѫдрѣти ipf.
оумѫдрѣєтъ 8b13 Ps145,8 σοφοῖ
оунъіти pf.
оуны 5a3 Ps142,4 ἠκηδίασεν
оуподобити сѧ pf.
оуподоблѭ сѩ 5a16 Ps142,7 ὁμοιωθήσομαι
оуподоби сѩ 6a6 Ps143,4 ὡμοιώθη
оупоити pf.
оупоѭ 17b7 Ct2/Dt32,42 μεθύσω
оупъвание n.
оупъвание 4b2 Ps141,6 ἡ ἐλπίς
оупъвание 8b6 Ps145,5 ἡ ἐλπίς
оупъвати ipf.
оупъвахъ 3b21 Ps140,8 ἤλπισα
оупъвахъ 5a19 Ps142,8 ἤλπισα
оупъвахъ 5b23 Ps143,2 ἤλπισα
оупъваєте 7b19 Ps144,15 ἐλπίζουσιν
оупъва(ѭщи)ѩ 9b7 Ps146,11 τοῖς ἐλπίζουσιν
оупъвашѩ 17a10 Ct2/Dt32,37 ἐπεποίθεισαν
оупъваѭтъ 23b22 Ct7/Is38,18 ἐλπιοῦσιν
оупъваѭщиимъ 26b22 Ct9/Dn3,40 τοῖς πεποιθόσιν
оупъвахомъ 31a15 lit/Ps32,22 ἠλπίσαμεν
оупъвахомъ 32a27 lit/Ps32,22 ἠλπίσαμεν
оурѣзати pf.
оурѣзати 23a22 Ct7/Is38,12 ἐκτεμεῖν
оуселенаѣ f.
оуселенѣи 27a13 Ct9/Dn3,45 τὴν οἰκουμένην
оуслышати (сѧ) pf.
оуслыши 3a15 Ps140,1 εἰσάκουσον
оуслышѩтъ сѩ 3b16 Ps140,6 ἀκούσονται
оуслыши 4b15 Ps142,1 εἰσάκουσον
оуслыши 4b18 Ps142,1 εἰσάκουσον
оуслыши 5a13 Ps142,7 εἰσάκουσον
оуслышитъ 8a9 Ps144,19 ἐπακούσεται
оуслыша 12a11 Ps151,3 εἰσακούει
оуслышахъ 18a2 Ct3/Hab3,1 εἰσακήκοα
оуслыша 21a3 Ct5/Jon2,3 εἰσήκουσεν
оуслыша 21a6 Ct5/Jon2,3 ἤκουσας
оуста n. pl.
оустомъ 3a23 Ps140,3 τῷ στόματι
оуста 6a18 Ps143,8 τὸ στόμα
оуста 6b5 Ps143,11 τὸ στόμα
оуста 8a14 Ps144,21 τὸ στόμα
оустъ 14a5 Ct2/Dt32,1 στόματος
оуста 21b17 Ct6/1Rg2,1 τὸ στόμα
оустъ 22a3 Ct6/1Rg2,3 τοῦ στόματος
оустъ 26a18 Ct9/Dn3,33 τὸ στόμα
(оу)сты 27b5 Ct9/Dn3,51 ἐξ στόματος
оусты 29a21 Ct13/L1,70 διὰ στόματος
оустатъ adj.
оустатъ 3a3 Ps139,12 γλωσσώδης
оустраблѣти ipf.
оустраблѣєтъ 22a22 Ct6/1Rg2,8 ἐγείρει
оустьны f. pl.
оустънами 2b2 Ps139,4 τὰ χείλη
оустенъ 2b22 Ps139,10 τῶν χειλέων
оустънахъ 3b1 Ps140,3 περὶ τὰ χείλη
оустенъ 19a17 Ct3/Hab3,16 χειλέων
оусѣкнѫти pf.
оусѣкнѫхъ 12a19 Ps151,7 ἀπεκεφάλισα
оутаити (сѧ) pf.
оутаі сѩ 1b8 Ps138,15 ἐκρύβη
оутаите 20b23 Ct4/Is26,20 ἀποκρύβηθι

оутврьдити сѧ pf.
оутврьди сѩ 1a14 Ps138,6 ἐκραταιώθη
оутврьдишѩ сѩ 1b18 Ps138,17 ἐκραταιώθησαν
оутврьждены 6b9 Ps143,12 ἡδρυμμένα
оутврьди сѩ 21b15 Ct6/1Rg2,1 ἐστερεώθη
оутврьждение n.
оутврьжде(ни)ѥ 11b10 Ps150,1 στερεώματι
оутлъстѣти pf.
оутлъстѣ 15a16 Ct2/Dt32,15 ἐπαχύνθη
оутро, ютро n.
ютро 5a18 Ps142,8 τὸ πρωί
оутра 23a24 Ct7/Is38,13 πρωί
ю(тро) 31b9 lit/Ps89,14 τὸ πρωί
оутрьневати ipf.
оутрънюѥтъ (!) 19b14 Ct4/Is26,9 ὀρθρίζει
оутрьнь, -ии adj.
оутрьнѣи 30a21 lit ἑωθινός
оутыти pf.
оуты 15a16 Ct2/Dt32,15 ἐλιπάνθη
оутѣшити (сѧ) pf.
оутѣшилъ еси 13a18 Ct1/Ex15,13 παρεκάλεσας
оутѣшь сѩ 23b15 Ct7/Is38,16 παρακληθείς
оутѧти pf.
оутьнѫ 13a5 Ct1/Ex15,9 ἀνελῶ
оученикъ m.
оученикомъ 30a6 lit
оучинити pf.
оучинитъ 19b9 Ct3/Hab3,19 τάξει
фараосовъ adj.
фаосовы (!) 12b10 Ct1/Ex15,4 φαραω
фараосовъ 13b18 Ct1/Ex15,19 φαραω
филистимъ m.
въ филистимѣ 13a22 Ct1/Ex15,14 Φυλιστιιμ
халдѣискъ adj.
халъдѣистѣи 27a23 Ct9/Dn3,48 τῶν Χαλδαιων
хананъ m.
къ хананѣ 13b5 Ct1/Ex15,15 Χανααν
хвала f.
хвалѫ 8a13 Ps144,21 αἴνεσιν
хвалы 18a15 Ct3/Hab3,3 αἰνέσεως
хвала 31b1 lit αἶνος
хваление n.
(хв)аление 9a2 Ps146,1 αἴνεσις
(хвале)ние 11a7 Ps149,1 ἡ αἴνεσις
хвалениѣ 21b9 Ct5/Jon2,10 αἰνέσεως
хвалити (сѧ) ipf.
хваленъ 7a9 Ps144,3 αἰνετός
хвали 8a18 Ps145,1 αἴνει
хвалите 8b23 Ps146,1 αἰνεῖτε
хвали 9b10 Ps147,1 ἐπαίνει
хв(али) 9b10 Ps147,1 αἴνει
хвалите 10a14 Ps148,1 αἰνεῖτε
хвалите 10a14 Ps148,1 αἰνεῖτε
хв(а)лите 10a16 Ps148,2 αἰνεῖτε
хвалите 10a17 Ps148,2 αἰνεῖτε
хвалите 10a18 Ps148,3 αἰνεῖτε
хвалите 10a19 Ps148,3 αἰνεῖτε
хвалите 10a21 Ps148,4 αἰνεῖτε
да хвалѧтъ 10a22 Ps148,5 αἰνεσάτωσαν
хвалите 10b6 Ps148,7 αἰνεῖτε
да хвалѧтъ 10b19 Ps148,13 αἰνεσάτωσαν
хвалите 11b9 Ps150,1 αἰνεῖτε
хвалите 11b10 Ps150,1 αἰνεῖτε
хвалите 11b12 Ps150,2 αἰνεῖτε
хвалите 11b13 Ps150,2 αἰνεῖτε
хвалите 11b15 Ps150,3 αἰνεῖτε
хвалите 11b16 Ps150,3 αἰνεῖτε
хвалите 11b18 Ps150,4 αἰνεῖτε
хвалите 11b19 Ps150,4 αἰνεῖτε
хвалите 11b21 Ps150,5 αἰνεῖτε
хвалите 11b22 Ps150,5 αἰνεῖτε
да хвалитъ 11b24 Ps150,6 αἰνεσάτω
хвалите сѩ 21b24 Ct6/1Rg2,3 καυχᾶσθε
да хвалитъ сѩ 22b11 Ct6/1Rg2,10 καυχάσθω
да хвалитъ сѩ 22b13 Ct6/1Rg2,10 καυχάσθω
да хвалитъ сѩ 22b15 Ct6/1Rg2,10 καυχάσθω
да хвалитъ сѩ 22b18 Ct6/1Rg2,10 καυχάσθω
хвалѧи сѩ 22b19 Ct6/1Rg2,10 ὁ καυχώμενος
хвалимъ 27b11 Ct10/Dn3,52 αἰνετός
хвалимъ 27b17 Ct10/Dn3,53 ὑπερυμνητός
хвалимъ 27b21 Ct10/Dn3,54 (ὑπερ)υμνητός
хвалимъ 27b25 Ct10/Dn3,55 αἰνετός
хвалимъ 28a1 Ct10/Dn3,56 ὑμνητός
хвалимъ 28b18 αἰνοῦμεν
хвалимъ 30a25 lit/Ct15,4 αἰνοῦμεν
хвалите 32a3 lit/Ps116,1 αἰνεῖτε
хвальнъ adj.
хвально 25b13 Ct9/Dn3,26 αἰνετόν
хвально 27b14 Ct10/Dn3,52 ὑπεραινετόν
хвально 31a11 lit/ Dn3,26 αἰνετόν
хвально 32a24 lit/Dn3,26 αἰνετόν
херовимъ m.
херовимѣ 27b20 Ct10/Dn3,54 χερουβιν
хладьнъ adj.
хладенъ 27b1 Ct9/Dn3,50 δρόσου
хлъмъ m.
(х)лъми 10b11 Ps148,9 οἱ βουνοί
(х)лъмі 18b2 Ct3/Hab3,6 βουνοί
(х)лъми 28a26 Ct11/Dn3,75 βουνοί
хлѣбъ m.
хлѣбы 10a1 Ps147,6 ψωμούς
хлѣбъ 22a9 Ct6/1Rg2,5 ἄρτων
хлѣбъ 30a12 lit/Mt6,11 τὸν ἄρτον
ходити ipf.
хождаахъ 4a17 Ps141,4 ἐπορευόμην
храмъ m.
храмъ 16a11 Ct2/Dt32,25 τῶν ταμιείων
хранение n.
хранение 3a23 Ps140,3 φυλακήν
хранильница f.
хранильницѩ 6b13 Ps143,13 τὰ ταμίεια
хранильницѫ 20b21 Ct4/Is26,20 τὰ ταμίεια
хранити ipf.
хранитъ 8a11 Ps144,20 φυλάσσει
хранѩштааго 8b10 Ps145,6 τὸν φυλάσσοντα
хранитъ 8b17 Ps145,9 φυλάσσει
хранѩштіи 21b6 Ct5/Jon2,9 φυλασσόμενοι
христовъ adj.
х(ристо)въ 32b25 lit τοῦ χριστοῦ
христъ m.
х(ри)сты 19a4 Ct3/Hab3,13 τοὺς χριστούς
хікі(хри)ста 23a3 Ct6/1Rg2,10 χριστοῦ
х(ристо)мь 30a6
х(рист)е 32a2
хѫдожьство n.
хѫдожьства 16a22 Ct2/Dt32,28 ἐπιστήμη
цръкы f.
цр(ъ)к(ъ)ви 6b12 Ps143,12 ναοῦ
цр(ъ)к(ъ)ви 11a7 Ps149,1 ἐκκλησίᾳ
цр(ъ)к(ъ)ви 21a15 Ct5/Jon2,5 ναόν
цр(ъ)к(ъ)ви 21b5 Ct5/Jon2,8 ναόν
цр(ъ)к(ъ)ви 27b16 Ct10/Dn3,53 τῷ ναῷ
цѣсаревъ adj.
цѣса(р)евы 27a16 Ct9/Dn3,46 τοῦ βασιλέως

цѣсарь m.
ц‹ѣса›ремъ 6a23 Ps143,10 τοῖς βασιλεῦσιν
ц‹ѣса›рю 7a1 Ps144,1 ὁ βασιλεύς
ц‹ѣса›ри 10b15 Ps148,11 βασιλεῖς
ц‹ѣса›ри 11a11 Ps149,2 τῷ βασιλεῖ
ц‹ѣса›рѩ 11b3 Ps149,8 τοὺς βασιλεῖς
ц‹ѣса›ремъ 23a1 Ct6/1Rg2,10 τοῖς βασιλεῦσιν
ц‹ѣса›рѣ 23a4 gr. 0
ц‹ѣса›рѣ 24a10 gr. 0
ц‹ѣса›рю 26a14 Ct9/Dn3,32 βασιλεῖ
ц‹ѣса›рю 30b4 lit/Ct15,10 βασιλεῦ
цѣсарьствие n.
ц‹ѣса›р‹ь›ствıѣ 7b4 Ps144,11 τῆς βασιλείας
ц‹ѣса›р‹ь›ствıє 7b9 Ps144,13 βασιλεία
ц‹ѣса›р‹ь›ствıѣ 27b24 Ct10/Dn3,55 τῆς βασιλείας
ц‹ѣса›р‹ь›ствıє 30a10 lit/Mt6,10 ἡ βασιλεία
ц‹ѣса›р‹ь›ствıє 30a19 lit/Mt6,13 ἡ βασιλεία
цѣсарьство n.
ц‹ѣса›р‹ь›ства 7b8 Ps144,12 τῆς βασιλείας
ц‹ѣса›р‹ь›ство 7b9 Ps144,13 ἡ βασιλεία
цѣсарьствовати ipf.
ц‹ѣса›р‹ь›ствоуєтъ 13b17 Ct1/Ex15,18 βασιλεύων
цѣста f.
цѣстахъ 6b21 Ps143,14 ταῖς πλατείαις
чаѣти сѧ ipf.
да чаєтъ сѩ 14a6 Ct2/Dt32,2 προσδοκάσθω
чєтыре num.
чєтыри десѩти 27a20 Ct9/Dn3,47 τεσσαράκοντα
чинъ m.
чинѣ 18b21 Ct3/Hab3,11 τῇ τάξει
чıнъ 31b23 lit ἀκολουθία
число n.
числа 9a12 Ps146,5 ἀριθμός
числа 12a3 Ps151,1 τοῦ ἀριθμοῦ
чıслоу 14b12 Ct2/Dt32,8 ἀριθμόν
числа 25a1 Ct8/Manas 9 ἀριθμόν
чисти ipf.
чьтѫштıихъ 26a19 Ct9/Dn3,33 τοῖς σεβομένοις
чистъ adj.
чисты 18a13 Ct3/Hab3,3 δασέως
чловѣкъ m.
чл‹овѣ›ка 2a19 Ps139,2 ἀνθρώπου
ч‹лoвѣ›ка 2b5 Ps139,5 ἀνθρώπων
чл‹овѣ›кы 3b6 Ps140,4 ἀνθρώποις
чл‹о›в‹ѣ›къ 6a3 Ps143,3 ἄνθρωπος
чл‹овѣ›къ 6a6 Ps143,4 ἄνθρωπος
чл‹о›в‹ѣ›къ 16a15 Ct2/Dt32,26 ἀνθρώπων
ч‹лoвѣ›ка 23a13 Ct7/Is38,11 ἄνθρωπον
ч‹ло›в‹ѣ›цѣхъ 30a23 lit/Ct15,3 ἀνθρώποις
чловѣчь adj.
чл‹овѣ›чь 6a4 Ps143,3 ἀνθρώπου
чл‹о›в‹ѣ›чи 9a21 Ps146,8 τῶν ἀνθρώπων
чловѣчьскъ adj.
чл‹о›в‹ѣчь›скомъ 7b6 Ps144,12 τῶν ἀνθρώπων
чл‹о›в‹ѣчь›скы 8a22 Ps145,3 ἀνθρώπων
чл‹о›в‹ѣчь›скахъ 24b11 Ct8/Manas 7 ἀνθρώπων
ч‹ло›в‹ѣчь›сцı 28b6 Ct11/Dn3,3 τῶν ἀνθρώπων
чрьмьнъ adj.
чръмьнѣмъ 12b13 Ct1/Ex15,4 ἐρυθρᾷ
чрѣво n.
чрѣва 1b4 Ps138,13 γαστρός
чрѣвѣ 20b3 Ct4/Is26,18 γαστρί
чрѣва 21a5 Ct5/Jon2,3 κοιλίας
чрѣва 32b23 lit/L1,42 τῆς κοιλίας
чоудесьнъ adj.
чюдесьна 1b6 Ps138,14 θαυμάσια
чоудо n.
чюдеса 7a16 Ps144,5 τὰ θαυμάσια
чюдеса 13a13 Ct1/Ex15,11 τέρατα
чюдесемъ 27a2 Ct9/Dn3,43 τὰ θαυμάσια
чьстьнъ adj.
чєстьни бышѩ 1b17 Ps138,17 ἐτιμήθησαν
чьто pron.
чьто 6a3 Ps143,3 τί
чьто 15b10 Ct2/Dt32,20 τί
чѧдо n.
чѩда 14a18 Ct2/Dt32,5 τέκνα
чѩдѣхъ 22a13 Ct6/1Rg2,5 τέκνοις
чѧдь f. coll.
азаринoѩ чѩдиѩ 27a25 Ct9/Dn3,49 τοῖς περὶ τὸν Αζαριαν
чѧсть f.
чѩсть 4b2 Ps141,6 μερίς
чѩсть 14b13 Ct2/Dt32,9 μερίς
шоумѣти ipf.
шюм‹ѧшть› 27b1 Ct9/Dn3,50 διασυρίζον
шьствие n.
шєствıѣ 18b3 Ct3/Hab3,7 πορείας
щедрота f.
штєдроты 7a26 Ps144,9 οἱ οἰκτιρμοί
штєдротъ 24b15 Ct8/Manas 7 τῶν οἰκτιρμῶν
щедръ adj.
штєдръ 7a23 Ps144,8 οἰκτιρμῶν
ѣвити pf. v. авити
ѣвлѣти ipf. v. авлѣти
ѣдение n.
ѣдениемь 16a5 Ct2/Dt32,24 βρώσει
ѣдъ m.
ѣдъ 2b2 Ps139,4 ἰός
ѣдь f.
ѣди 19b2 Ct3/Hab3,17 βρῶσιν
ѣждение n.
ѣждение 18b12 Ct3/Hab3,8 ἡ ἱππασία
ѣзвьнъ adj.
ѣзвьныихъ 17b10 Ct2/Dt32,42 τραυματιῶν
ѣко adv. et conj.
ѣко 1a8 Ps138,4 ὅτι
ѣко 1a25 Ps138,12 ὅτι
ѣко 1b1 Ps138,12 ὡς
ѣко 1b2 Ps138,13 ὅτι
ѣко 1b2 Ps138,12 ὡς
ѣко 1b5 Ps138,14 ὅτι
ѣко 2b1 Ps139,4 ὡσεί
ѣко 3a7 Ps139,13 ὅτι
ѣко 3a20 Ps140,2 ὡς
ѣко 3b13 Ps140,5 ὅτι
ѣко 3b16 Ps140,6 ὅτι
ѣко ı 3b17 Ps140,7 ὡσεί
ѣко 3b20 Ps140,8 ὅτι
ѣко 4b4 Ps141,7 ὅτι
ѣко 4b7 Ps141,7 ὅτι
ѣко 4b21 Ps142,2 ὅτι
ѣко 4b23 Ps142,3 ὅτι
ѣко ı 5a2 Ps142,3 ὡς
ѣко 5a11 Ps142,6 ὡς
ѣко 5a19 Ps142,8 ὅτι
ѣко 5a22 Ps142,8 ὅτι
ѣко 5b3 Ps142,10 ὅτι
ѣко 5b14 Ps142,12 ὅτι
ѣко 6a3 Ps143,3 ὅτι
ѣко 6a4 Ps143,3 ὅτι
ѣко 6a7 Ps143,4 ὡσεί
ѣко 6b8 Ps143,12 ὡς
ѣко 6b12 Ps143,12 ὡς

ѣко 8b23 Ps146,1 ὅτι
ѣко 9b11 Ps147,2 ὅτι
ѣко 9b20 Ps147,5 ὡσεί
(ѣ)ко 10a1 Ps147,6 ὡσεί
ѣко 10b1 Ps148,5 ὅτι
ѣко 10b20 Ps148,13 ὅτι
ѣко 11a16 Ps149,4 ὅτι
ѣко ι 12b15 Ct1/Ex15,5 ὡσεί
ѣко ι 12b21 Ct1/Ex15,7 ὡς
ѣко 13a1 Ct1/Ex15,8 ὡσεί
ѣко 13a8 Ct1/Ex15,10 ὡσεί
ѣко 13b18 Ct1/Ex15,19 ὅτι
ѣко 14a6 Ct2/Dt32,2 ὡς
ѣко 14a7 Ct2/Dt32,2 ὡς
ѣко 14a9 Ct2/Dt32,2 ὡσεί
ѣко 14a9 Ct2/Dt32,2 ὡσεί
ѣко 14b19 Ct2/Dt32,10 ὡς
ѣко 14b20 Ct2/Dt32,10 ὡς
ѣко 15b12 Ct2/Dt32,20 ὅτι
ѣко 15b21 Ct2/Dt32,22 ὅτι
ѣко 16a19 Ct2/Dt32,27 gr. 0
ѣко 16a21 Ct2/Dt32,28 ὅτι
ѣко 16b8 Ct2/Dt32,31 ὡς
ѣко 17a1 Ct2/Dt32,35 ὅτι
ѣко 17a3 Ct2/Dt32,36 ὅτι
ѣко 17a16 Ct2/Dt32,39 ὅτι
ѣко 17a22 Ct2/Dt32,40 ὅτι
ѣко 17b1 Ct2/Dt32,41 ὡς
ѣко 17b1 Ct2/Dt32,41 ὅτι
ѣко 17b19 Ct2/Dt32,43 ὅτι
ѣко 18a16 Ct3/Hab3,4 ὡς
ѣко 18b11 Ct3/Hab3,8 ὅτι
ѣко 19a11 Ct3/Hab3,14 ὡς
ѣко 20a23 Ct4/Is26,17 ὡς
ѣко 21b21 Ct6/1Rg2,2 ὅτι
ѣко 21b21 Ct6/1Rg2,2 ὡς
ѣко 21b22 Ct6/1Rg2,2 ὡς
ѣко 22a4 Ct6/1Rg2,3 ὅτι
ѣко 22a12 Ct6/1Rg2,5 ὅτι
ѣко 22b6 Ct6/1Rg2,9 ὅτι
ѣко 23a19 Ct7/Is38,12 ὥσπερ
ѣко 23a21 Ct7/Is38,12 ὡς
ѣко 23a24 Ct7/Is38,13 ὡς
ѣко 23b4 Ct7/Is38,14 ὡς
ѣко 23b5 Ct7/Is38,14 ὡς
ѣко 24b3 Ct8/Manas 5 ὅτι
ѣко 25a10 Ct8/Manas 10 (εἰς τὸ + inf.)
ѣко 25b3 Ct8/Manas 14 ὅτι
ѣко 25b8 Ct8/Manas 15 ὅτι
ѣко 25b15 Ct9/Dn3,27 ὅτι
ѣко 25b26 Ct9/Dn3,28 ὅτι
(ѣ)кѫ 26a1 Ct9/Dn3,29 ὅτι
ѣко 26b2 Ct9/Dn3,36 ὡς
ѣко 26b3 Ct9/Dn3,36 ὡς
ѣко 26b4 Ct9/Dn3,37 ὅτι
ѣко 26b16 Ct9/Dn3,39 ὡς
ѣко 26b17 Ct9/Dn3,39 ὡς
ѣко 26b21 Ct9/Dn3,40 ὅτι
ѣко 27a12 Ct9/Dn3,45 ὅτι
ѣко 27b1 Ct9/Dn3,50 ὡς
ѣко 27b5 Ct9/Dn3,51 ὡς
ѣко 28b24 Ct12/L1,48 ὅτι
ѣко 28b27 Ct12/L1,49 ὅτι
ѣко 29a16 Ct13/L1,68 ὅτι
(ѣ)кѫ 30a1 Ct14/L2,30 ὅτι
ѣко 30a14 lit/Mt6,12 ὡς
ѣко 30a19 lit/Mt6,13 ὅτι
ѣко 30b14 lit/Ct15,25 ὅτι
ѣко 30b24 lit/Ps40,5 ὅτι
ѣко 31a2 lit/Ps35,10 ὅτι
ѣко 32b23 lit ὅτι

ѣкоже adv., conj.
ѣкоже 24a2 Ct7/Is38,19 ὃν τρόπον
ѣкоже 26a7 Ct9/Dn3,30 καθώς
ѣкоже 29a11 Ct12/L1,55 καθώς
ѣкоже 29a21 Ct13/L1,70 καθώς
ѣкоже и 31a15 lit/Ct15,35 καθάπερ
ѣкоже 32a27 lit/Ps32,22 καθάπερ

ѣкъ pron.
ѣка 30a11 lit/Mt6,10 *ὡς*

ѣрость f.
ѣрости 12b22 Ct1/Ex15,8 τοῦ θυμοῦ
ѣрости 15b21 Ct2/Dt32,22 τοῦ θυμοῦ
ѣростиѭ 16a8 Ct2/Dt32,24 θυμοῦ
ѣрость 16b15 Ct2/Dt32,33 θυμός
ѣрость 16b15 Ct2/Dt32,33 θυμός
ѣрость 18b9 Ct3/Hab3,8 ὁ θυμός
ѣростиѭ 19a1 Ct3/Hab3,12 ἐν θυμῷ
ѣрость 25a12 Ct8/Manas 10 τὸν θυμόν

ѣсли f. pl.
ѣслехъ 19b4 Ct3/Hab3,17 φάτναις

ѣсти ipf.
ѣстъ 15a14 Ct2/Dt32,15 ἔφαγεν
ѣдѣашете 17a11 Ct2/Dt32,38 ἠσθίετε
ѣдѩтъ 19a11 Ct3/Hab3,14 ἔσθων

ѣще, аще conj.
ѣште 1a17 Ps138,8 ἐάν
ѣште 1a18 Ps138,8 ἐάν
ѣште 1a19 Ps138,9 ἐάν
ѣште 1b23 Ps138,19 ἐάν
ѣште 2a3 Ps138,20 ὅτι
ѣште 2a15 Ps138,24 εἰ
аште 16b6 Ct2/Dt32,30 εἰ

югъ m.
юга 18a12 Ct3/Hab3,3 θαιμαν

юже adv.
юже не 23a10 Ct7/Is38,11 οὐκέτι μή
юже не 23a12 Ct7/Is38,11 οὐκέτι μή

юность f.
юности 6b10 Ps143,12 τῇ νεότητι

юнота f.
юнотами 10b18 Ps148,12 νεωτέρων

юноша m.
юношѩ 10b18 Ps148,12 νεανίσκοι
юноша 16a12 Ct2/Dt32,25 νεανίσκος

юнъ adj.
юнѣи 12a6 Ps151,1 νεώτερος

юньчь adj.
юнечь 15a11 Ct2/Dt32,14 ταύρων
юньчихъ 26b17 Ct9/Dn3,40 ταύρων

ютро n. v. оутро

ѫгль m.
ѫгліе 2b23 Ps139,11 ἄνθρακες

ѫже n.
ѫжи 2b9 Ps139,6 σχοινία
ѫже дѣломѣрьное 14b14 Ct2/Dt32,9 σχοίνισμα

ѫза f.
ѫзы 19a7 Ct3/Hab3,13 δεσμούς

ѫтроба f.
ѫтробѫ 1b3 Ps138,13 τοὺς νεφρούς

ѩдро adv.
ѩдро 5a13 Ps142,7 ταχύ

ѩзыкъ m.
ѩзыцѣ 1a9 Ps138,4 γλώσσῃ

ꙗꙁ‹ꙑ›къ	2b1 Ps139,4	γλῶσσαν
ꙗ(ꙁ)ꙑкоу	10a10 Ps147,9	ἔθνει
ꙗꙁ‹ꙑ›цѣхъ	11b1 Ps149,7	τοῖς ἔθνεσιν
ꙗꙁ‹ꙑ›ци	13a20 Ct1/Ex15,14	ἔθνη
ꙗꙁ‹ꙑ›кꙑ	14b9 Ct2/Dt32,8	ἔθνη
ꙗꙁ‹ꙑ›комъ	14b11 Ct2/Dt32,8	ἐθνῶν
ꙗꙁ‹ꙑ›цѣ	15b19 Ct2/Dt32,21	ἔθνει
ꙗꙁ‹ꙑ›къ	16a21 Ct2/Dt32,28	ἔθνος
ꙗꙁꙑци	17b16 Ct2/Dt32,43	ἔθνη
ꙗꙁꙑци	18a24 Ct3/Hab3,6	ἔθνη
ꙗꙁ‹ꙑ›кꙑ	19a2 Ct3/Hab3,12	ἔθνη
ꙗꙁ‹ꙑ›къ	26b5 Ct9/Dn3,37	τὰ ἔθνη
ꙗꙁ‹ꙑ›къ	30a4 Ct14/L2,32	ἐθνῶν
ꙗ(ꙁꙑци)	32a3 lit/Ps116,1	τὰ ἔθνη

ꙗꙁꙑчьнъ adj.

ꙗꙁ‹ꙑ›цѣ(хъ)	15b18 Ct2/Dt32,21	ἔθνει
ꙗꙁꙑчьнꙑихъ	17b12 Ct2/Dt32,42	ἐθνῶν

ѵпостась f.

ѵпостась	1b9 Ps138,15	ὑπόστασις

Voces in margine scriptae:

б (sc. cyr. в) num.

б 31b17

бꙑти vb.

єст 30a16

въ praep.

въ 30a14

гѹань f.

гѹ‹а›ни› 31b6

искоѹшєниє n.

іскоѹшєниє 30a14

лѫкавꙑи adj.

лѫкавааєго 30a17

нєдѫгъ m.

нєдѫгꙑ 16a6

Voces signo formae spiritus exornatae:

1. compositae ex і҆ (in initio praecipue littera maiuscula scripto) vel continentes -і҆- (syllabatim legendum), numero fere 31: і҆ (1a22, 1b21, 2b6, 9, 3a12, 5a16, 5b7, 9, 19, 7a23, 8b19, 9b7, 10b11, 11a20, 11b12, 16b11, 29b8); і҆бо (1a21), іꙁбави (6a15), і҆ль (11a9?), і҆мꙗ (27b15), і҆сповѣдани-є- (10b22?), і҆хъ (16b11?, 13?), і҆хъжє (6a18); водꙑі҆ (seu -і҆- 19a14?), мимоі҆дѫтъ (10b5), пѹиꙁꙑваѭщиі҆мъ- (8a4-5), пѹиі҆мѫтъ (16b2), свої҆ (15a1?), твоі҆хъ (24b16)
2. continentes sequentiam -мл҆- (sc. *-ml′-*), numero fere 21: ꙁємл҆и (3b18, 5a1, 10b22, 19b16, 18, 20-21, 20b9, 28a27?, 30a11-12), ꙁємл҆ѭ (5b6, 8b2, 8, 21a21, 24a16), ꙁємл҆ꙗ (10b6, 22b22 - ꙁємлꙗ҆!, 26a16), ꙁємл҆ѣ (14a4, 18a15?, 20b16), ꙁємл҆і (23a11)
3. continentes sequentiam -мн҆- (sc. *-mn′-*), ter: мн҆ѣ (1b16, 5a4, 5)
4. continentes sequentiam -бл҆- (sc. *-bl′-*), semel: погꙑбл҆ѭтъ (8b3)

H. M.

Voces, quae in Lexico linguae palaeoslovenicae non occurrunt:

(Pragae, vol. I 1966, vol. II 1973, vol. III 1982, vol. IV continuatur)

блі̇гчно sensus incertus	31b 22
вьстѹъмлюниє, -иꙗ n.	18b 10
лоѹчє, лоѹчєє (sc. лоѹчєꙗ) adj. poss.	28b21, 29a14, 29b23, 30a 7
наблашти adv.	12a 2
ѹѣснь adj. seu ѹѣснь, -и f.	26a 11
сцѣгълъ, -ꙑи	4a 4